Peking

Oliver Fülling

Gratis Download: Updates & aktuelle Extratipps des Autors

Unsere Autoren recherchieren auch nach Redaktionsschluss für Sie weiter. Auf unserer Homepage finden Sie Updates und persönliche Zusatztipps zu diesem Reiseführer.

Zum Ausdrucken und Mitnehmen oder als kostenloser Download für Smartphone, Tablet und E-Reader.
Besuchen Sie uns jetzt!
www.dumontreise.de/peking

short.travel/huctf

DUMONT
Reise-Taschenbuch

Inhalt

Unterwegs in Beijing

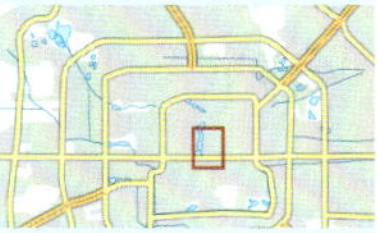

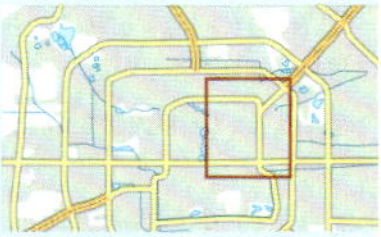

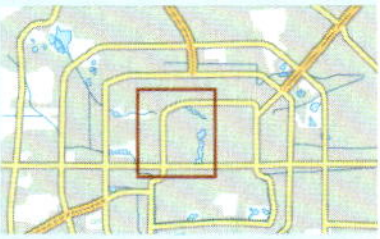

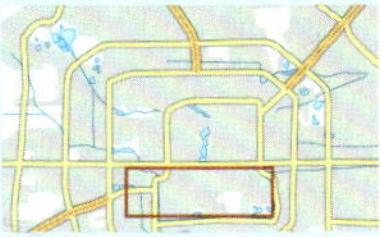

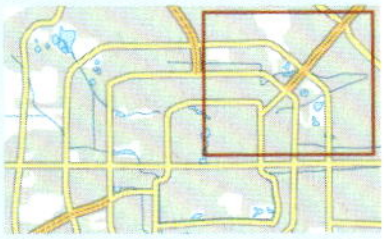

Inhalt

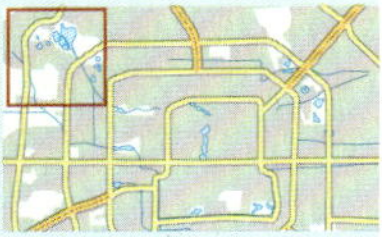

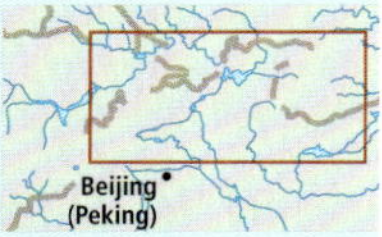

Auf Entdeckungstour

Karten und Pläne

s. hintere Umschlagklappe

▶ Dieses Symbol im Buch verweist auf die Extra-Reisekarte Peking

Das Klima im Blick

atmosfair

Reisen verbindet Menschen und Kulturen. Wer reist, erzeugt auch CO_2. Der Flugverkehr trägt mit bis zu 10 % zur globalen Erwärmung bei. Wer das Klima schützen will, sollte sich – wenn möglich – für eine schonendere Reiseform entscheiden. Oder Projekte von *atmosfair* unterstützen: Flugpassagiere spenden einen kilometerabhängigen Beitrag für die von ihnen verursachten Emissionen und finanzieren damit Projekte zur Verringerung des CO_2-Ausstoßes in Entwicklungsländern *(www.atmosfair.de)*. Auch der DuMont Reiseverlag fliegt mit *atmosfair!*

Liebe Leserin, lieber Leser,

Sie waren noch nie in Beijing? Dann vergessen Sie erst einmal alles, was Sie bisher über Dauerstaus, Smogglocken und das Leben unter 20 Millionen Einwohnern gehört haben. Chinas Hauptstadt mag vieles sein, aber ein Moloch ist sie nicht. Die Stadt ist, und das fasziniert mich am meisten, Weltstadt und Dorf in einem. Gerade noch bummelt man inmitten eines nie endenden Menschenstroms über die lärmende, von supermodernen Shopping Malls gesäumte Haupteinkaufsstraße Wangfujing, dann, ein paar Straßen später, biegt man ab und befindet sich unvermittelt in der beschaulichen Welt der für Beijing so typischen schmalen Gassen, den Hutong, in denen der Alltag gemächlich, fast schon dörflich fließt. Solche Parallelwelten sind typisch für Beijing und im Zentrum allgegenwärtig.

Natürlich besucht man die berühmten Sehenswürdigkeiten wie Kaiserpalast, Platz des Himmlischen Friedens, Sommerpalast oder Himmelstempel. Nicht weniger reizvoll sind aber die zahlreichen, nicht weniger spektakulären Tempel oder alten Residenzen, die kaum Besucher anziehen. Zudem ist Beijing eine Stadt der Parks, darunter einst kaiserliche Gärten. Hier erlebt man nicht nur chinesische Kultur in höchster Blüte, sondern auch Alltagskultur pur und fern der großen Besuchermassen. Für mich ist es jedesmal ein Genuss, den Hauptstädtern beim Tanzen, Singen, Schachspielen oder Musizieren zuzuschauen.

Mit diesem Buch möchte ich Sie auf Ihrer Entdeckungsreise begleiten und auf eine Reise zur Seele der Stadt mitnehmen. Viele Viertel sind ideal für das gemütliche Erkunden mit dem Rad oder zu Fuß. Bummeln Sie über Nachbarschaftsmärkte und durch uralte Hutong mit ihren windschiefen Häuschen, radeln Sie im Strom des Alltags durch die alten Wohnviertel oder unternehmen Sie eine Wanderung auf den Spuren der buddhistischen Pilger zu den Tempeln von Badachu.

Ich wünsche Ihnen einen spannenden Aufenthalt voller Eindrücke und freue mich auf Ihre Rückmeldung.

Ihr

Oliver Fülling

Moderne Architektur im Central Business District (CBD)

Leser fragen, Autoren antworten

Beijing persönlich – meine Tipps

Was ist ein gutes erstes Ziel in Beijing?

Der **Tian'anmen-Platz** ist nicht nur der größte Platz der Erde, er ist auch ein Sinnbild für das Selbstbewusstsein Chinas. In seiner Weite scheint man trotz der vielen Besucher regelrecht verloren zu gehen und selbst die den Platz flankierende monumentale **Große Halle des Volkes** und das gigantische **National Museum** gegenüber wirken klein angesichts der Dimension des Platzes. Hier bekommt man ein erstes Gefühl für die Dimensionen dieser Megacity.

Nur wenig Zeit? Beijing zum ersten Kennenlernen

Der **Kaiserpalast** sollte ganz oben auf der Liste stehen. Nach dem Besuch kann man vom **Pavillon des Ewigen Frühlings** auf dem höchsten Punkt des **Kohlehügels** einen grandiosen Blick auf die Skyline der Stadt genießen, bevor der Weg durch den weitläufigen **Beihai-Park** mit seinen malerischen Tempeln und klassischen Gartenanlagen weiter Richtung Norden führt. Vom Nordausgang geht es dann gleich weiter zu den **Drei Hinteren Seen** nicht nur ein hippes Szene-, sondern auch ein malerisches *Hutong*-Viertel rund um die Ufer mit vielen großen und kleinen Sehenswürdigkeiten. Wer mag, kann von dort in Xinjiekou noch einen abwechslungsreichen Spaziergang von der malerischen **Luo'er Hutong zur Huguosi Jie** machen und dabei traditionellen und unverfälschten Beijinger Alltag miterleben.

Wer das Ungewöhnliche sucht – Sightseeing einmal anders

Das wichtigste Tagesthema aller Beijinger ist das Essen, und die Stadt bietet eine ungeheure Auswahl an erstklassigen Restaurants aller chinesischen und internationalen Küchen, sodass der Gesprächsstoff nie ausgeht.

Sehenswürdigkeiten, Museen und besondere Stadtviertel

Aber wie kommen die Küchenchefs an ihre Produkte, wo kaufen sie ein, und wie bereiten sie anschließend alles zu? Das Kulturzentrum **The Hutong Kitchen** bietet nicht nur Kochevents mit renommierten Köchen, sondern man geht auch mit ihnen gemeinsam auf die versteckten Märkte der Stadt und lernt, wie man die Zutaten zusammenstellt und einkauft. Ebenfalls ein Klassiker des Zentrums sind Wanderungen zu den Meditationsstätten der Stadt und eine Einführung in das Schattenboxen.

Die Museen der Stadt – welche muss man wirklich sehen?

Das **Palastmuseum**, das in zahlreichen Seitentrakten und -gebäuden des Kaiserpalastes untergebracht ist, gehört zu den besten Museen kaiserlicher Kunst in China. Hier ist alles zu sehen, was die kaiserlichen Manufakturen an Kunstgegenständen hervorgebracht haben.

Einen hervorragenden Einblick in die Kunst und Kultur der Hauptstadt bietet das **Capital Museum**, dessen Ausstellungen durch das gesamte Spektrum kulturellen Lebens in der Stadt führen.

Einen Querschnitt durch die gesamte chinesische Kunst und Kultur bietet das ultramoderne und riesige **National Museum**. Für alle drei Museen sollte man jeweils wenigstens einen halben Tag einplanen.

Welche Stadtviertel sind besonders interessant?

Insbesondere das **nördliche Dongcheng** und das **nördliche Xicheng** sind die Stadtteile mit dem größten Entdeckerpotenzial. Hier gibt es nicht nur die attraktivsten Szeneviertel, malerisch beleuchtete Restaurantviertel wie die **Geisterstraße** und unzählige Sehenswürdigkeiten, sondern auch einige der ursprünglichsten Straßenzüge.

Chaoyang ist dagegen das moderne Gesicht der Stadt. Hier finden sich die schrillsten Clubs, die mondänsten Einkaufszentren, aber auch die berühmten Künstlerviertel **798 Art District** oder **Caochangdi** sowie das weitläufige **Olympiagelände**.

Beijing von oben: Wo hat man die beste Aussicht?

Die schönste Aussicht genießt man vom **Pavillon des Ewigen Frühlings**, der den **Kohlehügel** hinter dem Kaiserpalast krönt. Bei klarem Wetter bietet sich ein atemberaubender Blick über Kaiserpalast, Skyline bis hin zu den Westbergen.

Schöne Stadtparks und Wandermöglichkeiten?

Beijing bietet unzählige weitläufige Parkanlagen, aber keine reicht an Schönheit und Größe an den **Alten Sommerpalast** im Norden der Stadt heran. Selbst an Wochenenden ist er groß genug, sodass sich die Besucherscharen hier irgendwann verlieren.

Wer gerne in Parks joggt, kann viele Kilometer weit durch den **Chaoyang-Park**, die größte innerstädtische Grünanlage, laufen.

In den Westbergen bieten der **Park des Duftenden Berges (Xiang Shan)** und der Tempelberg **Acht Große Stätten (Badachu)** viel Kultur und Wandermöglichkeiten.

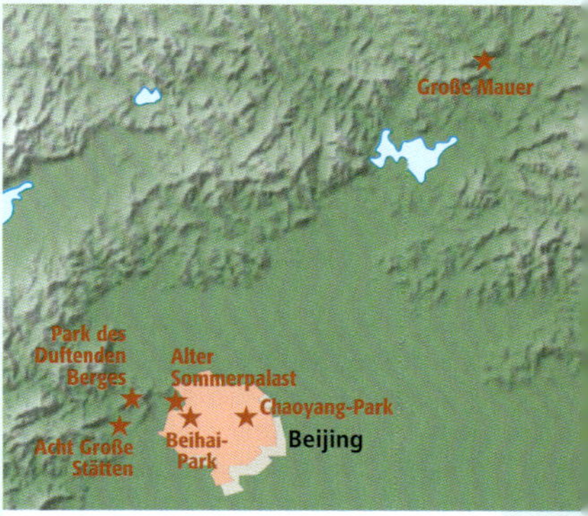

Schöne Parks und Wandermöglichkeiten

Weit außerhalb, aber für eine Wanderung geeignet, ist die **Große Mauer**, nicht zuletzt zwischen **Jinshanling und Simatai**.

In welcher Gegend wohnt man nett?

Am schönsten wohnt man in den beschaulichen Vier-Harmonien-Höfen

Pavillon im Park des Duftenden Berges (Xiang Shan)

in den *Hutong*-Vierteln von Xicheng und Dongcheng. Die Hotels sind ruhig gelegen, sehr persönlich, haben nur wenige, um Patios gruppierte Zimmer und bezaubern durch ihre einzigartige Alt-Beijinger Atmosphäre.

Gibt es typische und originelle Locations?

In den letzten Jahren haben Beijings Kulturschaffende und Restaurantmanager einige faszinierende Locations entdeckt und für ihre Zwecke umgewidmet. Allen ist gemeinsam, dass sie schwer zu finden sind, aber die Suche lohnt, denn man wird mit einem unvergesslichen Ambiente belohnt.

Einzigartig ist das **Temple Restaurant Beijing** (s. S. 33). Bis 1949 war das weitläufige Tempelareal Sitz von einer Reinkarnationsreihe lebender Buddhas. Heute ist den Betreibern der Spagat zwischen 600 Jahren Geschichte und Moderne in Vollendung gelungen.

Die coolste Location ist das **Royal Icehouse Restaurant** (s. S. 182), das noch bis 1912 als kaiserlicher Kühlraum für Lebensmittel diente. Die Räume waren kalt genug, sodass man sogar Eis lagern konnte. Heute gibt es in den kultigen Gewölben echte Beijing-Küche.

Ungewöhnliche Locations, Einkaufs- und Ausgeh-Adressen

Erlesenen Stil bietet die **Writer's Bar** im Raffles Beijing (s. S. 157). Hier traf sich ab 1917 die europäische High Society zu ihren Dinnerpartys, während Schriftsteller und Journalisten wie Guo Moruo oder Edgar Snow bei einem Tee Nachrichten austauschten.

Wohin für den Einkaufsbummel?

Entlang der **Wangfujing** (s. S. 145) reihen sich die großen Shopping Malls, in deren weitläufigen Labyrinthen sich die großen internationalen und chinesischen Modemarken, aber auch Juweliere, Spielzeugläden, Teegeschäfte und vieles mehr finden. Weniger exklusiv, dafür aber auch preiswerter sind die Einkaufszentren rund um die **U-Bahn-Station Xidan** (s. S. 175).

Schön, weitläufig und luftig ist der **Solana Lifestyle Shopping Park** (s. S. 225), der wie eine kleine Stadt aufgemacht ist. Hier gibt es wirklich alles. Mondän und luxuriös gibt sich **The Village at Sanlitun** (s. S. 41).

Wer Trödel und Souvenirs sucht, sollte sich zum **Panjiayuan Antique Market** (s. S. 42), dem größten Markt dieser Art in Beijing, aufmachen.

Wer shoppen mit Alt-Beijinger Atmosphäre verbinden möchte, kann die **Qianmen Dajie** (s. S. 193) hinunter bummeln und einen Abstecher in die quirlige **Dazhalan** (s. S. 198) und weiter in die **Liulichang** (S. 195) machen.

Wohin am Abend als Beijing-Neuling?

Am West- und Ostufer des **Qian Hai und Hou Hai** reihen sich in endloser Folge Restaurants und Kneipen aneinander. Die glitzernden Neonlichter sind bei Dunkelheit besonders malerisch, da sie sich dann im See spiegeln und für ein knallbuntes Farbspektakel sorgen.

Wer lieber die modernen Clubs oder angesagte Szenekneipen besuchen möchte, findet eine große Auswahl rund um das **Workers' Stadium** und in der berühmten **Sanlitun-Barstraße**.

Der beste Tipp für eine Pekingoper?

Die **Huguang Guild Hall** (s. S. 50, 197) mit ihren wunderschön dekorierten Säulen gehört zu den schönsten traditionellen, aus Holz erbauten Theatern Chinas und dient seit 1830 als Theater für Pekingopern. Seit seinem Bestehen sind hier alle großen Pekingopernstars aufgetreten. Eine schönere Einführung in diese klassische Tradition findet man in China sonst kaum.

Was tut sich in Beijing, was ist neu und spannend?

Trotz aller Schwierigkeiten hat es ein weiteres Musikfestival geschafft, sich in Beijing zu etablieren. Ende April tritt nun das **Strawberry Festival** (s. S. 53) in Konkurrenz zum berühmten **Midi Festival** (s. S. 53). Beide Veranstaltungen geben einen spannenden Einblick in die Musikentwicklung Chinas.

Mein ganz besonderer Tipp: Beijing intensiv erleben

Manchmal sieht und erfährt man von einer Stadt mehr, wenn man sich intensiv mit einem für die Stadt typischen Thema beschäftigt, als wenn man einfach nur die Sehenswürdigkeiten abhakt. **Bespoke Beijing** (s. S. 57) hat es sich zur Aufgabe gemacht, Interessierten ganz besondere Touren mit hochqualifizierten Experten anzubieten: z. B. eine Tour zu den kaiserlichen Rotlichtbezirken, bei der man alles über das Füßebinden, Opium und drakonische Strafen im alten China erfährt, oder einen Besuch des Lamatempels in Begleitung eines Professors für Buddhismus.

Die Aufführung einer Pekingoper sollte man sich nicht entgehen lassen

Und noch ein Trend – Events an der Großen Mauer

Einst sollte sie die Mongolen draußen halten, heute ist die Große Mauer fast schon Kult und der Ort für ausgefallene Events. Neben dem **Great Wall Marathon** (s. S. 54) hat sich nun auch der **Great Wall Swingout** (s. S. 53) etabliert. Ende April wird dann bei jeder Menge Livemusik an der Mauer durchgetanzt.

NOCH FRAGEN?

Die können Sie gern per E-Mail stellen, wenn Sie die von Ihnen gesuchten Infos im Buch nicht finden:

info@dumontreise.de

Auch über eine Lesermail von Ihnen nach der Reise mit Hinweisen, was Ihnen gefallen hat oder welche Korrekturen Sie anbringen möchten, würden wir uns freuen.

Entspannen am Tian'anmen-Platz – der Changpuhe-Park, S. 118

Kaiserlicher Blick vom Kohlehügel über den Kaiserpalast, S. 134

Lieblingsorte!

Bücher und mehr – The Bookworm, S. 226

Europäisches Labyrinth im Alten Sommerpalast, S. 236

Tee traditionell – Family Fu's Teahouse, S. 178

Relaxen am See – das Stone Boat Café im Park des Sonnenaltars, S. 222

Legen Sie im versteckten Changpuhe-Park am Platz des Himmlischen Friedens eine Rast ein, genießen Sie den Blick vom Kohlehügel über die Verbotene Stadt oder lassen Sie sich im Family Fu's Teahouse in die Geheimnisse der Teezeremonie einweihen. Lassen Sie sich von den Freizeitaktivitäten der Beijinger beim Himmelstempel mitreißen oder entspannen Sie sich bei einem Kaffee und einem guten Buch im Bookworm. Spüren sie den Vergnügungen der Kaiser im Europäischen Labyrinth des Alten Sommerpalasts nach oder lassen Sie sich von der mittelalterlichen Atmosphäre des Dorfes Cuandixia bezaubern, bevor sie die Erlebnisse in Beijing im Stone Boat Café Revue passieren lassen.

Musik, Spiel und Tanz am Osttor des Himmelstempels, S. 191

Ausflug ins Mittelalter – das Mingzeitliche Dorf Cuandixia, S. 258

Schnellüberblick

Beijings Norden
Der Norden Beijings bietet zerklüftete Berge und darin eingebettet jede Menge Kultur wie die Ming-Gräber und die monumentale Große Mauer oder das Kangxi-Grasland und die Longqing-Schlucht.
S. 268

Haidian und Shijingshan
Klassische Gärten, Universitäten dicht an dicht, lässige Studentenkneipen neben glitzernden Computerkaufhäusern und geschichtsträchtige Tempel prägen den Nordwesten.
S. 228

Nördliches Xicheng
Die Weststadt mit ihren Tempeln, prachtvollen Palästen von Prinzen und ehemaligen Residenzen von Künstlern hat sich rund um die Drei Hinteren Seen zum Szeneviertel mit Restaurants und Kneipen gemausert.
S. 158

Beijings Süden
Im Südwesten wurde Revolutionsgeschichte geschrieben. In den Bergen verstecken sich buddhistische Tempel mit herrlichen Wandermöglichkeiten.
S. 252

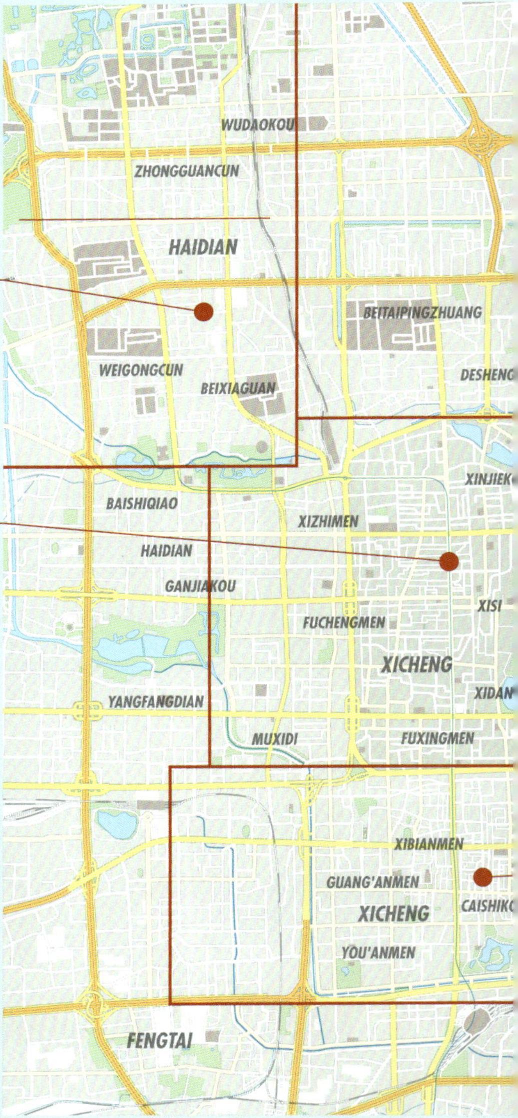

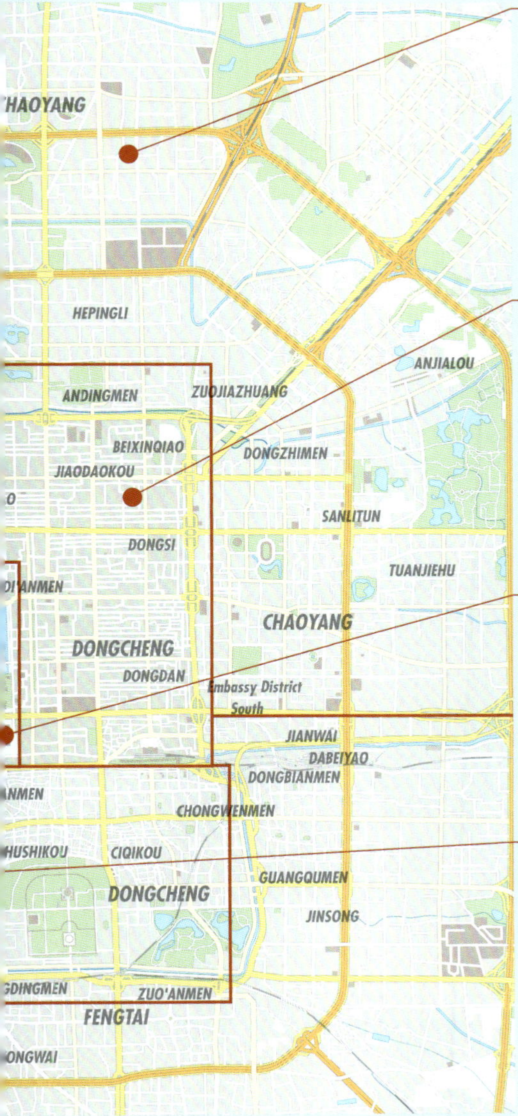

Chaoyang
Hier schlägt das kommerzielle Herz der Stadt. Der Stadtteil wartet mit den coolsten Clubs, den luxuriösesten Einkaufszentren und buntesten Märkten auf. In alten Fabriken hat sich eine explodierende Kunstszene etabliert.
S. 204

Nördliches Dongcheng
In der pulsierenden Oststadt kreuzen noble Einkaufsstraßen stille Hutong, laden gemütliche Cafés zum Verweilen und herausragende Sehenswürdigkeiten wie Lama- und Konfuziustempel zum Schauen ein.
S. 136

Rund um Tian'anmen-Platz und Kaiserpalast
Im Zentrum Beijings ist alles gigantisch: der Platz des Himmlischen Friedens, die ehemalige Verbotene Stadt (Kaiserpalast), ja selbst das Nationaltheater.
S. 108

Südliches Dongcheng und Xicheng
Einst kommerzielles Zentrum ist die Südstadt auch die Heimat von Pekingoper und Akrobatik. Neben dem Himmelstempel stehen hier daoistische, buddhistische und muslimische Stätten des Glaubens.
S. 184

Reiseinfos, Adressen, Websites

Einkaufszentrum The Place mit riesiger LED-Decke als Sonnen- und Regenschutz

Informationsquellen

Infos im Internet

Die Landeskennung ist .cn. Verbreitet sind auch .com, .com.cn, .net, .net.cn und .org. Ein gov.cn weist auf die Website einer Behörde hin.

www.beijing.ixpat.com
Sie suchen Mitfahrer für Ausflüge, eine Wohnung im traditionellen Wohnhof oder ein bestimmtes Geschäft? Im Forum der in Beijing lebenden Ausländer werden alle Fragen beantwortet.

http://english.bjww.gov.cn/
Es gibt Hunderte große und kleine historische Stätten in Beijing. Kein Buch kann sie alle aufführen, aber fast alle sind auf der Website der Beijing Municipal Administration for Cultural Heritage gelistet. Damit ist die Website eine wahre Fundgrube für Infos zu allen Kulturschätzen der Stadt.

www.btmbeijing.com
Beijing This Month ist ein offizielles Portal aller städtischen Behörden, die mit Tourismusfragen zu tun haben. Entsprechend umständlich lesen sich viele Artikel, aber wer ein wenig surft, wird viele interessante Infos zu allen Aspekten der Stadt finden.

www.ebeijing.gov.cn
Übersichtlich gestaltete englischsprachige Website der Stadtverwaltung mit Infos zu Tourismus und Kultur, zum Leben, Studieren und Arbeiten in Beijing, aber auch mit Links für Investoren und einer blinkenden Weltkarte, auf der man alle Partnerstädte Beijings findet.

www.thebeijinger.com
Die Onlineausgabe des Stadtmagazins The Beijinger ist eine der ausführlichsten und aktuellsten Seiten zu kulturellen Veranstaltungen, Nachtleben, Restaurants, Shopping usw.

www.cityweekend.com.cn/beijing/
Cityweekend konkurriert mit The Beijinger um die aktuellsten Tipps zum Leben in der Stadt, Infos zu Kultur, Ausstellungen, Restaurants, Nachtleben etc. Auch dieses Magazin gibt es als Printausgabe.

www.insidebeijing.de
Schön und übersichtlich gestaltete, deutschsprachige Website mit vielen Infos und Fotos zu bekannten und vor allem auch weniger bekannten Sehenswürdigkeiten der Stadt, die laufend erweitert wird.

www.deutschinbeijing.com
Wer in Chinas Hauptstadt zieht, fühlt sich in der riesigen Stadt anfangs ziemlich verloren. Der Deutschsprachige Club bietet Mitgliedern und Neuankömmlingen die Möglichkeit zum Austausch und organisiert zahlreiche Veranstaltungen, Ausflüge und Treffs.

Fremdenverkehrsämter

Die **Fremdenverkehrsämter der VR China** richten ihre Arbeit überwiegend auf die Beratung von Reisebüros aus.

... für Deutschland und Österreich
Ilkenhanstr. 6
60433 Frankfurt/M.
Tel. 069 52 01-35, -36
Fax 069 52 84 90
www.china-tourism.de
Tel. Information: Mo–Fr 9–12 Uhr

... für die Schweiz

Brandschenkestr. 178
8002 Zürich
Tel. 01 201 88 77
www.chinatourism.ch

... in China

Tourist Hotline: Tel. 010 65 13 08 23. Offizielle 24-Std.-Hotline für Beschwerden und Infos aller Art, aber es gehört schon Glück dazu, einen kompetenten Gesprächspartner an den Apparat zu bekommen. Wer nicht telefonieren möchte, kann auch eines der Information Center aufsuchen.

Beijing Tourist Information Center: Über die Stadt verteilt gibt es rund 20 Touristeninformationen (Quxian Lüyouju 区县旅游局). Je nach Standort kann man dort Souvenirs kaufen, Touren buchen, Infos zu Sehenswürdigkeiten erhalten und Beschwerden loswerden. Das Personal ist meist sehr freundlich und spricht Englisch. Die Adressen der Büros finden Sie bei den Reisekapiteln oder unter www.beijingtouristinformation.cn.

Lesetipps

Matthias Kluckert, Thomas Tang: Ganz woanders. Vier Jahre in Beijing. Books on Demand (www.bod.de) 2008. Die Autoren, ein deutscher und ein chinesischer Student, begleiten amüsant und vor allem aus deutscher und chinesischer Sicht durch den manchmal komplizierten Beijinger Alltag.

Pierre Loti: Die letzten Tage von Peking. Hamburg 2011. Der Liebhaber des Morbiden und Hauptvertreter des Exotismus in Frankreich führt in das Beijing des Boxeraufstands, wo er zum Chronisten einer Zeit der Besatzung wurde.

Ma Jian: Peking-Koma. Reinbek 2011. Großartiger Roman, in dem die jüngste Geschichte Chinas erzählt wird – schonungslos und unbequem, so wie sie der infolge einer Polizeikugel am 4. Juni 1989 ins Wachkoma beförderte Student Dai Wei erlebt. Zehn Jahre liegt er so, wird stummer Zeuge der Verwandlung Chinas in einen modernen, zunehmend kapitalistischeren Staat.

Kai Strittmatter: Gebrauchsanweisung für China. München 2008. Der Korrespondent der Süddeutschen Zeitung räumt humorvoll, aber nie überheblich auf mit Vorurteilen wie dass Chinesen immer Reis essen, leise, verschlossen, höflich und bescheiden sind, dass in China der Kommunismus herrscht oder Ausländer China nicht begreifen können.

Annie Wang: Peking Girls. Berlin 2008. Brustvergrößerung, Oralsex, Scheidung – für Niuniu und ihre drei Freundinnen gibt es keine Tabus. Jung und erfolgreich, leben sie in der abenteuerlichsten Metropole der Welt: Beijing. Jeder strebt nach Macht, Geld und schnellen Affären. Eindringlich und amüsant erzählt Annie Wang in 88 Episoden von Maos Enkelinnen auf der Suche nach Liebe und Glück.

Pu Yi: Ich war Kaiser von China. Vom Himmelssohn zum Neuen Menschen. München 2009. Die immer noch beste Lektüre für die Vorbereitung auf die unzähligen Sehenswürdigkeiten des alten kaiserlichen Beijing ist die unvergleichliche Autobiografie des letzten Kaisers von China.

Xu Zechen: Im Laufschritt durch Peking. Berlin 2009. Getrieben vom Traum, in der Hauptstadt das große Geld zu machen, schließt sich der junge Dunhuang einer Bande von Dokumentenfälschern an. Es folgt ein exzentrisches Leben aus Verhaftungen, Sex und Enttäuschungen. Illusionsloses Porträt der chinesischen Gesellschaft als gnadenloses Haifischbecken – temporeich, aufregend und lakonisch direkt.

Wetter und Reisezeit

Klima

Beijing hat ein gemäßigtes Kontinentalklima mit heißen, feuchten Sommern, die eher an den Besuch einer Sauna erinnern, und kalten, trockenen Wintern. Wer die Stadt von ihrer besten Seite erleben möchte, sollte im Frühling oder Herbst reisen. Dann haben Sommersmog und Sommerhitze noch nicht eingesetzt oder sind wieder abgeklungen. Darüber hinaus hat man realistische Chancen, Beijing auch einmal bei klarem, blauem Himmel mit Fernsichten bis hin zu den Westbergen zu erleben. Musikfans sollten sich den Oktober vormerken, denn dann finden zahlreiche große Musikfestivals statt. Wer beabsichtigt auf der Großen Mauer zu wandern, benötigt zu allen Jahreszeiten strapazierfähiges Schuhwerk, leichte Sandalen oder gar Schuhe mit Absätzen sind hierfür definitiv ungeeignet.

Klimadiagramm Beijing

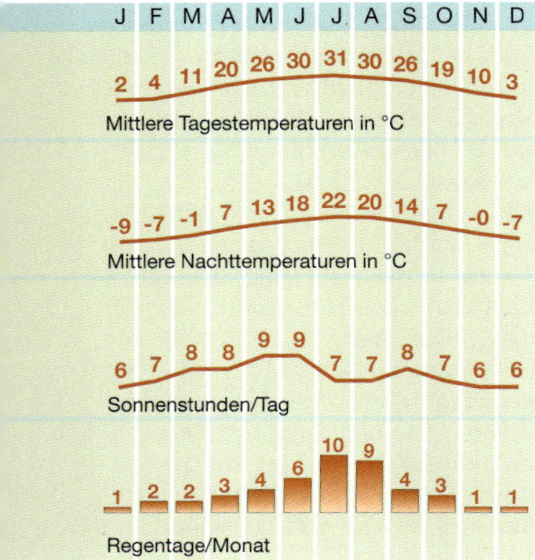

Beijing im Frühling

Von Mitte März bis Mitte Mai klettern die Tagestemperaturen von 5 °C auf Werte um 20 °C. Ab April können es dann tagsüber sogar schon 25 °C oder mehr werden. Immer wieder kommt es in dieser Zeit zu Sandstürmen in der Wüste Gobi, deren feiner gelber Staub bis Beijing weht. In den Monaten März und April gehören noch warme Sachen ins Gepäck. Zwar kann es bis in den Mai hinein in den Morgenstunden ausgesprochen frisch sein, sodass man eine Jacke für die Übergangszeit dabeihaben sollte, aber spätestens gegen Mittag wärmen die Sonnenstrahlen. Der Mai bietet also ideales Wetter für Besichtigungen.

Was ist los?

April: Beijing Dance Festival, s. S. 53, Great Wall Swingout, s. S. 53, Strawberry Festival, s. S. 53.
Mai: Meet in Beijing Arts Festival, s. S. 53, Great Wall Marathon, s. S. 54.
Mai/Juni: Drachenbootfest, s. S. 51.

… im Sommer

Ab Juni klettern die Temperaturen in die Höhe, um dann im Juli und August auch schon mal die 40 °C zu überschreiten. Die Regenzeit beginnt, 70–90 % der gesamten Niederschläge fallen in diesen beiden Monaten, die Luft wird oft unerträglich schwül und es kann zu Gewittern mit sintflutartigen Regenfällen kommen. Die Klimaanlagen laufen auf Hochtouren, daher leistet eine leichte Jacke gute Dienste. Trotz des vielen Regens ist Regenbekleidung von geringem Nutzen. Die Temperaturen sinken auch bei starkem Regen nicht. Dienlicher ist ein Regenschirm.

Was ist los?

Juni: Beijing International Piano Festival, s. S. 53.
August: Art Beijing, s. S. 53.

... im Herbst

Ab September beginnt sich die Schwüle zu verziehen, immer wieder einmal hat man die Chance auf blauen Himmel und bis Mitte Oktober ist es angenehm warm, sonnig und meist trocken. Auch am Abend bleibt es warm, sodass man in den Biergärten der Stadt den Tag gemütlich ausklingen lassen kann. Die Temperaturen liegen bei 13–20 °C. Eventuell benötigt man ein wärmeres Sweatshirt, sonst aber reicht leichte Baumwollkleidung. Ab Ende Oktober muss dann täglich mit einem plötzlichen Temperatursturz gerechnet werden, der winterliche Temperaturen und den ersten Frost bringt.

Was ist los?

September/Oktober: Beijing International Art Biennale, s. S. 53, Beijing Music Festival, s. S. 53, Beijing 798 Art Festival, s. S. 53, Modern Sky Festival, s. S. 53.
Oktober: Beijing Marathon, s. S. 54.

... im Winter

Der Winter wird eisig kalt. Minus 22 °C sind keine Seltenheit in Beijing. Gegen die Kälte wappnet man sich mit mehreren Lagen warmer Kleidung. Zentralheizungen vermögen zwar den, der in ihrer unmittelbaren Umgebung sitzt, zu braten, aber die Wärme verzieht sich schnell durch allerlei Ritzen. Wichtig ist insbesondere warmes Schuhwerk. Der Winter ist jedoch reizvoll. Die Touristenströme sind abgeebbt, und man kann fast alle Sehenswürdigkeiten in einer Atmosphäre der Stille erleben.

Gut zu wissen

Aktuelle Events: Bei www.cityweekend.com.cn/beijing/ oder www.thebeijinger.com/events bzw. in den gleichnamigen Printausgaben dieser Stadtmagazine, die in vielen Hotels, Bars und Restaurants ausliegen, finden Sie aktuelle Veranstaltungen.
Aktuelles Wetter: Unter www.weather.com.cn findet man die Wettervorhersage inklusive einem Living Index mit Vorschlägen für temperaturangepasste Kleidung, Aktivitäten usw.
Kleidung: Wer nicht geschäftlich unterwegs ist, kann seine guten Sachen zu Hause lassen (auch für den Besuch der Pekingoper). Anzug oder Abendkleidung werden nur bei offiziellen Anlässen erwartet.
Preise: Von November bis März bieten viele Hotels günstige Tarife. Businesshotels haben oft das ganze Jahr über von Freitag bis Sonntag Specials. An Feiertagen und zu großen Events erhöhen die meisten Hotels ihre Tarife drastisch.
Unbedingt vermeiden: An offiziellen Feiertagen und an Festen (s. S. 51, 64), die sich über mehrere Tage ziehen, sollte man keine Besichtigungen und Ausflüge planen. Busse, Züge, Einkaufszentren und Sehenswürdigkeiten sind dann in einer für uns nur schwer vorstellbaren Art und Weise überlaufen.

Was ist los?

Dezember/Januar: Jue Music and Art Festival, s. S. 53.
Januar/Februar: Tempelmärkte, s. S. 51.
März: New Beijing International Movie Festival, s. S. 53.

Anreise und Verkehrsmittel

Einreisebestimmungen

Für die Einreise benötigen Deutsche, Österreicher und Schweizer einen bei Einreise noch mindestens sechs Monate gültigen **Reisepass** sowie ein **Visum.** Deutsche müssen das Visum beim zuständigen **Chinese Visa Application Service Center** (in Städten mit Botschaften bzw. Generalkonsulaten; Adressen s. Websites der Botschaften und Generalkonsulate bzw. www.visaforchina.org) oder über einen Visadienst beantragen, Österreicher und Schweizer bei ihren diplomatischen Vertretungen.

Kosten für das **Touristenvisum:** einmalige Einreise 30 € (Schweizer: 80 SFr), zweimalige 45 € (Schweizer: 100 SFr). Das Touristenvisum (L-Visum) ist 30 Tage gültig. Die Einreise muss binnen drei Monaten ab Ausstellungsdatum erfolgen. Transitpassagiere, die einen Weiterflug vorweisen können, dürfen seit 2013 für 72 Std. visafrei einreisen.

Man darf bis zu 20 000 ¥ der **Landeswährung Renminbi** ein-, aber nur bis zu 6000 ¥ ausführen. Ein Rücktausch von Renminbi in Dollar oder Euro kann am Flughafen nur bei Vorlage einer offiziellen, maximal sechs Monate alten Umtauschquittung vorgenommen werden. Fremdwährungen können in beliebiger Höhe mitgenommen werden, müssen aber, wenn ihr Wert 5000 US-$ übersteigt, deklariert werden.

Einfuhrverbote und -beschränkungen: Waffen, Munition, Sendeanlagen, Rauschmittel, Lebensmittel oder Tiere dürfen gar nicht, 400 Zigaretten und zwei Flaschen Spirituosen (à 750 ml) dürfen zollfrei eingeführt werden.

Antiquitäten, geschützte Tierarten, gefälschte Markenprodukte

Antiquitäten dürfen nur mit dem roten Lacksiegel eines offiziellen Antiquitätengeschäfts ausgeführt werden. Die Einfuhr von Elfenbein, Schildplatt, Korallen und anderen Produkten von geschützten Tieren nach Europa ist verboten (sie werden in China verkauft). Die Einfuhr imitierter Designerwaren (Uhren, Taschen, Kleidung etc.) nach Europa ist verboten. Wer nur ein oder zwei Teile für den persönlichen Gebrauch erwirbt, hat aber meist keine Probleme.

Visaverlängerungen

Ihr Visum können Sie in Beijing beim **Public Security Foreign Affairs Office** (市公安局外国人出入境管理处, ▶ H 5, Dongcheng 东城区, 2 Andingmen Dongdajie 安定门东大街, Tel. 010 84 02 01 01, U 2, U 5 Lama Temple, Mo–Sa 8.30–16.30 Uhr) einmal um 30 Tage verlängern. Dies erfolgt meist in drei bis fünf Tagen. Unbedingt vor Beantragung Bargeld oder Travellerschecks tauschen – ohne Pass kein Umtausch!

Anreise und Ankunft

Von den wichtigen europäischen Flughäfen fliegen Air China, China Eastern Airlines, China Southern Airlines, Hainan Airlines sowie alle großen europäischen Fluggesellschaften nonstop nach Beijing (Flugdauer ab Frankfurt, München, Berlin, Wien, Zürich ca. 9–10 Std.). Hin- und Rückflug gibt es bei frühzeitiger Buchung bereits für 350–500 €.

… mit dem Flugzeug

Beijing Airport Hotline: Tel. 010 64 54 11 00

http://en.bcia.com.cn: Abflüge, Ankünfte, Verkehrsverbindungen in die Stadt.

Im neuen Terminal 3 des Beijing Capital International Airport

Der **Beijing Capital International Airport** (▶ Karte 4, D 1) liegt 26 km nordöstlich vom Stadtzentrum. Der **Airport Express** (Jichang Kuaigui, 机场快轨) fährt alle 15 Min. ab Terminal 3 via Terminal 1 und 2 nach Sanyuanqiao (U 10) und weiter bis Endstation Dongzhimen (Fahrzeit 25 Min., U 2, U 13). Erster/letzter Zug zum Flughafen ab Dongzhimen 6/22.30 Uhr, ab Sanyuanqiao 6.04/22.34 Uhr, erster/ letzter Zug in die Stadt ab Terminal 3 6.20/22.50 Uhr, ab Terminal 2 6.35/23.10 Uhr. Ticket 25 ¥.

Taxis in die Stadt kosten ca. 90–120 ¥ oder mehr je nach Ziel, zuzüglich Autobahngebühr (0,50 ¥/km). Benutzen Sie nur Taxen vom offiziellen Taxistand. Die Fahrer sind verpflichtet den Taxameter einzuschalten (manchmal versuchen sie zu handeln). **Achtung:** Im Flughafen wird man von Fahrern ohne Lizenz angesprochen, die einen angeblich günstig in die Stadt fahren. Wer sich darauf einlässt, ist schnell 250 ¥ oder mehr los.

Es gibt elf **Buslinien** zu verschiedenen Zielen in der Stadt. Der Fahrpreis beträgt einheitlich 16 ¥, die Busse fahren alle 15–30 Min. Angegeben sind die Zeiten vom/zum Flughafen: **Linie 1** (7–1/5.10–21 Uhr) via Liangmaqiao (Lufthansa Centre), China World Trade Center, Panjiayuan nach Fangzhuang; **Linie 2** (7–24/5.10–21 Uhr) via Sanyuanqiao, U-Bahn-Stationen Dongzhimen und Dongsishiqiao bis CAAC-Hauptgebäude und U-Bahn-Station Xidan (U 1, 4); **Linie 3** (7–24/ 5.10–21 Uhr via Chaoyangmen, Yabao Lu (nahe U 1, 2 Jianguomen) zum Hauptbahnhof (U 1); **Linie 4** (6.50 bis zum letzten ankommenden Inlandsflug/4.50–22 Uhr) fährt entlang der Nördlichen und Westlichen 3. Ringstraße nach Gongzhufen (U 1, 10); **Linie 5** (6.50–24/5.30–21 Uhr) fährt entlang der Nördlichen 4. Ringstraße via Asian Games Village nach Zhongguancun (U 4). Die **Linien 6–9** und **11** fahren in die Vortbezirke. Nützlich ist schließlich noch die **Linie 10,** die direkt zum Südbahnhof fährt (9.30–21.30/7.30–19.30 Uhr).

… mit dem Zug

Züge aus Nord-, Ost- und Südchina sowie die Transsib enden am **Hauptbahnhof** (▶ H/J 8, Beijing Zhan 北京站), dort Anschluss an U 2. Züge aus West- und Südwestchina sowie der Hochgeschwindigkeitszug aus Guangzhou enden am **Westbahnhof** (▶ C 8, Beijing Xizhan 北京西站), dort Anschluss

Yikatong IC-Card – Smartcard
Sinnvoll ist der Erwerb dieser Karte, mit der man Busse, U-Bahnen und teils Taxifahrten bezahlen kann. Man erhält sie in vielen U-Bahn-Stationen gegen 20 ¥ Pfand und kann sie dort auch wieder abgeben. Die Karten sind mit Beträgen bis maximal 1000 ¥ an den Automaten aufladbar. In den Verkehrsmitteln werden sie über einen Sensor gehalten, der fällige Betrag wird abgebucht.

an U 9. Im gewaltigen **Südbahnhof** (▶ F 10, Beijing Nanzhan 北京南站) enden die Hochgeschwindigkeitszüge aus Tianjin etc., Anschluss an die U 4.

… mit dem Bus

Beijing hat ca. 20 Busbahnhöfe. Einige wie Dongzhimen oder Xizhimen liegen an oder nahe einer U-Bahn-Station. Vor allen Stationen warten aber auch Taxis.

Verkehrsmittel in Beijing

Stadtbusse

Außerhalb des Berufsverkehrs sind Busse eine gute Möglichkeit, die Stadt zu erkunden (Ticket 1 ¥ innerhalb der Innenstadt, 2 ¥ in die Vororte). Der Fahrpreis wird bei der Schaffnerin bezahlt oder passend in einen Geldschlitz beim Fahrer geworfen. Bei Benutzung der Yikatong IC-Card (s. o.) kostet eine Innenstadtfahrt nur 4 Jiao. Auf der Website **www.bjbus.com** kann man nach Bussen zu einem gewünschten Ziel suchen.

U- und S-Bahn

Bis zum Jahr 2015 sollen etwa 19 U- und S-Bahn-Linien alle Teile der Stadt verknüpfen. Das Gros aller Sehenswürdigkeiten erreicht man daher schnell und bequem per U-Bahn. Bei Drucklegung dieses Buches fuhren 16 Linien. Eine Fahrt kostet entfernungsunabhängig 2 ¥. Beschilderung und Stationsdurchsagen in der U-Bahn auch auf Englisch. **Infos:** www.bjsubway.com, zum Stand der Bauarbeiten www.urbanrail.net.

Taxis

Die Grundgebühr für die ersten 3 km beträgt 10 ¥, jeder weitere kostet 2 ¥, ab 15 km 3 ¥: 23–5 Uhr Grundpreis 11 ¥, Kilometerpreis 3 ¥. Bei Wartezeiten, Stopps und Staus läuft der Taxameter weiter (5 Min. = 1 km). Wegen steigender Spritpreise darf ein Spritzuschlag von 3 ¥ pro Fahrt erhoben werden.

Taxis fahren überall herum und können durch Winken angehalten werden. Die wenigsten Fahrer sprechen Englisch. Man sollte sein Ziel immer auf Chinesisch zeigen können.

Fahrradverleih

Das Fahrrad ist ideal für die Erkundung des alten Beijing. Einige Hostels vermieten Räder (ab 20 ¥, plus Pfand – bis zu 200 ¥ oder Ausweis). Die Stadt hat 2012 an 63 Verleihstationen 2000 Räder bereitgestellt. Zzt. muss man Bürger Beijings sein und sich registrieren, um den Service zu nutzen (1. Std. frei, dann 1 ¥/Std., 10 ¥/Tag). Bis 2015 sollen weitere 1000 Stationen mit 50 000 Rädern eingerichtet und die Nutzung dann auch für Touristen möglich sein.

Stadtrundfahrten

Viele Hotels bieten Touren zu den Hauptsehenswürdigkeiten an. Wer lieber per Fahrzeug mit Fahrer unterwegs ist, kann sich an **Beijing Car Service** (Tel. 0755 25 95 18 00, www.beijingcarservice.com, z. B. Tagesausflug mit englischsprachigem Fahrer zur Großen Mauer ab 350 US-$) wenden. Billiger ist es per Taxi (ab ca. 400 ¥/Tag), das man bei **Beijing Beiqi Taxi** (Tel. 010 87 66 59 98, www.beiqitaxi.com.cn) chartern kann. Die Fahrer sprechen aber kein oder nur wenig Englisch.

Übernachten

Keine andere Stadt Chinas bietet eine größere Auswahl an Unterkünften aller Preisklassen als Beijing. Alle großen Hotelketten sind vertreten. Wer Chinas Hauptstadt klassisch erleben möchte, sollte aber in einem der alten, zu kleinen Hotels umgebauten Vier-Harmonien-Höfe in den *Hutong* absteigen. Es gibt sie in allen Kategorien von der Jugendherberge bis zum 5-Sterne-Hotel. Auf jeden Fall sollte man darauf achten, dass die Unterkunft in der Nähe einer U-Bahn-Station liegt. Zentrale und atmosphärereiche Stadtteile sind Xicheng und Dongcheng. Moderner geht es in Chaoyang und Haidian zu. Wer in den modernen Außenbezirken wohnen möchte, sollte darauf achten, in der Nähe der 3. Ringstraße unterzukommen, um lange Anfahrten in die Stadt zu vermeiden. Das südliche Dongcheng und Xicheng gehören zu den eher langweiligen Stadtteilen mit wenigen interessanten Restaurants und so gut wie keinem Nachtleben.

Low-Budget-Ketten

Eine Alternative für schmale Geldbeutel sind die chinesischen Low-Budget-Ketten. Dabei handelt es sich überwiegend um ordentliche Businesshotels in guten und zentralen Lagen. Die Kettenhotels haben Festpreise von 160– 250 ¥ für ein Doppelzimmer. Gute Zimmer, anständigen Service und meist auch eine sehr gute Lage bieten **Home Inn** (www.homeinns.com) mit fast 70 Häusern, **Jinjiang Inn** (www.jj-inn.com) mit 25 Häusern, **Hanting Inns** (www.htinns.com) mit 22 Häusern, **Green Tree Inns** (www.998.com) mit 17 Häusern und **Motel168** (www.motel168.com) mit sieben Häusern.

Buchen im Internet

Eine gute Auswahl an Hotels aller Kategorien mit günstigen Preisen findet man unter **www.elong.net.** Beijings Jugendherbergen findet man unter **www.yhachina.com** und die unzähligen Hostels kann man über **www.hostels.com** oder **www.hostelworld.com** buchen.

Preise

Bei den in diesem Buch angegebenen Preisen handelt es sich um Internetangebote für die Sommermonate. Die sogenannten *rack rates,* also die offiziell ausgewiesenen Preise, sind von den Gästen zu zahlen, die ohne Vorausbuchung einchecken, und meist bis zu 50 % teurer als die Angebote im Internet. In den in diesem Buch angegebenen Preisen ist die Servicecharge von 10–15 % enthalten. Wer ohne Reservierung eincheckt, muss diese Summe noch auf den Übernachtungspreis aufschlagen. Frühstück ist nicht im Preis enthalten. Die Preise gelten für Doppelzimmer (DZ); für ein Einzelzimmer ist meist der volle DZ-Preis zu entrichten. In den Wintermonaten bieten die meisten Hotels bis zu 50 % Ermäßigung.

Edel und teuer

Kaiserliche Eleganz – **Aman at Summer Palace** (Anman Yihe 安满颐和): ▶ A 1, Haidian 海淀区, 1 Yiheyuan Gongmen Qianjie 颐和园宫门前街, Tel. 010 59 87 99 99, www.amanresorts.com/amanatsummerpalace/home.aspx, U 4 Beigongmen, DZ ab 850 US-$. In dem unglaublichen Hotel, dessen Gebäude früher Teil des Sommerpalasts nebenan waren, kann man sich wie der

Kaiser von China fühlen. Um ca. 20 Höfe liegen 50 Zimmerfluchten, die eines kaiserlichen Ministers würdig gewesen wären.

Grand Hotel de Pékin – **Raffles Beijing Hotel** (Beijing Fandian Laifoshi 北京饭店莱佛士): ▶ Karte 2, G 8, Dongcheng 东城区, 33 Dongchang'an Jie 东长安街, Tel. 010 65 26 33 88, www.beijing.raffles.com, U 1 Wangfujing, DZ ab 2000 ¥. Das altehrwürdige 1917 erbaute Grand Hotel de Pékin erlangte eine ähnlich legendäre Berühmtheit wie das Oriental in Bangkok oder das Raffles in Singapur. Das Raffles Beijing besticht nicht nur durch seine außergewöhnliche Fassade, sondern auch mit seinen 171 geschmackvoll eingerichteten Zimmern.

Am Fuß der Großen Mauer – **Commune by the Great Wall** (Changcheng Jiaoxia de Gongshe Fandian 长城脚下的公社饭店): ▶ Karte 5, B 2, Autobahn nach Badaling, Ausfahrt Shuiguan (八达岭高速路长城出口), Tel. 010 81 18 18 88, www.communebythegreatwall.com, DZ ab 1955 ¥. Zwölf Architekten aus Asien haben in den Shuiguan-Bergen 42 Designvillen (236 Zimmer) geschaffen. Kein Hotel, wenn man zum Sightseeing in der Stadt weilt, aber eine fantasievolle Unterkunft für einen Tag am Fuß der Großen Mauer – mit privatem Zugang zu ihr.

Komfortabel und stilvoll

Sängerherberge – **Hotel Côté Cour Beijing** (Yanyue Jingpin Jiudian 演乐精品酒店): ▶ Karte 2, H 7 Dongcheng 东城区, 70 Yanyue Hutong 演乐胡同, Tel. 010 65 12 80 20, www.hotelcotecourbj.com, U 5 Dengshikou, DZ ab 1265 ¥. In dem 500 Jahre alten Vier-Harmonien-Hof lebten früher Tänzer und Musiker des kaiserlichen Hofs. 14 elegant eingerichtete Zimmer, gruppieren sich um einen geschmackvoll ausgestatteten, gemütlichen Hof.

Glitzer, Glanz und Glamour – **Hotel G Beijing** (Beijing Jizhan 北京级栈): ▶ J 6, Chaoyang 朝阳区, 7 Gongren Tiyuchang Xilu 工人体育场西路, Tel. 010 65 52 36 00, www.hotel-g.com, U 2 Dongsishitiao, Chaoyangmen, DZ ab 1257 ¥. Der Name des Designhotels inmitten des Partyviertels steht für Glitzy, Gracious & Glamour. Die 110 luxuriösen Zimmer im Retroschick der 1960er-Jahre mit kreischend bonbonfarbenen Fenstern gibt es in den Kategorien Good, Great, Greater und Greatest.

Der Osten ist Rot – **Red Capital Residence** (Hongdu Fu 红都府): ▶ Karte 2, H 6, Dongcheng 东城区, 9 Dongsi 6 Tiao 东四六条, Tel. 010 84 03 53 08, www.redcapitalclub.com.cn, U 5 Zhangzizhonglu, DZ ab 1188 ¥. Nur fünf Suiten umschließen einen romantischen Innenhof. Es gibt die größeren Suiten des Großen Vorsitzenden, der Konkubine des Westens und des Ostens (je 1488 ¥) sowie die beiden kleineren Edgar-Snow- und Han-Suyin-Suiten.

Cool Beijing – **The Emperor Beijing** (Huangjia Yizhan 黄家驿栈): ▶ Karte 2, G 7, Dongcheng 东城区, 33 Qihelou Dajie 骑河楼大街, Tel. 010 65 26 55 66, www.theemperorbeijing.cn, U 1 Tian'anmen East, DZ ab 869 ¥. Ultracooles Hotel mit 55 Zimmern in schreienden Farben. Motive des alten China peppen das etwas unterkühlte Design auf, damit man nicht vergisst, dass man gleich neben dem Kaiserpalast wohnt, den man von der schicken Dachterrasse aus bewundern kann.

Für Feingeister – **Beijing Sihe Hotel** (Jinhu Zhixing Sihe Binguan 锦湖之星四合宾馆): ▶ Karte 2, H 7, Dongcheng 东城区, 5 Dengcao Hutong 灯草胡同,

Tel. 010 51 69 35 55, www.sihehotel.com, U 5, 6 Dongsi, DZ ab 740 ¥. Großzügiger, über 300 Jahre alter *Siheyuan* mit 18 Zimmern. Der Komplex diente dem Pekingopern-Sänger Mei Lanfang zeitweise als Residenz und liegt in einer *Hutong* in Laufweite zur Wangfujing.

Stille des Zen – **Hotel Kapok** (Mumianhua Jiudian 木棉花酒店): ▶ Karte 2, G 7, Dongcheng 东城区, 16 Donghuamen Dajie 东华门大街, Tel. 010 65 25 99 88, www.kapokhotelbeijing.com, U 1 Tian'anmen East, DZ ab 710 ¥. Der Clou der scheinbar fantasielosen Fassade erschließt sich am Abend, denn da wirkt das erleuchtete Gebäude völlig transparent. Innen erwarten den Gast lichtdurchflutete Hallen, japanische und chinesische Zen-Gärten und 89 in einem Mix aus modernem japanisch-chinesischem Stil eingerichtete Zimmer.

Wohlgefühl im Bambushain – **Bamboo Garden Hotel** (Zhuyuan Binguan 竹园宾馆): ▶ Karte 2, G 5, Xicheng 西城区, 24 Xiaoshiqiao Hutong 小石桥胡同, Tel. 010 58 52 00 88, www.bbgh.com.cn, U 2, 8 Guloudajie, DZ ab 700 ¥. In der Qing-Zeit Residenz des Postministers bieten die 44 Zimmer des Bamboo Garden ein malerisches Ambiente inmitten eines klassischen chinesischen Gartens.

Im Herzen des Finanzdistrikts – **The Apartments on Financial Street** (Jinrong Jie Gongyu 金融界公寓): ▶ Karte 2, E 7, Xicheng 西城区, 1 Jinchengfang Jie 金城坊街, Tel. 010 66 06 55 88, U 2, 6 Fuchengmen, DZ ab 680 ¥. Mitten im Finanzzentrum bieten die schicken, funktionalen 145 Zimmer Internet und das Flair der internationalen Finanzwelt. Praktisch für längere Aufenthalte sind die 100 Appartements mit Küchenzeile.

Gediegener Komfort – **Novotel Peace Hotel** (Nuofute Heping Binguan 诺富特和平宾馆): ▶ Karte 2, H 7, Dongcheng 东城区, 3 Jinyu Hutong 金鱼胡同, Wangfujing 王府井, Tel. 010 65 12 88 33, www.novotel.com, U 5 Dengshikou, DZ ab 536 ¥. Die 344 Zimmer sind zweckmäßig und das Hotel ist eine gute

Licht, Transparenz und Zen bestimmen die Atmosphäre im Hotel Kapok

Wahl für Reisende, die Komfort ohne Schnickschnack in zentraler Lage suchen. Vor allem an Wochenenden gibt es um bis zu 40 % reduzierte Preise.

Traditioneller Schick – **Tian'anmen Best Year Courtyard Hotel** (Yi'er Guoji Shangwu Huiguan 怡尔国际商务会馆): ▶ Karte 2, G 7, Dongcheng, Nanchizi Dajie, 1 Denglongku Hutong 南池子大街灯笼库胡同, Tel. 010 65 23 92 13, www.bjyou.com, U 1 Tian'anmen East, DZ ab 380 ¥. Wunderbares Hofhaus-Hotel in Laufweite zu Kaiserpalast, Wangfujing und Platz des Himmlischen Friedens. Eine Besonderheit ist der verglaste Innenhof, der einen Aufenthalt sowohl im heißen Sommer als auch im kalten Winter ermöglicht.

Einfach und günstig

Jugendherberge de luxe – **Lüsongyuan Hotel** (Beijing Lüsongyuan Qingnian Lüshe 北京侣松园青年旅社): ▶ Karte 2, G 6, Dongcheng 东城区, Kuanjie 宽街, 22 Banchang Hutong 板厂胡同, Tel. 010 64 04 04 36, www.lusongyuanhotel.com, U 6 Nanluoguxiang, DZ ab 670 ¥, Schlafsaalbetten ab 70 ¥. Noble Jugendherberge in der Residenz eines mongolischen Generals aus der Qing-Zeit. Einige der 59 Zimmer sind etwas klein und die Dreibett-Schlafsäle haben keine Fenster, aber die Nähe zum Szeneviertel Nanluogu Xiang entschädigt.

Prinzliche Residenz – **Qomolangma Hotel** (Zhumulangma Binguan 珠穆朗玛宾馆): ▶ Karte 2, F 5, Xicheng 西城区, 149 Gulou Xidajie 鼓楼西大街, Tel. 010 64 01 88 22, U 2, 8 Guloudajie, DZ ab 580 ¥. Das Hotel liegt auf dem Areal des Guanyue-Tempels, der 1899 als Residenz Prinz Chuns II., des sechsten Sohnes des Daoguang-Kaisers, erbaut wurde. Die Zimmer sind hübsch mit alten Möbeln eingerichtet. Gleich in der Nachbarschaft gibt es gemütliche Kneipen und die Spazierwege um die Hinteren Seen.

Europäische Klassik – **Qianmen Jianguo Hotel** (Qianmen Jianguo Fandian 前门建国饭店): ▶ F 9, Xicheng 西城区, 175 Yong'an Lu 永安路, Tel. 010 63 01 66 88, www.qianmenhotel.com, U 4 Caishikou, DZ ab 548 ¥. Das schmucke 1956 eröffnete 410-Zimmer-Hotel bietet ein erstklassiges Preis-Leistungs-Verhältnis, zweckmäßig eingerichtete Zimmer und eine interessante Umgebung. Im angegliederten Liyuan Theater (s. S. 50) wird allabendlich Pekingoper gespielt.

Wohnhof der Mächtigen – **Red Lantern House West Yard** (Hongdenglong Kezhan Xiyuan 红灯笼客栈西院): ▶ Karte 2, F 6 Xicheng 西城区, 12 Xisibei 2 Tiao 西四北二条, Tel. 010 66 17 08 70, www.redlanternhouse.com, U 4 Xisi, DZ ab 499 ¥. Der hinter hohen, grauen Mauern versteckte *Siheyuan* war u. a. Residenz des Premierministers E'ertai (1677–1745). Die 17 gemütlichen, antik eingerichteten Zimmer verteilen sich um zwei herrliche Innenhöfe.

Glück eines Gelehrten – **Double Happiness Courtyard Hotel** (Yueweizhuang Siheyuan Binguan 阅微庄四合院宾馆): ▶ Karte 2, H 6, Dongcheng 东城区, 37 Dongsi 4 Tiao 东四四条, Tel. 010 64 00 77 62, www.hotel37.com, U 5, 6 Dongsi, DZ ab 460 ¥. Die Anlage war einst Privatresidenz des Gelehrten Ji Xiaolan (1724–1805). Heute kann man sich hier wie in der Qing-Zeit fühlen und im Hof bei einem Tee schmökern.

Buddhistische Stille – **Beijing Soluxe Courtyard Hotel** (Beijing Yangguang Lao Zhaiyuan Jiudian 北京阳光老宅院酒店): ▶ Karte 2, G 5, Xicheng 西城区, Jiugulou Dajie 旧鼓楼大街, 2 Xitao Hutong 西绦胡同, Tel. 010 84 02 11 88, www.soluxecourtyardhotel.com, U 2, 8 Gulou Dajie, DZ ab 378 ¥. Wunderschön gestaltetes Hotel auf dem Areal zweier ehemaliger Ming-Tempel. Die 156 Zimmer in den alten Hallen strahlen buddhistische Schlichtheit aus, die Innenhöfe sind im Stil klassischer Gärten gestaltet, das Personal ist hilfsbereit.

Für Pfennigfuchser – **Days Inn Forbidden City** (Xiangjiang Daisi Jiudian 香江戴斯酒店): ▶ Karte 2, G 8, Dongcheng 东城区, 1 Nanwanzi Hutong 南湾子胡同, Tel. 010 65 12 77 88, www.daysinn.cn, U 1 Tian'anmen East, DZ ab 298 ¥. Das Älteste hier sind die Bäume vor der Tür. Ansonsten strahlt das preiswerte, zwischen Kaiserpalast und Raffles Beijing Hotel gelegene Haus einen eher kühlen, etwas sterilen Charme aus.

Zentraler Klassiker – **Ping'anfu Hotel** (Ping'anfu Binguan 平安府宾馆): ▶ Karte 2, H 6, Dongcheng 东城区, 100 Dongsishitiao 东四十条, Tel. 010 64 01 03 83, www.pinganfu-hotel.com, U 5 Zhangzizhonglu, DZ ab 288 ¥. Die 82 Zimmer dieses wie ein Qing-zeitlicher Palast aussehenden Hotels sind mit dem üblichen Komfort eines 3-Sterne-Hotels ausgestattet, aber die Preise sind angesichts von Lage und Ausstattung konkurrenzlos.

›Park‹-Hotel – **Beijing Redwall Hotel** (Beijing Hongqiang Fandian 北京红墙饭店): ▶ Karte 2, G 7, Dongcheng 东城区, 31 Shatan Beijie 沙滩北街, Tel. 010 51 09 88 88, www.redwallhotelbeijing.com, U 5, 6 Dongsi, DZ ab 268 ¥. Das Hotel mit 189 funktionalen Zimmern gewinnt keinen Preis für Schönheit, aber einen für die Lage in Laufweite zu Kaiserpalast, Beihai-Park und Wangfujing.

Schlicht und einfach – **Far East Hotel Beijing** (Beijing Yuandong Fandian 北京远东饭店): ▶ F 9, Xicheng 西城区, 90 Tieshu Xiejie 铁树斜街, Tel. 010 51 95 86 07, www.fareasthotelbeijing.com, U 2 Hepingmen, DZ ab 180 ¥, Schlafsaalbetten ab 45 ¥. Einfaches, 1940 erbautes Hotel nahe Tian'anmen-Platz und Dazhalan. Die Zimmer sind sauber und zweckmäßig. Gegenüber gibt es in einem Vier-Harmonienhof eine angeschlossene Jugendherberge.

Jugendherbergen/-hotels

Ruheoase – **Templeside Guesthouse** (Guangji Lin Qingnian Lüshe 广济邻青年旅舍): ▶ Karte 2, F 6, Xicheng 西城区, 2 Baita Xiang 白塔巷, Zhaodengyu Lu/Anping Xiang赵灯寓路安平巷内, Tel. 010 66 15 77 97, www.templeside.com, U 4 Xisi, DZ mit Gemeinschaftsbad ab 290 ¥, Schlafsaalbetten ab 100 ¥. Versteckt in einer *Hutong* etwas nordöstlich des Tempels der Weißen Pagode findet man in dem gemütlichen Vier-Harmonien-Hof eine Oase der Ruhe. Kleine, saubere Zimmer.

Location, location, location – **Beijing City Central Youth Hostel** (Beijing Chengshi Qingnian Jiudian 北京城市青年酒店): ▶ Karte 2, H 8, Dongcheng 东城区, 1–5 Beijingzhan Qianjie 北京站前街, Tel. 010 85 11 50 50, www.centralhostel.com, U 2 Beijing Railway Station, DZ ab 160 ¥, Schlafsaalbetten ab 70 ¥. Perfekte Lage für alle, die viel mit öffentlichen Verkehrsmitteln unternehmen wollen. Achtung, die billigsten Zimmer haben keine Fenster.

Mittendrin – **Downtown Backpackers** (Dongtang Qingnian Lüshe 东堂青年旅社): ▶ Karte 2, G 6, Dongcheng 东城区, 85 Nanluogu Xiang 南锣鼓巷, Tel. 010 84 00 24 29, www.backpackingchina.com, U 6 Nanluoguxiang, DZ ab 130 ¥, Schlafsaalbetten ab 55 ¥. Typische Backpacker-Unterkunft im lebhaften Szeneviertel Nanluogu Xiang.

Essen und Trinken

Bedeutung des Essens

Kulinarisch ist Beijing wahrhaft international. Vermutlich ist so ziemlich jede Küche der Welt vertreten und die regionalen Küchen aus allen Winkeln Chinas sind es sowieso. Essen hat im chinesischen Alltag einen unglaublichen Stellenwert. So groß, dass sich der gesamte Lebensrhythmus dem Essen unterwirft, ja dass man zur Begrüßung fragt »Hast du schon gegessen?« *(»ni chile fan ma?»).* Auch sonst hat sich die Bedeutung des Essens im allgemeinen Sprachgebrauch niedergeschlagen. Hat ein Chinese Kummer, ›isst er Bitternis‹ *(chi ku),* wer eifersüchtig ist, ›isst Essig‹ *(chi cu),* wer beliebt ist, ›bekommt überall etwas zu essen‹ *(chi de kai),* und wer gar flirtet, ›isst Tofu‹ *(chi doufu).*

Den ganzen Tag wird überall und ständig gegessen. Ob auf einer Gruppenreise, beim Geschäftsaufenthalt oder Besuch chinesischer Freunde, kein Tag beginnt, bevor nicht geklärt worden ist, wo man sein Mittagsmahl zu sich nimmt. Erst dann entspannen sich alle, der Tag kann beginnen.

Im Restaurant

Geht man mit mehreren Leuten zusammen essen, sollten einige Dinge beachtet werden: Bestellt werden grundsätzlich mehrere Gerichte, die in die Mitte des Tisches gestellt werden und von denen sich alle mit ihren Stäbchen bedienen. Reis muss extra bestellt werden und kommt, wenn man ihn nicht ausdrücklich vorher verlangt, meist zum Abschluss der Mahlzeit.

Wer von Chinesen eingeladen wird, bekommt als Gast vom Gastgeber oft die eine oder andere Spezialität in sein Schälchen gelegt – ein Zeichen besonderer Wertschätzung! Es gilt als unhöflich, einen Teller aus der Mitte zu nehmen, um sich davon aufzulegen. Anders als bei uns gibt man keine der (leckeren) Saucen über den Reis, sondern isst diesen so weiß und trocken, wie er kommt. Die Teller in der Mitte dürfen nie leergegessen werden. Das wäre ein Zeichen dafür, dass der Gastgeber zu wenig bestellt hat.

Einzelabrechnungen sind in China unbekannt. Gehen mehrere Leute gemeinsam essen, wird die Rechnung stets von einem der Gäste übernommen.

Preise

Die im Folgenden angegebenen Menüpreise gelten, falls nicht anders angegeben, für zwei Personen und enthalten normalerweise 4–6 Gerichte sowie Reis. Im Allgemeinen stellt man sich sein Menü selber zusammen und muss 20–80 ¥ für ein normales Gericht rechnen. Besondere Spezialitäten kosten natürlich mehr. Einige wenige Restaurants bieten nur feste Menüs. Getränke sind nicht berücksichtigt.

Hier können Sie sich selbst umsehen …

Gute Restaurants sind über die ganze Stadt verteilt. Typisch für Beijing sind aber auch einzelne Straßenzüge oder Viertel, die eine besonders hohe Restaurantdichte aufweisen. Berühmt ist der **Geisterstraße** (Gui Jie 簋街, ► H 5) genannte Abschnitt entlang der Dongzhimennei Dajie 东直门内大街. Hier wetteifern Hunderte Restaurants aller chinesischen Küchen bis spät in die Nacht um Kunden (s. Mein Tipp S. 151). An den Ufern der **Drei Hinte-**

ren Seen (▶ Karte 2, F/G 5/6, Shichahai Jiuba Jie 什刹海酒吧街) wimmelt es von Restaurants, die einen Besuch lohnen. Ein Stück östlich der Seen zieht sich die **Nanluogu Xiang** 南锣鼓巷 (▶ Karte 2, G 6, s. Mein Tipp S. 153) nach Norden, eine *Hutong* mit Dutzenden gemütlicher kleiner Restaurants. Ausländische Küchen bietet vor allem die **Sanlitun Lu** 三里屯路 (▶ K 5/6) mit ihren Seitenstraßen im gleichnamigen Botschaftsviertel. Interessant ist auch die Umgebung vom **Süd- und Westtor des Chaoyang-Parks** 朝阳公园南门/西门 (▶ L 6) mit ausländischen Restaurants und Bars sowie einigen der besten chinesischen Lokale. Wer draußen in Chaoyang nahe der 4. Ringstraße wohnt, kann über die **Lucky Street** (▶ L 5, Haoyun Jie 好运街) an der Zaoying Lu 枣营路 bummeln, wo sich mehr als 20 Restaurants aufreihen. Wer im Stadtteil Fengtai im Süden wohnt, sollte die **Fangzhuang Foodstreet** (▶ H/J 10/11, Fangzhuang Meishi Jie 方庄美食街, s. S. 260) aufsuchen, eine neue quirlige Restaurantstraße, in der alle chinesischen Küchen, aber auch deutsche, italienische und japanische Restaurants vertreten sind. Ähnlich sind die **Guang'anmen Foodstreet** (▶ D/E 8, Guang'anmen Meishi Jie 广安门美食街), wo man primär Sichuan-Restaurants findet, und die **Fucheng Lu Foodstreet** (▶ B 6, Fucheng Lu Meishi Jie 阜成路美食街) mit einer Reihe besserer Restaurants in schöner Umgebung. Von mächtigen Bürotürmen wird die **Nanxincang** 南新仓 (▶ H/J 6, s. S. 152) überragt, eine kleine Fußgängerstraße mit alten, an Bollwerke erinnernden Häusern. In jedem dieser alten Gemäuer befinden sich Restaurants diverser chinesischer und internationaler Küchen.

Mittags bieten sich vor allem die **Essensmeilen der großen Einkaufszentren** an, in denen sich meist Dutzende Restaurants aller Preisklassen finden. Gut ist der Restaurantbereich des **Oriental Plaza** (▶ H 7/8, Dongfang Guangchang 东方广场) am Beginn der Wangfujing, aber auch fast alle ande-

Gastronomie in den Beijinger Vierteln

Rund um Tian'anmen-Platz und Kaiserpalast
Stadtviertelkarte S. 113, 123
Restaurantbeschreibung S. 133

Nördliches Dongcheng
Stadtviertelkarte S. 140
Restaurantbeschreibung S. 155

Nördliches Xicheng
Stadtviertelkarten S. 164, 171
Restaurantbeschreibung S. 181

Südliches Dongcheng und Xicheng
Stadtviertelkarte S. 194
Restaurantbeschreibung S. 201

Chaoyang
Stadtviertelkarten S. 208, 212
Restaurantbeschreibung S. 221

Haidian und Shijingshan
Stadtviertelkarte Haidian S. 233
Restaurantbeschreibung S. 242

Der Süden Beijings
Restaurantbeschreibung S. 257, 260

Der Norden Beijings
Restaurantbeschreibung S. 271

ren Einkaufszentren der Stadt verfügen über solche Restaurantetagen.

Abends lockt der **Donghuamen-Nachtmarkt** (▶ Karte 2, G/H 7, Donghuamen Meishifang Yeshi 东华门美食坊夜市) in der Dong'anmen Dajie, in der **Wangfujing Snack Street** (▶ Karte 2, H 7, Wangfujing Xiaochi Jie 王府井小吃街, s. Tipp S. 156) kann man den ganzen Tag über Kleinigkeiten kosten.

Und auch **Fast Food** gibt es: McDonald's, Kentucky Fried Chicken, Pizza Hut etc. finden sich über die ganze Stadt verteilt und in fast allen größeren Einkaufszentren.

Typische Beijinger Küche

Aromatische Wurzeln und Gemüse wie Knoblauch, Frühlingszwiebeln, Ingwer, Pfefferschoten und Kohl sind zentrale Bestandteile des Beijinger Speiseplans, ebenso Rind-, Lamm- und Schweinefleisch. Doch die heimlichen Wahrzeichen der Stadt sind Pekingente (s. Mein Tipp S. 35), Mongolischer Feuertopf und *xiaochi* 小吃 – Beijinger Snacks.

Für den **Mongolischen Feuertopf** (*shuan yangrou* 涮羊肉) wird eine Brühe mit Ingwer, Lammschmalz sowie etwas Sojasauce und Porree in einem Feuertopf zubereitet, der mit Holzkohle beheizt wird. Der Rauch zieht über eine Art Kamin in der Mitte des Topfes ab. In den kochenden Sud gibt man papierdünn geschnittenes Lammfleisch. Dazu können Chinakohl, dünn geschnittenes Rindfleisch, Tofu, Glasnudeln usw. bestellt werden. Wenn die Zutaten nach 1–2 Min. gar sind, tunkt man sie in eine Sauce, die sich jeder aus Paprikaöl, Sesampaste, Tofu-Stückchen, Garnelen- und Sojasauce, Essig und Reiswein mixt. Schnittlauchblüten, Knoblauch, Petersilie und Porree dienen ebenfalls als Gewürze. Als letzten Gang trinkt man die durch das Garen von Fleisch und Beilagen gut gewürzte Brühe. Probieren können Sie ihn im Donglaishun (s. S. 33, , 133) oder im Ding Ding Xiang (s. S. 155).

Beijing rühmt sich seiner **Snacks.** Von den einst über 300 berühmten Leckereien findet man heute allerdings nur noch etwa 30. Bevor man Hamburger kannte, war **gekochter Lammkopf** (*baishui yangtou* 白水羊头) ein beliebtes Essen für zwischendurch. Er wird gekocht, das Fleisch in feine Streifen geschnitten und serviert. Einer der bekanntesten Snacks ist die **Frühlingsrolle** (*chun juan* 春卷). Ein entfernter und besonders leckerer Verwandter sind **Gürtel-Brötchen** (*dalian huoshao* 褡裢火烧), längliche, zunächst gekochte und dann gebratene Teigtaschen, die mit Bisamkürbis, Fenchel und Schweinefleisch gefüllt sind. Etwas kleiner, aber nicht weniger lecker sind mit Hackfleisch gefüllte **gebratene Maultaschen** (*guotie* 锅贴). In der gekochten Variante hei-

Essenszeiten und Tischreservierung

Mittags zwischen 12 und 13.30 Uhr und abends zwischen 18 und 19.30 Uhr sind die meisten Restaurants gestopft voll, da alle fast zur gleichen Zeit essen möchten. Da selten länger als 60–90 Min. getafelt wird, wird es ab 13.30 oder 19.30 Uhr oft schlagartig leerer. In den meisten westlichen Restaurants kann man zu den Kernzeiten einen Tisch reservieren.

In den stets gut besuchten chinesischen Restaurants kann man oft nur außerhalb der oben genannten Zeiten reservieren, da kein Restaurant leere Tische während der Essenszeiten riskieren möchte, während vor der Tür potenzielle Gäste warten. Hier gilt also: Wer zuerst kommt, mahlt zuerst. Ist kein Tisch mehr frei, erhält man eine Wartenummer.

ßen sie *shuijiao* (水饺) und werden oft auch als Beilage gegessen. Bei den *chao geda* (炒疙瘩) werden Mehlklumpen zunächst gekocht und dann mit Rind- und Lammfleischstücken sowie Gemüse gebraten. Nur die Übersetzung des an Spätzle erinnernden Gerichts klingt nicht so lecker – **gebratene Furunkel.** Für die **Mehlbreisuppe** (*chatang* 茶汤) wird Mehl angebraten und mit Tee, Suppe oder heißem Wasser aufgefüllt. Gewürzt wird die Suppe mit Osmanthusblüten und braunem Zucker. Ebenfalls eine Süßspeise ist der **Klebereiskuchen** (*niangao* 年糕) aus mit einer süßen Bohnenpaste gefülltem Klebreis. Eine gute Adresse zum Probieren ist Jiumen Xiaochi (s. S. 37).

Die Besten

Leibgerichte eines Opernstars – **Mei Mansion** (Mei Fu 梅府): ▶ Karte 2, F 6, Xicheng 西城区, 24 Daxiangfeng Hutong 大翔凤胡同, Tel. 010 66 12 68 47, www.meifujiayan.com, U 4, 6 Ping'anli, tgl. 11–14.30, 17.30–22.30 Uhr, tgl. wechselndes Menü ab 500 ¥/Person. Das wunderbare Restaurant sieht aus wie ein Salon aus dem Shanghai der 1930er-Jahre. Tatsächlich war dies eine der Residenzen des Pekingopern-Sängers Mei Lanfang. Entsprechend gibt es traditionelle Huaiyang-Küche – eine eher leichte, süßliche Küche –, wie sie Mei Lanfang bevorzugte.

Haute Cuisine – **Maison Boulud** (Bulugong Facanting 布鲁宫法餐厅): ▶ G 8, Dongcheng 东城区, 23 Qianmen Dongdajie 前门东大街, Tel. 010 65 59 92 00, www.danielnyc.com/maisonboulud.html, U 2 Qianmen, tgl. 11.30–14.30, 18–22 Uhr, So Brunch 11–16 Uhr, Hauptgerichte ab 200 ¥, mittags 3-Gang-Menü 165 ¥. Mit Starkoch Daniel Boulud hat die französische Haute Cuisine in der Metropole Einzug gehalten. Das Ambiente in der ehemaligen Residenz des US-Botschafters im alten Legationsviertel bietet dafür den perfekten Rahmen.

Gourmet-Tempel – **Temple Restaurant Beijing:** ▶ Karte 2, G 6, Dongcheng 东城区, 23 Shatan Beijie 沙滩北街, Tel. 010 84 00 22 32, www.temple-restaurant.com, U 6 Nanluoguxiang, tgl. 11.30–14.30, 18–22 Uhr, Menü ab 135 ¥. Bis 2012 diente der 600 Jahre alte Tempel als Billighotel für Wanderarbeiter. Dann schafften die Investoren etwas fast Unmögliches: Sie stellten das Flair des alten Tempels wieder her, kombinierten es mit schickem Design und schufen das beste Restaurant für europäische Küchen der Stadt. Nicht nur das Essen, auch die Weinkarte ist erstklassig.

Traditionelle Evergreens

Pekingente klassisch – **Quanjude:** s. Mein Tipp S. 35.

Kaiserliche Küche – **Li Jia Cai** 厉家菜: ▶ Karte 2, H 7, Dongcheng 东城区, 77 Dongtangzi Hutong 东堂子胡同, Tel. 010 65 22 00 08, www.lijiacai.cn, tgl. U 5 Dengshikou, 18–22.30 Uhr, Menü ab 200 ¥/Person. Angeblich bestand die kaiserliche Küche nur aus Speisen, die die Himmelssöhne nicht mochten. Die Familie Li bereitet diese ›Reste‹ seit Generationen mit Erfolg zu. Man wählt ein Menü à zehn oder zwölf Gerichte.

Pekingente pur – **Bianyifang:** s. Mein Tipp S. 35.

Mongolischer Feuertopf – **Donglaishun** 东来顺: ▶ Karte 2, H 7, Dongcheng 东城区, APM Mall (新东安门广场), 138 Wangfujing Dajie 王府井大街, Tel. 010 65 28 09 32, www.donglaishun.com, U 1 Wangfujing, tgl. 11–22 Uhr, Hotpot-Menü ab 100 ¥. Seit über 100 Jahren eine Beijinger Institution für diese Spezialität (s. S. 32).

›Literarische‹ Küche – **Kong Yiji** 孔乙己: ▶ Karte 2, H 6, Dongcheng 东城区, 322 Dongsi Beidajie 东四北大街, Tel. 010 64 04 05 07, tgl. 10–22 Uhr, U 5 Zhangzizhonglu, Menü ab 100 ¥. Das Restaurant ist nach einem Protagonisten aus einer Erzählung Lu Xuns benannt. Entsprechend gibt es hier Spezialitäten aus Shaoxing, der Heimatstadt des Literaten. Nicht nur das Essen ist einen Besuch wert, auch das Ambiente mit Kalligrafien und antiken Möbeln inspiriert.

Kantonesischer Lifestyle – **Jin Ding Xuan** 金鼎轩: ▶ H 5, Dongcheng 东城区, 77 Hepingli Xijie 和平里西街, Tel. 010 64 29 68 88, tgl. 24 Std., U 2, U 5 Lama Temple, Gerichte ab 10 ¥. Hier erlebt man kantonesisches Lebensgefühl pur. In dem wie ein Qing-zeitlicher Palast aussehenden Restaurant gibt es auf vier Etagen alles, was den Südchinesen lieb ist. Zu empfehlen sind die Dim Sum, die man in Südchina zum Morning Tea isst.

Angesagt

Sino-französische Melange – **Duck de Chine** (Quanyaji 全鸭季): ▶ K 6, Chaoyang 朝阳区, Gongren Tiyuchang Beilu 工人体育场北路, 1949-The Hidden City, Courtyard 4 (太平洋百货南门对面), Tel. 010 65 01 19 49, www.elite-concepts.com, U 10 Tuanjiehu, tgl. 11.30–14.30, 18– 22.30 Uhr, Menü ab 200 ¥. Ente spielt in der chinesischen wie in der französischen Küche eine wichtige Rolle. Im Duck de Chine werden beide Traditionen zu einem sino-französischen kulinarischen Abenteuer vereint.

Der ›Geist‹ Chinas – **Green T. House** (Ziyunxuan 紫云轩): ▶ J 6, Chaoyang 朝阳区, 6 Gongren Tiyuchang Xilu 工人体育场西路, Tel. 010 65 52 83 10, www.green-t-house.com, U 10 Tuanjiehu, tgl. 11.30–15, 18–24 Uhr, Menü ab 200 ¥. Das ultracoole Interieur könnte der futuristischen Version einer Teeparty aus Alice im Wunderland entlehnt sein, die Website ist fast schon philosophisch. Serviert wird edle Fusionküche, die mit Tee verfeinert wird.

Lu Yu kocht Tee – **Gui Gongfu** 桂公府: ▶ J 7, Dongcheng 东城区, 11 Fangjiayuan Hutong/Ecke Dafangjia Hutong 芳嘉园胡同近大方家胡同, Tel. 010 65 12 76 67, U 2, 6 Chaoyangmen, U 5 Dengshikou, tgl. 10.30–14, 17–22.30 Uhr, Menü ab 200 ¥. In der ehemaligen Residenz des jüngeren Bruders der Kaiserinwitwe Cixi wird heute nicht mehr politisch intrigiert, sondern exzellente kantonesische Küche zubereitet. Spezialität ist Lu Yu kocht Tee (Lu Yu Zhucha 陆羽煮茶), ein Gericht aus kurzgebratenem Rindfleisch mit Chili und Teeblättern.

Buddhas Küche – **Pure Lotus** (Jing Xin Lian 净心莲): ▶ Karte 2, G 6, Chaoyang 朝阳区, Tongguang Bldg. (通广大厦), 12 Nongzhanguan Nanlu 农展馆南路, Tel. 010 65 92 36 27, U 10 Tuanjiehu, tgl. 11–23 Uhr, Menü ab 200 ¥. Buddhistische Mönche führen das vegetarische Restaurant. Auf der Karte stehen so erlesene Gerichte wie gesottener Fisch oder gedämpftes Huhn, aber alles, was nach Fleisch klingt, ist rein pflanzlich. Die Erleuchtung kommt dann mit der Rechnung. Die Preise sind hoch, aber jeden Cent wert.

Quelle des Genusses – **The Source** (Dujiangyuan 都江源): ▶ Karte 2, G 6, Dongcheng 东城区, 14 Banchang Hutong 板厂胡同, Tel. 010 64 00 37 36, U 6 Nanluoguxiang, tgl. 10.30–14, 17.30– 23.30 Uhr, Menü ab 200 ¥. Das elegante Hofhaus-Restaurant in einem der schönsten

Mein Tipp

Beijing Kaoya 北京烤鸭 – **Pekingente in drei Varianten**
Pekingente – in kleine Stückchen zerlegt und mit Pflaumensauce, Frühlingszwiebeln und/oder Gurkenstiftchen in kleine Pfannkuchen gewickelt – ist ein Gedicht. Für Aussehen und Geschmack ist die Grilltechnik entscheidend. Im **Quanjude** von 1864 wird die Haut der Ente am rechten Flügel eingestochen. Danach wird die Ente ausgenommen, gewaschen und getrocknet, mit Brühe gefüllt, verschlossen und gegrillt, bis die Haut kross, glänzend und braun ist. Im **Bianyifang,** das die erste Pekingente außerhalb des Kaiserpalasts verkauft haben soll, wird sie geschmort, dann ausgenommen, gesäubert, mit Brühe gefüllt und gegrillt. Die Haut haftet am Fleisch. Das **Dadong Roast Duck** benutzt besonderes Holz, das ein spezielles Aroma verleiht, und wendet die fettarme und krosse Entenhaut in Zucker.
Quanjude (Quanjude Kaoyadian 全聚德烤鸭店): ▶ Karte 2, H 7, Dongcheng 东城区, 9 Shuaifuyuan Hutong 帅府园胡同, Wangfujing Dajie 王府井大街, Tel. 010 65 25 33 10, www.quanjude.com.cn, U 1 Wangfujing, tgl. 11–14, 16.30–20.30 Uhr, Menü ab 200 ¥. Filialen.
Bianyifang (Bianyifang Kaoyadian 便宜坊烤鸭店): ▶ H 8, Dongcheng 东城区, 2a Chongwenmenwai Dajie 崇文门外大街, Tel. 010 67 12 05 05, www.bianyifang.com, U 2, U 5 Chongwenmen, tgl. 11–22 Uhr, Menü ab 100 ¥. Filialen.
Beijing Dadong Roast Duck (Beijing Dadong Kaoyadian 北京大董烤鸭店): ▶ J 6, Dongcheng 东城区, 1–2F, Nanxincang Int'l. Plaza 南新仓国际大厦), 22A Dongsi 10 Tiao 东四十条, Tel. 010 51 69 03 29, U 2 Dongsishitiao, tgl. 11–22 Uhr, Ente ab 198 ¥.

Hutong-Viertel in Dongcheng bietet aufregend innovative Sichuan-Küche. Bei gutem Wetter kann man zwischen Bambus im Freien sitzen.

Pekingente modern – **Beijing Dadong Roast Duck:** s. Mein Tipp S. 35.

Stimmungsvoll – **Huajia Yiyuan** 花家怡园: ▶ Karte 2, H 5, Dongcheng 东城区, 235 Dongzhimennei Dajie 东直门内大街, Tel. 010 64 05 19 08, www.huajiacai.com, U 5 Beixinqiao, tgl. 10.30–6.30 Uhr, Menü ab 100 ¥/Person. Perfekt für den kulinarischen Einstieg in die Stadt. Nicht nur die Inneneinrichtung ist gelungen, rote Korridore führen in grüne Innenhöfe für ein Dinner unter freiem Himmel. Serviert werden moderne Variationen traditioneller Gerichte aus Beijing.

Global und international

Japan meets America – **Hatsune** (Yinquan Riben Liaoli 隐泉日本料理): ▶ L 7, Chaoyang 朝阳区, 2F, Heqiao Bldg. C (和乔大厦), 8A Guanghua Lu 光华路, Tel. 010 65 81 39 39, U 10 Jintaixizhao, tgl. 11.30–14, 17–22 Uhr, Menü ab 200 ¥/Person. Beliebtes japanisches Restaurant mit hipper Einrichtung. Neben Sushi und Sashimi gibt es innovative kalifornisch-japanische Küche mit so appetitlichen Gerichten wie Kürbis-Tofu und California Rolls mit verschiedenen Füllungen.

Das Salz in der Suppe – **SALT** (Yan 盐): ▶ L 3, Chaoyang 朝阳区, 1F, 9 Jiangtai Xilu 将台西路, Tel. 010 64 37 84 57, www.saltrestaurantbeijing.com, U 10 Sanyuanqiao, dann Taxi, tgl. 12–15, 18–22.30 Uhr, So Brunch 12–16 Uhr, Menü ab 178 ¥/Person. Die libanesisch-venezolanische Chefköchin Ana heimste, wo immer sie kochte, Preise ein. Ihre Gerichte sind eklektisch, innovativ und orientieren sich nicht an Kochtraditionen, sondern einzig am Geschmack. Ständig wechselnde Menüs.

Beijing tanzt Samba – **Alameda:** ▶ K 6, Chaoyang 朝阳区, Sanlitun Houjie, neben der Nali Mall (三里屯后街那里旁边), Tel. 010 64 17 80 84, U 10 Tuanjiehu, tgl. 12–15, 18–22.30 Uhr, Mittagsmenü ab 150 ¥/Person, Dinner ab 200 ¥/Person. Laut, eng, aber unverwechselbar brasilianisch bietet das Alameda exquisite, kreative europäisch-brasilianische und traditionelle brasilianische Küche mit wechselnden Menüs. Sehr gut ist die Auswahl an – teuren – Weinen.

Curry House – **Taj Pavilion** (Taijilou Yindu Canting 泰姬楼印度餐厅): ▶ K 8, Chaoyang 朝阳区, China Overseas Plaza, North Tower (中海广场北楼), 2nd Floor, F2-03, Jianguomenwai Dajie, 8 Guanghua Dongli 建国门外大街光华东里, Tel. 010 65 05 58 66, www.thetajpavilion.com, U 1, U 10 Guomao, tgl. 11.30–14.30, 17.30–22.30 Uhr, Menü ab 200 ¥. Die Innenausstattung erinnert an ein britisches Curry House. Wirklich gemütlich ist es nicht, aber die indische Küche gehört zu den besten der Stadt.

Zauberhafter Orient – **1001 Nights** (1001 Ye 夜): ▶ K 6, Chaoyang 朝阳区, 3–4 Gongren Tiyuchang Beilu 工人体育场北路, Tel. 010 65 32 40 50, www.1001nights.com.cn, U 10 Tuanjiehu, tgl. 11–2 Uhr, Menü ab 100 ¥. Die Ausstattung ist zwar sehr kitschig, aber der großen arabischen Expat-Gemeinde gefällt's. Man kann im Freien essen und dabei in Köstlichkeiten wie Lamm- oder Hühnchen-Kebabs aus Nahost schwelgen.

Pizza total – **Annie's** (Anni 安妮): ▶ L 8, Chaoyang 朝阳区, 88 Jianguo Lu 建国路, gleich westlich von Soho New Town (现代城), Tel. 010 85 89

83 66, http://en.annies.com.cn, U 1 Dawanglu, tgl. 11–23 Uhr; und in ▶ K 7, Chaoyang 朝阳区, Central Park (光华国际), Jinghua Nanjie 景华南街, Tel. 010 85 90 64 28, tgl. 11–23 Uhr, Pizza ab 50 ¥. Wer Heißhunger auf Pizza hat, wird bei Annie's nicht enttäuscht. Kinder dürfen ihre eigene Pizza kreieren. Es gibt auch herzhafte italienisch-amerikanische Küche.

Bratwurst & Co. – **Schindlers Tankstelle** (Shendele Jiayouzhan 申德勒加油炸): ▶ J 7, Chaoyang 朝阳区, 15a Guanghua Lu 光华路, Tel. 010 85 62 64 39, U 1 Yong'anli, tgl. 11–24 Uhr. Gerichte ab 20 ¥. In dem wie ein Bierkeller aufgemachten Restaurant am Ritan-Park gibt es herzhafte deutsche Gerichte wie Gulasch und Wurstplatten. Die Preise sind erfreulich moderat.

Einfach und typisch

Bio und Vegan – **The Veggie Table:** ▶ Karte 2, H 5, Dongcheng 东城区, 19 Wudaoying Hutong 五道营胡同, Tel. 010 64 46 20 73, tgl. 11–23 Uhr, U 2, 5 Lama Temple, Gerichte ab 25 ¥. Das erste Restaurant Beijings für vegane und Bio-Küche serviert köstlichen Hummus, indische Gerichte, vegetarische Burger, leckere Kuchen und vieles mehr. Die Einrichtung liegt irgendwo zwischen alternativ und modern. Einzig der Service könnte etwas besser sein.

Snackstopp – **Fu Jia Lou** 福家楼: ▶ Karte 2, H 6, Dongcheng 东城区, 23 Dongsi 10 Tiao 东四十条, Tel. 010 84 03 78 31, U 2 Dongsishitiao, tgl. 11–14, 17–21.30 Uhr, Gerichte ab 15 ¥. Typische Beijinger Snacks wie Nudeln, Suppen oder kalte Platten sind die Spezialitäten dieses stets überfüllt wirkenden Restaurants. Nicht gerade gemütlich, aber prima für preiswertes, leckeres Essen.

Nudelküche – **Old Beijing Noodle King** (Lao Beijing Zhajiang Mian 老北京炸酱面): ▶ H 9, Dongcheng 东城区, 29 Chongwenmenwai Dajie 崇文门外大街, Tel. 010 67 05 67 05, U 5 Tiantandongmen, tgl. 10–23 Uhr, Gerichte ab 10 ¥. Beijinger Urgestein, dessen Spezialität handgezogene Nudeln sind: gebraten, in Sauce oder pur mit lauter kleinen Tellerchen voller Gewürzen, um sie selbst abzuschmecken. Die Atmosphäre ist laut, derb, aber herzlich.

Seidenstraße kulinarisch – **Crescent Moon Muslim Restaurant** (Wanwan de Yueliang 弯弯的月亮): ▶ Karte 2, H 6, Dongcheng 东城区, 16 Dongsi 6 Tiao 东四六条, Tel. 010 64 00 52 81, U 5 Zhangzizhonglu, tgl. 10–23.30 Uhr, Gerichte ab 5 ¥. Das freundliche Nachbarschaftsrestaurant ist auf muslimische Gerichte aus der Autonomen Region Xinjiang spezialisiert. Auf den Tisch kommen würzige Kebabs, zartes Lamm und mit Lammhack gefüllte *baozi.*

Traditionelle Imbisse – **Jiumen Xiaochi** 九门小吃: ▶ Karte 2, F 5, Xicheng 西城区, Shichahai, Hou Hai, 1 Xiaoyou Hutong 什刹海后海孝友胡同一号, Tel. 010 64 02 58 58, U 2 Jishuitan, tgl. 10.30–13.30, 17.30–21 Uhr, Snacks ab 5 ¥. Alteingesessenes Snacklokal, das aus mehreren Garküchen besteht. Man kann herumgehen und sich je nach Hunger einige der besten und leckersten traditionellen Beijinger Imbisse zusammenstellen.

Haus der 100 Klöße – **Tianjin Baijiao Yuan** 天津百饺园: ▶ Karte 2, F 8, Xicheng 西城区, 12a Xinwenhua Jie 新文化街, Tel. 010 66 05 93 75, U 1 Xidan, U 2 Xuanwumen, tgl. 10.30–14.30, 17–21.30 Uhr, Gerichte ab 5 ¥. Hier werden über 100 Sorten gefüllter Teigtaschen frisch zubereitet. Die Füllungen rei-

Tee, ob einfach, edel-klassisch oder edel-modern, gehört zur chinesischen Kultur

chen von der einfachen Hackfleischfüllung über Meeresfrüchte bis hin zu Eigelb von Enteneiern oder süßen-Füllungen.

Cafés und Teehäuser

Traubengarten – **Vineyard Café** (Putao Yuan'r 葡萄园儿): ▶ Karte 2, H 5, Dongcheng 东城区, 31 Wudaoying Hutong 五道营胡同, Tel. 010 64 02 79 61, www.vineyardcafe.cn, U 2, U 5 Lama Temple, Di–So 11.30–14.45, 18–22.15 (Restaurant), 11.30 Uhr bis früher Morgen (Café), Menü ab 200 ¥. Gemütliches Café-Restaurant in einer malerischen *Hutong.* Gegen den Hunger gibt es Pizzas, Quiches etc., aber ebenso schön ist es, im sonnigen Innenhof den Nachmittag bei einem Glas Wein zu vertrödeln.

Tee traditionell – **Family Fu's Teahouse** (Cha Jia Fu Chayiguan 茶家傅茶艺馆): ▶ Karte 2, F 5, Xicheng 西城区, Yangfang Hutong 羊房胡同, im Houhai-Park (后海公园内), Tel. 010 66 16 07 25, www.familyfusteahouse.com, U 2 Jishuituan, tgl. 10.30–24 Uhr, Tee ab 50 ¥. S. Lieblingsort S. 178.

Wartezimmer – **Beetle in a Box:** ▶ Karte 2, H 5, Dongcheng 东城区, Bldg. 4, 24 Jiaodaokou Dongdajie 交道口东大街, Tel. 010 64 07 30 93, U 5 Beixinqiao, tgl. 10–1 Uhr, Snacks ab 10 ¥. Das coole, etwas chaotisch wirkende Café serviert leckeren Kaffee und gute Snacks. Das Beetle in a Box ist ein gemütlicher Ort, um im Internet zu surfen, Musik zu hören, in einem der vielen Bücher zu schmökern oder einfach nur, um Zeit zu vertrödeln.

Relaxen am See – **Stone Boat Café** (Shifang 石舫): ▶ J 7, Chaoyang 朝阳区, Südwestecke des Ritan-Parks (日坛公园离湖边), Tel. 010 65 01 99 86, U 1, U 2 Jianguomen, tgl. 10–24 Uhr, s. Lieblingsort S. 222.

Einkaufen

Die ganze Stadt erscheint als eine endlose Abfolge von Wohnblöcken, Restaurants und … Läden. Dennoch ist es gar nicht so einfach, genau jene Geschäfte zu finden, die man gerade sucht oder braucht. Dafür macht das ziellose Stöbern auf den vielen Märkten oder das Bummeln durch die riesigen Shopping Malls besonderen Spaß, denn die Wahrscheinlichkeit, auf diese Weise wirklich originelle oder einzigartige Sachen zu finden, ist sehr hoch. Man muss nur genau hinschauen, denn unter Umständen steht das kostbare Teeservice versteckt zwischen DVDs und grellen neonfarbenen Handyhüllen. Zielloses Shoppen in Beijing ist ein Erlebnis der besonderen Art und immer wird man mit einer Riesenauswahl, moderaten Preisen und dem Gefühl, etwas Besonderes erstanden zu haben, belohnt.

Einkaufsbezirke

Die großen **Malls und Kaufhäuser** der Innenstadtbezirke konzentrieren sich um die fünf U-Bahn-Stationen **Wangfujing** (▶ Karte 2, H 7/8), **Dongdan** (▶ Karte 2, H 8), **Xidan** (▶ Karte 2, F 8), **Jishuitan** (▶ Karte 2, F 5) und **Liangmaqiao** (▶ K 5). Hier haben große Modemarken wie Boss, Dior, Giordano oder Chanel ihre Outlets. Außerdem findet man unter einem Dach vereint Supermärkte, Drogerien, Teegeschäfte und vieles mehr.

Trendige **Einkaufszentren,** chaotische **Kleidermärkte** und schicke **Boutiquen** findet man in Sanlitun und hier vor allem in der **Sanlitun Lu** (▶ K 5/6, 三里屯路). **Computer und Elektronik** bekommt man im Universitätsviertel **Haidian** (▶ B–F 1–5, 海淀区) und dort insbesondere in **Zhongguancun** (▶ C/D 2/3, 中关村), dem ›Silicon Valley‹ der Stadt.

Märkte findet man über ganz Beijing verteilt, wobei die wirklich großen sich eher an der Peripherie oder außerhalb der Innenstadtbezirke ausbreiten. **Boutiquen, Kramläden und traditionelle Geschäfte** mit chinesischer Medizin, Kunst, Malutensilien usw. reihen sich entlang der **Dazhalan** (▶ G 8, 大栅栏) und **Liulichang** (▶ F 8, 琉璃厂).

Souvenirs

In Beijing gibt es ein einzigartiges Angebot an Antiquitäten und Souvenirs. Der Wermutstropfen: Die Antiquitäten sind fast nie echt. Wie könnten sie auch: Jährlich durchstreifen mehr als 15 Mio. Besucher die Stadt. So viele Antiquitäten, wie es Nachfrage gibt, kann es gar nicht geben. Wer die echte Ming-Vase sucht, wird schon ein Museum aufsuchen müssen. Anzumerken aber bleibt, dass die Nachahmungen fast genauso gut sind wie die Originale, und schnell wird man feststellen, dass die Chinesen nicht nur Meister im Kopieren westlicher Designs sind, sondern auch ihre eigenen kulturellen Stücke der Vergangenheit perfekt kopieren. Wer etwas Schönes sucht, sollte also weniger darauf achten, ob es alt, sondern wie es gearbeitet ist.

Antiquitäten, Kunst und Kunsthandwerk

Typische Beijinger Kunsthandwerksprodukte sind Cloisonnée-Artikel (Emaille-Intarsien auf Kupferoberflächen), Jadeschnitzereien, rote Lackarbeiten, Teppiche, Rollbilder, Kalligrafien, Scherenschnitte, Drachen und von innen bemalte Schnupftabakfläschchen.

Kunsthandwerk – **Arts and Crafts Emporium** (Gongmei Dasha 工美大厦): ▶ H 7, Dongcheng 东城区, 200 Wangfujing Dajie 王府井大街, U 1 Wangfujing, tgl. 7.30–21.30 Uhr. Großes Kaufhaus für Kunsthandwerk. Auf zig Etagen gibt es neben Plastikkitsch teure Jade, neben Volkskunst kostbare Keramik, antike Möbel und vieles mehr. Zwar stehen überall Preise dran, aber sie dienen nur der ersten Orientierung und sind verhandelbar.

Souvenirs total – **Beijing Curio City** (Beijing Guwan Cheng 北京古玩城): ▶ K 10, Chaoyang 朝阳区, 21 Dongsanhuan Nanlu 东三环南路, U 10 Panjiayuan, tgl. 9.30–18.30 Uhr. Auf vier Etagen findet man alles, was die chinesische Kunstgewerbeindustrie ausstößt.

Für Künstler – **Beijing Gehua Baihua Meishu Yongpin** 北京歌华百花美术用品: ▶ Karte 2, H 7, Dongcheng 东城区, 10 Wusi Dajie 五四大街, Tel. 010 65 22 25 11, www.baihuaart.cn, U 5, 6 Dongsi, tgl. 9–18.30 Uhr. Das Kaufhaus für Künstlerbedarf hat alles, was man braucht, um ein eigenes Meisterwerk zu kreieren. Zahlreiche weitere Geschäfte für Kunstbedarf in der Nähe.

Traditionsstraße 1 – **Dazhalan** 大栅栏: ▶ G 8, Xicheng 西城区, s. Entdeckungstour S. 198.

Traditionsstraße 2 – **Liulichang** 琉璃厂: ▶ F 8, Xicheng 西城区, s. S. 195.

Bücher und CDs

Buchkaufhaus – **Xidan Books Building** (Beijing Tushu Dasha 西单图书大厦): ▶ F 8, Xicheng 西城区, 17C Xichang'an Jie 西长安街), www.bjbb.com, U 1, 4 Xidan, tgl. 8.30–21 Uhr. Riesiges Buchkaufhaus, in dem es wie auf dem Bahnhof zugeht. Die Auswahl an englischsprachigen Büchern ist zwar mager, aber es gibt eine riesige CD- und DVD-Abteilung.

Digitale Welt – **FAB Record Store** (FAB Jingcaiwang, FAB 精彩网): ▶ Karte 2, F 7, Xicheng 西城区, 9/Fl. Joy City (大悦城), 131 Xidan Beidajie 西单北大街, www.fab.com.cn, tgl. 9.30–22 Uhr, U 1, 4 Xidan, tgl. 9.30–22 Uhr. Riesiges Angebot an CDs und DVDs, meist chinesische Titel, Auswahl westlicher Musik und amerikanischer Filme.

Fremdsprachliche Bücher – **Foreign Languages Bookstore** (Waiwen Shudian 外文书店): ▶ Karte 2, H 7, Dongcheng 东城区, 235 Wangfujing Dajie 王府井大街, Tel. 010 65 12 69 11, U 1 Wangfujing, tgl. 9–22 Uhr. Im Erdgeschoss gibt es in China publizierte englisch- und auch deutschsprachige Bücher, in der dritten Etage auch eine leidliche Auswahl an importierter Literatur.

Delikatessen

Feine Kost – **Kempi Deli** (Kaibin Meishilang 凯宾美食廊): ▶ K 5, Chaoyang 朝阳区, 1F Kempinski Hotel (凯宾斯基饭店), 50 Liangmaqiao Lu 亮马桥路, Tel. 010 64 65 33 88 ext. 57 41, U 10 Liangmaqiao, tgl. 7–22 Uhr. Der Feinkostladen hat sich vor allem auf Backwaren spezialisiert: Kuchen, leckere Kekse, gutes Brot etc.

Supermarkt – **Olé:** ▶ Karte 2, H 7, B108, Beijing APM Mall (Xin Dong'an Guangchang 新东安广场), 138 Wangfujing Dajie 王府井大街, U 1 Wangfujing, tgl. 9-22 UhU 1 Wangfujing, tgl. 9.30–22 Uhr. Gut sortierter Supermarkt mit großem Weinsortiment und großer Drogerieabteilung. Zusätzlich zum normalen Lebensmittelangebot gibt es belegte Sandwiches und andere Snacks.

Deutsche Leckereien – **Schindler's Food Center** (Shenjia Shipin Zhongxin 申嘉食品中心): ▶ L 5, Chaoyang 朝阳区, Nongzhanguan Beilu, 15 Zaoying Beili 农展馆北路枣营北里15号, Tel. 010 65 91 93 70, U 10 Liangmaqiao, tgl. 9.30–19 Uhr. Feinkostladen mit Geflügel, Fleisch, Wurst, auch Brot, Wein etc.

Geschenke

Designstudio – **emo+(Café):** ▶ L 8, Chaoyang 朝阳区, Rm 103, No 4 Orange Bldg. 橘红楼, Soho New Town (SOHO Xiandaicheng/SOHO 现代城), Xidawang Lu 西大望路, Tel. 010 85 89 27 87, www.emo.com.cn, U 1 Dawanglu, tgl. 10–22 Uhr. Emo+ steht für trendiges, zuweilen verspieltes Design. Wer witzige, ausgefallene oder ästhetische Geschenke sucht, hat hier große Auswahl. Café.

Fundgrube – **Lost and Found** (Shiwu Zhaoling 失物招领): ▶ Karte 2, H 5, Dongcheng 东城区, 42 Guozijian Jie 国子监街, www.lostandfound.cn, U 2, 5 Lama Temple, tgl. 10.30–20 Uhr. Von der antiken Nähmaschine und aus ganz China zusammengetragenem Trödel bis zu Designstücken, die von den beiden Inhabern selbst entworfen wurden, gibt es hier vieles zu entdecken.

Feines aus Leder – **Xing Mu Handicrafts** (Xing Mu Shougong 兴穆手工): ▶ Karte 2, G 6, Dongcheng 东城区, 99 Nanluogu Xiang 南锣鼓巷, Tel. 010 84 04 32 17, www.craftxm.com, U 5 Zhangzizhonglu, U 6 Nanluoguxiang; Xicheng 西城区, 2 Yandai Xiejie 烟袋斜街, Tel. 010 84 02 18 31, U 2, 8 Gulou Dajie, beide tgl. 11– 23 Uhr. Kunsthandwerk aus natürlichen Materialien, traditionell hergestellt.

Kaufhäuser und Malls

Viele der Kaufhäuser und Malls haben Supermärkte und Restaurantetagen. Hier findet man auch Drogerien und Fachgeschäfte aller Art. Wer westliche Nahrungsmittel sucht, wird feststellen, dass man sie meist nur in Vierteln erhält, in denen viele Ausländer leben.

Nobelzentrum – **Malls at Oriental Plaza** (Dongfang Xintiandi 东方新天地): ▶ Karte 2, H 8, Dongcheng 东城区, 1 Dongchang'an Jie 东长安街, www.orientalplaza.com/eng/shopping/, U 1 Wangfujing, tgl. 9.30–22 Uhr. Die Geschäfte dieses langen, sich über zwei Etagen erstreckenden Einkaufszentrums am Beginn der Wangfujing sind nobel und gut. Hier gibt es nicht nur Mode, sondern auch zahlreiche gute Restaurants.

Video@shopping – **The Place** (Shimao Tianjie 世贸天阶): ▶ K 7, Chaoyang 朝阳区, 9A Guanghua Lu 光华路, www.theplace.cn, U 1 Yong'anli, tgl. 10–22 Uhr. Asiens größter LED-Bildschirm dient hoch über den Köpfen der Menschen als Regen- oder Sonnenschutz der zentralen Passage (Abb. S. 16). Entsprechend sollte man gerade diese Mall einmal abends besuchen, wenn kreischend bunte Videoclips Shopper und Spaziergänger in Scharen anziehen.

Trendsetter – **The Village at Sanlitun** (Sanlitun Village, 三里屯 Village): ▶ K 6, Chaoyang 朝阳区, 19 Sanlitun Lu 三里屯路, www.sanlitunvillage.com, U 10 Tuanjiehu, tgl. 10–22 Uhr. Die weitläufige Open-Air-Mall mit trendigen Geschäften, in denen man Kunst, Kleidung, Schmuck und Elektronik erstehen kann, ist der neueste Schrei in Beijing.

Märkte

Tempelmarkt – **Baoguo Si Antique Market** (Baoguo Si Jiuhuo Shichang 报国寺旧货市场): ▶ E 9, Xicheng 西城区, Baoguosi Qianjie 报国寺前街, U 2 Changchunjie, tgl. 7–16.30 Uhr, s. S. 203.

Markt total – **Dongjiao Market** (Dongjiao Shichang 东郊市场): ▶ L 8, Chaoyang 朝阳区, 12A Xidawang Lu 西大望路, U 1 Dawanglu, tgl. 8–19 Uhr. Riesiger Markt mit unglaublichem Angebot vom Werkzeug bis zu Lebensmitteln.

Der Dachboden Chinas – **Panjiayuan Antique Market:** s. u. Mein Tipp.

Tempelmärkte – s. S. 51.

Mode/Schuhe

Große Größen – **Huge Waves:** ▶ K 6, Chaoyang 朝阳区, 3003/3028, 3.3 Shopping Mall (3.3 服饰大厦 3003/3028 室), 33 Sanlitun Beijie 三里屯北街, U 10 Tuanjiehu, tgl. 11–23 Uhr. Der Name sagt es, hier gibt es auch schöne Schuhe für große Menschen. Die Auswahl ist ebenfalls groß, aber wer einen passenden Schuh findet, sollte nicht zögern, sondern ihn gleich kaufen, denn jede Größe gibt es nur einmal.

Gala-Garderobe – **Zijin Liren** 紫禁丽人: ▶ E 7, Xicheng 西城区, 3 Fl, Vantone World Plaza (Wantong Shangcheng 万通商城), 2 Fuchengmenwai Dajie 阜成门外大街, Tel. 010 68 04 07 31, U 2 Fuchengmen, tgl. 9–21 Uhr. Guter Schneider für einen maßgeschneiderten Cheongsam, aber auch für Theaterkostüme, Mode der Minderheiten und richtige Anzüge.

Schick für alle – **Jimmy and Tommy Foreign Trade Fashion Club** (Tianrun Waimao Fuzhuang Dian 天润外贸服装店): ▶ K 7, Chaoyang 朝阳区, 14 Dongda-

Mein Tipp

Der Dachboden Chinas

Dieser riesige Markt für chinesische Kunsthandwerksartikel ist der beste und auch interessanteste Ort in der Hauptstadt, um Andenken und Mitbringsel zu erstehen. Über 3000 Stände breiten sich auf 48 500 m² aus. Die Verkäufer kommen aus ganz China und präsentieren ein schier unübersehbares Angebot an Steintassen und versilberten Schalen, Porzellan und Teekannen in allen Formen und Größen, Kampfsportutensilien für Fans von Kung Fu *(gongfu)* oder *taiji quan,* Steinstatuen und Buddhafiguren, Perlen und Schmuck, chinesischen Kästen und Körben, Zeichnungen und Schriftrollen, Holzkisten und Masken und vieles mehr. Während der Bereich für Antiquitäten täglich geöffnet ist, breiten sich die Händler am Wochenende (besonders viel los ist Sa und So 6.30–8.30 Uhr), zusätzlich auf einem Freiareal aus, wo sie alles verkaufen, was die Dachböden ihrer Heimatdörfer hergeben.

Panjiayuan Antique Market (Panjiayuan Jiuhuo Shichang 潘家园旧货市场): ▶ K 10, Chaoyang 朝阳区, Panjiayuan Qiao 潘家园桥, U 10 Panjiayuan, Mo–Fr 8.30–18, Sa/So 4.30–18.30 Uhr.

In den angesagten kleinen Beijinger Gassen finden sich nicht nur Bars und Restaurants, sondern auch kleine Modeläden

qiao Lu 东大桥路, U 1 Yong'anli, tgl. 10– 21.30 Uhr. Outlet-Shop mit einer großen Auswahl an Kleidung aller Marken. Darüber hinaus erhält man hier Golfkleidung und eine begrenzte Auswahl an Kinderkleidung. Das Beste aber ist, dass dieses Geschäft auch schöne Mode für große ›Langnasen‹ führt.

Schmuck

Goldschmiede – **Dragon House Jewelry** (Yulong Ge 玉龙阁): ▶ K 6, Chaoyang 朝阳区, Ostseite des Yashow Clothing Market (雅秀市场东侧), 58 Gongren Tiyuchang Beilu 工人体育场北路, U 10 Tuanjiehu, tgl. 9.30–19.30 Uhr. Große Auswahl an wunderschön gearbeitetem Schmuck aus Gold und Silber in allen Stilrichtungen. Man kann sich Schmuck nach eigenen Vorgaben herstellen lassen, auch Reparaturservice.

Pretiosen – **Hiersun** (Hengxin Gushi Gongdian 恒信钻石宫殿): ▶ Karte 2, H 8, Dongcheng 东城区, AA29 Oriental Plaza (Dongfang Xintiandi 东方新天地), 1 Dongchang'an Jie 东长安街, www.hiersun.com, U 1 Wangfujing, tgl. 9–22 Uhr. Großes, grell erleuchtetes Juweliergeschäft mit einer breiten Auswahl – von modernem Schmuck bis zu antiken Uhren. Sehr netter Service.

Volksschmuck – **Pearl Market** (Hongqiao Zhenzhu Shichang 红桥珍珠市场): ▶ H 9, Dongcheng 东城区, 3F Hongqiao Market (Hongqiao Shichang 红桥市场), Tiantan Donglu 天坛东路, U 5 Tiantandongmen, tgl. 9–19 Uhr. Ob man hier wirklich echtes Gold und Silber bekommt, ist fraglich. Dafür gibt es ein riesiges Angebot an Süßwasserperlen, echten und falschen Schmucksteinen sowie alle Sorten von Schmuck.

Ausgehen, Abends und Nachts

Partyzonen in Beijing

Von der gemütlichen Nachbarschafts- über die verrauchte Jazzkneipe bis hin zum ultracoolen Club ist wirklich alles vertreten. Die Szene zeigt glücklicherweise eine starke Tendenz, sich auf bestimmte Gegenden zu konzentrieren, sodass man in den entsprechenden Vierteln nie lange suchen muss, wenn man die Nacht zum Tag machen will. In vielen Restaurants und Kneipen liegen die Stadtmagazine That's Beijing, Time Out oder andere Titel aus. Die Websites **www.cityweekend.com.cn, www.thebeijinger.com** oder **http://eng.bj.clubzone.cn** informieren ausführlich über neueste Bars, Clubs und Kneipen.

Als im Jahr 2000 die erste Kneipe direkt am Ufer des **Hou Hai** (▶ Karte 2, F/G 5/6, Shichahai Diqu Jiuba Fenbu 什刹海地区就把分部) ihre Pforten öffnete, war das nicht nur ein Startschuss, sondern eine Explosion, die das Gesicht der Drei Hinteren Seen verändert hat. Heute tobt hier das Nachtleben und die Ufer werden von ungezählten Restaurants und Kneipen gesäumt. Die wirklich guten Kneipen findet man aber nicht direkt am Uferbereich, sondern in den kleinen, angrenzenden *Hutong*.

Vielleicht waren es die aus den Nähten platzenden Ufer der Drei Hinteren Seen, die 2006 die ersten Betreiber zur Flucht in die *Hutong* **Nanluogu Xiang** (▶ Karte 2, G 6, 南锣鼓巷) veranlassten. Glücklicherweise nahmen sich die Nachahmer das gemütliche Pass By zum Vorbild, sodass die Szene hier eher gemächlich und gemütlich ist.

Das Viertel um das **Workers' Stadium** (▶ J 6, Gongren Tiyuchang Jiuba Fenbu 工人体育场就把分部) ist Beijings Partyviertel schlechthin. Schrill, grell, laut und bunt haben sich hier die großen Clubs und Discos angesiedelt. Aber es gibt auch kleine, feine Nachbarschaftskneipen, die man in den neonerleuchteten Straßen schnell übersieht.

Etwas östlich vom Workers' Stadium zieht sich die Sanlitun Lu, in Beijing einfach nur **Sanlitun-Barstraße** (▶ K 6, Sanlitun Jiuba Jie 三里屯酒吧街) genannt, nach Norden. Dies ist die Keimzelle des hauptstädtischen Nachtlebens, der Ort, wo in den 1990er-Jahren die ersten echten Kneipen öffneten. Ihr Erfolg lockte schließlich immer neue Investoren an und bis heute findet man hier eine der dichtesten Konzentrationen an Bars, Kneipen und Clubs der ganzen Stadt.

Etwas weiter draußen jenseits des 3. Rings hat sich rund um das **Westtor des Chaoyang-Parks** (▶ L 5/6 朝阳公园西门) eine rege Bar- und Clubszene etabliert. Hier findet man einige der coolsten Lounges, Beach Bars und Kneipen der Stadt.

In **Wudaokou** (▶ C/D 2, 五道口) konzentriert sich Beijings studentische Szene. Hier findet man keine Glitzerschuppen, aber doch den einen oder anderen berühmten DJ, gemütliche und preiswerte Kneipen, nette Leute und im Sommer hippe Biergärten.

Schwulen- und Lesbenszene

Die Schwulen- und Lesbenszene in China ist in den letzten Jahren offener geworden und muss sich nicht mehr hinter kryptischen Beschreibungen verstecken. Schwulen- und Lesbenbars gehören mittlerweile genauso zu den Trendsettern wie andere auch und werden in den Stadtmagazinen gelistet. Infos zur chinesischen Schwulen- und Lesbenszene findet man unter **www.gaychina.com, www.utopia-asia.com/chinbeij.htm.**

Veranstaltungen und Karten

Beijings Angebot an kulturellen Veranstaltungen hat spätestens seit der Olympiade 2008 internationales Niveau erreicht. Die Orchester der Stadt sind dagegen schon länger auf den Bühnen der Welt zu Hause. Zwischen den unzähligen Spielstätten ragen das National Centre for the Performing Arts und die Beijing Concert Hall heraus, aber es gibt auch traditionelle Theater wie die Huguang Guild Hall.

Veranstaltungshinweise vor allem für Events in den kleineren Clubs findet man auf den Websites der oben genannten Stadt- und Onlinemagazine. **Infos und Tickets** für alle großen und kleinen Veranstaltungen und Veranstaltungsorte gibt es online unter: **www.piao.com.cn, www.smartbeijing.com, www.theatrebeijing.com.**

Bars und Kneipen

Ausgelassen – **Alfa** (A'erfa 阿尔法): ▶ J 6, Chaoyang 朝阳区, 6 Xingfu Yicun 幸福一村, in der Gasse gegenüber dem Nordeingang des Workers' Stadium, Tel. 010 64 13 00 86, U 2 Dongsishitiao, U 10 Tuanjiehu, Mo 16–2, Di–Fr 11–14, 16–2, Sa/So 11– 15, 16–2 Uhr. Quirliger kleiner Tanzschuppen mit nettem Publikum und angenehm-ausgelassener Atmosphäre. Beliebt sind hier auch Themenabende wie die Retro Dance Nights.

Treffpunkt – **Ball House** (Bolou 波楼): ▶ Karte 2, G 5, Dongcheng 东城区, 40 Zhonglouwan 钟楼湾, Jiugulou Dajie 旧鼓楼大街, Tel. 010 64 07 40 51, U 2, 8 Gulou Dajie, tgl. 14–3 Uhr. Einzig eine geheimnisvolle, rot erleuchtete Tür weist den Weg zum gemütlichen, aus einem ehemaligen Loft gestalteten Raum, in dem sich Künstler und B-Promis treffen. Drei Billardtische runden das Wohnzimmerfeeling ab.

Nicht zum Schlafen – **Bed** (Chuang Ba 床吧): ▶ Karte 2, G 5, Xicheng 西城区, 17 Zhangwang Hutong 张旺胡同, Tel. 010 84 00 15 54, U 2, 8 Gulou Dajie, tgl. 14–2 Uhr. Die coole Kneipe, die in einer ruhigen *Hutong* nördlich vom Glockenturm liegt, bietet als Clou alte *kang* – traditionelle von unten mit Holz oder Kohle beheizbare Ziegelbetten – als Sitzgelegenheiten. Auf ihnen kann man gemütlich leckere Tapas bei einem Glas Wein oder Bier genießen.

Cocktail-Kultur – **Centro** (Xuanku 炫酷): ▶ K 7, Chaoyang 朝阳区, 1F Kerry Centre Hotel (Jiali Zhongxin Fandian 嘉里中心饭店), 1 Guanghua Lu 光华路, Tel. 010 65 61 88 33, ext. 42, U 10 Jintaixizhao, tgl. 18.30 bis zum frühen Morgen. Chinesische Hotelbars sind fast immer gähnende Langweiler. Die Bar des Kerry Centre hat dagegen sogar für Beijing Maßstäbe gesetzt. An der riesigen Theke wird die Cocktail-Kultur geradezu zelebriert. Livejazz.

Studentenkneipe – **Lush:** ▶ D 2, Haidian 海淀区, Chengfu Lu 成府路, 2F, Bldg. 1, Huaqing Jiayuan 华清嘉园, Tel. 010 82 86 35 66, www.lushbeijing.com, U 13 Wudaokou (das Lush liegt auf der gegenüberliegenden Seite der Station), tgl. 24 Std., Happy Hour 20–22 Uhr. So schön ist das Studentenleben: morgens ein magenfüllendes Frühstück, mittags eine Foccacia nach Art des Hauses, zur Happy Hour zwei Bier zum Preis von einem. Ab 22 Uhr beginnt dann der Abend mit Events, guter Musik und Stimmung.

Treffpunkt für Freunde – **2 Kolegas:** ▶ L 4, Chaoyang 朝阳区, 21 Liangmaqiao Lu 亮马桥路 (Zugang über die Autokinozufahrt 枫花园汽车电影院内), Tel. 010 64 36 89 98, www.2kolegas.com, U 10 Liangmaqiao, tgl. 20–2 Uhr. Nettes Lokal, um Freunde zu treffen und Musik zu hören. Fast jeden Abend spielen Livebands in der gemütlichen Kneipe, die einst von zwei Freunden gegründet wurde und sich zu einem Treff junger Leute entwickelt hat.

Ruhepunkt – **Pass By** (Guo Ke 过客): ▶ Karte 2, G 6, Dongcheng 东城区, 108 Nanluogu Xiang 南锣鼓巷, Tel. 010 84 03 80 04, U 6 Nanluoguxiang, tgl. 9.30–2 Uhr. Urgemütlich: Kneipe und Restaurant mit einer herrlichen Dachterrasse, um draußen zu sitzen, WLAN, dezente Musik und tibetisch angehauchtes Dekor – kurz, der ideale Ort, um sich von der Hektik der Stadt zu erholen.

Opiumhöhle – **World of Suzie Wong** (Suxihuang 苏茜黄): ▶ L 6, Chaoyang 朝阳区, Chaoyanggongyuan Xilu 朝阳公园西路, 20 m südlich vom Westtor des Chaoyang-Parks (朝阳公园西门), Tel. 010 65 00 33 77, www.suziewong.com.cn, U 10 Tuanjiehu, Mo–Do 19–3, Fr–So 19–7 Uhr. Die Welt der Suzie Wong ist hier im Stil einer Shanghaier Opiumhöhle der 1930er-Jahre wieder auferstanden. Man kann auf Ming-zeitlichen Betten Cocktails schlürfen oder im zweiten Stock auf der kleinen Tanzfläche rocken.

Discos und Clubs

Heimat des Rock – **13 Club** (13 Julebu, 13 俱乐部): ▶ C 2, Haidian 海淀区, 161 Chengfu Lu 成府路, Tel. 010 82 62 80 77, U 13 Wudaokou, dann mit Taxi oder Bus nach Westen bis Busstopp Lanqiying (蓝旗营车站), tgl. 20–2 Uhr. Metal-Gitarrist Liu Lixin gründete diesen Club, »um den chinesischen Rock wieder an seinen Ursprung zu holen«, und an Wochenenden gelingt es ihm tatsächlich, nicht nur hervorragende Gruppen, sondern auch ein großes Publikum ins ferne Wudaokou zu locken.

Megaclub am Stadion – **Babyface:** ▶ J 6, Chaoyang 朝阳区, 6 Gongren Tiyuchang Xilu 工人体育场西路, Tel. 010 65 51 90 81, U 10 Tuanjiehu, tgl. 8.30–2 Uhr. In einem der bekanntesten und auch ersten Megaclubs der Stadt tanzt man zur aktuellsten Hip-Hop- und R&B-Musik. Nicht billig, aber dafür fließt hier grüner Tee oder Whisky in Strömen.

Farbenprächtig – **Elements Club** (Aile 爱乐 Club): ▶ J 6, 58 Gongren Tiyuchang Xilu 工人体育场西路 (Westtor des Arbeiterstadions 工体西门院), Tel. 010 65 53 11 82, U 6 Dongdaqiao, tgl. 21–5 Uhr. Schick, international und hipp präsentiert sich der Megaclub, in dem der italienische Markino ein junges Hauptstadtpublikum auf dem Dance Floor zum Schwitzen bringt. Große Auswahl an Getränken und Speisen.

Knotenpunkt – **Kai Club** (Kaiba 开吧): ▶ K 6, Chaoyang 朝阳区, Sanlitun Beijie 三里屯北街 (hinter dem 3.3 Shopping Center), Tel. 010 64 16 62 54, U 10 Tuanjiehu, Mo–Fr 18–2, Sa/So 18–4 Uhr. Ein echter Knotenpunkt des Nachtlebens in Sanlitun. Hier tanzen hauptsächlich junge Leute bei preiswerten Getränken zu Indie, Rock, House, Techno etc. die Nacht durch.

Livemusik

Jazzschmiede – **VA Bar:** ▶ Karte 2, H 5, Dongcheng 东城区, 13 Wudaoying Hutong 五道营胡同, Tel. 010 58 44 36 38, U 2, 5 Lama Temple, tgl. 14 Uhr bis früher Morgen. Gemütliche Musikbar,

Junge Beijinger im Disco-Fieber

die besonders Jazzfans ansprechen wird. Ausgestattet mit einer kleinen Bühne, Schlagzeug, Piano und einem hervorragenden Soundsystem, sind hier regelmäßig Beijinger Bands zu Gast.

Nichts für Mao – **MAO Livehouse** (Guangmang 光芒): ▶ Karte 2, G 5, Dongcheng 东城区, 111 Gulou Dongdajie 鼓楼东大街, Tel. 010 64 02 50 80, www.maolive.com, U 2, 8 Gulou Dajie, tgl. 16 Uhr bis früher Morgen. Das fantasievolle Logo mit Chinas berühmtester Frisur (die von Mao) und die vernietete Eisenfassade zeigen, wo es langgeht. Hier spielen die besten Punk-, Metal-, Rock- und Emo-Bands. Die Bühne ist von der Bar abgetrennt, sodass man sich auch unterhalten kann.

Musik versetzt Berge – **Yugong Yishan** 愚公移山: ▶ Karte 2, H 6, Dongcheng 东城区, 3-2 Zhangzizhong Lu 张自忠路, Westhof des ehemaligen Regierungspalasts von Duan Qirui, Tel. 010 64 04 27 11, www.yugongyishan.com, U 5 Zhangzizhonglu, tgl. 19 Uhr bis früher Morgen. Gute Bands und gute Atmosphäre haben das Yugong Yishan (benannt nach der Geschichte »Yugong versetzt Berge«) zu einem der beliebtesten Orte für Livemusik in Beijing gemacht. Gespielt wird alles von Rock bis Jazz, von Hip-Hop bis Metal.

Schwul und lesbisch

Der Weg ist das Ziel – **Destination** (Mudi Di 目的地): ▶ J 6, Chaoyang 朝阳区, 7 Gongren Tiyuchang Xilu 工人体育场西路, Tel. 010 65 51 51 38, U 2, 6 Chaoyangmen, tgl. 11.30–2 Uhr. Die Einrichtung ist kaum der Rede wert. Dennoch ist das Destination stets bestens besucht und an Wochenenden fürchterlich voll. Wer der Enge entfliehen möchte, kann ins hauseigene Restaurant wechseln.

Frauenpower – **Pipe Café** (Yandou 烟斗): ▶ J/K 6, Chaoyang 朝阳区, Südtor des Arbeiterstadions (工人体育场南门), Tel. 010 65 93 77 56, U 2, 6 Chaoyangmen, tgl. 18–2 Uhr. Gemütliche Bar, von Sonntag bis Freitag eine konventionelle Kneipe, aber jeden Samstagabend verwandelt sie sich zu einem Treff für Lesben (keine Männer erlaubt) im Alter von 18 bis 25 Jahren, die hier den Abend einläuten.

Ibiza-Feeling – **The Beach:** ▶ L 5, Chaoyang 朝阳区, Block 8, Westtor Chaoyang-Park 朝阳公园西门 8 号公馆内, Tel. 135 21 88 28 89, www.bysigma.com, U 10 Tuanjiehu, 21 Uhr bis früher Morgen. Ibiza ist weit weg, aber das The Beach auf dem Dach dieses Blocks entführt einen mitten in einen Kurzurlaub am Strand. Die Füße im weißen Sand kann man hier in cooler Atmosphäre bei Sommermusik auf blauen Sofas seinen Cocktail schlürfen.

Drag Queen-Palast – **Jujiao Yanyi Bar** (Jujiao Yanyi Jiuba 聚焦演艺酒吧): E 8, Xicheng 西城区, 85 Xibianmennei Dajie 西便门内大街 (Untergeschoss des Golden Sun Hotel 金色夏日商务酒店地下层), Tel. 010 51 66 32 98, U 2 Changchunjie und weiter mit Taxi, tgl. 18–2 Uhr. Mischung aus Karaoke-Bar, Dragshow-Etablissement (Dragshows jeden Mi, Fr, Sa/So ab 22 Uhr) und Partyschuppen mit hauptsächlich lokalem Publikum.

Kino

Programmkino – **Moma Broadway Cinematheque** (Dangdai MOMA Bailaohui Dianying Zhongxin 当代 MOMA 百老汇电影中心): ▶ J 5, Dongcheng 东城区, F3, Building T4, The North Area, 1 Xiangheyuan Lu (东直门香河园路当代 MOMA 北区 T4 座), Tel. 010 84 38 82 02, www.bc.cinema.cn, U 2, 13 Dongzhimen (Exit B). Urgemütliches Programmkino mit einer sehr persönlichen Atmosphäre, das sich dem Kunstfilm verschrieben hat und regelmäßig Themenreihen und Festivals veranstaltet.

Filmkunst – **China Film Archive Art Cinema** (Zhongguo Dianying Ziliao Guan 中国电影资料馆): ▶ F 5, Haidian 海淀区, Rm 1213, 3 Wenhuiyuan Lu 文慧园路, Tel. 010 62 25 44 22, ext. 1214, www.cfa.gov.cn, U 2 Jishuitan, 30 ¥. Normalerweise werden hier nur Chinesische Filme gezeigt, aber jeden Donnerstag gibt es ab 18.30 Uhr einen englischen Film. Austragungsort von Filmfestivals.

Starkino – **Star City** (Xin Shiji Yingcheng 新世纪影城): ▶ Karte 2, H 7/8, Dongcheng 东城区, B1F, Oriental Plaza (Dongfang Guangchang 东方广场), 1 Dongchang'an Jie 东长安街, Tel. 010 85 18 67 78, www.b-cinema.cn, U 1 Wangfujing, ab 60 ¥. Neben Blockbustern werden manchmal weniger bekannte Filme gezeigt. Themenfilmfestivals mit ausländischen Filmen.

Filmpalast – **Stellar International Cineplex** (Xingmei Guoji Yingcheng 星美国际影城): ▶ A/B 4, Haidian 海淀区, 1F, Golden Resources Mall (Jinyuan Shidai Gouwu Zhongxin 金源时代购物中心), 1 Yuanda Lu 远大路, Tel. 010 88 87 86 96, www.ixingmei.com, U 10 Changchunqiao. Extravagantestes und modernstes Kino der Stadt. Gezeigt werden die neuesten chinesischen und internationalen – sprich Hollywood- – Filme. Dienstags ist Kinotag, dann kostet es – wie vormittags – nur die Hälfte.

Konzerte und Oper

Tempel der Musik – **Beijing Concert Hall** (Beijing Yinyue Ting 北京音乐厅):

▶ Karte 2, F 8, Xicheng 西城区, 1 Beixinhua Jie北新华街, Tel. 010 52 85 36 61, www.beijingyinyueting.com, U 1, 4 Xidan. Das Konzertgebäude fasst 2000 Besucher und ist einer der wichtigsten Konzertsäle für klassische chinesische und westliche Musik in der Stadt.

Traditionelles Ensemble – **China National Orchestra** (Zhongguo Minzu Yuetuan 中国民族乐团): ▶ H 2, Chaoyang 朝阳区, 15 Xiaoying Lu 小营路, Tel. 010 64 98 64 37, www.chinacno.org, U 5 Huixinxijiebeikou, dann Taxi. Großes Orchester, das primär alte chinesische Instrumente einsetzt. Das Repertoire umfasst traditionelle chinesische Musik und Werke moderner chinesischer Komponisten.

Beijinger Sinfoniker – **Forbidden City Concert Hall** (Zhongshan Gongyuan Yinyue Tang 中山公园音乐团): ▶ Karte 2, G 7, Xicheng 西城区, Xichang'an Jie 西长安街, im Zhongshan-Park, Tel. 010 65 59 82 85, www.fcchbj.com, U 1 Tian'anmen West. Die Konzerthalle ist ein bevorzugter Spielort des Beijing Symphony Orchestra (www.bjso.cn), das in den 1990er-Jahren unter dem Dirigenten Tan Lihua in die Liga der großen Orchester aufgestiegen ist. Auch viele ausländische Künstler treten hier auf.

Musik-›Ei‹ – **National Centre for the Performing Arts** (Guojia Dajuyuan 国家大剧院): ▶ F 6/8, Xicheng 西城区, 2 Xichang'an Jie 西长安街, Tel. 010 66 55 09 89, www.chncpa.org, U 1 Tian'anmen West. Auf den Bühnen des futuristisch anmutenden Theaterzentrums geben sich internationale Stars und Ensembles die Klinke in die Hand, s. S. 112.

Opern- und Theaterbühne – **Poly Theatre** (Baoli Juchang 保利剧场): ▶ J 6, Dongcheng 东城区, Dongzhimen Nandajie 东直门南大街, 1F Poly Plaza (Baoli Dasha 保利大厦), Tel. 010 65 06 53 43, www.polytheatre.com, U 2 Dongsishitiao. Das Poly Theatre zählt zu den wichtigsten Bühnen Beijings für internationale Opern-, Ballett- und Konzertaufführungen.

Moderner Tanz – **The Beijing Modern Dance Company** (Beijing Xiandai Wutuan 北京现代舞团): ▶ Karte 2, H 5, Dongcheng 东城区, Bldg. B, 46 Fangjia Hutong 方家胡同, Tel. 010 67 58 65 13, www.bmdc.com.cn, U 2, U 5 Lama Temple. Seit mehr als zehn Jahren ist das Ensemble die führende Dance Company der Stadt, die auch international Furore gemacht hat.

Triumphal – **The China Philharmonic Orchestra** (Zhongguo Aiyue Yuetuan 中国爱乐团): ▶ D 5, Xicheng 西城区, 135 Xizhimenwai Dajie 西直门外大街, Tel. 010 88 38 45 73, www.chinaphilharmonic.org, U 2, 4, 13 Xizhimen, U 4 Beijing Zoo. Das Orchester feiert seit seiner Gründung im Jahr 2000 unter dem Stardirigenten Yu Long Triumphe.

Theater, Pekingoper, Akrobatik

Hauptstadt-Theater – **Capital Theatre** (Shoudu Juchang 首都剧场): ▶ Karte 2, H 7, Dongcheng 东城区, 22 Wangfujing Dajie 王府井大街, Tel. 010 59 49 22 21, www.shoudujuchang.com, U 5, 6 Dongsi. Das Theater ist einer der wichtigsten Spielorte für die chinesischen Theaterensembles der Stadt. Gelegentlich gibt es auch Gastspiele aus dem Ausland.

Akrobatenkunst – **Chaoyang Theatre** (Chaoyang Juchang 朝阳剧场): ▶ K 7, Chaoyang 朝阳区, 36 Dongsanhuan Beilu 东三环北路, Tel. 010 65 53 39 68, www.chaoyangjuchang.com, U 10 Hujialou, tgl. 19.15 Uhr, Tickets ab 180 ¥. Jeden Abend tritt hier eine routinierte Akrobatentruppe auf. Vieles meint man, schon einmal anderswo gesehen zu haben, aber beeindruckend bleiben die dargebotenen Leistungen allemal.

Pekingoper – **Huguang Guild Hall** (Beijing Huguang Huiguan 北京湖广会馆): ▶ F 9, Xicheng 西城区, 3 Hufang Lu 虎坊路, Tel. 010 63 51 82 84, www.huguangguildhall.com, U 4 Caishikou, tgl. 19.30 Uhr, Tickets ab 180 ¥. Das schmucke Zunfthaus mit seiner wunderschönen Innenausstattung wurde 1807 als Unterkunft für Examensteilnehmer aus der Provinz Hunan an den kaiserlichen Prüfungen erbaut und dient seit 1830 als Theater für die Pekingoper.

Pekingoper ›light‹ – **Liyuan Theater** (Liyuan Juchang 梨园剧场): ▶ F 9, Xicheng 西城区, Qianmen Jianguo Hotel (Qianmen Jianguo Fandian 前门建国饭店), 175 Yong'an Lu 永安路, Tel. 010 51 65 19 14, www.liyuanjuchang.com.cn, U 4 Caishikou, tgl. 19.30 Uhr, Tickets ab 180 ¥. Das Pekingopern-Programm ist zwar extra für Touristen aufbereitet, aber die Vorführungen bieten einen unterhaltsamen Querschnitt durch die Vielfalt dieser Kunst.

Kungfu-Show – **Red Theater** (Hong Juchang 红剧场): ▶ J 9, Dongcheng 东城区, 44 Xingfu Dajie 幸福大街, Chongwen Workers Cultural Palace (Chongwen Gongren Wenhuagong 崇文工人文化宫), Tel. 010 51 65 19 14, www.hongjuchang.cn, U 5 Tiantandongmen, tgl. 19.30 Uhr, Tickets ab 180 ¥. Die Kungfu-Show ist perfekt inszeniert und bietet einen spektakulären Einblick in die Welt der chinesischen Kampfkünste.

Begnadete Körper – **Tianqiao Acrobatics Theater:** s. Tipp links.

Artistik total – **Universal Theater** (Tiandi Juchang 天地剧场): ▶ J 6, Dongcheng 东城区, 10 Dongzhimen Nandajie 东直门南大街, Tel. 010 51 66 46 21, www.tiandijuchang.cn, U 2 Dongsishitiao, tgl. 19.15 Uhr, Tickets ab 180 ¥. Das Theater mutet zugegebenermaßen etwas gruselig an. Aber die Akrobatenshow der China Acrobatic Troupe hält einen in Atem, sodass man die etwas schäbige Umgebung schnell vergisst.

Lebendige Tradition – **Zhengyici Theater** (Zhengyici Xilou 正乙祠戏楼): ▶ F 8, Xicheng 西城区, 220 Qianmen Xiheyanjie 前门西河沿街, Tel. 010 83 15 16 50, U 2 Hepingmen, tgl. 19.30 Uhr, Tickets ab 150 ¥. Chinas ältestes Pekingopern-Haus ist aus einem alten Tempel hervorgegangen und gilt als das älteste erhaltene, aus Holz erbaute Theater Chinas. Entsprechend urig ist die Atmosphäre in dem herrlich ausgestatteten Gebäude.

Akrobatik

Beijing, bzw. China, ist bekannt für Akrobaten. Einen schönen Einblick in diese Kunst gewinnt man im **Tianqiao Acrobatics Theater**. Das kleine, alte Theater ist die Heimstatt der vielfach prämierten Beijing Acrobatic Troupe, die vor allem Kunststücke, die auf kleinem Raum durch Kraft, Balance und Konzentration beeindrucken, zeigt.

Tianqiao Acrobatics Theater (Tianqiao Zaji Juchang 天桥杂技剧场): ▶ G 9, Xicheng 西城区, 95 Tianqiao Shichang Lu 天桥市场路, engl. Hotline Tel. 135 52 52 73 73, www.tianqiaoacrobatictheater.com, U 4 Caishikou, dann Taxi, U 5 Ciqikou, dann Taxi, tgl. 19.15 Uhr, Tickets ab 180 ¥.

Feste, Festivals und Events

Seit alters gibt es viele traditionelle Feierlichkeiten, deren Termine sich nach dem chinesischen Mondkalender richten. Vier, das Neujahrs- bzw. Frühlingsfest, das Fest der Lichten Klarheit, das Drachenboot- und das Mond- (Mittherbst-)fest, haben ihre landesweite Bedeutung bewahrt und wurden 2008 zu offiziellen Feiertagen erklärt.

Als flüchtiger Besucher der Stadt wird man die eigentlichen Festivitäten wohl selten miterleben. Sie spielen sich im Familienkreis ab. Doch zahlreiche der traditionellen Feste, insbesondere die buddhistischen, werden in den diversen Tempeln der Stadt begangen.

Beijing hat sich als Kulturzentrum einen Namen gemacht, und das eine oder andere Event und Festival gehört mittlerweile auf den Terminkalender eines jeden Kulturschaffenden und -interessierten. Neben international ausgerichteten Veranstaltungen gibt es jede Menge lokale und regionale Events.

Traditionelle Feste

Buddhas Geburtstag

8. Tag des 4. Mondes (6. Mai 2014, 25. Mai 2015, 14. Mai 2016)

In den buddhistischen Tempeln der Stadt werden an diesem Tag große Zeremonien durchgeführt.

Fest der Lichten Klarheit

4. oder 5. April (5. April 2014, 5. April 2015, 4. April 2016)

Die Wurzeln des chinesischen Allerseelen (*qingming jie* 清明节) liegen im Ahnenkult des alten China begründet. Die Chinesen (auf dem Land) pilgern zu den Gräbern ihrer Familien, reinigen sie, bringen Opferspeisen dar, entzünden Räucherstäbchen und verbrennen Papiergeld, damit es den Toten im Jenseits an nichts mangelt.

Drachenbootfest

5. Tag des 5. Mondes (2. Juni 2014, 20. Juni 2015, 9. Juni 2016). Das *duanwu jie* 端午节 erinnert an den Freitod des

Tempelmärkte

Zum Frühlingsfest finden in Beijing am 1.–5. Tag des 1. Mondes (31. Jan.–4. Feb. 2014, 19.–23. Febr. 2015, 8.–12. Febr. 2016) Tempel-Jahrmärkte statt. Sie zeichnen sich durch eine breite Palette von Aktivitäten aus: volkstümliche Gesangsveranstaltungen, Akrobatikdarbietungen, Zaubervorstellungen, Pekingoper, Essensmärkte ...

Baiyun Guan Temple Fair (Baiyun Guan Miaohui 白云观庙会): ▶ D 8, Xicheng 西城区, 6 Baiyunguan Jie 白云观街, U 1 Nanlishilu, 10 ¥.

Changdian Temple Fair (Changdian Miaohui 厂甸庙会): ▶ F 8, Xicheng 西城区, Nanxinhua Jie/Liulichang 南新华街/琉璃厂, U 2 Hepingmen, Eintritt frei.

Chaoyang Park Temple Fair (Chaoyang Gongyuan Miaohui 朝阳公园庙会): ▶ L 5/6, Chaoyang 朝阳区, 1 Nongzhanguan Nanlu 农展馆南路, U 10 Agricultural Exhibition Center, 10 ¥.

Ditan Temple Fair (Ditan Gongyuan Miaohui 地坛公园庙会): ▶ H 5, Dongcheng 东城区, im Park des Erdaltars, U 2, 5 Lama Temple, 8 ¥.

Dongyue Temple Fair (Dongyue Miao Miaohui 东岳庙庙会), ▶ J 6/7, Chaoyang 朝阳区, 141 Chaoyangmenwai Dajie 朝阳门外大街, U 2, 6 Chaoyangmen, 10 ¥.

Longtan Temple Fair (Chunjie Wenhua Miaohui 春节文化庙会), ▶ J 8/9, Dongcheng 东城区, Longtan-Park, 8 Longtan Lu 龙潭路, U 5 Tiantandongmen, 10 ¥.

Löwentänze werden auch anlässlich des Frühlingsfests aufgeführt

Beamten Qu Yuan, der sich angewidert von der Korruption des Kaiserhofs ertränkte. Das Volk suchte ihn mit Booten und verfütterte Klebereis an Krebse und Fische, damit sie seinen Körper nicht anrührten. Heute gibt es auf dem Hou Hai und anderen Seen Drachenbootrennen. Man isst in Schilf- oder Bananenblättern gegarten Klebereis (*zongzi* 粽子).

Frühlingsfest (Chinesisch-Neujahr)

1. Tag des 1. Mondes (31. Jan. 2014, 19. Febr. 2015, 8. Febr. 2016)
Das Frühlingsfest (*chun jie* 春节), vormals das Neujahrsfest der Chinesen, ist das bedeutendste Fest des Landes. An die Haustüren werden Wünsche für das neue Jahr geklebt, die Familie versammelt sich zum Neujahrsmahl und läutet das neue Jahr mit Feuerwerkskörpern ein (in Beijing der Brandgefahr wegen eigentlich verboten).

Guanyins Geburtstag

19. Tag des 2. Mondes (19. März 2014, 7. April 2015, 27. März 2016)
Am Geburtstag der Göttin der Barmherzigkeit finden in den buddhistischen Tempeln Feierlichkeiten statt.

Laternenfest

15. Tag des 1. Mondes (14. Febr. 2014, 5. März 2015, 22. Feb. 2016)
Dieses bunte Ereignis beschließt das Frühlingsfest. Parks und Gärten werden mit bunten Laternen geschmückt, während in den Garküchen die obligaten Klebereisbällchen, *yuanxiao,* die dem Fest auch den Namen geben *(yuanxiao jie* 元宵节*),* angeboten werden.

Mitte-des-Jahres-Fest

15. Tag des 7. Mondes (10. Aug. 2014, 28. Aug. 2015, 17. Aug. 2016)
Das *zhongyuan jie* 中元节 beendet den unheilvollen ›Geistermonat‹, in dem die Höllenwesen auf der Erde wandeln sollen. In buddhistischen und daoistischen Tempeln finden Zeremonien statt.

Mondfest (Mittherbstfest)

15. Tag des 8. Mondes (8. Sept. 2014, 27. Sept. 2015, 15. Sept. 2016)
Die Legende sagt, dass Ehen auf dem Mond vorbereitet werden und dass der Mann im Mond ein Buch mit den zukünftigen Ehepartnern führt. Am Tag, an dem der Mond die größte Erdferne erreicht, feiert man das Mondfest (*zhongqiu jie* 中秋节). Die Familie trifft

sich, man isst Mondkuchen *(yuebing* 月饼) und betrachtet den Mond.

Kulturevents

Art Beijing

www.artbeijing.net. Keines der großen Events, aber man gewinnt in der Veranstaltung im August (wechselnde Termine und Ausstellungsorte) einen Eindruck von zeitgenössischer internationaler Kunst.

Beijing 798 Art Festival

http://798-art-district.com. Das 798 Art Festival im Oktober hat sich zur wichtigsten Plattform für internationale moderne Kunst in der Stadt entwickelt.

Beijing Dance Festival

www.beijingldtx.com. Fünf Tage (Termin jährlich neu) zeigen Profi- und Amateurensembles in über 50 Aufführungen Können und Leidenschaft.

Beijing International Art Biennale

www.biennialfoundation.org. 2012 lag der Schwerpunkt auf den Themen Zukunft, Umweltgestaltung und Lebenswelten. Für 2014 ist noch kein Thema bekannt gegeben worden.

Beijing International Piano Festival

www.beijingpiano.com. Drei Tage (meist im Sept., wechselnde Veranstaltungsorte) spielen Pianisten aus aller Welt in der Forbidden City Concert Hall.

Beijing Music Festival

www.bimfa.org. Das 30-tägige Musikfest findet im September/Oktober statt und hat sich zum bedeutendsten internationalen Festival Beijings entwickelt.

Great Wall Swingout

www.greatwallswingout.com. Hippes Event Ende April, bei dem man ein ganzes Wochenende auf der Großen Mauer tanzen kann. Der Clou sind Kurse bei professionellen Tanzlehrern.

Jue Music and Art Festival

www.juefestival.com. Dieses Kunst- und Musikfest im März gehört zu den raren Highlights im Winter. Geboten werden alternative, kreative und progressive Kunst und Musik.

Meet in Beijing Arts Festival

www.meetinbeijing.org.cn. Auf dem vom Ministerium für Kultur organisierten Festival im Mai wird ein jährlich wechselnder Themenschwerpunkt – von Musik über Tanz und Gesang bis zur bildenden Kunst – gesetzt.

Midi Festival

www.midifestival.com. 2004–07 war dies das größte Musikfestival Beijings mit über 60 Rockbands und bis zu 30 000 Zuschauern. Die Veranstalter kämpften gegen SARS und Olympia und feierten 2009 in Zhenjiang (Jiangsu). Nun ist es zurück in der Hauptstadt und findet im Mai in Shunyi an der ehemaligen olympischen Ruderstrecke statt.

Modern Sky Festival

www.modernsky.com. Das drei Tage dauernde Festival findet meist Anfang Oktober statt und ist Chinas größtes Outdoor-Musikfest, zu dem Bands aus aller Welt auf den Bühnen des Chaoyang-Parks aufspielen.

New Beijing International Movie Festival

www.beijingfilmfest.org. Zwar kommen keine großen Stars, dafür bietet das Festival (März oder April) Gelegenheit, qualitätsvolle chinesische und internationale Produktionen zu sehen.

Strawberry Festival

Ende April, wenn auf Beijings Märkten die ersten Erdbeeren verkauft werden,

Festkalender

Januar/Februar
Frühlingsfest: 31. Jan. 2014, 19. Febr. 2015, 8. Febr. 2016, s. S. 52.
Tempelmärkte:s. S. 51.
Laternenfest: 19. März 2014, 7. April 2015, 27. März 2016, s. S. 52.

März
New Beijing International Movie Festival: www.beijingfilmfest.org,s. S. 53.
Jue Music and Art Festival: www.juefestival.com, März, s. S. 53.
Guanyins Geburtstag: 19. März 2014, 7. April 2015, 27. März 2016, s. S. 52.

April/Mai
Fest der Lichten Klarheit: 5. April 2014, 5. April 2015, 4. April 2016, s. S. 51.
Beijing Dance Festival: www.beijingldtx.com, April, s. S. 53.
Midi Festival: www.midifestival.com, meist Anfang Mai,s. S. 53.
Buddhas Geburtstag: 6. Mai 2014, 25. Mai 2015, 14. Mai 2016, s. S. 51.
Great Wall Marathon: www.great-wall-marathon.com, Mai, s. S. 54.
Meet in Beijing Arts Festival: www.meetinbeijing.org.cn, s. S. 53.
Strawberry Festival: s. S. 53.

Juni
Drachenbootfest: 2. Juni 2014, 20. Juni 2015, 9. Juni 2016, s. S. 51.
Beijing International Piano Festival: www.beijingpiano.com, s. S. 53.

August
Mitte-des-Jahres-Fest: 10. Aug. 2014, 28. Aug. 2015, 17. Aug. 2016, s. S. 52.
Art Beijing: www.artbeijing.net,s. S. 53.

September/Oktober
Mondfest: 8. Sept. 2014, 27. Sept. 2015, 15. Sept. 2016, s. S. 52.
Beijing Music Festival: www.bimfa.org, Sept./Okt., s. S. 53.
Modern Sky Festival: www.modernsky.com, Okt., s. S. 53.
Beijing International Art Biennale: www.biennialfoundation.org,20. Sept. –10. Okt. 2014, s. S. 53.
Beijing 798 Art Festival: http://798-artdistrict.com, Okt., s. S. 53.
Beijing Marathon: www.beijing-marathon.com, Okt., s. S. 54

findet in Tongzhou dieses erstklassige, viertägige Musikfestival statt. Es treten die großen chinesischen und viele internationale Indie-Bands auf.

Sportevents

Beijing Marathon
www.beijing-marathon.com. Seitdem die Luft im Oktober tatsächlich meist klar ist, lohnt sich das Mitmachen wieder richtig. Zuletzt wurden über 27 000 Teilnehmer aus aller Welt gezählt. Melden kann man sich für Marathon, Halbmarathon, 10 km und Mini-Marathon (4,2 km).

Great Wall Marathon
www.great-wall-marathon.com. Dieser nicht alltägliche, jedes Jahr im Mai stattfindende Marathon auf der Großen Mauer ist die ultimative Herausforderung für jeden Läufer und jede Läuferin. Die Marathonstrecke führt in der Nachbarstadt Tianjin über 5164 Stufen und durch eine dramatische Landschaft.

Aktiv sein, Sport und Wellness

Beijing bietet ein großes und vielfältiges Angebot an sportlichen Aktivitäten. Dank der Olympischen Spiele verfügt die Stadt inzwischen auch über modernste Sportanlagen. Ob Fitnesstraining, Kungfu, Trekking in den Bergen der Umgebung, Schwimmen etc. – alles ist in der chinesischen Hauptstadt möglich.

Fahrrad fahren

Beijing by bike – **Bike Beijing:** ▶ Karte 2, G 7, Dongcheng 东城区, 34 Donghuangchenggen Nanjie 东皇城根那届, Tel. 133 81 40 07 38, www.bikebeijing.com, U 5, 6 Dongsi, 1 Tag/ab 100 ¥, 2 Tage/160 ¥, Woche ab 300 ¥. Hier kann man Fahrräder mieten und an organisierten Fahrradtouren in und um Beijing teilnehmen. Das Angebot reicht von halbtägigen, ganztägigen bis hin zu mehrtägigen Ausflügen.

Veloträume – **Cycle China:** ▶ Karte 2, G 7, Dongcheng 东城区, 12 Jingshan Dongjie 景山东街, gegenüber dem Osteingang des Jingshan-Parks (景山公园东门对面), Tel. 010 64 02 56 53, www.cyclechina.com, U 6 Beihai North, tgl. 9–18 Uhr. Cycle China ist eigentlich ein kleines Reisebüro, das aber interessante Fahrradtouren in und um Beijing sowie in anderen Landesteilen anbietet.

Fitness

Manpower – **Powerhouse Gym** (Baolihao Jianshen 宝力豪健身): ▶ J 6, Dongcheng 东城区, 48 Dongzhimenwai Dajie 东直门外大街, Level C, Oriental Kenzo (Dongfang Yinzuo 东方银座), Tel. 010 51 39 62 08 , www.powerhousegym.com.cn, U 2, 13 Dongzhimen, tgl. 6.30–22.30 Uhr, 1 Monat 680 ¥. Hier gibt es nicht nur jedes erdenkliche Fitnessgerät, auch das Angebot sollte fast jeden zufriedenstellen können. Es gibt Gruppenangebote, Einzeltraining, Aerobic, Yoga, Salsa, Kickboxing, Bauch- und Hip-Hop-Tanz.

Golf

Golfen im Club – **Beijing Golf Club** (Beijing Gaoerfu Julebu 北京高尔夫俱乐部): ▶ Karte 4, E 1, Shunyi 顺义区, Ostufer des Chaobai He (潮白河东岸), Tel. 010 89 47 02 45, www.beijinggolfclub.com, 9- und 18-Loch-Platz, Par 72, Greenfee Mitglieder 360 ¥ an Wochentagen, Nichtmitglieder 1000 ¥, an Wochenenden 360/1400 ¥. Der Beijing Golf Club war 1987 einer der ersten Golfclubs der Stadt. Es gibt hier eine Driving Range, Vier-Loch-Übungsplatz, professionelle Golflehrer und ein Restaurant.

Jogging

Joggen kann man in den großen Parkanlagen der Stadt, die alle bereits sehr früh am Morgen öffnen. So kann man im Sommer bereits laufen, bevor sich die große Hitzeglocke über die Stadt legt. Einige Strecken sind besonders attraktiv und sollen hier erwähnt werden. Der **Beihai-Park** (▶ F/G 6, Beihai Gongyuan 北海公园) etwa bietet eine zwar relativ kurze Strecke rund um den See, aber es gibt viel zu sehen. Eine der attraktivsten und am besten zu laufenden Langstrecken findet man im **Chaoyang-Park** (▶ L 6–4, Chaoyang Gongyuan 朝阳公园). Hier kann man vom Südtor entlang des Seengebiets joggen.

Mein Tipp

Die Philosophie in der Bewegung – Taiji Quan

Schattenboxen, *taiji quan,* ist eine Übung aus dem *qigong,* einem Sammelbegriff für alle Übungszweige, die sich nach dem *qigong*-Prinzip von Körper, Atem und Geist richten, und zeichnet sich durch seine langsamen, sanften und fließenden Bewegungen aus. *Taiji quan,* von manchen als sanfte Gymnastik geübt oder als Kampfkunst verstanden, ist weder das eine noch das andere, sondern eine Bewegungskunst mit philosophischer Basis. *Taiji* bedeutet die perfekte Harmonie von *yin* und *yang.* Die Bewegungen sind gleichsam die Veräußerlichung der Philosophie. Die körperliche Harmonie zwischen linker und rechter, oberer und unterer Körperhälfte, die Ausgeglichenheit zwischen Geist und Körper, innen und außen, dem Selbst und der Umwelt zu schaffen ist das Ziel der Übungen. Im Lauf der Zeit haben sich diverse Schulen entwickelt. Die originalen Stile sind der komplizierte Yang-, der Wu- und der Chen-Stil. Am weitesten verbreitet ist das ›Vereinfachte‹ bzw. ›24-Bilder-*taiji-quan*‹ (in Deutschland auch als ›Peking-/Beijing-Form‹ bezeichnet), das auf dem stark vereinfachten Yang-Stil fußt.

Historisch gehört *taiji quan* zum Kung Fu *(gongfu),* das in innere *(yin)* und äußere *(yang)* Stile eingeteilt wird. Während die äußeren Stile auf Kraft, Geschwindigkeit, Muskeln und vorgegebenen menschlich erfassten Regeln beruhen, arbeiten die inneren Richtungen, zu denen *taiji quan* quasi eine Ergänzung bildet, mit der Energie, die uns umgibt und aus der alles entstanden ist.

Beijing Milun School of Traditional Kongfu (Beijing Milun Zhuantong Wushu Xuexiao 北京弥纶传统武术学校): ▶ Karte 2, H 7, Dongcheng 东城区, 33 Xitangzi Hutong 西堂子胡同, www.kungfuinchina.com, Tel. 139 10 81 19 34 (Englisch), U 5 Dengshikou. Hier werden alle erdenklichen Stile wie *bagua, taiji,* Shaolin-*gongfu, sanda* oder *qigong* gelehrt. Einer der Übungsorte ist der Ritan-Park, ansonsten wird in einem traditionellen Vier-Harmonien-Hof unterrichtet.

Kampfkunst

Kongfu Fighting – **Beijing Milun School of Traditional Kongfu:** s. Mein Tipp s. S. 56.

Klettern und Wandern

Bush walking – **Beijing Hikers:** Kontakt Tel. 010 64 32 27 86 (Mo–Fr 9–18 Uhr), www.beijinghikers.com. Die Umgebung von Beijing ist ein Dorado für Wanderer, und die Beijing Hikers führen Touren sämtlicher Schwierigkeitsgrade durch. Die Kosten variieren. Im Preis enthalten sind jeweils die Fahrtkosten, Wanderkarte, Snacks, Getränke und ein ortskundiger Wanderführer.

Kletterparadies – **Touchstone Rock Climbing:** ▶ J 7, Chaoyang 朝阳区, im Ritan-Park nahe Nordosteingang 日坛公园内近东北门, Tel. 138 01 05 23 61, U 1 Yong'anli, U 6 Dongdaqiao, tgl. 10–21.30 Uhr, 50 ¥/Tag, Kletterschuh-Ausleihe 10 ¥. Die Anlage im Ritan-Park ist die am professionellsten ausgestattete Wand der Stadt.

Schwimmen

Badespaß – **National Aquatics Center** (Guojia Youyong Zhongxin 國家游泳中心): ▶ F 2, Chaoyang 朝阳区, Olympia-Park 奥运村, 11 Tianchen Donglu 天辰东路, U 8 Olympic Sports Center, Ticketverkauf tgl. 9–20.30 Uhr, Schwimmzeiten Aquapark tgl. 10–22, Olympiabecken Mo–Fr 13–21, Sa/So 9–21 Uhr, Aquapark 200 ¥, Kinder 160 ¥, Abendticket (17–21 Uhr) 120 ¥, Olympiabecken 50 ¥/2 Std., Spindmiete 20 ¥ plus100 ¥ Pfand. Ultracooles Badevergnügen mit endlosen Rutschanlagen und mit Kinderbecken. Doch hier kommen natürlich auch Schwimmer auf ihre Kosten.

Sondertouren

Beijing von Innen – **Bespoke Beijng:** ▶ Karte 2, H 6, Dongcheng 东城区, B510, 107 Dongsi Beidajie 东四北大街, Tel. 010 64 00 01 33, www-bespoke-beijing.com, U 5 Beixinqiao, Mo–Fr 9–17 Uhr. Diese Agentur bietet ausgefallene Hauptstadtführungen mit ausgewählten Experten zu einer Fülle von Themen an. Angefangen bei Tempelbesuchen mit Buddhismusexperten bis zu den Rotlichtbezirken im kaiserlichen China.

Wellness

Blindenmassage – **Qing Song Blind Doctor Massage** (Zhen Qingsong Mangren Baojian Anmo Zhongxin 真轻松盲人保健按摩中心): ▶ J 6, Chaoyang 朝阳区, 21 Chunxiu Lu 春秀路, Tel. 010 64 17 60 47, U 2, 13 Dongzhimen, tgl. 10–23.30 Uhr. Die Umgebung gehört zwar nicht zu den attraktivsten, aber die Massagen (ab 50 ¥/Std.) der blinden Ärzte zählen zweifelsfrei zu den besten in der Stadt – und sie sind vor allem deutlich preiswerter als bei der glitzernden Konkurrenz.

Ruhepunkt – **Kocoon:** ▶ K 6, Chaoyang 朝阳区, 11 Sanlitun Beilu 三里屯北路, The Opposite House (瑜舍内), Basement 1, Bldg. 2, Tel. 010 64 10 50 16, www.kocoonspalounge.com, U 10 Tuanjiehu, tgl. 10.30–20.30 Uhr. Mutter und Tochter betreiben dieses Tagesspa für echte Afficionados und solche, die es noch werden wollen. Für Gesicht, Hände und Haut werden nur pflanzliche Naturprodukte verwendet. Die Kocoon Signature Massage by Elemental Herbology kostet in der 60-Minuten-Version 595 ¥ und in der 90-Minuten-Version 880 ¥. Aromatherapie-Fußmassagen werden ab einem Preis von 285 ¥ angeboten.

Museen, Künstlerviertel, Galerien

In Beijing hat man Gelegenheit, die ganze Bandbreite chinesischer Kulturgeschichte und Kunst kennenzulernen. So gibt es in der Stadt über 100 große und kleine **Museen,** die von unglaublichem kulturellem Reichtum zeugen. Viele Museen nehmen keinen Eintritt mehr, begrenzen aber die Anzahl der Besucher pro Tag auf 2000–4000. In beliebten Museen wie dem Capital Museum muss man entsprechend früh kommen oder sich das Freiticket für den gewünschten Besuchstag im Internet reservieren (lassen).

Dass die bildende Kunst auch im heutigen China eine große Rolle spielt, kann man in den vier großen **Künstlervierteln** mit Hunderten von Ateliers und Galerien erleben, die sich in den letzten Jahren im Nordosten der Stadt entwickelt haben und zusammen die größte Künstlercommunity der Welt bilden. Nirgendwo sonst gewinnt man einen so geballten Eindruck von der Entwicklung chinesischer, aber auch internationaler Kunst wie hier.

Darüber hinaus gibt es in der ganzen Stadt Hunderte **Galerien.** Eine kleine, aber feine Übersicht listet z. B. **http://galleries.mychinastart.com/.**

Museen

Sterngucker – **Altes Observatorium** (Gu Guanxiangtai 古观象台): ▶ J 8, Dongcheng 东城区, 2 Dongbiaobei Hutong 东裱褙胡同, www.bjp.org.cn, U 1, U 2 Jianguomen, Sommer tgl. 9–18,Winter 9–16.30 Uhr, Sommer 10 ¥, Winter 5 ¥, s. S. 147.

Archäologische Funde – **Arthur M. Sackler Museum of Art and Archeology** (Saikele Kaogu Zhongxin 赛克勒考古中心): ▶ B 2, Haidian 海淀区, Nordwestecke der Beijing-Universität (北京大学西北角), Tel. 010 62 75 16 68, www.sackler.org/china/amschina.htm, U 4 Yuanmingyuan Park, tgl. 9–16.30 Uhr, 20 ¥. Museum mit Weltklasseniveau, das Kunst und archäologische Objekte von der prähistorischen Zeit bis zur Qing-Dynastie zeigt. Für den Zugang ist der Reisepass erforderlich.

Galaktisch – **Beijing Planetarium** (Beijing Tianwenguan Xinguan 北京天文馆新馆): ▶ D 6, Xicheng 西城区, 138 Xizhimenwai Dajie 西直门外大街, www.bjp.org.cn, U 4 Beijing Zoo, Mi–Fr 9.30–15.30, Sa/So 9.30–16.30, Ticketverkauf bis 30 Min. vor Schließung, 10 ¥, Digital Space Theatre 45 ¥, 3D-Kino 30 ¥, 4D-Kino 30 ¥. Ultramodernes Planetarium, das perfekte Unterhaltung mit Lasershows und Zeitreisen in einem 3-D-Kino und Weltall-Impressionen im 4-D-Theater bietet.

Stadtplanung – **Beijing Planning Exhibition Hall** (Beijing Shi Guihua Zhanlanguan 北京市规划展览馆): ▶ G 8, Dongcheng 东城区, 20 Qianmen Dongdajie 前门东大街, Tel. 010 67 01 70 74, www.bjghzl.com.cn, Di–So 9–17 Uhr (Ticketverkauf bis 16 Uhr), U 2 Qianmen, 30 ¥. Der Knüller dieses am Südrand des Tian'anmen-Platzes stehenden Museums ist ein riesiges, über eine Etage reichendes, naturgetreues Modell der Stadt mit Miniaturgebäuden.

Stadtgeschichte – **Capital Museum** (Shoudu Bowuguan 首都博物馆): ▶ D 8, Xicheng 西城区, 16 Fuxingmenwai Dajie 复兴门外大街, www.capi

talmuseum.org.cn, U 1 Muxidi, Di–So 9–17, letzter Einlass 16 Uhr, Eintritt frei, Freitickets für denselben Tag müssen bis 12 Uhr an der Kasse abgeholt werden. Bei Reservierung über das Internet (24 Std.) bis 16 Uhr, s. S. 176.

Alles aus Stein – **Geologisches Museum** (Zhongguo Dizhi Bowuguan 中国地质博物馆): ▶ F 7, Xicheng 西城区, 15 Yangrou Hutong 羊肉胡同, www.gmc.org.cn, U 4 Xisi, Di–So 9–16.30 Uhr, 30 ¥. In fünf Ausstellungshallen werden Exponate zur Erdgeschichte, Mineralien und vieles mehr gezeigt.

Ingenieurskunst – **Guo-Shoujing-Museum** (Guo Shoujing Jinianguan 郭守敬纪念馆): ▶ Karte 2, F 5, Xicheng 西城区, 60 Deshengmen Xidajie 德胜门西大街, U 2 Jishuitan, Mi–So 9–14.30 Uhr, Eintritt frei. Der Astronom und Ingenieur Guo Shoujing (1231–1316) war verantwortlich für die Anlage eines ausgefeilten Kanalsystems für die Stadt und errechnete den Shoushi-Kalender mit 365,2425 Tagen, der für die nächsten 364 Jahre Gültigkeit behielt.

Literaturgeschichte – **Lu-Xun-Museum** (Lu Xun Bowuguan 鲁迅博物馆): ▶ E 6, Xicheng 西城区, 19 Fuchengmen Gongmenkou 2 Tiao 阜成门宫门口二条, Tel. 010 66 15 65 49, www.luxunmuseum.com.cn, U 2, 6 Fuchengmen, Di–So 9–16 Uhr, Eintritt frei (Pass vorzeigen). Die modern gestaltete Ausstellung zeigt Lu Xuns Lebensstationen, ist aber nur teilweise in Englisch beschriftet. Die ehemalige Residenz ist ein eher bescheidener *Siheyuan* links vom Museumsgebäude, s. S. 172.

Kabinettsstück – **Mao-Mausoleum** (Mao Zhuxi Jiniantang 毛主席纪念堂): ▶ G 8, Dongcheng 东城区, Zentrum des Tian'anmen-Platzes (天安门广场中), Zugang über den Nordeingang, U 2 Qianmen, Di–So 8–12 Uhr, Juli/Aug. und an Feiertagen geschlossen, Eintritt frei, s. S. 114.

Baukunst – **Museum für alte Architektur** (Gudai Jianzhu Bowuguan 古代建筑博物馆): ▶ G 10, Dongcheng 东城区, 21 Dongjing Lu 东经路, www.bjgjg.com, U 4 Caishikou, dann Taxi, U 5 Ciqikou, dann Taxi, Di–So 9–16 Uhr, 15 ¥, Mi für die ersten 200 Besucher frei, s. S. 193.

Die Kunst Chinas – **National Arts Museum of China** (Zhongguo Meishuguan 中国美术馆): ▶ H 7, Dongcheng 东城区, 1 Wusi Dajie 五四大街, Tel. 010 64 01 22 52, www.namoc.org, U 5, 6 Dongsi, tgl. 9–17 Uhr, letzter Einlass 16 Uhr, Eintritt frei. Ständige Ausstellung mit Werken chinesischer Künstler, wechselnde Ausstellungen nationaler und internationaler Künstler.

Chinesische Welt – **National Museum of China** (Zhongguo Guojia Bowuguan 中国国家博物馆): ▶ G 8, Dongcheng 东城区, 16 Dongchang'an Jie 东长安街, Ostseite des Tian'anmen-Platzes (天安门广场东侧), Tel. 010 84 68 90 19, www.chnmuseum.cn, U 1 Tian'anmen East, tgl. 9–17, Ticketausgabe bis 15.30, letzter Einlass 16 Uhr, kostenlose Tickets (Reisepass!) am Westeingang, s. S. 115.

Schätze der Kaiser – **Palastmuseum** (Gugong Bowuguan 故宫博物馆): ▶ G 7, in der Verbotenen Stadt, Nordseite des Tian'anmen-Platzes (天安门广场北侧), Haupteingänge/Tickets Wu Men, Shenwu Men, www.dpm.org.cn, U 1 Tian'anmen East, Tian'anmen West, 1. April–31. Okt. tgl. 8.30–17, 1. Nov.–31. März tgl. 8.30–16.30 Uhr, Ende des Ticketverkaufs 1 Std. vor Schließung, 1. April–31. Okt. 60 ¥, mit Sonderausstellungen 80 ¥, 1. Nov.–31. März 40 ¥, mit Sonderausstellungen 60 ¥, Audiotour 40 ¥ plus 100 ¥ Pfand, s. S. 120, 130.

798 Art District – Zentrum von Bejings Künstlerszene

Künstlerviertel

798 Art District ▶ M 2/3

798 Yishu Qu (798 艺术区), Chaoyang 朝阳区, 2–4 Jiuxianqiao Lu 酒仙桥路, U 10 Sanyuanqiao, dann Taxi. Bekanntestes Künstlerviertel der Stadt mit vielen Galerien, s. S. 211.

Auswahl an Galerien in 798

Kulturdialog – **Galleria Continua:** No. 8503, 2 Jiuxianqiao Lu 酒仙桥路, Tel. 010 59 78 95 05, www.galleriacontinua.com, U 10 Sanyuanqiao, dann Taxi, Di–So 11–18 Uhr. Die italienische Galerie zeigt einige der beindruckendsten Ausstellungen in der Fabrik 798. Gezeigt wird chinesische und internationale Kunst, die miteinander in einen Kulturdialog treten soll.

Ideenwerkstatt – **Beijing Commune** (Gongshe 公社): 4 Jiuxianqiao Lu 酒仙桥路, Tel. 010 84 56 28 62, www.beijingcommune.com, U 10 Sanyuanqiao, dann Taxi, Di–So 10–18 Uhr. Die Commune versteht sich als Mischung aus Galerie und Kunstmuseum für junge, avantgardistische chinesische Künstler.

Caochangdi Art District ▶ N 1/2

(Caochangdi Yishu Qu 草场地艺术区), Chaoyang 朝阳区, Caochangdi Cun 草场地村, Airport Expressway/5. Ringstraße, U 10 Sanyuanqiao, dann Taxi. Noch größer, aktueller als 798, s. S. 216, s. Entdeckungstour S. 214.

Auswahl an Galerien in Caochangdi

Lokal-global – **White Space** (Kongbai Kongjian 空白空间): 255 Jichang Pulu, Caochangdi 机场辅路草场地, Tel. 010 84 56 20 54, www.whitespace-beijing.com, U 10 Sanyuanqiao, dann Taxi, Di–So 10–18 Uhr. Gegründet in der Fabrik 798 zog man 2009 in größere Räume in Caochangdi um. Die Galerie sieht sich als Plattform für zeitgenössische chinesische Künstler, die auf das internationale Parkett wollen, stellt aber auch ausländische Künstler aus.

Meisterfotograf – **Three Shadows Photography Art Centre** (Sanyingtang Sheying Yishu Zhongxin 三影堂摄影艺术中心): 155A Caochangdi Cun 草场地村, Tel. 010 64 32 2663, threeshadows.cn, Di–So 10–18 Uhr, s. Entdeckungstour S. 214.

Songzhuang Artists Village ▶ Karte 4, E 3 (Songzhuang Huajiacun 宋庄画家村), Tongzhou 通州区, Songzhuang 宋庄镇. Außerhalb der Stadt im Osten jenseits der 6. Ringstraße hat sich das Dorf Songzhuang zu einer der größten Künstlerkommunen der Welt mit mehreren tausend Künstlern gemausert, da die Mieten erschwinglich sind. Entsprechend haben viele hier ihre Wohnungen und Ateliers, während ihre Werke in den Galerien der Fabrik 798 oder von Caochangdi ausgestellt werden.

Das Große Ganze – **Artist Village Gallery** (Songzhuang Huajiacun Hualang 宋庄画家村画廊): Songzhuang, 1 Rencun Bei 宋庄任村北一号, Tel. 010 69 59 83 43, www.artistvillagegallery.com, tgl. 9–18 Uhr, 20 ¥, vorher anmelden! Songzhuang ist nicht wirklich fassbar, und die Artist Village Gallery hat sich zur Aufgabe gemacht, einen Überblick über das Dorf und seine Kunst zu zeigen. Songzhuang ist ausdrücklich an Künstlern aus dem Ausland interessiert und so findet man hier den einen oder anderen Künstler aus Deutschland, Österreich oder der Schweiz.

Galerien

StudentenWerke – **CAFA Art Museum** (Zhongyang Meishu Xueyuan Meishuguan 中央美术学院美术馆): ▶ K 3, Chaoyang 朝阳区, 8 Huajiadi Nanjie 花家地南街, auf dem Gelände der Central Academy of Fine Arts, Tel. 010 64 77 15 75, www.cafamuseum.org, U 10 Taiyanggong, dann Taxi, Di–So 9.30–17.30 Uhr, 15 ¥. Ultramodernes Kunstmuseum, das vor allem Arbeiten der Studenten zeigt. Es gibt auch wechselnde Ausstellungen externer Künstler und Ausstellungen zu Themenschwerpunkten.

Hofhausgalerie – **Courtyard Gallery** (Siheyuan 四合院): ▶ Karte 2, G 7, Dongcheng 东城区, 95 Donghuamen Dajie 东华门大街, Tel. 010 65 26 88 82, www.courtyard-gallery.com, U 1 Tian'anmen East, Di–So 11–18 Uhr. Interessante Galerie unter dem Restaurant Brian Mc Kenna@The Courtyard (s. S. 155) in einem Vier-Harmonien-Hof. Ausgestellt werden zeitgenössische chinesische Künstler.

Innovative Kunst – **C5 Art** (Xiwu Yishu Zhongxin 西五艺术中心): ▶ K 5, Chaoyang朝阳区, Bldg. F, 5 Sanlitun Xiwu Jie 三里屯西五街, Tel. 010 64 60 39 50, www.c5art.com, U 10 Agricultural Exhibition Center, Di–So 10–19 Uhr. Die Galerie zeigt neben moderner Fotografie und Videoinstallationen auch interessante neue chinesische Künstler, die die traditionelle Malerei mit avantgardistischen Elementen bereichern.

Kunst im Tempel – **Zajia Lab:** ▶ Karte 2, G 5, Dongcheng 东城区, 23 Doufuchi Hutong, Hong'en Si 豆腐池胡同宏恩观前, Tel. 010 84 04 91 41, www.zajia. cc, U 2, 8 Gulou Dajie, Di–So 11 Uhr bis abends. Die Galerie definiert sich selbst auch als experimentellen Veranstaltungsort und als Bar. Einzigartig ist auch die Lage in einem alten daoistischen Tempel.

Galerie im Turm – **Red Gate Gallery** (Hongmen Hualang 红门画廊): ▶ J 8, Dongcheng 东城区, Level 1 und 4 im Dongbianmen-Wachturm (Dongbianmen Jiaolou 东便门角楼), Tel. 010 65 25 10 05, www.redgategallery.com, U 2 Beijing Railway Station, tgl. 10–17 Uhr, 10 ¥. Die älteste Galerie Chinas und immer noch eine der schönsten der Stadt in einem alten Wachturm der Stadtmauer. Das Programm Red Gate Residency organisiert internationalen Künstleraustausch.

Reiseinfos von A bis Z

Apotheken

Wer besondere Arzneien benötigt, sollte sie von zu Hause mitbringen. Vor allem Medikamente, die in Deutschland unter das Betäubungsmittelgesetz fallen, sind teilweise in China nicht erhältlich. Für solche Arzneimittel unbedingt ein Attest mitnehmen. Alle großen Krankenhäuser, auch die beiden unten genannten, verfügen über gut ausgestattete Apotheken.

Wangfujing Pharmaceutical Store (Wangfujing Yiyao Shangdian 王府井医药商店): ▶ Karte 2, H 7, Dongcheng 东城区, 267 Wangfujing Dajie 王府井大街, Tel. 010 65 25 23 22, U 1 Wangfujing, tgl. 8.30–21.30 Uhr. Große Apotheke, die im ersten Stock westliche und chinesische Arzneien verkauft.

Ärztliche Versorgung

Wer in Beijing bzw. überhaupt in China einen Arzt oder ein Krankenhaus aufsucht, muss dort direkt bar bezahlen. Also vorher anrufen und nach Aufnahmegebühren und voraussichtlichen Behandlungskosten fragen. Ohne Barzahlung keine Behandlung. Eine Liste mit Krankenhäusern aller Fachrichtungen und eine Liste mit deutschen Ärzten kann man sich unter **www.peking.diplo.de** ausdrucken.

Beijing United Family Hospital (Beijing Hemujia Yiyuan 北京和睦家医院): ▶ L/M 3, Chaoyang 朝阳区, 2 Jiangtai Lu 将台路, 2 Blocks südöstlich des Lido Holiday Inn, Tel. 010 59 27 71 20, www.unitedfamilyhospitals.com, U 10 Sanyuanqiao, dann Taxi. Die Apotheke (tgl. 24 Std. geöffnet) der Klinik ist hervorragend ausgestattet und der Ort, wenn man wichtige Medikamente nachkaufen muss. Die moderne Klinik selbst verfügt über einen 24-Std.-Notdienst, Zahnklinik und gute Ärzte.

Vista Clinic (Beijing Weishida Zhensuo 北京维世达诊所): ▶ K 7, Chaoyang 朝阳区, B29 Kerry Center (Jiali Zhongxin 嘉里中心), 1 Guanghua Lu 光华路, Tel. 010 85 29 66 18, www.vista-china.net, U 10 Jintaixizhao. Moderne Klinik mit Gynäkologie, Kinderarzt, TCM usw. Englischsprachiger 24-Std.-Notdienst.

Banken

In Beijing gibt es in den meisten Malls, Einkaufsvierteln sowie in zahlreichen U-Bahn-Stationen Geldautomaten (ATM). An fast allen Automaten der Bank of China, China Construction Bank, HSBC und anderen Banken kann man mit den gängigen Kreditkarten oder Maestro-Karten (ehemalige EC-Karten) Bargeld erhalten.

Travellerschecks und Bargeld bzw. Bargeldauszahlungen über die Kreditkarte, falls man die Geheimzahl vergessen hat, kann man in den meisten Filialen der Bank of China tauschen bzw. tätigen. In guten Hotels kann man – sofern man dort Gast ist – ebenfalls Schecks und Bargeld tauschen.

Bank of China Zentrale (Zhongguo Yinhang Zonghang 中国银行总行): ▶ Karte 2, F 8, Xicheng 西城区, 1 Fuxingmennei Dajie 复兴门内大街, Tel. 010 66 59 66 88, www.boc.cn, U 1, 4 Xidan.

Sperrnummern

Bei Verlust oder Diebstahl der Kredit- oder EC-Karte muss man diese sofort sperren lassen.

Deutsche Karten: Tel. 0049 116 116.
Österreichische Karten: Maestro, Tel. 0043 1 204 88 00; MasterCard, Tel. 0043 1 717 01 45 00; VISA, Tel. 0043 1 71 11 17 70.
Schweizer Karten: Maestro-Karte, Tel. 0041 44 271 22 30; Maestro-Karte/MasterCard/VISA UBS, Tel. 0041 800 88 86 01; Maestro-Karte/MasterCard/VISA Crédit Suisse, Tel. 0041 800 80 04 88; MasterCard/VISA für alle anderen Banken, Tel. 0041 58 958 83 83.

Diplomatische Vertretungen

… der VR China in Deutschland

Botschaft der VR China: Konsularabteilung, Brückenstr. 10, 10179 Berlin, Tel. 030 27 58 85 72, www.china-botschaft.de, Mo–Fr 9–12 Uhr, Auskunft am Telefon nur Di, Do 15–17 Uhr.
Generalkonsulat der VR China: Stresemannallee 19–23, Tel. 069 26 91 91 30 (Chinese Visa Application Service Center, Auskunft Mo–Fr 9–16 Uhr), frankfurt.china-consulate.org/det/
Generalkonsulat der VR China: Elbchaussee 268, 22605 Hamburg, Tel. 040 82 27 60 18, Mo–Fr 9–12 Uhr.
Generalkonsulat der VR China: Romanstr. 107, 80639 München, Tel. 089 17 30 16 25, munich.china-consulate.org/ger/, Mo–Fr 9–12 Uhr.

… der VR China in Österreich

Botschaft der VR China: Visastelle, Neulinggasse 29/1/11, 1030 Wien, Tel. 01 710 36 48 16, www.chinaembassy.at, Mo, Mi 8.30–11, 14–16, Fr 8.30–11 Uhr, Telefon-Auskunft nur Di, Do 9–11 Uhr.

… der VR China in der Schweiz

Botschaft der VR China: Kalcheggweg 10, 3006 Bern, Tel. 031 351 45 93, www.china-embassy.ch, Mo–Fr 9–12 Uhr, tel. Auskunft Mo–Fr 16–18 Uhr.

Betrügereien

Vorsicht vor netten, jungen Leuten, die Sie zum Tee, in eine Galerie oder Kunstschule mitnehmen möchten. Sie sprechen meist gepflegtes Deutsch, Englisch oder eine andere Sprache, wollen aber vor allem eines – Ihr Geld. Vor allem die Masche mit den Teehäusern wird teuer. Die Rechnung kann schnell mehrere hundert Euro betragen. Die Polizei zu rufen nützt wenig, da die Lokale meist mit ihr zusammenarbeiten und man u. U. auch noch eine ›Bearbeitungsgebühr‹ bezahlen muss.

Generalkonsulat der VR China: Bellariastr. 20, 8002 Zürich, Tel. 044 201 10 05, zurich.china-consulate.org/det/, Mo–Fr 9–12 Uhr.

… Deutschlands in Beijing

Botschaft der BR Deutschland (Deguo Dashiguan 德国大使馆): ▶ K 5, Chaoyang 朝阳区, 17 Dongzhimenwai Dajie 东直门外大街, Tel. 010 85 32 90 00, Notfalltel. 010 85 32 92 00, www.peking.diplo.de, Mo–Do 8–12, 13–17.30, Fr 8–12, 12.30–15 Uhr, U 10 Agricultural Exhibition Center.

… Österreichs in Beijing

Botschaft der Republik Österreich (Aodili Dashiguan 奥地利大使馆): ▶ J 7, Chaoyang 朝阳区, 5 Xiushui Nanjie 秀水南街, Tel. 010 65 32 20 61, www.bmeia.gv.at/botschaft/peking.html, Mo– Fr 9.30–11.30 Uhr, U 1, U 2 Jianguomen.

… der Schweiz in Beijing

Botschaft der Schweiz (Ruishi Dashiguan 瑞士大使馆): ▶ K 5, Chaoyang 朝阳区, 3 Sanlitun Dong 5 Jie 三里屯东五街, Tel. 010 65 32 27 36, www.eda.admin.ch/beijing, Mo–Fr 9–12 Uhr, U 10 Agricultural Exhibition Center.

Feiertage

1. Januar: Neujahr
1. Tag des 1. Mondes (31. Jan. 2014, 19. Febr. 2015, 8. Febr. 2016): Chinesisch-Neujahr/Frühlingsfest, vier Tage frei.
8. März: Internationaler Frauentag, halber Tag frei.
12. März: Aufforstungstag
4. oder 5. April (5. April 2014, 5. April 2015, 4. April 2016): Qingming-Fest (Fest der Lichten Klarheit).
1. Mai: Tag der Arbeit, drei Tage frei.
4. Mai: Jugendtag zum Gedenken an die 4.-Mai-Bewegung 1919, halber Tag frei.
5. Tag des 5. Mondes (2. Juni 2014, 20. Juni 2015, 9. Juni 2016): Drachenbootfest.
1. Juni: Kindertag
1. Juli: Gründungstag der KPCh
1. August: Gründungstag der Volksbefreiungsarmee
15. Tag des 8. Mondes (8. Sept. 2014, 27. Sept. 2015, 15. Sept. 2016): Mittherbstfest oder Mondfest
1. Oktober: Nationalfeiertag zur Gründung der VR China, drei Tage frei.

Fotografieren

Chinesen sind fotografierbesessen. Wer Menschen fotografiert, sollte sich vergewissern, ob sie einverstanden sind. Verboten ist das Fotografieren in den meisten Tempelhallen. Polizei und Militär sollte man ebenfalls aussparen.

Kamerabatterien (z. B. 6 V Lithium) sind überall erhältlich und viel preiswerter als bei uns. Diafilme sind nur schwer erhältlich und relativ teuer.

Geld

Die chinesische Währung heißt Renminbi (RMB, Volkswährung) und unterteilt sich in 1 Yuan (¥) = 10 Jiao, 1 Jiao = 10 Fen. Ausgegeben werden folgende Renminbi-Scheine und -Münzen: 1-, 2-, 5-, 10-, 50- und 100-¥-Scheine, 1-, 2-, und 5-Jiao-Scheine, 1-, 2-, und 5-Fen-Scheine (nur noch selten), 1-¥-Münzen, 1-, 2- und 5-Jiao-Münzen, 1-, 2- und 5-Fen-Münzen (nur noch selten).

Wechselkurs

Aktuelle Kurse unter www.oanda.com. Sommer 2013: 1 € = 7,94 ¥, 1 SFr = 6,41 ¥; 10 ¥ = 1,26 € = 1,56 SFr.

Gesundheitsvorsorge

Impfungen sind nicht vorgeschrieben, es sei denn, man hat sich in den letzten sechs Tagen vor Einreise in einem Gelbfiebergebiet aufgehalten. Folgende Impfungen sind – nach Beratung mit einem Tropenarzt – zu empfehlen: Tetanus, Polio, Diphterie, Typhus/Parathypus und Hepatitis A. Auch eine Impfung gegen japanische Enzephalitis kann ratsam sein. Wer seine Reiseapotheke aufstocken will oder muss: s. S. 62.

Kinder

Kinder kommen selbst in Riesenstädten wie Beijing auf ihre Kosten. Positiv ist die Aufgeschlossenheit der Chinesen gegenüber Kindern. Ob im Restaurant, der U-Bahn oder sonst wo, nie wird man wegen seiner Kinder schief angeschaut, selbst wenn sie laut werden. Allerdings fallen ausländische Kinder auf und werden in der Öffentlichkeit auch schon mal von einer Menschentraube umlagert. Viele Chinesen werden außerdem versuchen, einmal das exotische blonde Haar der Kleinen anzufassen. Erfahrungsgemäß kommen die Kinder aber mit dieser hohen Aufmerksamkeit gut zurecht.

Medien

In den besseren Hotels oder Wohnanlagen können über Satellit Star TV aus Hongkong, CNN, BBC, Deutsche Welle und andere Sender – u. U. auch HBO – empfangen werden. Einige Hotels zeigen auf Hauskanälen Spielfilme.

Deutsche und englische Zeitungen kann man in manchen 4- und 5-Sterne-Hotels internationaler Ketten kaufen. Sie sind meist schon einige Tage alt. In China erscheint die englischsprachige China Daily mit einem Überblick über Geschehnisse in China und der Welt.

Notruf

Wer eine Notrufnummer in China anruft, muss Chinesisch sprechen können.
Ambulanz: Tel. 120 oder 999
Feuerwehr: Tel. 119
Polizei: Tel. 110 (s. auch S. 22, Visaverlängerungen)
Sperrung deutscher Handys, EC-, Kreditkarten: Tel. 0049 116 116
Sperrung österreichischer Karten: Maestro Tel. 0043 1 204 88 00, MasterCard Tel. 0043 1 717 01 45 00, VISA Tel. 0043 1 71 11 17 70
Sperrung Schweizer Karten: Maestro Tel. 0041 44 271 22 30, Maestro/MaesterCard/VISA UBS Tel. 0041 800 88 86 01, Maestro/MaesterCard/VISA Crédit Suisse Tel. 0041 800 80 04 88, MasterCard/VISA aller anderen Banken Tel. 0041 58 958 83 83

Öffnungszeiten

Behörden und Banken etc. öffnen in der Regel Mo–Fr 8–12, 13–17 Uhr. Manche Ämter öffnen erst um 9, schließen dann aber erst um 18 Uhr.
Kleinere Geschäfte und Lebensmittelläden öffnen oft um 8 und schließen gegen 20 Uhr. **Kaufhäuser und Einkaufszentren** haben meist 9.30–22 Uhr, **Convenient Stores** 24 Std. geöffnet.
Sehenswürdigkeiten und Museen öffnen ihre Pforten gegen 8/9 und schließen meist gegen 16.30/17 Uhr.

Post, Telefon, Internet

Post

Post können Sie in den meisten Hotels aufgeben. Luftpostbriefe und -postkarten sind 5–10 Tage unterwegs. Postkarten kosten 4,50 ¥, Briefe bis 20 g 6 ¥, über 20 g je 10 g 1,80 ¥ zusätzlich. Es gibt ein dichtes Filialnetz der China Post.
Internationales Postamt (Beijing Guoji Youdianju 北京国际邮电局): ▶ J 7, Chaoyang 朝阳区, Jianguomen Beidajie/Guanghua Lu 建国门北大街光华路口, tgl. 8–18.30 Uhr, U 1, U 2 Jianguomen. Briefe und Pakete ins Ausland, Poste-Restante-Schalter, Express Mail Service. Pakete dürfen erst nach der Zollinspektion verschlossen werden. Packmaterial und Pakete sind im Postamt käuflich zu erwerben.

Telefonieren

Ein Ortsgespräch kostet meist 0,30–0,50 ¥. Gespräche nach Europa kosten meist ab 8 ¥/Min. Von fast allen Hotels kann man direkt vom Zimmer ins Ausland telefonieren. Allerdings können die Kosten sehr hoch sein. **Telefonkarten** (IC-Karten) für öffentliche Kartentelefone erhält man in den Convenient Stores, Kiosken und Postämtern in Stückelungen zu 20, 50, 100 oder 200 ¥. Preiswerter telefonieren kann man mit **IP-Karten** (Internet Phone), die an allen Telefonen benutzt werden können und in Stückelungen ab 50 ¥ erhältlich sind. Bei Straßenhändlern können die Preise heruntergehandelt werden. Zum Telefonieren gibt man Benutzernummer, PIN und die gewünschte Rufnummer ein. Viele Kioske verfügen über öffentliche Telefone und zeigen das durch ein Telefonzeichen außen an.

Alle **GSM-kompatiblen Handys** können genutzt werden. Wer ein vertragsfreies Handy besitzt, kann sich vor Ort eine SIM-Karte kaufen (China-Mobile-Shop, Kiosk ab 80 ¥). Auch zu Hause kann man die Karte schon bestellen: www.chinamobile24.com. Wer das heimische Handy in China nutzt, zahlt hohe Gebühren.

Vorwahlen

China 00 86
Deutschland 00 49
Österreich 00 43
Schweiz 00 41

Internet

Viele Hotels bieten ihren Gästen kostenlosen Internetzugang mit dem eigenen Laptop oder preiswerten Zugang über hauseigene PCs. Auch viele westliche Kneipen und Cafés wie Starbucks bieten ihren Gästen kostenlosen Internetzugang über WLAN. Die besseren Hotels verlangen manchmal eine Gebühr für den Internetzugang auf dem Zimmer oder man kann die Business Center nutzen, die jedoch bis zu 30 ¥ und mehr für 20 Min. verlangen.

Eine Alternative bilden die Internetcafés in der Umgebung von Hostels und vor allem in der Nähe der Universitäten.

Reisen mit Handicap

Trotz aller Bemühungen im Zuge von Olympia 2008 ist dies noch immer ein düsteres Kapitel in dieser sich ansonsten so modern gebenden Stadt. Das größte Problem ist der Verkehr, der allgemein keine Rücksicht auf Fußgänger nimmt und jede Straßenüberquerung zum Vabanquespiel macht. Zwar werden gerade an den großen Straßen vermehrt Fußgängerbrücken oder -unterführungen gebaut, aber sie bedingen endloses Treppensteigen. Dasselbe gilt für U- und S-Bahn: Auch hier führen Rolltreppen, falls überhaupt vorhanden, meist nur nach oben oder sind nicht durchgehend bis zum Ausgang installiert. Rollstuhlfahrer werden zudem an den oft hohen Bordsteinkanten und an den Menschenmassen insbesondere an Wochenenden und zur Rushhour verzweifeln. Viele der neuen Museen, Hotels und Bürohäuser sind jedoch behindertengerecht und zeigen dies auch mit dem weißen Rollstuhlkennzeichen an.

Rollstuhlfahrer sollten mit wenigstens einer Begleitperson reisen, die die vielen Klippen umschiffen kann.

Die **Nationale Koordinationsstelle Tourismus für Alle** (NatKo, Fleher

Reisekasse und Spartipps

Beijing ist teuer, will man europäischen Standard leben. Für westliche Waren wie Wurst und Käse zahlt man ein Vielfaches dessen, was sie in Deutschland kosten. Gute Hotels sind wegen der starken Konkurrenz in der Stadt nicht so teuer und in der Nebensaison schon ab ca. 465 ¥/DZ (50 €) zu haben. Das Nachtleben jedoch kann teuer werden: Bierpreise beginnen zwar bei 20 ¥, aber in trendigen Gegenden zahlt man auch schon 60 ¥ oder mehr. Wer in die großen Einkaufszentren geht, stellt fest, dass auch Kleidung, gemessen am Durchschnittseinkommen, kostspielig ist. Für bekannte Sehenswürdigkeiten zahlt man 20–60 ¥ Eintritt, für weniger bekannte weniger als 10 ¥.

Luxusläden, -friseure, -lokale usw. sind zwar allgegenwärtig, aber man kann auch durchaus preiswert leben. Wer dies möchte, sollte häufiger in den Restaurantmeilen der Kaufhäuser oder in Nudelküchen essen, öffentliche Verkehrsmittel benutzen und vor allem seine Ausflüge selber organisieren.

Straße 317a, 40223 Düsseldorf, Tel. 0211 336 80 01, www.natko.de) berät bei der Reiseplanung und nennt Behinderten hilfreiche Adressen.

Sicherheit

Wie in jeder anderen stark von Touristen frequentierten Stadt heißt es Vorsicht vor Taschendieben. Seine Wertsachen sollte man im Hotelsafe deponieren. Wer den Safe nicht nutzen möchte, sollte größere Bargeldbeträge, Kreditkarte und Pass nicht in einem Brustbeutel, sondern in einem Bauchgurt bei sich tragen. Ansonsten ist Beijing eine überaus sichere Stadt und man kann sich überall problemlos bewegen. Obacht geben sollte man vor ›Bauernfängern‹ (s. Tipp Betrügereien S. 63).

Sprache

Vielerorts kommt man in Beijing mittlerweile mit Englisch zurecht. In Hotels, einigen Restaurants und bei den Sehenswürdigkeiten ist man auf ausländische Besucher eingerichtet. Schwieriger wird es, wenn man die Stadt auf eigene Faust erkunden möchte. Taxi- und Busfahrer sprechen in der Regel keine Fremdsprache. Ein Sprachführer mit chinesischen Schriftzeichen kann sehr nützlich sein. Am besten ist es, wenn ein Sprachkundiger die wichtigsten Fragen auf Chinesisch aufschreibt, sodass man sie kompakt bei sich tragen und bei Bedarf vorzeigen kann (s. Sprachführer S. 285). Sein Ziel sollte man sich in chinesischen Schriftzeichen aufschreiben lassen. Die Beschilderung z. B. von Hotels, Straßen und Sehenswürdigkeiten ist fast immer auch in der Pinyin-Umschrift und an zentralen Orten auch auf Englisch vorhanden. Aber gerade die Adresse und den Namen der eigenen Unterkunft sollte man immer auf Chinesisch einstecken haben. In der Metro werden die Stationen auch auf Englisch angesagt.

Strom

Die Netzspannung beträgt 220 V. In China sind verschiedene Steckernormen in Gebrauch, aber in Beijing und insbesondere in den Hotels hat man sich meist den europäischen Normen angepasst, sodass man im Normalfall keinen Adapter benötigt.

Trinkgeld

Bessere Hotels und Restaurants erheben meist eine Service Charge von 10–15%, die auf den Rechungsbetrag aufgeschlagen wird. In den staatlichen Restaurants sind Trinkgelder nicht üblich; in den kleinen privaten Restaurants und in den meisten Kneipen freuen sich die Angestellten über ein Trinkgeld. Hier sollte man aufrunden. Taxifahrer freuen sich, wenn man den Fahrpreis aufrundet. Kofferträger in den Hotels erwarten pro Gepäckstück ca. 5–10 ¥.

Wasser

Leitungswasser sollte man nicht trinken, doch man kann sich damit bedenkenlos die Zähne putzen. In allen Hotels stehen Wasserkocher auf den Zimmern, sodass man sich Tee oder Pulverkaffee aufgießen kann. Auch hierfür sollte man, schon des chlorhaltigen Leitungswassers wegen, Trinkwasser in Flaschen verwenden. Das bekommt man überall.

Zeit

Der Zeitunterschied zu Mitteleuropa beträgt im Winter 7 Std., während der Sommerzeit 6 Std., d. h. ist es in Beijing 12 Uhr, so ist es in Deutschland 5 bzw. 6 Uhr. Landesweit gilt die Beijing-Zeit.

Panorama – Daten, Essays, Hintergründe

Zwischen Tradition und Moderne – ein überdimensionierter Vogelkäfig im CBD

Steckbrief Beijing

Daten und Fakten

Größe: Gesamtfläche 16 807 km^2, Kernstadt 1370 km^2, Metropolregion 8860 km^2.

Bevölkerung: 20,69 Mio. Einwohner im gesamten Verwaltungsbezirk, darunter ca. 8,9 Mio. ohne formellen Zuwandererausweis *(hukou)*, in den zwei Innenstadtbezirken leben ca. 7,7 Mio. Menschen. Die Bevölkerungsdichte beträgt 1231 Einwohner/km^2, in den Innenstadtgebieten bis zu 22 395 Einwohner/km^2.

Zeitzone: MEZ +7 Std., während der Sommerzeit MEZ +6 Std.

Vorwahl: 010, vom Ausland 0086 10.

Stadtemblem: Beijing besitzt weder Wappen noch Emblem. Die Flagge der VR China zeigt auf rotem Grund, Symbol für die Revolution, fünf Sterne. Die vier kleinen Sterne stehen für Arbeiter, Bauern, städtisches Kleinbürgertum und nationale Bourgeoisie, der große steht für die Kommunistische Partei Chinas (KPCh). Gemeinsam veranschaulichen sie die Einheit des chinesischen Volkes unter Führung der KPCh.

Lage und Stadtgliederung

Die Stadt liegt auf 36°56′ nördlicher Breite (ähnlich Madrid) und 116°20′ östlicher Länge. Taihang- und Yan-Gebirge begrenzen sie im Norden und Nordwesten. Im Süden und Südosten erstreckt sich die 320 000 km^2 große Nordchinesische Tiefebene. 150 km östlich liegt die Bohai-Bucht mit der Hafenstadt Tianjin. Die Flüsse Chaobai, Yongding, Juma, Ju und der Nordkanal durchziehen das Gebiet.

Beijing gliedert sich in die zwei Innenstadtbezirke Dongcheng und Xicheng, vier Stadtbezirke Chaoyang, Haidian, Fengtai, Shijingshan und acht Vorortstadtbezirke Mentougou, Fangshan, Tongzhou, Daxing, Shunyi, Changping, Huairou, Pinggu sowie die beiden Landkreise Miyun und Yanqing.

Geschichte

Nahezu 900 Jahre lang war Beijing die Hauptstadt einzelner Königreiche oder mächtiger Nomadenfürsten, die Nordchina regelmäßig erobert hatten. Rund 800 Jahre war Beijing Kapitale Gesamtchinas. 1928 verlor die Stadt ihren Status als Hauptstadt bis 1949 an Nanjing. Deng Xiaopings wirtschaftliche Radikalkur führte ab 1978 zur ungebremsten Erneuerung der Metropole, sprich alles Alte verschwand, egal ob sozialistisch oder antik. Das Tempo überforderte die Beijinger schließlich derart, dass sie 1989 zu Hunderttausenden auf die Straße gingen und von Panzern niedergewalzt wurden. 1992 wurden die Kräfte des Aufbaus erneut entfesselt und hievten die Stadt in die Moderne. Den letzten Quantensprung brachte die Olympiade 2008, die Beijing in die Liga der Weltstädte katapultiert hat.

Stadtverwaltung und Politik

Beijing ist die Hauptstadt der VR China und Sitz aller Ministerien und Kommissionen der Zentralregierung. Darüber hinaus ist Beijing neben Tianjin, Shanghai und Chongqing eine der vier regierungsunmittelbaren Städte Chinas mit Provinzstatus. Die höchsten Ämter wie Bürgermeister oder Parteisekretär werden von der Zentralregierung ernannt.

Wirtschaft, Tourismus und Verkehr

Beijing ist eine der führenden Industriestädte Chinas. Seit 1992 wurde die bis dato dominierende Schwer- sowie die Leichtindustrie in die Randbezirke umgesiedelt und die Innenstadt zu einem Dienstleistungszentrum umstrukturiert. Heute ist Beijing nach Shanghai das zweitgrößte Einzelhandelszentrum Chinas. Für ausländische Unternehmen ist die Hauptstadt wegen ihrer Nähe zu Regierungsorganen vor allem als Standort von Repräsentanzen interessant. 13 000 Repräsentanzen sind registriert, darunter ca. 880 aus Deutschland, Österreich und der Schweiz.

Beijing ist eines der wichtigsten Tourismusziele Chinas. Rund 230 Mio. Besucher strömten 2012 in die Stadt, darunter ca. 5 Mio. aus dem Ausland. Die wichtigsten Besuchermagneten sind die Verbotene Stadt, Himmelstempel, Sommerpalast und Große Mauer.

Chinas erste U-Bahn war die 1969 eingeweihte Linie 1. Erst 1987 folgte die Ringlinie 2. Anfang 2000 begann der massive Ausbau des U-Bahn-Systems, das bis 2015 19 Linien umfassen soll. Seit 2013 sind 16 Linien in Betrieb. Beijing hat drei große Bahnhöfe, und zwar den Hauptbahnhof, West-Bahnhof und den neuen Südbahnhof für Hochgeschwindigkeitszüge. 2008 wurde am Flughafen der gigantische Terminal 3 eingeweiht, der für 82 Mio. Passagiere im Jahr ausgelegt ist. Da auch dieser Flughafen schon wieder zu klein ist, wird zur Zeit in Daxing im Süden der Stadt ein neuer Flughafen gebaut. Er soll 2017 fertig werden und ist für 200 Mio. Passagiere ausgelegt Ein umfassend ausgebautes, über 60 000 km langes Autobahnnetz verbindet die Stadt mit allen Provinzen des Landes.

Sprache und Religion

Amtssprache ist das auf dem Beijing-Dialekt basierende Hochchinesisch *(putonghua)* ohne seine dialektalen Eigenheiten. Der Beijing-Dialekt ist an einem stark gerollten R, das an viele Wörter angehängt wird, zu erkennen.

In Beijing gibt es zahllose aktive buddhistische und einige daoistische Tempel. Daneben finden sich bedeutende Moscheen sowie katholische und evangelische Kirchen. Religion spielt in der Stadt aber eine untergeordnete Rolle.

Kultur und Bildung

Beijing ist das bedeutendste kulturelle Zentrum Chinas. Die Beijing-Bibliothek ist die bedeutendste in der Volksrepublik China (ca. 10 Mio. Bände; mit Beständen aus den Bibliotheken der Song-, Yuan-, Ming- und Qing-Dynastien). Allein zwölf der 70 Universitäten gehören zu den Eliteuniversitäten des Landes, darunter die 1898 gegründete Beijing Daxue (Beida, Beijing-Universität) und die 1911 gegründete Qinghua Daxue (Qinghua-Universität). Fast 400 weitere Forschungsinstitute weisen die Stadt als führendes Wissenschaftszentrum Chinas aus.

Beijing ist die führende Kunstmetropole Chinas und bietet mit Künstlervierteln wie 798, Caochangdi oder Songzhuang die weltweit höchste Atelier- und Galerienkonzentration.

Geschichte im Überblick

Von der Frühzeit bis zur Hauptstadt Ji

ca. 500 000 v. Chr. Beim heutigen Örtchen Zhoukoudian siedeln auf dem sogenannten Drachenhügel die ersten Menschen.

ca. 1180 Erstmals wird die Stadt unter dem Namen Ji historisch fassbar. Die Siedlung lag etwa an der Stelle, wo heute die Marco-Polo-Brücke steht.

475–221 v. Chr. Während der Zeit der Streitenden Reiche annektiert der Marquis von Yan die Stadt Ji und macht sie zur Hauptstadt von Yan. Das Stadtzentrum befand sich etwa dort, wo heute der Tempel der Weißen Wolke steht.

Von der Qin-Zeit bis zur Hauptstadt der Liao

221 v. Chr. Yanjing wird von den Truppen Qin Shihuangdis, des ersten Kaisers von China, eingenommen und zerstört. In den folgenden Jahrhunderten bleibt die Stadt Lehnsgebiet der Prinzen von Yan.

581–618 Kaiser Yang der Sui-Dynastie lässt Ji zu einem Militärstützpunkt ausbauen. Von hier aus beginnt er seinen desaströsen Korea-Feldzug. Der Region um Beijing bringt die Anbindung an den Kaiserkanal und damit an den Süden Chinas enormen wirtschaftlichen Aufschwung.

618–906/907 Ji bleibt in der Tang-Dynastie ein Militärstützpunkt und erhält den Namen Youzhou bzw. Fanyang. Kaiser Taizong (reg. 626–649) widmet den Gefallenen seiner Eroberungsfeldzüge den Tempel des Mitleids für die Regierungstreuen Soldaten (Minzhong Si), den heutigen Fayuan Si.

755–763 Der türkisch-sogdischstämmige General An Lushan beginnt von Youzhou aus seine verheerende An-Lushan-Rebellion. Sie war der Anfang vom Ende der Tang-Dynastie (906/907) und leitete eine der tiefgreifendsten gesellschaftlichen Veränderungen in der chinesischen Geschichte ein. Das bislang weltoffene China beginnt sich ›abzuschließen‹ und gegenüber fremden Kulturen abzukapseln.

916–1125 Im Norden erstarken die Steppenvölker und füllen das Vakuum der zusammengebrochenen Tang-Dynastie. Als Erste fallen die Kitan, ein Volk aus der östlichen Mongolei, 916 in Fanyang ein. Kaiser Shizong (reg. 947–951) macht die Stadt unter dem Namen Nanjing (Südliche Hauptstadt) zur zweiten, südlichen, Hauptstadt der von ihm ausgerufenen Dynastie Liao (947–1125) und zum Sprungbrett für die weitere Eroberung Chinas. Er lässt die Stadt mit einer Wehrmauer befestigen.

Beijing und die Steppenvölker

1115–1234 In der Mandschurei gründet das Steppenvolk der Dschurdschen die Dynastie Jin. 1125 fallen sie in Nordchina ein, erobern die

Liao-Hauptstadt Nanjing und erklären sie 1153 unter dem Namen Zhongdu, Mittlere Hauptstadt, zur alleinigen Kapitale des Jin-Reichs. Die Jin legen den Beihai-Park an und entwickeln die kaiserliche Stadt um dieses Zentrum herum. Architektur und Größe können sich nun mit den Glanzzeiten der alten Hauptstadt Chinas, Chang'an, messen.

1215 Die Eroberung Zhongdus durch die Mongolen zwingt die Kitan zur Flucht nach Zentralasien, wo sie das Reich der Kara Khitay bzw. Westlichen Liao begründen. Dieses Reich wurde Namensgeber für das zu Marco Polos Zeiten unter dem Namen Cathay bekannte China. Dschinghis Khans Reiterhorden aber legen Zhongdu in Schutt und Asche. Die Brände sollen einen vollen Monat lang gewütet haben.

1264 Der Mongolen-Khan Kublai, ein Enkel Dschinghis Khans, macht das zerstörte Zhongdu zu seiner Hauptstadt und lässt es um das Areal des Beihai-Parks zu neuer Größe aufbauen.

1272 Kublai Khan nennt seine neue Hauptstadt per kaiserlichem Dekret nun Dadu (Große Hauptstadt) bzw. Khanbaliq (Hauptstadt des Khan).

1276 Die Bautätigkeiten zum Wiederaufbau Dadus werden abgeschlossen. Die Einwohnerzahl steigt wieder auf rund 500 000 Menschen.

1279 Die mongolische Eroberung Chinas wird endgültig abgeschlossen. Damit wird Beijing als Dadu erstmals zur Hauptstadt Gesamtchinas. Die in dieser Zeit angelegten Strukturen prägen das Bild der Stadt bis heute.

Die Ming-Zeit

1368 Xuda, ein General des ersten Ming-Kaisers Zhu Yuanzhang, erobert Dadu und nennt die Stadt Beiping (Nördlicher Friede). Hauptstadt der Ming-Dynastie wird zunächst Nanjing in der Provinz Jiangsu.

1401–1403 Zhu Di, der Prinz von Yan und vierte Sohn des Kaisers Zhu Yuanzhang, der das ehemalige Dadu als Lehen erhalten hat, rebelliert und besteigt 1403 unter der Regierungsdevise Yongle den Kaiserthron, nachdem er seinen Neffen und zweiten Kaiser der Ming-Dynastie Zhu Yunwen in die Flucht geschlagen hat.

1421 Der Yongle-Kaiser erlässt ein Edikt zur Verlegung der Hauptstadt von Nanjing nach Beijing. Erstmals in der chinesischen Geschichte wird damit eine Hauptstadt von Süden nach Norden verlegt. Beiping wird nun in Beijing (Nördliche Hauptstadt) umbenannt. Paläste und Gartenanlagen werden gebaut und machen die Stadt bis heute zum Inbegriff der Ming-zeitlichen traditionellen Architektur.

Beijing, Hauptstadt des letzten Kaiserreichs

1644–1911 Das aus Nordost-China kommende Nomadenvolk der Mandschuren erobert 1644 das Land und regiert China nahezu drei Jahrhunderte lang. Beijing bleibt Hauptstadt. Unter ihrer Qing-Dynastie werden die Palastanlagen der Stadt ausgebaut und die berühmten Gartenanlagen geschaffen.

1. Hälfte 19. Jh. Großbritannien und Frankreich versuchen ihre Einflusssphären nach China auszudehnen. 1839 kommt es zum Ersten Opiumkrieg. Er endet mit einer Niederlage für China, das im Vertrag von Nanjing 1842 gezwungen wird, u. a. Hongkong an Großbritannien abzutreten und verschiedene Städte dem Außenhandel zu öffnen.

1860 Seit 1858 versuchen die alliierten Mächte Großbritannien, Frankreich, die USA und Russland, ihre Ziele in China mit Gewalt zu erzwingen. 1860 erobern die ausländischen Truppen Beijing und beginnen mit der Plünderung der Palastanlagen. Zahlreiche der prachtvollen Gartenanlagen wie der Sommerpalast werden vollständig zerstört. Der Kaiser wird im Vertrag von Tianjin gezwungen, ausländische Gesandtschaften in der Hauptstadt zu dulden. In der Nachbarschaft des Kaiserpalasts entsteht das Gesandtschaftsviertel.

April–Aug. 1900 Der ›Boxeraufstand‹ erreicht Beijing und die berühmte Belagerung des Gesandtschaftsviertels beginnt. Acht Mächte, Großbritannien, Frankreich, Deutschland, die USA, Italien, Österreich-Ungarn, Japan und Russland, vereinen ihre Truppen und erobern Beijing am 14. August. Die Stadt wird zur Plünderung und Verwüstung freigegeben.

Der Weg zur Hauptstadt der VR China

4.5.1919 Nachdem im Vertrag von Versailles die ehemaligen deutschen Pachtgebiete Japan zugesprochen werden, kommt es in verschiedenen Städten Chinas zu Massendemonstrationen von Studenten und Intellektuellen. Im weiteren Verlauf der Proteste wird die herrschende Ideologie des Konfuzianismus erstmals in ihrer Gesamtheit in Frage gestellt und als Herrschaftsideologie schließlich abgelöst. China zerfällt in von Warlords beherrschte Territorien.

28.6.1928 Mit seinem Nordfeldzug gelingt Chiang Kai-shek (Jiang Jieshi) die Einigung des Landes. Zur Hauptstadt wählt der Diktator Nanjing. Beijing wird wieder in Beiping umbenannt.

7.7.1937 Japanische Truppen provozieren den Zwischenfall an der Marco-Polo-Brücke. Wenig später beginnt Japan mit der Invasion Chinas. Am 28. Juli wird Beijing besetzt.

1945	Japan kapituliert und beendet die Besetzung Beijings. Der Bürgerkrieg entbrennt aufs Neue.
	Die VR China
1.10.1949	Mao Zedong ruft in Beijing die Volksrepublik China aus. Beijing wird erneut Hauptstadt des Landes.
1966–1976	Die Kulturrevolution fegt über das Land. Millionen fanatisierter Rotgardisten pilgern nach Beijing.
1978	Deng Xiaoping kann sich endgültig die Machtnachfolge sichern. Dem Land wird eine wirtschaftliche Radikalkur verordnet.
Mai/Juni 1989	Grassierende Korruption, Menschenrechtsverletzungen, ein dramatisch steigendes Gefälle zwischen Arm und Reich führen in Beijing zu Großdemonstrationen von Hunderttausenden von Studenten und Bürgern. Sie verlangen mehr Demokratie und politische Reformen. Am 4. Juni sprengt die Regierung mit Waffen- und Panzergewalt die friedliche Demonstration; über 1000 Menschen werden getötet.
1994	Beijings Kandidatur um die Austragung der Olympischen Spiele im Jahr 2000 scheitert. Die Stadt selbst erfährt dank der Kandidatur einen gigantischen Entwicklungssprung.
13.7.2001	Beijing erhält den Zuschlag für die Austragung der 29. Olympischen Spiele 2008. Vor diesem Hintergrund lebt die Menschenrechtsdebatte wieder auf.
November 2002	Auf dem XVI. Parteitag wird Hu Jintao zum neuen Generalsekretär der KPCh gewählt. Neben Hu Jintao werden die weiteren acht Mitglieder des Ständigen Ausschusses des ZK neu gewählt. Beijing demonstriert damit, dass ordnungsgemäße Führungswechsel nunmehr zum politischen Alltag Chinas gehören.
März 2003	Mit Wen Jiabao als Ministerpräsident und Wu Bangguo als Vorsitzendem des Nationalen Volkskongresses wird eine neue Staatsführung gewählt. Damit wird der Generations- und Führungswechsel in der Staats- und Parteiführung abgeschlossen.
2008	Dank der Olympiade erlebt die Stadt einen rasanten Modernisierungsschub. Hunderte Kulturdenkmäler werden restauriert.
2013	Xi Jinping wird neuer Generalsekretär der KPCh und Staatspräsident während Li Keqiang zum neuen Ministerpräsidenten gekürt wird.

Ein gefälschtes Tagebuch – die Kaiserinwitwe Cixi

Rachsüchtig, grausam und blutrünstig, machtbesessen und grenzenlos ehrgeizig: Das sind die Merkmale, die in fast jedem Werk das Wesen jener Frau charakterisieren, die nahezu ein halbes Jahrhundert lang die Geschicke Chinas lenkte.

Dass sich das abschätzige Bild der Kaiserinwitwe überhaupt entwickeln und bis heute erhalten konnte, ist vor allem zwei Männern und der Bequemlichkeit der westlichen Wissenschaft zu verdanken. Einer dieser Männer war der selbsternannte Reformator Kang Youwei, dem es gelang, die Ansätze einer Reformbewegung in Misskredit und schließlich zum Scheitern zu bringen. Er selbst konnte sich einer Verhaftung entziehen, aber sein Bruder wurde gefasst und hingerichtet. Kangs Rache war die Verunglimpfung der Kaiserinwitwe Cixi in den damals wichtigsten Zeitungen. Angetan von der internationalen Beachtung erging sich Kang in immer fürchterlicheren Details und dichtete Cixi zahllose Morde innerhalb der kaiserlichen Familie an. Ein sensations- und klatschsüchtiges Publikum in Europa und Amerika nahm diese Horrorgeschichten mit lustvollem Ekel auf.

Ein genialer Hochstapler

Vermutlich wäre diese Dämonisierung langsam in Vergessenheit geraten, wäre da 1899 nicht ein Mann in Beijing aufgetaucht, der großen Gefallen an diesen ›Interna‹ aus dem Kaiserhof

Die Kaiserinwitwe von China im Kreis von Hofdamen

fand: Edmund Backhouse. Hochintelligent, aber schwer neurotisch, von seinen ehemaligen Mitschülern und Kommilitonen als verlogen und absonderlich charakterisiert, war Backhouse ein blendender Geschichtenerzähler und angemaßter Chinaexperte, der sich ›Originaldokumente‹ des kaiserlichen Hofes selbst ausfertigte oder schreiben ließ und die internationale Presse über die unkritischen Londoner Times-Korrespondenten George Morrison (in Beijing) und J. O. P. Bland (in Shanghai) mit seinen ›Insidernachrichten‹ versorgte. Heute würde er vielleicht als Klatschkolumnist über die Fürstenhäuser schreiben – ein Tagesgeschäft mit Kurzzeitwirkung –, aber Kalkül und Zeitgeist wollten es, dass seine Klatschgeschichten selbst ›Geschichte‹ wurden.

Fälschungen

Nach dem Tod Cixis sah Backhouse seine Chance gekommen. 1910 legte er eine 525 Seiten umfassende Darstellung mit dem Titel »China under the Empress Dowager« vor, die J. O. P. Bland stilistisch bearbeitete und als Gemeinschaftswerk herausgab. Grundlage dieses Buches, auf das sich fast alle Sinologen bei ihren Forschungen über die Kaiserinwitwe und die historischen Ereignisse stützten, war das »Tagebuch seiner Exzellenz Jing Shan«, das Backhouse angeblich durch Zufall in die Hände gefallen war. Das Diarium konnte zwar als Fälschung entlarvt werden, aber das Machwerk von Backhouse und Bland war bereits ein solcher Erfolg, dass alle Einwände beiseite geschoben wurden und schließlich Gras über die Sache wuchs. So wird »China under the Empress Dowager« zusammen mit der zweiten Gemeinschaftsarbeit, »Annals and Memoirs of the Court in Peking« (1914), noch heute zuweilen wider besseren Wissens zitiert. Selbst in China wurde das Buch übersetzt, da im ›Boxeraufstand‹ viele Dokumente zu Cixis Amtszeit vernichtet worden waren und es manchem Höfling gelegen kam, die Kaiserinwitwe so diskreditiert zu sehen.

Die ›wahre‹ Cixi

Das tatsächliche Wesen Cixis wird erst seit wenigen Jahren – unwillig – zur Kenntnis genommen. Bis heute basiert das Chinabild jener Zeit auf den Büchern von Backhouse. Hugh Trevor-Roper war es, der zur großen Bestürzung vieler Sinologen nachweisen konnte, dass dessen Werk eine Fälschung ist. Der britische Historiker sieht Cixi als eine Frau mit Energie, Findigkeit, Eigensinn und Risikobereitschaft. Sie war reizbar und dickköpfig – und sie verstand es, in der konfuzianischen Männerwelt, die Frauen geringschätzte, zu bestehen und ihre Familie am von Intrigen geprägten Kaiserhof zu schützen. Letztlich war sie aber wohl, wie es Chinas berühmter General Zeng Guofan erlebte, so »unspektakulär wie Trinkwasser«.

Literaturtipp
Hugh R. Trevor-Roper: Der Eremit von Peking. Die Geschichte eines genialen Fälschers. Frankfurt 2009. Sir Edmund Backhouse fälschte Dokumente, Tagebücher etc., erfand Freundschaften zu Berühmtheiten, betrog US- und britische Firmen, hielt Minister, Kriegsherren, Familie und Freunde mit absurdesten Geschichten zum Narren – und fälschte ganz nebenbei die chinesische Geschichte des beginnenden 20. Jh.

Baron von Ketteler und der ›Boxeraufstand‹ – Geschichtskorrektur

Nur wenige politische Ereignisse des kaiserlichen China schlugen im Ausland so hohe Wellen und erlangten einen solchen Bekanntheitsgrad wie der ›Boxeraufstand‹ und die damit einhergehende angebliche Belagerung des Gesandtschaftsviertels – eine Posse, in der kaum jemand eine gute Figur machte.

Geisterboxer versus Christen

Der ›Boxeraufstand‹ fand zunächst in weiter Ferne, in der Provinz Shandong, statt. Dort hatten sich Tausende von unzufriedenen und völlig verarmten Bauern einer Bewegung von sogenannten Geisterboxern angeschlossen, die sich für unverwundbar hielten. Sie führten einen blutigen Rachefeldzug gegen die christlichen Konvertiten, denen sie die Schuld an ihrem Elend gaben. Aggressiv, ignorant und intolerant boten die christlichen Kirchen, die dank ausländischen Drucks unter kaiserlicher Protektion standen, Opportunisten, Gesindel und Dieben, ja ganzen Verbrecherbanden Schutz, wenn sie nur zum Christentum übertraten. Am schändlichsten war die Konversion von über 3000 Rechtsbrechern aus der Gefolgschaft des berüchtigten Reisherrn Yue II., nachdem dieser gefangen genommen und hingerichtet worden war. Erfreut über so viele neue Schäfchen, nutzte die Kirche ihren Einfluss zum Schutz dieser Verbrecher, die nun Hohn und Spott über ihre Verfolger ausschütteten. Daraufhin kam es in den Provinzen Shandong und Jiangxi zu blutigen Ausschreitungen gegen kirchliche Einrichtungen, Missionare und chinesische Christen.

Rache für das Deutsche Reich

Besonders hatten es die Aufständischen auf den deutschen Priester Georg Stenz, einen extrem aggressiven Missionar, abgesehen, aber statt seiner wurden versehentlich zwei andere deutsche Missionare ermordet. Das reichte aus, um eine internationale Krise heraufzubeschwören. Der damalige deutsche Gesandte, Baron von Heyking, sah nunmehr dank der ›Boxer‹ die Chance gekommen, seinem Vaterland Ruhm und Konzessionen in China zu verschaffen. Auf seine Initiative hin entsandte Kaiser Wilhelm II. mit internationaler Rückendeckung ein Flottengeschwader, und schon wenig später erhielt Deutschland – quasi als Entschädigung für die Folgen des Aufstands – Jiaozhou und Qingdao als Konzessionsgebiete für 99 Jahre.

Von Ketteler jagt ›Boxer‹

Andererseits wollte in Beijing die erzkonservative Fraktion der ›Eisenhüte‹ in völliger Fehleinschätzung die ›Boxer‹ dazu benutzen, alle Ausländer aus der Hauptstadt zu verjagen. Zwar griffen die Aufständischen im Juni 1900 auf Beijing über, töteten aber nicht die Bewohner des Gesandtschaftsviertels, sondern ungeliebte Mandarine, chinesische Christen und gewöhnliche chinesische Bürger. Und die Herren im Diplomatenviertel fanden es plötzlich schick, völlig unzureichend bewaffnete ›Boxer‹ zu jagen und zu erschießen, allen voran der Korrespondent der Londoner Times, George Morrison.

Das Meisterstück aber lieferte der frisch eingetroffene deutsche Gesandte, Klemens von Ketteler. Als sich ein vermeintlicher ›Boxer‹ auf seinem Karren in der Nähe des Gesandtschaftsviertels blicken ließ, ging der Baron mit seinem bleibeschwerten Spazierstock auf ihn los, der Mann floh. Im Karren entdeckte von Ketteler einen elfjährigen Jungen, den er verprügelte und dann in der Botschaft einsperren ließ. Dieser Vorfall führte zu so heftigen Ausschreitungen, dass Beijings Bürgermeister bei dem Baron für die Freilassung intervenierte – doch zu spät: Von Ketteler hatte den Jungen in einem Wutanfall erschossen. Auch sonst verstand er es, die Krise anzuheizen. Am liebsten veranstaltete er mit Soldaten seiner Wachmannschaft Hetzjagden auf ›Boxer‹ oder wen immer er dafür hielt. Schließlich wurde er am 20. Juni auf offener Straße in seiner Sänfte erschossen. Seltsamerweise war niemandem aufgefallen, dass dieser Mord bereits am 16. Juni in der Londoner Times und am folgenden Tag in vielen Zeitungen gemeldet worden war – eine Panne seitens der Verschwörer.

Ein Ende mit Schrecken

Vermutlich weinte niemand im Gesandtschaftsviertel von Ketteler eine Träne nach, aber seine Ermordung löste unter den in Beijing lebenden Ausländern Panik aus. Von überall her strömten sie ins Diplomatenviertel, um Schutz vor den ›Boxern‹ zu suchen. Die berühmte, fast zwei Monate andauernde Belagerung durch die Aufständischen begann. Doch auch hier fiel im allgemeinen Durcheinander niemandem auf, dass der ›Boxeraufstand‹ eigentlich schon niedergeschlagen war. Die Belagerung fand primär in den Köpfen der Gesandtschaftsangehörigen statt, die die Ereignisse später aufbauschten, um ihre eigene peinliche und unrühmliche Rolle während der Krise zu vertuschen sowie vor allem die barbarische Plünderung Beijings durch die alliierten Truppen nicht in Frage stellen zu müssen, an der sich die meisten Ausländer beteiligt und hemmungslos bereichert hatten. Auch Baron von Ketteler ging posthum nicht leer aus: Ihm wurde im ›Boxerprotokoll‹ ein Ehrenbogen über die Chongwenmen-Straße zugestanden, der nach Deutschlands Niederlage im Ersten Weltkrieg wieder abgerissen wurde.

Literaturtipp
Gerhard Seyfried: Gelber Wind oder Der Aufstand der Boxer. Berlin 2010. Gut recherchierter, wortreicher und detailversessener, manchmal sentimentaler, dann schockierender, von Zeit zu Zeit mit wunderbarem Lokalkolorit aufwartender Historienroman zum ›Boxeraufstand‹ und zur deutschen Kolonialgeschichte in China. Das lesenswerte Werk führt tief in die damaligen Ereignisse ein, bedient sich aber, was die Belagerung angeht, noch der mittlerweile als Fälschung entlarvten gängigen Sicht der Ereignisse.

Verzwicktes Dao

Trotz vieler Unterschiede basieren Konfuzianismus und Daoismus auf einer gemeinsamen religiös-philosophischen Tradition, die vom Zusammenwirken der Lehre vom ewigen Weltgesetz – Dao –, vom Zusammenspiel von Yin und Yang, von den fünf Wandelzuständen und dem Zusammenklang von Himmel, Erde und Mensch charakterisiert ist.

Das chinesische Verhältnis zur Religion hat sich nie zu einer differenzierten Form des Gesellschaftslebens entwickelt. Religiosität ist seit alters so mit dem Gefüge von Familie und Gesellschaft – mit Ausnahme von Eremiten, Mönchen und Nonnen, die in Klöstern lebten – verwoben, dass es bis in die moderne Zeit kein Wort für Religion gab. Bis heute fühlen sich die meisten Chinesen keiner bestimmten Religion zugehörig, opfern in Tempeln jeder Couleur. Erst im späten 19. Jh. wurde das Wort Religion *(zongjiao)* durch die japanische Übersetzung europäischer Werke Bestandteil der chinesischen Sprache. Gleiches gilt für das Wort Philosophie *(zhexue)*. Vorher stellte man Doktrinen, vergleichbar philosophischen und religiösen Lehren, dar, die aber keine klare Unterscheidung von Philosophie und Religion kannten.

Vom Chaos zur Ordnung

Am Anfang war das Chaos, aus dem sich die beiden Ursubstanzen *yin* und *yang* und im weiteren Verlauf Erde und Himmel bildeten. Die Schöpfung war für die Chinesen mithin einfach die Verwandlung von Unordnung in Ordnung. An die Stelle eines Schöpfungsgotts trat das *dao,* ein Ordnungsprinzip, das keine Dinge erschafft, sondern bewirkt, dass die Dinge so werden, wie sie sind, und den Wechsel von *yin* und *yang* reguliert.

Regelmäßigkeiten

Schon seit alters postulierten die Chinesen drei Arten von Regelmäßigkeiten: die zyklischen Prozesse wie den Kreislauf der Tages- oder Jahreszeiten, die regelmäßige Abfolge von Wachstum und Verfall oder Zu- und Abnahme, wie im Fall des Mondes, und die Bipolarität der Natur. Diese Bipolarität beschreibt keine absoluten Gegensätze, sondern sieht im Gegenteil die Notwendigkeit, dass entgegengesetzte Dinge füreinander notwendig sind und sich ergänzen.

Darüber hinaus sind die beiden ersten Regelmäßigkeiten Wirkweisen ebendieser Bipolarität. Damit hatte die chinesische Philosophie ein geniales Paradigma entwickelt, mit dem sich Sinn in die endlose Zahl der Erscheinungen des Universums bringen ließ. In der Folge entwickelten die chinesischen Philosophen daraus eine umfassende Kosmologie, mit der sie die Welt erklärten und interpretierten.

Als letzter großer Bestandteil bereicherte ab etwa dem 5. Jh. v. Chr. die Lehre der Fünf Elemente, bzw. Fünf Wandlungsphasen *(wu xing),* die chinesische Philosophie. Sie zerlegte die zahlreichen Dinge der Erscheinungswelt in letzte, nicht mehr reduzierbare fünf Elemente, nämlich Wasser, Feuer, Holz, Metall und Erde.

Das Funktionieren der Welt

Das komplexe System aus *dao, yin* und *yang* sowie den Fünf Elementen hatte sehr konkrete Auswirkungen auf die Art und Weise, wie man sich das Universum vorstellte. Himmel, Erde, Mikro- und Makrokosmos waren einer Natur. Selbst die soziale Ordnung der Menschen unterschied sich im chinesischen Selbstverständnis nicht von der Ordnung im Kosmos. Stoff und Geist wurden im chinesischen Denken nicht getrennt, insofern konnte man den Kosmos auch als ein System von Verhaltensweisen auffassen.

Von dieser kosmischen Ganzheit ist der Mensch nur ein Teil. Alle Erscheinungen im Makrokosmos, d. h. die großen Erscheinungen des Weltalls, die Elemente, atmosphärische Einflüsse, Planeten, Himmelsrichtungen, Jahreszeiten usw. haben im physischen, geistigen und sittlichen Leben des Menschen ihre Entsprechung. Mit anderen Worten: Solange die Ordnung der menschlichen Gesellschaft aufrechterhalten wird, harmoniert die kosmische Ordnung und umgekehrt. Eine Disharmonie in der menschlichen Ordnung führt z. B. zu Naturkatastrophen.

Dieses Weltverständnis verlieh der chinesischen Religiosität ihren spezifischen Charakter. Da die Vorstellung eines Gottes außerhalb der Welt oder Natur, der das Universum erschuf und kontrolliert und die Verehrung der Menschen erfordert, fehlte, entwickelte sich die westliche Form der Religion nicht.

Wie Daoisten ›nicht handeln‹

Um die Ordnung des Kosmos nicht zu stören, postulierten die Daoisten das Nicht-Handeln *(wuwei),* d. h. ein Handeln, das nicht gegen den natürlichen Lauf der Dinge gerichtet sein darf, um die Harmonie zu erhalten. Sie akzeptierten den durch *yin* und *yang* vorgegebenen rhythmischen Wandel und mit ihm das immer wieder über die Gesellschaft hereinbrechende Chaos als unabänderlichen Lauf der Dinge. Einer Zeit der Ordnung folgt zwangsläufig eine Zeit der Unordnung, die sich durch Katastrophen ankündigt. Entsprechend waren die Daoisten der Ansicht, dass auch das Mandat des Himmels, also die Berechtigung zu herrschen, periodisch von einer Herrscherfamilie auf die nächste übergehen müsse. Aus diesem Verständnis heraus bildeten sich im Daoismus immer wieder Geheimgesellschaften, die zu berechnen versuchten, wann es zu Katastrophen und Machtwechseln kommen würde. Indem sie dann schließlich über gesteuerte Volksaufstände den Wechsel herbeizuführen suchten, handelten sie nach eigenem Verständnis nicht gegen den natürlichen Lauf der Dinge, sondern gerade mit ihm und exerzierten dadurch Nicht-Handeln par excellence. Aus diesem Grund hat auch die heutige Regierung Vereinigungen wie die Falungong so scharf im Visier.

Die Harmonie der Konfuzianer

500 Jahre Krieg und Selbstzerfleischung hatte China zwischen dem 8. und 3. Jh. v. Chr. hinter sich und so wollten die Konfuzianer die im Mikro- und Makrokosmos angelegte Harmonie ein für alle Mal erhalten. Zu erreichen war das ihrer Meinung nach durch hierarchiegerechte Verhaltensweisen. Da die menschliche Ordnung von der kosmischen nicht unterschieden war, sahen es die Konfuzianer als ihre zentrale Aufgabe an, durch die genaue Befolgung von Ritualen die Harmonie nicht in Unordnung zu bringen. Im Gegensatz zu den Daoisten waren sie der Meinung, dass auf eine Zeit der Ordnung nicht Chaos folgen musste, wenn man sich nur an die Rituale hielt. Mit der Etablierung des Konfuzianismus als Staatsideologie wurde der Aufrechterhaltung der Harmonie im alten China alles untergeordnet: Architektur, Malerei, Musik, Landschaftsgestaltung usw. Sie alle sollten stets die universelle Ordnung abbilden. Nicht von ungefähr empfinden die meisten westlichen Besucher daher eine gewisse Eintönigkeit, was diese gestalterischen Bereiche angeht. Dieses Harmoniestreben hat sich bis in die heutige Zeit erhalten. Der gesamte gesellschaftliche Bezugsrahmen ist darauf ausgerichtet, immer wieder von Neuem Harmonie herzustellen und zu beschwören – und sei es mit Gewalt. Ordnung ist in China nicht die Folge einer konsequenten Anwendung von Gesetzen, sondern von hierarchiegerechten Verhaltensweisen.

Beijings religiöse Kultstätten

Beijing ist mit seinen Tempeln und Kultstätten ein wichtiges Zentrum für die chinesischen Religionen, die sich im schwierigen Umfeld der in der Stadt überall gegenwärtigen Zentralmacht zurechtfinden müssen. Keine leichte Aufgabe sicherlich, aber wer das eine oder andere Heiligtum besucht, wird feststellen, dass religiöses Leben überall präsent ist und praktiziert wird. Offiziell herrscht in China seit Ende der 1970er-Jahre wieder Religionsfreiheit. Allerdings dürfen die religiösen Aktivitäten nicht gegen die Regierung und gegen die herrschende politische Linie gerichtet sein, sprich: Die Religion darf den Staat nicht in Frage stellen und muss sich ständig den herrschenden Machtverhältnissen anpassen, um nicht selbst in Frage gestellt zu werden. Bedingung für die Ausübung der Religion ist darüber hinaus, dass sie sich nicht in die Erziehung, die Ehegesetzgebung und Familienplanung einmischt.

Doch wurde Religion im modernen China auch als Wirtschaftsfaktor entdeckt. Die buddhistischen und daoistischen Sehenswürdigkeiten ziehen Millionen Besucher aus dem Ausland an und füllen das Staatssäckel mit Devisen. Die Bauindustrie erhält Aufträge zum Wiederaufbau der Anlagen, nicht selten durch Spenden wohlhabender Überseechinesen finanziert und häufig gefolgt von weiterem wirtschaftlichem Engagement der Finanziers.

Besuchen Sie etwa den **Himmelstempel** (s. S. 188), den **Lamatempel** (s. S. 147), den **Tempel der Weißen Wolke** (s. S. 177, Abb. oben, Zeremonie im Baiyun Guan) oder den **Konfuziustempel** (s. S. 150), wenn Sie einen Einblick in die genuine religiös-philosophische Welt der Chinesen gewinnen möchten.

Januskopf KPCh

Die Kommunistische Partei Chinas, das ist in den Augen des Westens ein verabscheuungswürdiger Apparat, der seine Bürger unterdrückt, Tibet und Xinjiang drangsaliert und sich über die Kritik aus dem Westen auch noch ärgert. Doch die KPCh ist längst auch zur Volkspartei geworden, die verschiedene politische Strömungen vereint.

»Wenn die Chinesen unsere Wissenschaft gelernt haben, jagen sie eines Tages die Europäer fort, sodass es mir scheint, dass keine Gelegenheit versäumt werden sollte, sich durch einen Austausch ihrer und unserer Kenntnisse zu entschädigen«, schrieb Gottfried Wilhelm Leibniz 1705.

Nur wenige Denker und noch weniger Politiker haben es in den letzten drei Jahrhunderten gewagt, die Chancen, die in einem Austausch mit dem Reich der Mitte liegen, zu benennen. Stattdessen hat es Tradition, die Angst vor China zu schüren und die chinesischen Verhältnisse als rücksichtslos, unmenschlich und seelenlos auszumalen: Chinas Aufstieg sei der Abstieg des Westens, so lauten die lustvollen Untergangsszenarien westlicher Medien. China erscheint dem Westen in vielem als eine Provokation: ein selbstbewusstes Riesenland, das seine Währung zum eigenen Vorteil manipuliert, auf Kosten der Welt wächst, die Weltwirtschaft in eine Schieflage bringt und die Menschenrechte mit Füßen tritt.

Volkspartei

Doch Realität ist auch, dass es der Führung mit ihrer Politik gelungen ist, Hunderte von Millionen Menschen im Land aus bitterer Armut zu befreien und damit mehr Menschen in den dynamischen Teil der Weltwirtschaft zu integrieren als je eine Nation zuvor. Die KPCh muss das Kunststück vollbringen, mit ihrer Politik 1,3 Mrd. Menschen zu erreichen, und auch wenn man es im Westen nicht wahrhaben will, es gelingt ihr, und zwar einfach, weil sie schon lange nicht mehr der monolithische Block ist, als der sie bei uns gesehen wird, sondern eine Volkspartei, die von zahlreichen Denkrichtungen und Lobbys beeinflusst wird, deren wichtigste Aufgabe es ist, die gegensätzlichen Interessen des Landes zu bündeln und auszugleichen. Zweifellos hat die Partei noch ihre dunkle, verbrecherische Seite, die zum Tragen kommt, wenn sie um ihre Macht oder Deutungshoheit fürchtet. Ein Fehler ist nur, daraus abzuleiten, dass die KPCh per se eine verbrecherische Politik betreibt.

Meilensteine …

Dass noch vieles im Argen liegt, wissen die meisten Chinesen, aber sie wollen, dass man im Westen auch wahrnimmt, dass vieles geschieht, um die Verhältnisse zu verbessern: 250 Mio. Wanderarbeiter und ihre Familien, die ihre

Dörfer verlassen haben – die größte Völkerwanderung aller Zeiten –, müssen im Land eine neue Heimat bekommen. Ein gewaltiger Prozess, der bislang erstaunlich friedlich verläuft. Seit zehn Jahren werden in Hunderttausenden Dörfern die Bürgermeister frei gewählt, und für die allermeisten Parteiämter werden mittlerweile mehrere Kandidaten aufgestellt. 2008 trat erstmals in der Geschichte Chinas ein Arbeitsvertragsrecht in Kraft, das allen Chinesen das Recht auf einen Arbeitsvertrag garantiert. Diese und viele andere große Schritte, die im Westen gerne als bedeutungslose Alibimaßnahmen abgekanzelt werden, sind tatsächlich Meilensteine auf dem Weg zu einer gerechteren und darauf aufbauend vielleicht sogar eines Tages demokratischeren chinesischen Gesellschaft.

… und kleine Schritte

Die unglaubliche Geschwindigkeit der Transformation Chinas hat bei vielen Beobachtern dafür gesorgt, dass ihnen das Gespür für langsamere Entwicklungen verloren gegangen ist. Die gesellschaftlichen und institutionellen Voraussetzungen, die auch im Westen für die Durchsetzung der Menschenrechte erforderlich waren, werden in China aber gerade erst geschaffen. Wohin die Reise letztendlich geht, ist sicherlich noch offen, denn keine andere Nation macht deutlicher, dass unsere Gesellschaftskonzeption vielleicht doch nicht so universell ist. Chinas Führung entwickelt inzwischen eigene Vorstellungen, was sinnvoll für die Welt sein könnte. Diese Ideen decken sich nicht immer mit denen des Westens. China als Supermacht des Ostens und die westlichen Industrienationen sitzen dank der Globalisierung in einem Boot. Es ist also sinnlos, angesichts dieser gegenseitigen Abhängigkeit auszuprobieren, wer am längeren Hebel sitzt, oder sich der Illusion hinzugeben, die eigenen Interessen in diesen Fragen seien gewichtiger als die der anderen. China und der Westen sind dazu verdammt, jenseits aller Drohgebärden echte Kompromisse im Miteinander zu finden. Und je eher sie Leibniz' Rat folgen, desto besser für beide Seiten.

Literaturtipp
Georg Blume: China ist kein Reich des Bösen. Trotz Tibet muss Berlin auf Peking setzen. Hamburg 2008. Der Standpunkt des Zeit-Korrespondenten Georg Blume gehört zu den lesenswertesten Veröffentlichungen zu China der letzten Jahre. Virtuos zeigt er auf, dass man China durchaus in vielem kritisieren kann und muss, genauso aber scheut er sich nicht, mit Vorurteilen gegenüber dem Land aufzuräumen und die Leistungen der Modernisierung zu würdigen.

Spiegel der Macht – Stadtentwicklung und Symbolik

Immerhin rund 800 Jahre lang war Beijing Kapitale Gesamtchinas, Zentrum ›göttlicher Macht, Mittelpunkt der asiatischen Welt, ja nach chinesischem Selbstverständnis sogar Abbild des Universums, eine Metropole, die nach Zerstörung stets wie Phönix aus der Asche auferstand und sich zu größerem Glanz emporschwang.

Chinas Hauptstadt symbolisierte mit ihren Palästen, Mauern, Toren und ihrer klaren räumlichen Gliederung die Macht und Anwesenheit des Kaisers. Plätze, Gärten und Parks blieben während der gesamten Kaiserzeit introvertierte, exklusive, dem kaiserlichen Herrschaftsapparat, dem Hof und den höheren und mittleren Beamten vorbehaltene Orte. Selbst die Nutzung von Stadttoren, Straßen, Wegen, Quartieren war den unterschiedlichen Gruppen der hierarchisch strukturierten Gesellschaft zugeordnet. Anders als in Europa wurde dem Handel kein fixer Platz zugewiesen. Ladenzeilen und periodische Märkte bildeten sich immer an mehreren Punkten. Aus diesem Grund ist in der chinesischen Hauptstadt kein definierbares Stadtzentrum entstanden, sondern eher gibt es viele Zentren, um die sich die Wohnhöfe ausbreiten.

Abbild des Universums

Nomadenvölker aus dem Norden überrannten, zerstörten und bauten Beijing immer wieder auf – jedes Mal prachtvoller, größer und

Blick über den Platz des Himmlischen Friedens auf die Große Halle des Volkes

beeindruckender. Doch der monumentalste Umbau sollte unter der Herrschaft des Yongle-Kaiser der Ming-Dynastie in den Jahren 1406 bis 1421 erfolgen. Sein Ziel war es, mit der neuen Hauptstadt eine physische Nachbildung des Universums zu erschaffen. Das Zentrum wurde vom ummauerten Kaiserpalast, dem Sitz des Kaisers und Mittlers zwischen Erde und Kosmos, gebildet. Umgeben war der Palast von einem Meer einstöckiger Hofhäuser, den sogenannten *Siheyuan* oder Vier-Harmonien-Höfen. Die sie vernetzenden Straßen werden als *Hutong* bezeichnet. *Hutong* geht auf den mongolischen Begriff *Huto,* Brunnen, zurück. Früher bildete der Brunnen stets den wichtigsten Punkt in einer Siedlung. Dies galt insbesondere im Fall der mongolischen Nomaden, die das Trinkwasser nicht zuletzt für ihre wertvollen Pferde benötigten. Ihr *Huto* bezeichnete deshalb zumeist nicht nur den Brunnen sondern darüber hinaus die Stadt oder ein Lager. Noch bis in die zweite Hälfte des 20. Jh. hinein sollte die Metropole ihre zu jener Zeit geschaffene Gestalt weitgehend beibehalten.

›Familienharmonie‹

Besonders typisch für das Beijing sind die Vier-Harmonien-Höfe *(Siheyuan),* die einst das Stadtbild der Hauptstadt beherrschten. *Siheyuan* bedeutet frei übersetzt ›Familienhof, in dem mehrere Generationen in Harmonie leben sollten‹. Diese Höfe sind immer quadratisch oder bei großen Anlagen auch rechteckig angelegt. Wohngebäude begrenzen ihre Seiten symmetrisch, der Eingang befindet sich in der südöstlichen Ecke, da nach der *fengshui*-Lehre (Geomantik) die harmonische Energie aus dieser Richtung kommt. Ein Wohnhof ist, wie der chinesische Name ja bereits beinhaltet, meist für mehrere Generationen ausgelegt und so waren gerade die Wohnhöfe von Prinzen und Mandarinen (Beamte) oft riesige Anlagen mit zahlreichen hintereinander und parallel liegenden Höfen. Eines der schönsten Beispiele dafür bildet sicherlich der aus einer Prinzenresidenz hervorgegangene Lamatempel (s. S. 147).

Viele der luxuriösen Wohnhöfe wurden allerdings im 19. Jh. zerstört, insbesondere im Jahr 1900, als die Truppen

Ein Vier-Harmonien-Hof von gigantischem Ausmaß – der Kaiserpalast in Beijing, hier die Halle der Höchsten Harmonie (Taihe Dian)

der acht Alliierten Beijing plünderten und verwüsteten. Was nicht heißt, dass alle *Hutong* und *Siheyuan* verschwunden sind oder verschwinden werden. Schon seit Mao Zedongs Zeiten werden gut erhaltene *Siheyuan* von Instituten und Ministerien der Regierung genutzt. Und inzwischen haben sich nicht zuletzt kleine Hotels und Restaurants der alten Anlagen angenommen und erfüllen sie mit neuem Leben (s. Mein Tipp S. 173). Auch hat man trotz des nicht zu unterschätzenden Drucks von Investoren erkannt, dass in Beijing zumindest einige der alten *Hutong*-Viertel erhalten bleiben sollten – nicht allein für die Bewohner, sondern vielmehr unter kommerziellen, bzw. touristischen Aspekten – und daher einige Areale unter Denkmalschutz gestellt.

Via sozialistische Tristesse in die Moderne

So wie sich einst der Yongle-Kaiser eine neue Metropole als Ausdruck eines neuen Zeitalters bauen ließ, war sich auch Mao Zedong der politischen

Symbolik von Architektur und Stadtplanung bewusst. So blieb die kaiserliche Kernstadt zwar erhalten, jedoch ließ Mao nach Gründung der Volksrepublik China die alten Ministerien abreißen und stattdessen den Platz des Himmlischen Friedens anlegen, den er zum Aufmarsch für die proletarischen Massen benötigte (s. S. 110). Die Hauptstadt wurde ab 1949 nach dem Muster sowjetischer Planstädte ausgebaut, eintönige Satellitenstädte für die Volksmassen entstanden.

Und auch Chinas Herrscher des 21. Jh. verwirklichen ihre ureigene Vorstellung von einer Hauptstadt, die ein nun natürlich Abbild des neuen, machtvollen China sein soll. Plätze, Straßen und Bauwerke müssen repräsentativ sein, teure Materialien vorzeigen und spektakulär auftrumpfen. Das braucht den Platz unzähliger alter Vier-Harmonien-Höfe. Denn alles, was gebaut wird, soll das neue, moderne, der Welt zugewandte Beijing symbolisieren. Der gigantische Terminal 3 des Beijing International Airport von Sir Norman Foster, die klotzigen Prunkbauten an der Chang'an Jie, das monströse National Centre for the Performing Arts von Paul Andreu, die aufwendig gestalteten hypermodernen Sportstätten für die Olympiade (Abb. S. 91, 218, 220) oder die spektakuläre Zentrale des chinesischen Staatsfernsehens (CCTV Tower, s. S. 90, 211) von Rem Koolhaas mögen nur als die repräsentativsten Beispiele hier genannt sein.

Hoch hinaus

Frühe Chinareisende wie der Franziskanermönch Odorico de Pordenone (um 1265/86–1331) zeigten sich vor allem erstaunt, dass so viele Menschen friedlich zusammenwohnen konnten – auch das ein Phänomen, das heute in Chinas modernen Millionenmetropolen beeindruckt. Auffällig ist darüber hinaus, dass Chinesen durchaus große Bereitschaft zeigen, auch in Siedlungen mit einer hohen Dichte zu wohnen, selbst wenn die Wohnungen dort sehr teuer sind. Wer durch die chinesische Hauptstadt fährt, wird erschlagen von der unglaublichen Masse an mächtigen, hohen Appartementkomplexen, die, wie einst die *Siheyuan,* inzwischen das Beijinger Stadtbild dominieren.

Einblick in die Siheyuan

Einen tiefen Einblick in das Wesen der und das Leben in den *Siheyuan* gibt der informative, gut fotografierte Band »Affections for the Siheyuan« von Wang Wenbo und Liu Jianbin (Beijing 2008). Erhältlich ist das Buch z. B. im Foreign Languages Book Store (s. S. 40). In vielen restaurierten *Siheyuan* sind kleine Hotels untergebracht. Wer hier unterkommt, erlebt ein genuines Stück Beijing. **Red Capital Residence** (s. S. 26), **Beijing Sihe Hotel** (s. S. 26), **Hotel Côté Cour Beijing** (s. S. 26 oder **Red Lantern House West Yard** (s. S. 28, 173) sind nur einige der zahlreichen Optionen.

Infos zur Stadtplanung

Einen Überblick vermittelt die **Beijing Planning Exhibition Hall:** www.bjghzl.com.cn, s. S. 58, Abb. unten: Modell des CCTV Tower.

Endlich Weltstadt

Beijing hat sich ohne jeden Zweifel zur Weltstadt gemausert. Dabei ist es eine höchst anachronistische Stadt geblieben, aber immerhin eine, in der seit 2006 eine gewisse Stadtplanung nunmehr ernst genommen und langsam sichtbar wird.

Der bekannte niederländische Architekt Rem Koolhaas bezeichnete die chinesische Kapitale als das Gegenteil einer traditionellen Stadt, als einen Ort mit einer größtmöglichen Differenz seiner einzelnen Teile – komplementär und konkurrierend. Beijing, so Koolhaas, sei ein modernes Konstrukt aus opportunistischen Ausbeuten von Zufallstreffern, Unglücksfällen und Unfertigem. Nicht Vision leitete die gesamtstädtische Expansion, sondern fallweise staatliche oder politische Einzelmaßnahmen sowie Spekulationen potenter Investoren. Korruption, städtebaulicher Wildwuchs, sozial problematische Raumgestaltung sowie unsystematische Planungskonzepte waren die Folge. Auf die alltäglichen Bedürfnisse der Stadtbewohner wurde bei allen Entscheidungen zumeist keine Rücksicht genommen.

Eine neue urbane Identität konnte mit den Megaprojekten bisher nicht geschaffen werden. Künstler und Bewohner kritisieren nicht von ungefähr die Sterilität Beijings, die Entfremdung und den Umstand, das Beijing heute ein Gefühl der Heimatlosigkeit auslösen kann, während man als Besucher zuweilen eine gewisse Desorientierung verspürt. Heimat, das sind für die Menschen nicht die spektakulären Neubauten, sondern die alten Gassen und Hofhäuser. Doch dieser Aspekt der alten Stadt macht heute lediglich noch 0,4 % der gesamten Beijinger Stadtfläche aus.

Klotzen statt kleckern – Chinas Weg in die Zukunft

Die olympische Schwimmhalle – eines der neuen Architekturwunder Chinas

Spannender schrieb sich die Wirtschaftsgeschichte unserer Zeit wohl noch nie: der Aufstieg Chinas zur Weltspitze. Seit 30 Jahren lenkt die im Westen heftig kritisierte KPCh das größte Modernisierungsprojekt der Menschheitsgeschichte. Teils totalitär, teils libertär hat sie damit einem Land mit reicher Vergangenheit viel Zukunft eröffnet.

Selbst wenn man es bei uns nicht wahrhaben will, sind die Chinesen heute das optimistischste Volk der Welt. Das gilt für die Privilegierten ebenso wie für die Wanderarbeiter. Dennoch überfordert das ungeheure Tempo, in dem sich das Land entwickelt, viele Chinesen. Wachstumsraten von bis zu 10 % jährlich verändern in nur wenigen Monaten ganze Landstriche. Einzig die große Wirtschafts- und Finanzkrise der beiden Jahre 2008 und 2009 konnte das Wachstum dämpfen, aber nicht aufhalten. Damit trägt China als eine der am schnellsten wachsenden Volkswirtschaften der Welt mehr zum Wachstum der Weltwirtschaft bei als jedes andere Land der Welt.

Ein Markt wird entfesselt

Erst 1992 wurde erstmals die Gründung von Privatunternehmen erlaubt, heute tragen sie schon zu zwei Dritteln zum Sozialprodukt der drittgrößten Volkswirtschaft der Welt bei. Das Ergebnis des Booms lässt sich in der Hauptstadt täglich beobachten: endlose Staus, verschwindende Stadtviertel, deren

Tradition sich schneller und schneller in modernen Wolkenkratzern und Geschäftszentren verliert, smogverhangener Himmel, aber auch eine gut entwickelte, effektive – jedoch von Großbaustellen immer wieder gestörte – Infrastruktur. Die lange als überdimensioniertes Dorf verspottete Hauptstadt hat sich in nur 20 Jahren zur modernen Weltstadt gemausert. Nach Schätzungen der chinesischen Akademie für Sozialwissenschaften sind die Beijinger sechsmal reicher als ihre Landsleute in der Provinz. Das ist einer der höchsten Werte der Welt. Nur in wenigen anderen Ländern ist die Kluft ähnlich groß, so z. B. in Simbabwe.

Wachsendes Selbstbewusstsein

Die Schattenseiten dieses unkontrollierten Booms sind vielfältig: Ungezahlte Gehälter in korrupten Firmen, verweigerte Sozialleistungen, Steuerstreitigkeiten, unzureichende Entschädigungen für entlassene Arbeiter, Zwangsenteignungen für Infrastrukturprojekte und nicht zuletzt katastrophale Sicherheitsbedingungen auf den vielen Baustellen führen auch in der Hauptstadt immer wieder zu Protesten. Schon Adam Smith und Karl Marx hatten postuliert, dass industrieller Fortschritt auch gesellschaftlichen Fortschritt hervorbringt, und so wächst die chinesische Wirtschaft nicht einfach nur immer weiter, sondern die Chinesen verändern sich. Sie sind selbstbewusster, gebildeter, offener und kritischer geworden. Schon längst lassen sie sich nicht mehr alles gefallen, und so strotzen die Beijinger vor Selbstbewusstsein. Vor wenigen Jahren noch undenkbar, trauen sich die Menschen immer mehr zu und sind bereit, ihre Interessen zu verteidigen, nicht nur in der Hauptstadt, sondern im ganzen Land. Zehntausende von den Sicherheitsbehörden gemeldete, wütende soziale Proteste mit mehr als 1000 Beteiligten sind nicht nur ein Indiz wachsender Meinungs- und Versammlungsfreiheit, sie werden vor allem auch ernst genommen.

Weitere Informationen
http://german.mofcom.gov.cn: Statistiken und Berichte zur wirtschaftlichen Entwicklung findet man auf der Website des chinesischen Handelsministeriums.
http://china.ahk.de: Infos zur Wirtschaft in China und zu deutschen Wirtschaftsaktivitäten in Beijing und anderen Städten gibt es auf der Website der deutschen Außenhandelskammer in China.

Trumpfkarte Hochtechnologie

Wer durch die modernen Einkaufszentren, die weitläufigen Märkte und die belebten Einkaufsstraßen bummelt, bekommt einen plastischen Eindruck von der geballten Wirtschaftskraft Beijings. Die Hauptstadt ist traditionell eine Konsumentenstadt und hat sich zur zweitgrößten Industriemetropole Chinas nach Shanghai entwickelt.

Zu einem wichtigen Zweig entwickelte sich auch der lange Zeit unbeliebte Dienstleistungssektor, der bisher ein Gros der durch Schließung unrentabler Staatsbetriebe arbeitslos gewordenen Staatsangestellten absorbierte.

Doch China hat noch ein anderes starkes Pfand. Das Reich der Mitte ist ein altes Kulturland, das über Jahrtausende technologisch Weltspitze war

China ist im Weltall angekommen

und mit dem Konfuzianismus über eine Staatsphilosophie verfügt, die ewiges Lernen und das Aneignen von Wissen zu einer der höchsten Tugenden erhoben hat. China macht dem Westen damit nicht nur bei arbeitsintensiven Produktionen und Billigjobs Konkurrenz, sondern auch in den wissensintensiven Zukunftsindustrien, Chinas Hauptstadt hat sich zum Ziel gesetzt, ein Vorreiter in der Entwicklung von Hochtechnologien zu sein.

So hat das Land mit der Comac (Commercial Aircraft of China) eine Flugzeugindustrie aufgebaut, die Boeing und Airbus Konkurrenz machen soll. 2003 hat China mit dem Astronauten Yang Liwei den ersten bemannten Raumflug absolviert; weitere bemannte Raumflüge, die dem Aufbau einer Raumstation bis 2020 dienen, folgten 2008, 2012 und 2013. Nach außen hin weniger spektakulär, aber nicht weniger weitreichend sind die Entwicklungen in der Computertechnologie in Chinas ›Silicon Valley‹ Zhongguancun im Norden Beijings.

China und der Umweltschutz – Mission impossible?

Der Preis für Chinas rasanten Aufstieg zum wirtschaftlichen Global Player ist hoch. Bodenvernichtung, hohe Luftverschmutzung, Energieverschwendung, Wasserknappheit – die Liste ließe sich endlos fortsetzen. Der Kampf für eine saubere Umwelt erscheint als einer von David gegen Goliath, aber erste Erfolge sind dennoch sichtbar.

Drei Jahrzehnte währt der wirtschaftliche Aufschwung Chinas bereits. Die Formel dafür lautete erst die Modernisierung, dann das Geldverdienen und zuletzt – irgendwann – der Schutz des Lebensraums. Die Folgen dieser Einstellung sind u. a. Bodenvernichtung, gefährlich hohe Schadstoffemissionen – allein 700 000 Menschen sollen jährlich an den unmittelbaren Folgen der Luftverschmutzung sterben – und ein beängstigend hoher Energieverbrauch. Insbesondere Wasser ist in Nordchina und damit auch in Beijing ein knappes Gut. Doch der wachsende Wohlstand hat eine breite Mittelschicht hervorgebracht, und die ist den Dreck leid. Auch das ist neu für China: 2008 haben in allen Provinzen Umweltschäden, z. B. weil Chemiefabriken ihre Schadstoffe in die Flüsse oder Seen leiteten, zu sozialen, teilweise gewalttätigen Bürgerprotesten geführt und sowohl die Zentralregierung als auch die Provinzregierungen zu einem Umdenken genötigt.

Das Blau des Himmels

Die Farbe des Himmels, Blau, kannten die Beijinger in den letzten 20 Jahren fast nur noch von den runden Dächern des Himmelstempels. Doch im Jahr 2008

geschah so etwas wie ein Wunder. Man schaute aus dem Fenster und der Himmel war an einigen Tagen tiefblau. Und nicht nur das: Man konnte sowohl die etwas weiter entfernten Hochhäuser sehen als auch klar und ungetrübt die fernen Westberge. Milliarden in den Umweltschutz gesteckte Renminbi, Zwangspausen für die Industrie und restriktive Fahrverbote hatten, Olympia sei Dank, den Luftverschmutzungsindex auf unter 100 (›gut‹) sinken lassen. Auch wenn diese Erfolge temporärer Natur waren, haben sie doch die öffentliche Wahrnehmung verändert: Viele Beijinger fragen sich laut, warum sie nicht öfter wieder einen blauen Himmel haben können, und das allein ist schon ein kleiner Fortschritt.

Umweltbewegungen

Chinas Regierung ist sich klar darüber, dass die Umweltsituation mehr als ernst ist und dass die Umweltschäden schon bald das Wirtschaftswachstum auffressen könnten, wenn sie keine weitreichenden Maßnahmen ergreift. Daher ist die aufkeimende chinesische Umweltbewegung mit ihren Bürgerinitiativen und Nichtregierungsorganisationen in den letzten Jahren vom Umweltministerium SEPA und der staatlichen Forstbehörde SFA stark gefördert worden. Doch sie kämpft gegen Industrie- und Wirtschaftsinteressen, und so werden viele von den Umweltorganisationen und -behörden in Angriff genommene Maßnahmen von einflussreicheren Einrichtungen wieder ausgehebelt.

Kleine Erfolge

Das Umweltexperiment während der Olympiade hat gezeigt, dass eine Verbesserung der Luftqualität nur mit drastischen und teuren Maßnahmen zu realisieren war und damit keine langfristige Lösung sein kann. Aber wenigstens gibt es jetzt ernsthafte Ansätze, das Umweltproblem in den Griff zu bekommen. Zentrale Bereiche sind zunächst die Abwasseraufbereitung, Abfallbehandlung, die Umsiedlung emissionsintensiver Industrien, der Ausbau des öffentlichen Personennahverkehrs und die Steigerung der Energieeffizienz, um nur einige zu nennen. Einzelne Maßnahmen sind bereits erfolgreich. So konnten die ökologischen Bedingungen im Einzugsgebiet der Flüsse in der Gebirgsgegend verbessert werden und damit die Bodenerosion auf einer Fläche von über 4200 km^2 gestoppt werden. Ebenso wurden in zahlreichen Vororten Beijings mehr als 930 ha Fläche aufgeforstet. Auch die Ackerflächen konnten – trotz des Land verschlingenden Baubooms – um mehr als 355 ha ausgeweitet werden.

Viele der Maßnahmen erscheinen noch als Tropfen auf den heißen Stein. Allerdings, solange unglaublich viel Geld nach China und damit auch in die Hauptstadt fließt, wird der Bauboom mit seinen gewaltigen Staubmengen anhalten und es wird in Firmen investiert, die, weil sie Umweltauflagen nicht einhalten, profitabler sind als die sauberen, aber teuren Industrien.

Weitere Infos
Die britische Journalistin Isabel Hilton hat 2006 das Diskussionsforum **www.chinadialogue.net** ins Leben gerufen. Auf Englisch und Chinesisch kann man sich hier umfassend und vor allem aktuell über umweltpolitische Themen, die China betreffen, informieren.

Beijing Ren – die Hauptstädter

Die Nordchinesen wirken körperlich in der Regel größer und kräftiger als ihre Landsleute im Süden, sie gelten als hart im Nehmen, als ein wenig derb, plump und zurückhaltend, dafür aber als herzlich und treu. Und sie fühlen sich als Bewahrer der chinesischen Kultur – auch der chinesisch-kommunistischen.

Den Hauptstädtern gelten die Südchinesen als zu verwestlicht: ein Konflikt, der sich bis ins 21. Jh. hineinzieht und dessen Verlauf beeinflusst, ob China sich nach außen hin eher isolationistisch oder weltoffen gibt. Viele Jahre trug Beijing diesen Konflikt exemplarisch nach außen hinaus und erschien dadurch in vielem als ein mit sich selbst haderndes riesiges chinesisches Dorf, das sich mittels klotziger und wenig eleganter Architektur als Weltstadt versuchte. Den Sprung in die Liga großer Weltstädte hat Beijing geschafft. Dennoch blicken die Beijinger noch immer neidvoll auf ihren großen Konkurrenten Shanghai, mit dem sie, zumindest was Äußerlichkeiten angeht, in ständigem Wettstreit liegen. Alles soll hier besser, schneller und effektiver als dort sein. Doch hier gibt es sie nicht, die lässige, überhebliche Eleganz der Weltstadt Shanghai oder die schneidige, laute Weltoffenheit der Kantonesen.

Der Nabel der Bürokratie

Beijing muss mit einem Gewirr bürokratischer Apparate leben: Es ist zentralverwaltete Stadtregion, zentrale Regierung der VR China, des bevölkerungsreichsten Staates der Erde, und Sitz der zentralen Organe der weltgrößten politischen Partei, die die Theorie und Praxis des Marxismus-Leninismus zumindest offiziell als einzige Wahrheit weiterhin verkündet.

Ob das Auswirkungen auf die Menschen hat? Sicherlich. Beijing ist der Nabel der chinesischen Bürokratie, das Zentrum der Ideologie und des Militärs und diese Institutionen generieren eine riesige – direkte oder indirekte – Nachfrage nach Verwaltungspersonal, das sich seinerseits ganz selbstverständlich als nationale Elite begreift. Die Beijinger fühlen sich privilegiert, so nah am Zentrum der Macht, doch die Privilegien wollen erhalten werden und so muss der Beijinger traditionell vorsichtig taktieren. Weltoffenheit nach außen zu demonstrieren ist nicht ihr Ding und so entlädt sich angestaute Frustration gerne in Ausmaßen historischer Dimension. Zuletzt war Beijing im Frühjahr 1989 reif für Armageddon, den biblischen Entscheidungskampf zwischen Gut und Böse. Wobei das Problem bis heute in der Definition von Gut und Böse liegt.

Der große Knall

1989 sahen die betagten Konservativen der chinesischen Führung, behaglich eingebunden in eine erbliche Oligarchie revolutionärer Veteranen und deren Nachkommen, Bewahrer eines undefinierbaren Gemischs aus kommunistischer Utopie und negativster Aspekte der traditionellen chinesischen Kultur, ihr Weltbild und ihre Macht in Gefahr. Die Entwicklung, die sie selber noch angestoßen hatten, lief aus ihrer Sicht auf einmal aus dem Ruder, geriet durch jene in Gefahr, die friedlich versuchten, ein neues chinesisches Zeitalter einzuläuten. Gewalt war die Lösung der Beijinger Führung. Für die Betroffenen im Rückblick tragisch ist, dass vieles, wofür die Beijinger damals auf die Straße gingen und für das über 1000 ihr Leben ließen, heute Alltag ist.

Licht und Schatten

Die neue Führungsgeneration lenkt aufkeimenden Unmut nach außen: sei es gegenüber Taiwan, gegen das lautstark mit dem Säbel gerasselt und Patriotismus gepredigt wird, oder gegen Japan, wo sich der angestaute Unmut auch schon mal mit offiziell geduldeter Gewalt gegen japanische Einrichtungen entladen darf.

Beijing wird auch in Zukunft weiterhin ein riesiges Experimentierfeld der Politik sein, die Menschen hier werden sich anpassen, vorsichtig taktieren, um ja nichts falsch zu machen. Auf dieser Ebene ist Chinas Hauptstadt geblieben, was sie über viele Jahrhunderte war: eine Bastion der Macht, ausgeübt hinter hohen undurchdringlichen Mauern, mit einer Bevölkerung, die sich stets bewusst ist, dass sie in diesem Zentrum lebt und am Glanz, aber auch am Untergang von Stadt, politischer Führung und Land direkt teilnimmt.

Literaturtipp
Janis Vougioukas: Wenn Mao das wüsste. Menschen im neuen China. München 2008. Der China-korrespondent der Süddeutschen Zeitung zeichnet querbeet durch alle Gesellschaftsschichten Porträts von Menschen eines Landes, das sich in atemberaubendem Tempo wandelt – lebendig, mitreißend, authentisch. Ein Buch, das anregt, genauer hinzuschauen.

Rätsel Pekingoper – eine Annäherung

Die Pekingoper hat es im modernen Beijing schwer. Doch gibt es einige Theater, die entgegen allen Trends das Erbe erhalten wollen. Ein traditioneller Theaterbesuch in China heißt übrigens: Man trinkt Tee, knabbert Sonnenblumenkerne und unterhält sich. Und nebenbei schaut man eine Pekingoper.

Die Inhalte der Ende des 18. Jh. in Beijing aus einer Synthese der Opernstile aus Anhui und Hubei entstandenen Pekingoper basieren auf bekannten Volksmärchen, Sagen, Legenden oder klassischer Literatur, die in China jedermann kennt. Zu den Stücken mit mythologischem Hintergrund etwa zählt die Reise des Mönchs Xuanzang mit dem Affenkönig Sun Wukong und dem Schwein gen Westen (»Xiyouji«), auf einem Volksmärchen basiert die Liebesgeschichte zwischen einem Sterblichen und dem weiblichen Schlangengeist Bai Suzhen, die »Legende von der Weißen Schlange« (»Baishezhuan«).

Die Dramaturgie der Stücke folgt einem einfachen Schema, das Bühnenbild ist spartanisch – besteht oft nur aus Tisch und Stuhl, deren Bedeutung sich mit Thema und Szene ändert (Stuhl auf dem Tisch = Kaiserthron) –, Charaktere und Rollen sind stark standardisiert und stilisiert. Jeder Farbe, jeder Maske, jedem Element des Kostüms, jedem Schritt, jeder Tanzfolge, ja jeder Bewegung auch nur des kleinsten Fingers kommt eine spezifische Bedeutung zu. Und schließlich die für westliche Ohren ungewohnte Musik – eine Pekingoper ist ein ebenso schwer verständliches wie faszinierendes Stück chinesische Kultur.

Apropos schwer verständlich: Nicht ohne Grund laufen meist Textbänder neben der Bühne her – auch Chinesen verstehen Gesang und Dialoge nur selten. Der Grund: Die im Beijinger Dialekt gehaltenen Passagen *(jingbai)* werden so übertrieben vorgetragen, dass sie verzerrt wirken, ganz zu schweigen von den *yunbai*-Passagen – Texte im gereimten Henan-Dialekt –, wo Fremdheit des Dialekts und künstliche, verzerrte Rezitation zusammentreffen.

Des Pudels Kern

Der Grund für das spartanische Bühnenbild liegt u. a. darin begründet, dass Pekingopern früher primär durch Wandertheatertruppen auf Straßen, Märkten, in Tempeln, auf einfachen Bühnen und in Teehäusern aufgeführt wurden. Aufwendige Kulissen hätten kaum durchs riesige Land transportiert werden können, und Inhalte mussten einem oft ungebildeten Publikum nahegebracht werden – der Oper kam auch eine Bildungs- und Erziehungsfunktion im konfuzianischen Sinne zu.

Die wichtigsten Ausdrucksformen der Pekingoper sind Gesang, Dialog, Pantomime und Akrobatik, wobei Dia-

Warten auf den Auftritt

log und Gesang den Kern bilden. Das Orchester besteht aus der zweisaitigen *erhu* (Streichinstrument), der *huqin* (etwas tiefer im Ton), der *sheng* (Mundorgel aus Bambus), der *yueqin* (Mondgitarre), der *pipa* (chinesische Laute), Trommeln, Flöten, Gongs, Becken und *bao* (Kastagnetten). Bei den Gesangsdarbietungen unterscheidet man zwischen orchesterbegleitetem Gesang, rhythmischem und melodischem Sprechgesang (Dialoge) sowie dem musikalischen Rufen, Lachen, Seufzen und Husten. Die Melodien werden je nach Situation und Aussage interpretiert. Je schöpferischer ein Darsteller ist, umso mehr variiert er die Melodietypen.

Unter den Charakteren und Rollen gibt es vier Haupttypen: *sheng* (die männlichen Rollen), *dan* (die weiblichen Rollen), *jing* (die angemalten Gesichter) und *chou* (die Clowns). Diese Haupttypen sind durch jeweils genau festgelegte Einzeltypen charakterisiert, an denen man ihre Funktion in der Oper erkennen kann. Zu ihnen gehören z. B. die beliebten *wusheng*, die Soldaten, die gleichzeitig auch die artistischen Einlagen bieten.

Rätselhafte Symbolik

Die Farben und Masken bei den *jing*-Rollen zeigen den Charakter und die moralische Haltung der dargestellten Person oder Rolle an. So kennzeichnet Rot einen loyalen, aufrechten und tapferen Menschen. Schwarz bedeutet eine gute, kraftvolle, etwas grobe und schroffe Natur. Blau charakterisiert Wildheit und Unerschrockenheit, aber auch Arroganz. Gelb zeigt dieselben negativen Eigenschaften, aber auch ein kluger Kopf, der seine Gedanken verbirgt, wird durch eine gelbe Maske dargestellt. Mit Grün wird ein unbeständiger Charakter, wie z. B. der Teufel, dargestellt. Orange und Grau verweisen auf das Alter, Gold auf Götter. Gute Charaktere sind normalerweise relativ einfach geschminkt, feindliche Heerführer und andere schlechte Charaktere an komplizierten Masken und viel Farbe zu erkennen.

Auch die in Anlehnung an die Hoftracht der Ming-Dynastie gestalteten, oft prächtigen Kostüme stecken voller Symbolik. Schon die Farben verraten manches über die Stellung der dargestellten Person. Gelb ist dem Kaiser vorbehalten, Adlige treten in rotem, Beamte in blauem und Diener in grünem Gewand auf die Bühne. Daneben gibt es noch verschiedene Arten von Bärten, Kopfbedeckungen, Frisuren und Haarschmuck, um die verschiedenen Charaktertypen zu identifizieren. Gehören am Rücken befestigte Fahnen zum Kostüm, so hat man einen General vor sich, bei Personen mit unbestickten Gewändern und Kappen mit vier ›Flügeln› handelt es sich um zivile Beamte – aber Achtung, trägt ein Darsteller eine Kappe mit dreieckigen ›Flügeln‹, haben Sie es mit einer Figur von intrigantem Charakter zu tun.

All dies ließe sich in fast beliebiger Länge fortführen – doch vielleicht hat sich auch so das Rätsel Pekingoper ein wenig gelüftet. Übrigens – bis zum Anfang des 20. Jh. waren es ausschließlich Männer, die die Frauenrollen spielten.

Pekingopern-Bühnen
Einige Theater möchten entgegen allen Trends das Erbe erhalten. Dazu zählen das **Zhengyici Theater** (s. S. 50), das **Liyuan Theater** im Qianmen Jianguo Hotel (s. S. 50) oder aber die **Huguang Guild Hall** (s. S. 50).

Film ab – Beijings Filmemacher

Als Zhang Yimou 1988 den Goldenen Bären gewann, war das ein Paukenschlag. China galt bis dahin bei Kritikern nicht als ernst zu nehmende Filmnation. Bringen die frühen Protagonisten heute farb- und bildgewaltige Werke auf die Leinwand, befasst sich das Autorenkino mit der sich rasant entwickelnden Gesellschaft, die viele Menschen überfordert.

Nach Hollywood und Bollywood produziert China weltweit die meisten Filme. Die künstlerische Schöpfungskraft, die schlummernden Talente, die rasch wachsende Finanzkraft und das einheimische Marktpotenzial lassen erwarten, dass das Reich der Mitte auch in der Filmwelt in Kürze zu einer Großmacht werden wird.

Die Fünfte Generation

Bis Ende der 1980er-Jahre waren chinesische Filme im Westen so gut wie unbekannt, einzig Kungfu-Kracher aus Hongkong mit Stars wie Jacky Chan vermochten den einen oder anderen ins Kino zu locken. Als Zhang Yimous »Rotes Kornfeld« 1988 den Goldenen Bären erhielt, war die Überraschung groß. Begonnen hatte die Erfolgsgeschichte 1982, als die frischgebackenen Regisseure Zhang Yimou, Chen Kaige und Tian Zhuangzhuang die Beijinger Filmakademie verließen. Dieser Jahrgang wurde unter dem Namen Fünfte Generation berühmt und repräsentierte die Suche nach einer eigenen Formensprache und chinesischen Identität in der Kulturszene.

Der Regisseur Jia Zhangke mit Marco Müller, dem Leiter der Filmfestspiele von Venedig

Preisregen

Auch wenn der mutige chinesische Film in China noch viele Jahre ein Schattendasein führen sollte, international heimste er viele Preise ein. Am engsten mit dem neuen chinesischen Film verbunden ist der Name Chen Kaige, dessen Film »Gelbe Erde« 1984 für Furore sorgte und den Erfolg der Fünften Generation überhaupt erst einleitete. Einer seiner berühmtesten Filme, »Lebewohl meine Konkubine«, wurde 1993 in Cannes zum besten Film gekürt.

Tian Zhuangzhuang hatte weniger Glück. Seine Filme waren der Zensur zu kritisch und bis 2003 durfte ihm niemand Geld für eigene Regiearbeiten zur Verfügung stellen. Zhang Yimou dagegen avancierte zum Superstar. Seine bildgewaltigen Filme haben maßgeblich dazu beigetragen, den chinesischen Film zu internationaler Reputation zu führen. Nach vielen Preisen erhielt er 2003 den Golden Globe für »Hero«, ein Kassenschlager, der die Regierung bewog, die Öffnung der Filmindustrie gegenüber der Außenwelt zu fördern.

China von unten

Der Fünften folgte die Sechste Generation, die von den Erfahrungen des Tian'anmen-Massakers 1989 und der in den 1990er-Jahren beginnenden Privatisierung der Filmindustrie geprägt wurde. Sie musste erstmals private Investoren finden und mit oftmals bescheidenen Mitteln auskommen. Das Ergebnis: Nicht mehr allegorische, farbenfrohe Filme in ländlicher Umgebung, sondern herbe Streifen, die in der urbanen Gegenwart spielen, wurden gedreht. Schmierige, stets rauchende, verbale Obszönitäten von sich gebende, unzufriedene Protagonisten bevölkern die Filme eines Wang Xiaoshuai, Jia Zhangke, Zhang Yuan, He Jianjun oder Lou Ye. Ihre Filme sind Mikrostudien einer Gesellschaft, die sich in einem dramatischen Umbruch befindet.

Wo Filme entstehen
Bis 2012 war das **Beijing Film Studio** in Haidian der Ort, wo die großen Fernsehserien und Spielfilme gedreht wurden. Teile der Anlage wurden nun abgerissen, während die großen Studios in die Außenbezirke abgewandert sind. Wer die lange Anfahrt nicht scheut, kann die interessanten **Beiputuo Filmstudios** in Daxing besuchen.
Beiputuo Filmstudios (Beiputuo Yingshi Cheng 北普陀影视城): Daxing, Yinghai Xian, Nangong Cun, Jingfu Lu 大兴区瀛海乡南宫村京福路, Tel. 010 69 28 28 90, tgl. 9–16 Uhr, 36 ¥.

Auf nach Hollywood

Der Sechsten sind weitere Generationen gefolgt, die Beijing Film Academy genießt höchste Reputation und der chinesische Film hat seinen Platz in der Welt erobert. In jüngster Zeit ist sogar eine wachsende Verquickung der chinesischen Filmindustrie mit Hollywood zu beobachten. Anspruchsvolle chinesische Filme wie »Die Frauen vom See der duftenden Seelen« von Xie Fei 2006 oder 2007 »Tuyas Hochzeit« von Wang Quan'an gewinnen zwar die Preise, aber Kassenschlager sind schmachtvolle Liebes- und rasante Actionfilme von Regisseuren aus Taiwan wie Ang Lee oder aus Hongkong wie Stephen Chow oder John Woo.

Yaogun – Beijing Rock(t)

In den 1980er-Jahren schwappte die Karaoke-Welle aus Japan nach Beijing: im Schlepptau die ersten Keime westlichen Rocks. Doch früh entwickelte sich in der Hauptstadt ein eigenständiger Rockstil – der rebellische Yaogun. Zwar fehlt der Szene noch das große Publikum, aber der Sprung auf die internationalen Bühnen ist bereits gelungen.

Beijing singt …

Karaoke, das Mitsingen schmalziger Songs, deren Texte auf kitschigen Videos mitlaufen, hat China seit den 1980er-Jahren, als es aus Japan importiert wurde, im Sturm erobert und nicht mehr losgelassen. Ob in Restaurants, Bars oder in öffentlichen Parks, nirgendwo fehlen die stets dicht umlagerten Karaoke-Anlagen. Keine Feier vergeht, ohne dass nicht Karaoke gesungen wird, und viele Familien- und Betriebsfeste enden heute in einer der unzähligen Karaoke-Bars von Beijing. Bis heute ist die Popularität ungebrochen und viele Darsteller von Karaoke-Videos sind zu echten Stars, vergleichbar denen einer Seifenoper, aufgestiegen.

… und rockt

Im Schlepptau der seichten Karaoke-Lieder kam die Rockmusik nach China. Anfangs versuchten sich junge Bands noch an den Songs der Beatles und der Rolling Stones, aber mit dem legendären Konzert Cui Jians, dem ›Paten‹ der chinesischen Rockmusik, im Capital Gymnasium 1986 löste sich erstmals eine chinesische Band von den

Im MAO Livehouse treten die besten Punk-, Metal-, Rock- und Emo-Bands auf

westlichen Vorbildern. Der chinesische Rock'n' Roll – *yaogun* – war geboren. Cui Jian folgten weitere Gruppen wie Cobra, Black Panther oder Tang Dynasty, die in ihren Songs die Ratlosigkeit der jungen Generation thematisierten und von der Sehnsucht nach Liebe, über Einsamkeit und die Ängste in einer sich verändernden Welt sangen. Bei den Asienspielen 1990 kam die erste Sensation. Beijings Stadtväter wollten ihre neue Offenheit demonstrieren und veranstalteten im Workers' Stadium Chinas erstes Rockkonzert mit chinesischen Gruppen.

Vom Untergrund ...

In den 1990er-Jahren rumorte der *yaogun* eher unter der Oberfläche. Von Natur aus rebellisch ausgerichtet, war diese Musik den chinesischen Zensoren stets suspekt. Die Gruppen hielten sich bedeckt und suchten nicht die große Öffentlichkeit. Selbst Cui Jian spielte oft ohne Vorankündigung in den gerade erst aufkommenden Kneipen und Clubs der Stadt. Neue Bands formierten sich, die noch näher an den Nöten einer orientierungslosen Jugend waren, darunter Cold Blooded

Animal, deren Stil sich an der Musik Kurt Cobains orientierte. Ebenso wie ihr Vorbild Nirvana verkörperte die Musik des Bandleaders Xie Tianxiao eine Bewegung, die ein Bewusstsein für die gesellschaftliche und politische Ordnung transportieren wollte. Auch andere Bands der 1990er-Jahre, darunter die Punkband Hang on the Box (www.myspace.com/beijinghan gonthebox), spielten wilden, harten Rock. Mit dem großen Midi Festival 1999 fand die chinesische Musikszene erstmals auch im Westen Beachtung. Erstaunt nahm die westliche Presse zur Kenntnis, dass es in China sogar Punks gab.

... zum Mainstream?

Das neue Jahrtausend sah nach dem Midi Festival eine Internationalisierung der chinesischen Musikszene. Gruppen wie Brain Failure (www.brainfailure.com), Re-TROS (https://myspace.com/theretrosband) und Lonely China Day (www.lonelychinaday.com) gingen in den USA und in Europa auf Tournee. Dutzende weitere Bands treten in den Clubs der Hauptstadt auf, darunter Carsick Cars (www.mspace.com/carsick-cars), Guaili (www.myspace.cn/guailiguaili), Hedgehog (www.myspace.cn/hedgehog) oder Queen Sea Big Shark (www.myspace.cn/queenseabigshark) und erlauben auch dem flüchtigen Besucher einen Blick auf die bunte Musikszene. In der breiten Öffentlichkeit hat der *yaogun* zwar noch eine eher untergeordnete Bedeutung, weit hinter dem seichten Karaoke, aber kaum eine andere Musikszene entwickelt sich so rasch und vielfältig.

Einblick in die Szene
Auch wer nur kurz in Beijing weilt, kann einen Blick auf die lebendige Musikszene werfen. Veranstaltungsorte wie **MAO Livehouse** (s. S. 47), **Yugong Yishan** (s. S. 47), **VA Bar** (s. S. 46) oder **13 Club** (s. S. 46) bieten den perfekten Einstieg in die Welt des *yaogun*.
http://wiki.rockinchina.com:
Die Website von Rock in China informiert über die Entwicklungen des *yaogun*, die Bands und die Musikstile der Beijinger Gruppen.

Unterwegs in Beijing

Besichtigung im Kaiserpalast

Das Beste auf einen Blick

Rund um Tian'anmen-Platz und Kaiserpalast

Highlight !

Kaiserpalast: So wie der Polarstern für die alten Chinesen das Zentrum des Himmels markierte, befand sich der Kaiserpalast im Zentrum dessen, was unter dem Himmel, also auf der Erde ist. Entsprechend war der Kaiserpalast das irdische Spiegelbild der im Kosmos waltenden Ordnung. Insgesamt 24 Kaisern der Ming- und Qing-Dynastie diente dieser größte bis heute erhaltene Palastkomplex der Welt als Regierungssitz und Residenz. 14 S. 120

Auf Entdeckungstour

Ruhepunkte für die Kaiser – Kaiserlicher Palastgarten: Der Kaiserliche Palastgarten (Yuhua Yuan) ist ein Meisterwerk der Gartenkunst und der intimste und abgeschlossenste aller kaiserlichen Gärten Chinas. Wie auch der Kaiserpalast gleicht er einem kosmischen Diagramm, das direkt in das chinesische Weltverständnis blicken und die Stellung des Menschen im Universum erkennen lässt. S. 126

Kultur & Sehenswertes

Große Halle des Volkes: Auf den Spuren der politischen Macht kann man die nach den verschiedenen Charakteristiken einzelner Provinzen gestalteten Säle besichtigen. 1 S. 112

Kulturpalast der Werktätigen: Hinter diesem Namen verbirgt sich der ehemalige Kaiserliche Ahnentempel – eine mächtige Tempelanlage, die von uralten Zypressen umgeben ist. 12 S. 120

Aktiv unterwegs

Bootsfahrt auf dem Palastgraben: Per Ruderboot auf dem Wassergraben rund um die Verbotene Stadt. 1 S. 133

Genießen & Atmosphäre

Ch'ien Men 23: Die fünf Gebäude im neoklassischen Stil dienten den USA ab 1903 als Botschaftsgebäude. 1949 mussten die Amerikaner raus und in die schmucken Gebäude zog das chinesische Außenministerium ein. 1971 traf sich Premier Zhou Enlai hier heimlich mit Henry Kissinger. Die Zeit der Politik ist vorbei und die Anlage wurde in einen Restaurantkomplex umgewandelt. Hier findet man u. a. die Restaurants **Maison Boulud** und **Lost Heaven.** 2 , 3 S. 33, 133

Abends & Nachts

National Centre for the Performing Arts: Paul Andreu gestaltete das riesige Theaterzentrum in Form eines gigantischen silbrigen Eis, das sich zumindest von seinen Dimensionen her in die monumentale Umgebung einpasst. Abends gastieren hier internationale und nationale Ensembles von Rang und Namen. 2 S. 49, 112

Im Herzen Beijings

Wohl jeder Besucher Beijings macht einen Spaziergang über den Platz des Himmlischen Friedens, das steingewordene Monument der modernen Geschichte Chinas und mit 44 ha größter Platz der Erde. Noch bis 1949 bildeten der Kaiserpalast und die verbliebenen südlich vorgelagerten Ministerien eine in sich abgeschlossene Einheit. Mao Zedong brach dieses System nur insofern auf, als er die imperiale Geste der Vergangenheit mit der Inszenierung der Masse vereinte: Er ließ die alten kaiserlichen Ministerien abreißen und den Tian'anmen-Platz anlegen. Mit der riesigen Freifläche wollte er die proletarische Öffentlichkeit durch das Mittel der Massenornamentierung inszenieren. Ansonsten schloss er sich im Gartenviertel Zhongnanhai genauso von den ›proletarischen‹ Massen ab wie einst die Kaiser von ihren Untertanen.

Die Geschichte des wohl eindrucksvollsten Bauwerks in China – des Kaiserpalasts – begann dagegen vor ca. 500 Jahren, als der dritte Ming-Kaiser Zhu Di seinen neu errichteten Palastkomplex nach 15-jähriger Bauzeit 1420 bezog. Der Palast sollte in der Folge 24 Kaisern der Ming- und Qing-Dynastie als Residenz und Regierungssitz dienen. Bis zum Sturz des Kaiserreichs (1911) empfingen die Herrscher hier ihre Minister und Generäle sowie ausländische Gesandte, erledigten die Staatsgeschäfte und verließen ihre ›Stadt‹ nur wenige Male im Jahr, um etwa die vorgeschriebenen Rituale im Himmels- oder Erdtempel zu vollziehen – oder um in einer ihrer Sommerresidenzen Kühlung zu suchen.

Moderne Inszenierung – das National Centre for the Performing Arts hinter der Großen Halle des Volkes

Infobox

Reisekarte: ▶ G 6–8

Infos

www.tiananmen.org.cn: Die Website zum Tian'anmen-Platz ist leider nur auf Chinesisch, aber über Symbole wie Löffel und Gabel gelangt man zu einer Karte des Platzes und kann sich Restaurants, WCs, Einkaufsmöglichkeiten usw. anzeigen lassen.

Ausgangspunkt und Dauer

Tian'anmen-Platz und Kaiserpalast kann man gut an einem langen Vor- oder Nachmittag zusammen besuchen. In diesem Falle sollte man die **U 2** bis Qianmen nehmen und die Besichtigung am Vordertor (Qian Men) starten. Ausgang A und B führen auf den Platz, Ausgang C und D zum Pfeilturm. Alternativ fährt man mit der **U 1** bis Tian'anmen West. Ausgang B führt zum Sun-Yat-sen-Park und zum Palast, Ausgang C zur Großen Halle des Volkes und zum National Centre for the Performing Arts. Oder man fährt mit der **U 1** bis Tian'anmen East, wo Ausgang A zum Ahnentempel der Ming- und Qing-Kaiser und zum Palast, Ausgang B zum National Museum of China führt.

Rund um den Tian'anmen-Platz

Große Halle des Volkes 1
(Renmin Dahui Tang 人民大会堂)
Westseite des Tian'anmen-Platzes 天安门广场西侧, Ticketbüro rechts vom Südeingang, Dez.–März 9–14, April–Juni 8.15–15, Juli–Aug. 7.30–16, Sept.–Nov. 8.30–15 Uhr, 30 ¥
Die prunkvolle Große Halle des Volkes (Abb. S. 86) beherrscht die Westflanke des Tian'anmen-Platzes. Nach nur zehn Monaten Bauzeit wurde das russisch beeinflusste Gebäude fertiggestellt. Seine Frontseite ist 336 m lang, die Haupthalle fasst 10 000 Menschen. Sie dient übrigens nicht mehr nur der hohen Politik, sondern wird mittlerweile ganz profan auch für klassische oder gar Rockkonzerte genutzt. Überdies gibt es eine Bankett-halle, in der 5000 Gäste Platz finden, sowie 33 Säle aller Größen, die nach den chinesischen Provinzen benannt und entsprechend deren kulturellen Eigenheiten gestaltet worden sind. Steht kein Staatsbesuch oder Kongress an, dürfen die Hallen besichtigt werden.

National Centre for the Performing Arts 2
(Guojia Dajuyuan 国家大剧院)
www.chncpa.org, Di–So, Fei 9–17, letzter Einlass 16.30 Uhr, 30 ¥, Familientickets 1 Erwachsener und 1 Kind 45 ¥, 2 Erwachsene und 1 Kind 65 ¥, s. S. 49
Gleich westlich hinter der Großen Halle des Volkes erhebt sich das futuristische 2007 fertiggestellte ›Ei‹ des Nationaltheaters, das der französische Architekt Paul Andreu in Gestalt einer überdimensionierten Domkuppel entworfen hat. In den verschiedenen Konzerthallen der 200 000 m² großen Anlage finden bis zu 6500 Besucher Platz. Man betritt den Gebäudekomplex vom Norden her und muss einen künstlichen Tunnel passieren. Vor Vorstellungsbeginn können das gigantische Areal mit seinen diversen Veranstaltungssälen, aber auch Ausstellungen besichtigt werden.

China Numismatic Museum 3
(Zhongguo Qianbi Bowuguan 中国钱币博物馆)
17 Xijiaomin Xiang 西交民巷, www.cnm.com.cn, Di–So 9–16 Uhr, 10 ¥
Das schmucke kleine Museum nur wenige Meter vom Platz des Himmlischen Friedens ist in der ehemaligen 1930 erbauten Commercial Guarantee Bank of China untergebracht. In der interessanten Ausstellung bekommt man einen Überblick über die Entwicklung des chinesischen Geldes seit dem 8. Jh. v. Chr.

Site of Continental Bank 4
(Dalu Yinhang 大陆银行)
19 Xijiaomin Xiang 西交民巷
Die Xijiaomin Xiang war in der Kaiserzeit die Bankenstraße Beijings und so ist neben der ehemaligen Commercial Guarantee Bank of China auch noch das 1924 errichtete Gebäude der ehemaligen Continental Bank mit seiner charakteristischen Kuppel an der Westseite des Tian'anmen-Platzes erhalten geblieben. So richtig weiß man mit dem Bauwerk nichts anzufangen, und so steht es schon seit Jahren leer.

Vordertor 5
(Qian Men 前门)
Südseite des Tian'anmen-Platzes 天安门广场南侧, Zhengyang Men, Di–So 9–16.30 Uhr, April–Okt. 20 ¥, Nov.–März 10 ¥
Wer mit der U-Bahn oder dem Li-

Rund um Tian'anmen-Platz und Kaiserpalast

Sehenswert

1 Große Halle des Volkes
2 National Centre for the Performing Arts
3 China Numismatic Museum
4 Site of Continental Bank
5 Vordertor
6 Mao-Mausoleum
7 Denkmal der Volkshelden
8 National Museum of China
9 Chang'an Jie
10 Tor des Himmlischen Friedens
11 Sun-Yat-sen-Park
12 Kulturpalast der Werktätigenr
13 Changpuhe-Park
14 Kaiserpalast
15 Duan Men
16 – 49, 53, 66 s. Karte S. 123
49 – 65 s. Karte S. 128
67 Südtor des Kohlehügels
68 Turm der Prächtigen Aussicht
69 Akazienbaum
70 Pavillon des Ewigen Frühlings
71 Halle der Kaiserlichen Langlebigkeit
72 Halle der Tugend
73 Zypressen der Zwei Generäle

Essen & Trinken

1 Donglaishun
2 Maison Boulud
3 Lost Heaven
4 Dasanyuan
5 s. Karte S. 123

Einkaufen

1 s. Karte S. 122

Aktiv

1 Bootsfahrt Palastgraben

nienbus zum südlichen Ende des Platzes fährt, findet sich nach der Unterquerung von breiten Fußgängertunneln, die den reibungslosen Abzug vieler zehntausend Menschen vom Tian'anmen-Platz gewährleisten sollen, an der Seite des mächtigen Vordertors wieder, das offiziell **Tor der Mittagssonne** (Zhengyang Men 正阳门) heißt und aus zwei Türmen besteht: dem nördlichen **Zhengyang Men** und dem süd-lichen für Besucher geschlossenen **Pfeilturm** (Jianlou 箭楼). Es ist eines der wenigen noch sichtbaren Indizien für die frühere Aufteilung Beijings, dessen Stadtbereiche jeweils von einer hohen Mauer umgeben waren.

Das Vordertor war das Haupttor von der Äußeren zur Inneren Stadt, durch das Tor des Himmlischen Friedens (s. S. 115) gelangte man in die Kaiserstadt und durch das Mittagstor (Wu Men, s. S. 121) in die Verbotene Stadt. Wer im Geiste die beiden hintereinander liegenden Türme des Vordertores mit einem Mauerring verbindet und sich die Stadtmauer in westlicher und östlicher Richtung hinzudenkt, kann ermessen, welche Dimensionen der alte Beijinger Stadtwall gehabt haben muss.

Für die heutige Gestalt der Toranlage zeichnet der deutsche Architekt Curt Rothkegel verantwortlich, der 1914 von der Stadtverwaltung beauftragt wurde, sie dem wachsenden Verkehr in der Stadt anzupassen. Er ließ die Verbindungsmauer abreißen und das Qian Men an drei Stellen durchbrechen. Im Vordertor befindet sich heute ein **Museum** mit Exponaten zur alten Stadtmauer. Auch die umlaufende Terrasse und die Gesimsbänder über den unteren beiden Fensterreihen des Pfeilturms gehen auf Rothkegel zurück.

Mao-Mausoleum 6

(Mao Zhuxi Jiniantang 毛主席纪念堂)
Zentrum des Tian'anmen-Platzes 天安门广场中, Zugang über den Nordeingang, Di–So 8–12 Uhr, Juli/Aug. und an Fei geschlossen, Eintritt frei, *s. S. 59*

Nach Maos Tod am 9. September 1976 erbaute man mitten auf dem Platz das Mao-Mausoleum, in dem sein mumifizierter Leichnam aufgebahrt werden sollte. Genau ein Jahr später wurde er hierher überführt. Meistens muss man sich in eine lange Menschenschlange einreihen, die, von Ordnern geleitet, in hohem Tempo durch die Halle geschleust wird. Was bleibt, ist ein flüchtiger Blick auf den fast gottähnlich verehrten Mao Zedong.

Denkmal der Volkshelden 7

(Renmin Yingxiong Jinianbei 人民英雄纪念碑)
Zentrum des Tian'anmen-Platzes 天安门广场中, kein direkter Zugang

Das seit den Demonstrationen und der Platzbesetzung von 1989 gut bewachte Denkmal der Volkshelden wurde am 1. Mai 1958 enthüllt. 17 000 Marmor- und Granitsteine wurden für den Bau benötigt, der 38 m aufragt. In zehn Basreliefs werden die wichtigsten Stationen der chinesischen Geschichte seit 1840 gewürdigt. Da man nicht mehr nahe herankommt, sollte man für die nähere Betrachtung ein Fernglas dabeihaben.

Die Darstellungsreihe beginnt an der Ostseite des Denkmals mit der Verbrennung des Opiums durch den kaiserlichen Kommissar Lin Zexu im Jahr 1839. Diese Aktion löste den Ersten Opiumkrieg aus, was zur Folge hatte, dass Hongkong an Großbritannien fiel. Im Uhrzeigersinn folgt dann die Ausrufung des

Himmlischen Staates des Ewigen Friedens (Taiping Tianguo) durch die Taiping-Aufständischen. Der Aufstand von Wuchang (1911) und der Sturz des Kaiserreichs, die Studentendemonstrationen in Beijing (1919) – für die Kommunisten der eigentliche Beginn des modernen China – und Shanghai (1925), aus denen die Bewegung des 4. Mai und die Bewegung des 30. Mai entstanden, der Aufstand von Nanchang am 1. August 1927, der die Gründung der Volksbefreiungsarmee markierte, der Partisanenkrieg gegen Japan und die Überquerung des Yangzi 1949 sind weitere Schlüsselereignisse der neueren Geschichte des Landes. Die letzten beiden Reliefs verherrlichen die Armee.

National Museum of China 8

(Zhongguo Guojia Bowuguan 中国国家博物馆)

www.chnmuseum.cn, tgl. 9–17, Ticketausgabe bis 15.30, letzter Einlass 16 Uhr, kostenlose Tickets (Reisepass!) am Westeingang, s. S. 59

Der 1961 vollendete kolossale Bau des Chinesischen Nationalmuseums war lange als die Museen der Chinesischen Geschichte und der Chinesischen Revolution bekannt. Zwischen 2007 und 2010 wurden die verstaubten Ausstellungsräume nach Plänen des renommierten Hamburger Architektenbüros gmp (von Gerkan, Marg und Partner) umgebaut. Für den Ausbau musste ein 70 000 m² großer Neubau in das weltbekannte Platzensemble unter Mitnutzung einiger Teile des ursprünglichen Museums integriert werden. Die vereinigten Museumsbauten werden durch ein Dach symbolisiert, das den öffentlichen Raum überspannt und damit Wetterschutz für die Menschen bietet, die auf dem Vorplatz stehen. Die Dachtraufe liegt in einer Höhe von 34,50 m, sodass die Große Halle des Volkes und das Chinesische Nationalmuseum in Höhe und Proportion ausbalanciert sind.

Seit seiner Fertigstellung ist es nun eines der modernsten Museen Chinas, das über 1 Mio. Artefakte besitzt, die auf einer Ausstellungsfläche von 192 000 m² in Dauer- und Themenausstellungen gezeigt werden. Zusätzlich gibt es wechselnde internationale Ausstellungen.

Chang'an Jie 长安街 9

Hat man die 880 m von der Südseite des Tian'anmen-Platzes an die Nordseite überwunden, gelangt man zum Flaggenmast mit der Staatsflagge. Dahinter verläuft von Westen nach Osten die breite, an dieser Stelle zehnspurige **Boulevard des Ewigen Friedens.** Sie ist mit einer innerstädtischen Gesamtlänge von 6,7 km die längste Straße der Stadt – die gesamte West-Ost-Ausdehnung beträgt über 45 km – und wurde bereits 1267 auf Betreiben Kublai Khans als Magistrale angelegt. Um den sowieso schon zäh fließenden Verkehr nicht noch weiter zu behindern, wurden links und rechts des Platzes Unterführungen gebaut, die man durchqueren muss, will man zur Hauptattraktion des Platzes, dem Tor des Himmlischen Friedens gelangen.

Tor des Himmlischen Friedens 10

(Tian'an Men 天安门)

Nordseite des Tian'anmen-Platzes 天安门广场北侧, Zugang über den Innenhof an der Westseite, tgl. 8.30–17, Ticketverkauf bis 16.30 Uhr, 15 ¥

Unverdrossen ziert noch immer das Porträt mit dem ewig frisch gebliebenen Gesicht des Großen Vorsitzenden Mao das Tor des Himmlischen Friedens, das zum Symbol für die moderne Geschichte des Landes wurde

Drachen – ein beliebtes Spielzeug der Chinesen – lagern vor dem Tian'an Men

und entsprechend im Staatswappen verewigt worden ist. Links und rechts des Konterfeis prangen in großen Lettern die beiden Zeilen »Lang lebe die Volksrepublik China« und »Lang lebe die große Einheit der Völker der Welt«.

Im Jahr 1417, während der Ming-Dynastie, wurde hier ein erstes, mit gelben Ziegeln gedecktes Holztor errichtet. Zweimal brannte das Tor nieder, bis es 1651 schließlich in seiner heutigen Form neu gebaut und nun **Tor des Himmlischen Friedens** (Tian'an Men) genannt wurde. Das Tor bildete nicht nur den Hauptzugang zur Kaiserstadt, sondern diente auch dazu, kaiserliche Edikte zu verkünden. Auch im 20. Jh. spielte es mehrfach eine zentrale politische Rolle: Am 25. Dezember 1911 verkündete die Mutter des kleinen Kaisers Pu Yi vom Tor den Thronverzicht; das Kaiserreich hörte damit auf zu existieren. Im Mai 1919 versammelten sich vor dem Tian'an Men Tausende von Studenten, um gegen den Versailler Vertrag zu protestieren, in dem die ehemaligen deutschen Konzessionsgebiete an Japan abgetreten wurden. Die daraus erwachsene Bewegung des 4. Mai schwoll zu einer National- und Aufklärungsbewegung an, die das Land tiefgreifender verändern sollte, als es die Revolution von 1911 vermocht hatte. Am 1. Oktober 1949 proklamierte dann Mao Zedong vom

Balkon des 34 m hohen Tores die Gründung der Volksrepublik China.

Doch auch weiterhin sollte das Tor Symbol für Hoffnung bergende Ereignisse des Landes bleiben, deren letztes allerdings 1989 blutig endete, als die friedliche Demonstration vieler tausend Menschen für mehr politische Freiheit mit Panzern niedergewalzt wurde.

Vor dem Tian'an Men verläuft ein in Marmor gefasster Wassergraben, den fünf **marmorne Brücken** überspannen. Zwei hohe, **marmorne Schmucksäulen** flankieren die monumentale rote Front des Tores. Auch an der Rückseite steht ein Paar dieser *huabao* genannten Säulen. Jede von ihnen, auf der sich das Relief eines sich windenden Drachens in die Höhe zieht, birgt auf der Plattform, die sie nach oben abschließt, ein Fabeltier namens *kong*. Die vier *kong* um das Tian'an Men tragen verschiedene Namen: Die beiden in Richtung Platz des Himmlischen Friedens blickenden heißen *wangjungui* (Ausschau halten nach der Rückkehr des Kaisers) – sie sollten den Kaiser bei zu langer Abwesenheit in seinen Palast zurückrufen. Die beiden inneren, zum Palast blickenden *kong* wurden *wangjunchu* (Aufpassen auf den Fortschritt des Kaisers) genannt. Ihre Aufgabe war es, den Kaiser bei der Ausführung seiner Staatsgeschäfte zu überwachen. Vernachlässigte er sie oder entfernte er sich zu weit von den Bedürfnissen des Volkes, sollten sie ihn symbolisch an seine Pflichten erinnern.

Sun-Yat-sen-Park 11

(Zhongshan Gongyuan 中山公园)
Westlich vom Tor des Himmlischen Friedens 天安门西侧, www.zhongshan-park.cn, April–Mai, Sept.–Okt. 6–21, Juni–Aug. 6–22, Nov.–März 6.30–20 Uhr, Ticketverkauf bis 1 Std. vor Schließung, Park 3 ¥, Orchideengarten zur Zeit der Blüte 10 ¥

Schon früh standen auf dem Areal des heutigen Parks Tempelanlagen. Unter dem Ming-Kaiser Zhu Di erbaute man hier 1420 den **Altar der Götter und der Fruchtbarkeit** (Sheji Tan), wo die Herrscher den Gott der Erde und die Götter der fünf Getreidearten anbeteten. 1914 wurde das Gelände der Öffentlichkeit zugänglich gemacht und heißt seit 1928 zu Ehren des Vaters der Republik Sun-Yat-sen-Park (Sun Yat-sen/Sun Zhongshan).

Die malerische **Parkanlage** rund um die Tempelgebäude gibt einen kleinen Einblick in das Beijinger Alltagsleben. Wer mag, kann verschiedene **Blumengärten** besuchen, und auch für Kinder

Lieblingsort

Entspannen am Tian'anmen-Platz

Die Weite des Tian'anmen-Platzes, die Besucherströme durch den Kaiserpalast und die Menschenmassen auf der Chang'an Jie erschöpfen wohl jeden Reisenden. Doch gleich hinter der parallel zum Bürgersteig entlangführenden, rot getünchten hohen Mauer östlich vom Tor des Himmlischen Friedens versteckt sich der kleine, beschauliche, nur 510 m lange **Changpuhe-Park** in Gestalt einer chinesischen Gartenanlage. Die Luft am kühlenden Bach ist erfrischend, die vielen Blumen einladend und die Ruhe erholsam. Dies ist der schönste Ort im Zentrum, um sich im Schatten der Bäume niederzulassen und die großartigen Monumente der Umgebung im Geiste Revue passieren zu lassen.

Changpuhe-Park (Changpuhe Gongyuan 菖蒲河公园) 13: U 1 Tian'anmen East, tgl. 24 Std. geöffnet, Eintritt frei.

gibt es eine Reihe Attraktionen wie **Bootsfahrten** 1 auf dem Wassergraben des Kaiserpalasts, Autoscooter etc.

Kulturpalast der Werktätigen 12

(Laodong Renmin Wenhuagong 劳动人民文化宫)
Östlich vom Tor des Himmlischen Friedens 天安门东侧, www.bjwhg.com.cn, tgl. 6.30–20.30 Uhr, Gebäude tgl. 9–16 Uhr, 10 ¥
Hinter dem sperrigen sozialistischen Namen verbirgt sich in Wahrheit der herrliche **Ahnentempel der Ming- und Qing-Kaiser** in einem weitläufigen Park mit über 700 uralten Zypressen. Hier verwalteten seit 1420 jeweils ein Dutzend Eunuchen die Gedenktäfelchen der kaiserlichen Familien. In der mächtigen **Haupthalle** (Tai Miao 太庙), die sich auf einem dreistufigen Marmorsockel erhebt, fanden die großen Opferzeremonien für die Ahnen statt. Die Halle selbst wird von 68 massiven Säulen aus Nanmu-Holz getragen.

1950 wurde der Tempel zum **Kulturpalast der Werktätigen** bestimmt – mit Ausstellungen, Lesesälen etc. Werktätige und Besucher machen sich hier allerdings eher rar und so hat man die weitläufige Anlage meist für sich allein. Aktuell birgt die Haupthalle die **Chinesische Friedensglocke,** die am 1. Januar 2000 vom damaligen Staatspräsidenten Jiang Zemin eingeweiht und erstmals geläutet wurde.

Changpuhe-Park 13

s. Lieblingsort S. 118

Kaiserpalast ! 14

(Gugong 故宫 bzw. Gugong Bowuguan 故宫博物馆)
Nordseite des Tian'anmen-Platzes 天安门广场北侧, Ticketverkauf und Haupteingang am Wu Men, www.dpm.org.cn, 1. April–31. Okt. tgl. 8.30–17, 1. Nov.–31. März tgl. 8.30–16.30 Uhr, Ende des Ticketverkaufs jeweils 1 Std. vor Schließung, Eintritt 1. April–31. Okt. 60 ¥, 1. Nov.–31. März 40 ¥, Hall of Clocks 10 ¥, The Treasure Gallery 10 ¥, Audiotour 40 ¥ plus 100 ¥ Pfand, s. S. 59
Als Zhu Di, der Prinz von Yan, 1402 seinen Neffen vom Kaiserthron in Nanjing verdrängte, begann unter seiner Regierungsdevise *yongle* (Immerwährende Freude) eine der glanzvollsten Regierungszeiten der Ming-Dynastie. Der neue Kaiser wollte seine Stärke auch optisch demonstrieren und nachdem er seine Macht konsolidiert hatte, ließ er ab 1406 mehrere Großprojekte gleichzeitig beginnen. Die Große Mauer wurde wieder aufgebaut, die Schatzflotte für die Reisen des berühmten Admirals Zheng He geschaffen, der Kaiserkanal instand gesetzt und der Bau des neuen Kaiserpalasts in Auftrag gegeben. 1420 waren die Bauarbeiten so weit abgeschlossen, dass der formelle Umzug des Kaiserhofs nach Beijing, das 1421 offiziell zur Hauptstadt Chinas gekürt wurde, beginnen konnte. Allerdings brannten die drei größten Hallen noch im selben Jahr ab, weitere wurden durch ein Erdbeben beschädigt, sodass der endgültige Umzug erst 1450 abgeschlossen werden konnte.

Der **Kaiserpalast** gliedert sich in vier Teile. Der vordere südliche Teil war der Regierungssitz, im nördlichen Teil befand sich das Wohnviertel der kaiserlichen Familie, im Osten stand der Kaiserliche Ahnentempel und im Westen der Altar der Götter der Erde und der Fruchtbarkeit. Der offizielle Name des Palastes, **Pupurne Verbotene Stadt** (Zijincheng), bezieht sich weniger auf die Purpurfarbe seiner Mauern als vielmehr auf den verborgenen purpurnen Bereich im Himmel, den Sitz des Polarsterns, der für die Chinesen im Zentrum des Himmels steht – so, wie der Kaiserpalast im Zentrum dessen, was unter dem Himmel, also auf der Erde ist. Damit war der Palast mehr als nur Regierungssitz und Residenz, er war das irdische Spiegelbild der im Kosmos waltenden Ordnung. In seiner Architektur und Symbolik manifestierte sich nach außen hin sichtbar die zentrale Funktion des Kaisers, des Himmelssohns (*taizi/tianzi*), als Mittler zwischen Himmel und Erde, dessen wichtigste Aufgabe es war, die im Kosmos waltende und mit der Erde korrelierende Ordnung durch eine korrekte Regierung und Befolgung der Riten zu erhalten.

Die Verbotene Stadt erstreckt sich innerhalb ihrer von einem Wallgraben umgebenen Mauer über 720 000 m^2. Alle Gebäude reihen sich entlang einer **Haupt-** sowie mehrerer zweit- und drittrangiger **Nord-Süd-Achsen** auf. Die Palastanlage ist in den südlichen **Außenhof** *(wai chao)*, in dem die kaiserlichen Audienzen und verschiedene Zeremonien stattfanden, und in die nördlichen **Inneren Gemächer** *(nei ting)* mit den Wohnstätten der kaiserlichen Familie unterteilt. Insgesamt soll es 9999 Räume geben, eine Zahl, die die Ewigkeit der Herrschaft symbolisiert. Allerdings zählt bereits der Abstand zwischen vier Säulen als ein Raum. Die Anzahl der Räume gründete nicht nur auf der chinesischen Zahlenmystik. Dahinter verbarg sich auch die traditionelle Vorstellung, dass der eigentliche Himmelspalast 10 000 Räume zählt: Daher musste der irdische Kaiser – um seine Unterwürfigkeit unter den Himmel zu dokumentieren – einen Raum weniger bewohnen.

Duan Men und Wu Men

Duan Men, tgl. 9–16.20 Uhr, 10 ¥, Wu Men im Eintritt zum Kaiserpalast enthalten

Vom Tor des Himmlischen Friedens kommend läuft man zunächst über den stets bevölkerten **Heiligen Weg** (Shen Dao 神道) nach Norden und passiert ein weiteres Haupttor, das **Duan Men** 端门 **15**, in dem es wechselnde Ausstellungen gibt und auf das man hinaufsteigen darf. Dieses Tor ist aus geomantischen Erwägungen gebaut worden, um das folgende Wu Men zum fünften von insgesamt neun Toren auf der von Süden nach Norden verlaufenden zentralen Achse Beijings zu machen. Der lang gezogene Platz dahinter diente Truppeninspektionen und Paraden.

Der Rundgang durch die Palastanlage beginnt beim **Mittagstor** **16** (Wu Men 午门), dem Haupteingang in die Verbotene Stadt, wo man auch die Eintrittskarten kauft. Wegen seiner fünf Pavillontürme wird es auch Fünf-Phönix-Tor genannt. Den **mittleren Eingang** durfte nur der Kaiser benutzen. Einzig die drei erfolgreichsten Absolventen der kaiserlichen Examen durften den Palast durch dieses Tor verlassen und die Kaiserin gelangte an ihrem Hochzeitstag durch dieses Tor hinein. Der **östliche Eingang** war früher den Beamten und Generälen vom dritten Rang aufwärts vorbehalten, der westliche Eingang war für die kaiserlichen Prinzen bestimmt. In den beiden Seitenflügeln der Mauer befanden sich zwei weitere Eingänge für alle übrigen Beamten.

Im Wu Men finden wechselnde Ausstellungen statt. Um hineinzugelangen, muss man zunächst durch das Tor hindurchgehen und nimmt dann die Treppen, die in der südwestlichen Ecke des Äußeren Hofs hinaufführen.

Äußerer Hof

Im ersten Hof hinter dem Wu Men fällt der Blick auf den bogenförmi-

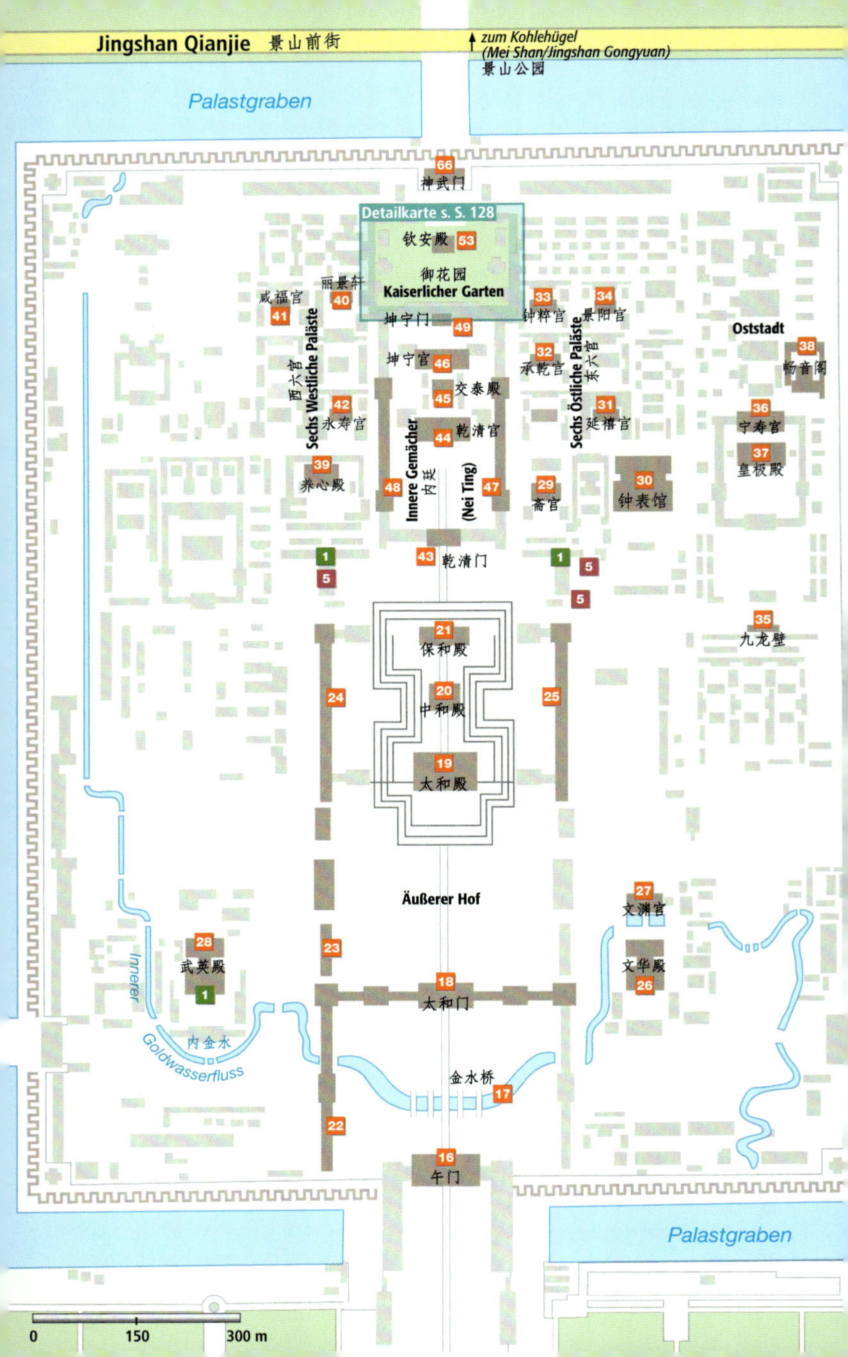
Jingshan Qianjie 景山前街
zum Kohlehügel
(Mei Shan/Jingshan Gongyuan)
景山公园
Palastgraben
66 神武门
Detailkarte s. S. 128
钦安殿 53
御花园
Kaiserlicher Garten
丽景轩 40
咸福宫 41
坤宁门 49
33 钟粹宫
34 景阳宫
Oststadt
38 畅音阁
西六宫
Sechs Westliche Paläste
坤宁宫 46
交泰殿 45
32 承乾宫
东六宫
Sechs Östliche Paläste
42 永寿宫
乾清宫 44
31 延禧宫
36 宁寿宫
37 皇极殿
39 养心殿
48
Innere Gemächer
内廷
(Nei Ting)
47
29 斋宫
30 钟表馆
1
5
43 乾清门
21 保和殿
35 九龙壁
24
20 中和殿
25
19 太和殿
Äußerer Hof
27 文渊宫
28 武英殿
23
文华殿 26
18 太和门
Innerer
内金水
Goldwasserfluss
金水桥 17
22
16 午门
Palastgraben
0
150
300 m

Kaiserpalast

Sehenswert

1 – 15 s. Karte S. 113
16 Mittagstor
17 Innerer Goldwasserfluss
18 Tor der Höchsten Harmonie
19 Halle der Höchsten Harmonie
20 Halle der Vollkommenen Harmonie
21 Halle zur Bewahrung der Harmonie
22 Ausstellung in den westlichen Seitenhallen
23 Ausstellung in den Korridoren nördlich des Taihe Men
24 Ausstellung in der Längshalle
25 Ausstellung im östlichen Korridor
26 Halle der Literarischen Blüte/Hall of Ceramics
27 Pavillon des Kulturellen Reichtums
28 Halle der Militärischen Tapferkeit/Calligraphy and Painting Gallery
29 Palast des Fastens
30 Halle der Ahnenverehrung/Hall of Clocks
31 Ausstellung im Yanxi Gong
32 Ausstellung im Chengqian Gong
33 Ausstellung im Zhongcui Gong
34 Ausstellung im Jingyang Gong
35 Neun-Drachen-Wand
36 Palast der Ruhe und Langlebigkeit
37 Halle der Kaiserlichen Absolutheit, The Treasure Gallery in den umgebenden Gebäuden
38 Theater
39 Palast der Herzensbildung
40 Ausstellung im Lijing Xuan
41 Ausstellung im Xianfu Gong
42 Ausstellung im Yongshou Gong
43 Tor der Himmlischen Reinheit
44 Palast der Himmlischen Reinheit
45 Halle der Berührung von Himmel und Erde
46 Palast der Irdischen Ruhe
47 Ausstellung im östlichen Korridor
48 Ausstellung im westlichen Korridor
49 Tor der Irdischen Ruhe
49 – 65 s. Karte S. 128
53 Halle des Kaiserlichen Friedens
66 Tor der Göttlichen Stärke
67 – 73 s. Karte S. 113

Essen & Trinken

1 – 4 s. Karte S. 113
5 Imbissstände

Einkaufen

1 Museumsbuchläden

Aktiv

1 s. Karte S. 113

gen **Inneren Goldwasserfluss** 17 mit fünf **Marmorbrücken**, welche die fünf konfuzianischen Tugenden – Kindespietät, Menschlichkeit, Ehrlichkeit, Aufrichtigkeit, Weisheit – symbolisieren. Dahinter ragt, flankiert von zwei großen Bronzelöwen, den Emblemen kaiserlicher Machtfülle, das **Tor der Höchsten Harmonie** 18 (Taihe Men 太和门) auf.

Hinter dem Taihe Men erheben sich am Ende eines weiten Hofs auf einer Terrasse die **Drei Großen Hallen,** die das Herzstück der Anlage bilden und Himmel und Erde symbolisieren.

Halle der Höchsten Harmonie 19

Die vordere Halle der Höchsten Harmonie, **Taihe Dian** 太和殿 (Abb. S. 88), ist die bedeutendste. Von hier übte der Kaiser seine Macht aus. Die großen Zeremonien – Thronbesteigung, Audienzen für die Minister sowie Feiern anlässlich wichtiger Festtage – fanden in dieser Thronhalle statt. Den reich verzierten Thron findet man noch ebenso wie die sechs aufwendig mit gewundenen Drachen verzierten Säulen. Auch ein näherer Blick auf die Dachfirste lohnt: Anders als sonst üblich, werden sie nicht durch eine ungerade Zahl an Fabeltieren, Helfer gegen böse Geister und Unheil, geschmückt, sondern durch zehn – ein Zeichen für die überragende Bedeutung dieser Halle! Die Drachenfiguren am Ende der Reihe sind besonders groß und prächtig gestaltet; die massivste dieser Figuren bringt es immerhin auf ein Gewicht von 4,25 t.

Auf der **Plattform** vor der Taihe Dian stehen je zwei Bronzeschildkröten und -kraniche, die Glück und Langlebigkeit symbolisieren. Außerdem sieht man einige Gerätschaften: Das Gnomon und das *jialing*-Hohlmaß drückten aus, dass der Kaiser auf den Ackerbau achtete. Die Bronzebehälter dienten neben dem Feuerschutz – sie waren ständig mit Wasser gefüllt – der Versinnbildlichung von Integrität und Vollkommenheit der Kaiserherrschaft und die 18 Weihrauchbehälter standen für die kaiserlichen Provinzen. Einst mussten sich auf dem weitläufigen, 30 000 m² großen **Platz** vor den Hallenstufen bis zu 20 000 Beamte und Würdenträger zum Kotau vor dem Kaiser einfinden.

Halle der Vollkommenen Harmonie 20

Hinter der Taihe Dian liegt die fast bescheiden anmutende Halle der Vollkommenen (Mittleren) Harmonie, **Zhonghe Dian** 中和殿. In ihr prüfte der Kaiser einmal im Jahr das Saatgetreide, erteilte Ministern in kleinem Rahmen Audienzen oder ließ die Zeremonien proben.

Halle zur Bewahrung der Harmonie 21

Die Halle zur Bewahrung der Harmonie, **Baohe Dian** 保和殿, schließt den zentralen Komplex ab. Sie diente vor allem bei der Feier des neuen Jahres als Bankettsaal. In der Qing-Zeit hielt man in ihr die Palastexamen ab, deren Bestehen für die höchste Beamten-(Mandarin-)Laufbahn unabdingbar war.

Ausstellungen zwischen Taihe Men und Baohe Dian

Die **Ausstellungen** in den die Höfe bis zur Halle zur Erhaltung der Harmonie westlich begrenzenden **westlichen Seitenhallen** 22 führen in das höfische und aristokratische Leben der Qing-Zeit ein. Den Anfang machen die Insignien des Kaiserhofes und Exponate zur Struktur des mandschurischen Adels, während in den **Korridoren nördlich des Taihe Men** 23

Marmorne Brücken überspannen den Inneren Goldwasserfluss im Kaiserpalast

Waffen, Jagdutensilien und Ritualinstrumente zu sehen sind. Ein Höhepunkt ist sicher die Ausstellung in der **Längshalle** 24 westlich gegenüber der Halle der Mittleren Harmonie. Hier werden kostbare Kunstgegenstände und -sammlungen aus den kaiserlichen Manufakturen der Verbotenen Stadt, aber auch Schenkungen von Sammlern aus aller Welt gezeigt.

Im **östlichen Korridor** 25 gegenüber der Halle der Mittleren Harmonie erfährt man Interessantes zur Architektur des Palastes, zu den Sitten am Hof, aber auch historische Fakten zu den verschiedenen architektonischen Bereichen des Kaiserpalasts. Die Ausstellung bildet den Abschluss der Sammlungen aus den westlichen Korridoren.

Weitere Bauten

Seitlich des Tors der Höchsten Harmonie befinden sich weitere Gebäude des Äußeren Hofes. Sie symbolisieren die Gestirne. Auf der Ostseite stehen die **Halle der Literarischen Blüte** 26 (Wenhua Dian 文华殿) und der **Pavillon des Kulturellen Reichtums** 27 (Wenyuan Ge 文渊阁). Letzterer diente während der Ming-Dynastie als Studierzimmer der Kronprin- ▷ S. 129

Auf Entdeckungstour: Ruhepunkte für die Kaiser – Kaiserlicher Palastgarten

Der Palastgarten am Nordende der zentralen Achse ist ein Meisterwerk der Gartenkunst und der intimste und abgeschlossenste aller kaiserlichen Gärten Chinas. Innerhalb der aus Sicherheitsgründen nahezu baumlosen Verbotenen Stadt war dies eine der wenigen nennenswerten Grünanlagen, und neben dem Kaiser war einzig ausgewählten Konkubinen und Eunuchen der Zugang erlaubt.

Planung: Der Kaiserliche Garten ist nur in Verbindung mit dem Kaiserpalast (s. Karte S. 123) zu besuchen und nicht mehr über den Nordeingang zugänglich. Wer den Garten ohne Besuchermassen genießen möchte, sollte ihn früh morgens besuchen. Einzelheiten zu den Gebäuden findet man unter www.dpm.org.cn.
Start: U 1 Tian'anmen West, Tian'anmen East

Wegen seiner Lage auf der Hauptachse, entlang derer sich die wichtigsten Gebäude wie die Thronhalle des Palasts aufreihen, mussten sich die Gartenarchitekten an ein sehr viel strengeres Layout halten als sonst bei Gärten üblich. Bindend war die sogenannte bilaterale Symmetrie, nach der alle Paläste spiegelungsgleich angelegt waren, und die also auch für die Gestaltung des

Gartens angewendet wurde. Jedes Bauwerk westlich der Hauptachse musste also spiegelbildlich auch auf der östlichen Achse stehen.

Ein Ort der Harmonie

Von Süden kommend, betritt man den Garten durch das **Tor der Irdischen Ruhe** 49 (Kunning Men 坤宁门) und wird entlang der Hauptachse zum **Tor des Himmlischen Vorrangs** 50 (Tianyi Men 天一门) geleitet. Der Name verweist auf die Sterne des Nordens und wird mit dem Wasser assoziiert. Das Tor ist, eine Seltenheit im Kaiserpalast, aus Lehmziegeln errichtet, um es optisch besser in die ruhige, grüne Umgebung zu integrieren. Vor und hinter dem Tor wachsen je zwei über vierhundert Jahre alte, ineinander verschlungene Kiefern, die **Gemahlinnen-Kiefern** 51, welche die Harmonie zwischen dem Kaiser und der Kaiserin symbolisieren. Zwei **Fabelwesen** 52 (*qilin* 麒麟) wachen darüber, dass keine bösen Einflüsse in das Gebäude gelangen können.

Eine Gottheit als Brandschutz

Hinter dem Tor und im Zentrum des Gartens erhebt sich die **Halle des Kaiserlichen Friedens** 53 (Qin'an Dian 钦安殿). Dies ist der einzige daoistische Tempel auf der zentralen Hauptachse Beijings. In ihm wurde der daoistische Gott des Nordens (Zhenwu Dadi oder Xuanwu) verehrt. Da er neben seiner Funktion als Gott des Exorzismus und der Heilung auch für das Wasser stand, erhoffte man sich von ihm den Schutz vor den Feuersbrünsten, die den Palast immer wieder heimsuchten. Die Qing-Kaiser opferten Zhenwu an ihren Geburtstagen allerdings aus einem ganz eigennützigen Grund: Sie erhofften sich von ihm ein langes Leben oder gar Unsterblichkeit.

Gestaltung wider die Monotonie

Um das daoistische Zentrum reihen sich auf einer östlichen und einer westlichen Achse verschiedene weitere Gebäude auf. Zwar mussten alle Bauwerke spiegelbildlich erbaut werden, aber um die daraus resultierende Monotonie zu vermeiden, stehen die Bauwerke mal auf Hügeln, mal ebenerdig, mal auf einer Terrasse, mal über einem Teich. Dazwischen wachsen Bäume, hauptsächlich Zypressen und Kiefern, die von Felsarrangements unterbrochen werden. So wurde auf kleinstem Raum eine unglaubliche optische und symbolische Dichte geschaffen, die Abwechslung ermöglichte, ohne die strengen konfuzianischen Bauvorgaben zu verletzen.

Eine perfekte Welt

Entlang der Westachse reihen sich von Süden nach Norden das **Yangxing-Studio** 54 (Yangxing Zhai 养性斋), der **Qianqiu-Pavillon** 55 (Qianqiu Ting 千秋亭), der **Chengrui-Pavillon** 56 (Chengrui Ting 澄瑞亭), das **Weiyu-Studio** 57 (Weiyu Zhai 位育斋) und der **Yanhui-Pavillon** 58 (Yanhui Ge 延辉阁). Ihre Spiegelbilder auf der Ostachse sind die **Jiangxue-Halle** 59 (Jiangxue Xuan 绛雪轩, der **Wanchun-Pavillon** 60 (Wanchun Ting 万春亭, Abb. S. 126), der **Fubi-Pavillon** 61 (Fubi Ting 浮碧亭), die **Lizao-Halle** 62 (Lizao Tang 摛藻堂) und der **Yujing-Pavillon** 63 (Yujing Ting 御景亭).

Unter diesen Gebäuden ist der **Pavillon des Zehntausendfachen Frühlings** 60 (Wanchun Ting 万春亭) östlich der Halle des Kaiserlichen Friedens das berühmteste. Hier wurde ein kreuzförmiger Grundriss des

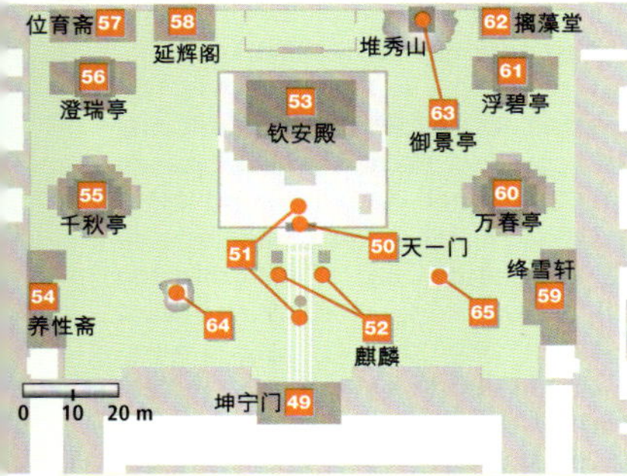

Erdgeschosses mit einem runden Aufbau und filigranen Turmspitzen kombiniert. So wurde die großartige kaiserliche Architektur mit der Lebendigkeit der Gartenarchitektur verbunden. 1535 erbaut, steht er für den Frühling, während sein westliches Spiegelbild, der **Pavillon des Tausendfachen Herbstes** 55 (Qianqiu Ting 千秋亭), den Herbst symbolisiert. Zusammen verkörpern diese beiden Hallen die Vision einer perfekten Welt. Ihre viereckige Basis steht für die Erde, während das runde Obergeschoss ein Symbol für den Himmel ist. Die Ornamente auf den Dachfirsten – Drachen und Phönixe – versinnbildlichen hingegen Schutz und kaiserliche Macht.

Ein Stück ›Natur‹

Im Nordosten des Gartens erhebt sich der **Berg zum Versammeln der Schönheit** (Duixiu Shan 堆秀山), ein kleiner, künstlicher Hügel mit einer Höhle. Oben steht der **Pavillon der Kaiserlichen Aussicht** 63 (Yujing Ting 御景亭), von dem aus die kaiserliche Familie am Fest des Doppelneunten am 9. Tag des 9. Mondmonats die Gartenlandschaft mit ihren blühenden Chrysanthemen betrachtete. An diesem Festtag trinkt man bis heute Chrysanthemen-Tee, da die Chrysantheme ein Symbol für den Herbst und für ein langes Leben ist, und besteigt einen Berg, der im Kaiserlichen Garten durch den künstlichen Hügel angedeutet wird.

Blick in die Vergangenheit

Eine Ahnung von den Gärten der Vergangenheit erhält man auf der **hochgelegten Marmorterrasse** 64 im Südwestteil des Parks, die ihre Entsprechung in einer **niedrigen Terrasse** 65 im Südostteil findet. In der Felskonstruktion unter der Terrasse befindet sich ein Stallgebäude, das sich nach Süden hin zu einem kleinen Freigehege öffnet. So konnten die Besucher des Gartens die Tiere, die hier gehalten wurden, beobachten.

Solche Menagerien sind eine ferne Erinnerung daran, dass die Ursprünge chinesischer Gärten in den kaiserlichen Jagdgründen zu suchen sind und die ersten Gärten mit riesigen Plattformen bestückt wurden, die hoch aufgetürmt, dem Himmel möglichst nahe kommen sollten. Diese aus Erde aufgeschichteten Terrassen hießen *lingtai*, Ritualterrassen, denn auf ihnen konnte man den Himmel beobachten und den Göttern opfern. Der religiöse Hintergrund der Gärten als Stätte ritueller Begegnungen zwischen Mensch und Kosmos ging zwar nach und nach verloren, blieb aber mit Abschwächungen bis heute in der Architektur und Symbolik erhalten. So sind die Terrassen noch als Fundamente, auf denen Paläste und Sakralbauten errichtet wurden, aber auch als freistehende Terrassen, die zur Bewunderung der Natur oder der um sie herum angelegten Menagerien dienten, sichtbar und schlagen damit eine Brücke zu den weit zurückliegenden Ursprüngen der Gartenbaukunst.

zen, später hielt der Kaiser hier auch Vorlesungen.

Die Halle der Literarischen Blüte birgt heute als **Hall of Ceramics** die fantastische Keramikausstellung des Palastmuseums. 429 Exponate geben einen Überblick über Entwicklung und Zentren der chinesischen Keramikherstellung und -kunst: vom neolithischen Protoseladon über das Seladon und erste Porzellan der Tang- und Song-Zeit bis zum Blau-Weiß-Porzellan und Blanc de Chine aus der Qing-Dynastie.

Auf der Westseite ist vor allem die **Halle der Militärischen Tapferkeit** 28 (Wuying Dian 武英殿) erwähnenswert. In ihr empfingen die Kaiserinnen der Ming-Dynastie an Festtagen die Damen hoher Beamter. Heute dient sie als **Calligraphy and Painting Gallery,** als Museum für chinesische Malerei und Kalligrafie.

Nebenhöfe der Inneren Gemächer

Bevor man nun über den nächsten breiten Hof in die Inneren Gemächer wandert, lohnen – so man die Zeit und die Ausdauer oder Interesse an den Themenausstellungen hat – Abstecher in die östlich und westlich gelegenen Gebäude, die weitere **Abteilungen des Palastmuseums** beherbergen.

Palast des Fastens und Halle der Ahnenverehrung

Gleich rechts vom Areal der Inneren Gemächer befindet sich der **Palast des Fastens** 29 (Zhai Gong 斋宫). Östlich des Zhai Gong gelangt man in die **Halle der Ahnenverehrung** 30 (Fengxian Dian), die heutige **Hall of Clocks** (Zhongbiao Guan 钟表馆, Uhrenmuseum). Nicht nur in der Schweiz fertigt man Präzisionsuhren, diese wurden auch in China hergestellt. 185 Uhren aus der kaiserlichen Sammlung sind zu sehen, darunter Kostbarkeiten aus der Schweiz, Japan, USA und Frankreich, aber auch aus dem alten Uhrmacherzentrum Guangzhou (Kanton). Die älteste Uhr ist über 200 Jahre alt und zeigt noch immer die korrekte Zeit an. Um 11 und 14 Uhr werden jeweils ausgewählte Uhren vorgeführt.

Sechs Östliche Paläste

Dahinter reihen sich von Süden nach Norden die **Sechs Östlichen Paläste,** in denen die Kaiserinnen, Konkubinen und Hofdamen lebten. Hier findet man interessante **Ausstellungen**: kaiserliches Porzellan im **Yanxi Gong** 延禧宫 31, eine Sammlung, die vor allem aus dem Porzellan der Hochzeitszeremonien für den Tongzhi- und Guangxu-Kaiser sowie für die Geburtstagsfeiern Cixis besteht; Bronzegefäße im **Chengqian Gong** 承乾宫 32; Jadekunstwerke im **Zhongcui Gong** 钟粹宫 33 sowie Gold- und Silberwaren im **Jingyang Gong** 景阳宫 34. Wegen ihres Umfangs hat man die Gold- und Silberabteilung in vier Kategorien aufgeteilt: religiöse und Opfergeräte, dekorative Gegenstände, Gegenstände des täglichen Gebrauchs und Accessoires – alles Beispiele für den unglaublichen Kunstsinn und Luxus am Kaiserhof.

Die Oststadt

Noch etwas östlicher liegt ein weiteres ummauertes Areal, die **Oststadt,** an deren Südende eine **Neun-Drachen-Wand** 35 (Jiulong Bi 九龙壁) steht.

Im **Palast der Ruhe und Langlebigkeit** 36 (Ningshou Gong 宁寿宫) verbrachte der Qianlong-Kaiser der Qing seinen Ruhestand. Ein Highlight in der Oststadt bildet **The Treasure Gallery** (Schatzhalle) in den Gebäuden rund um die **Halle der Kaiserlichen Absoluthheit** 37 (Huangji Dian 皇极殿). Sie birgt eine der umfangreichsten Sammlungen des Palastmuseums. Gezeigt werden vor allem Gebrauchsgegenstände des kaiserlichen Alltags, aber auch einige archäologische Funde wie frühe Steininschriften Chinas auf steinernen Trommeln aus dem Jahr 374 v. Chr.

Im Nordosten dieses Komplexes steht das alte **Theater** 38, in dem man einen Eindruck von der Pekingoper im Alltag des Palastlebens gewinnt.

Sechs Westliche Paläste

Westlich der Inneren Gemächer bildeten die **Sechs Westlichen Paläste,** die früheren Wohnstätten von Konkubinen und Hofdamen, mit dem südlich vorgelagerten **Palast der Herzensbil-**

Das Museum im Museum

Nach dem Rauswurf des letzten Kaisers, Pu Yi, wurde der Kaiserpalast 1925 zum Nationalmuseum umgewidmet. Die Invasion Japans in die Mandschurei veranlasste Chiang Kai-shek, die Kunstschätze ab 1933 in die Hauptstadt Nanjing bringen, um sie vor dem Zugriff Japans zu schützen. Als er mit seiner Regierung 1948/49 nach Taiwan floh, nahm er sie gleich mit – für die VR China bis heute der größte Kunstraub aller Zeiten. Über 13 000 Container sollen es gewesen sein, die auf mehreren Schiffen nach Taiwan gebracht wurden. Die ›geretteten‹ Kunstschätze sind heute im Nationalmuseum von Taibei (Taipeh) zu sehen. 700 Container musste man zurücklassen. Ihr Inhalt bildet heute einen Teil der Ausstellung im alten Kaiserpalast. Einige der Ausstellungen sind fest, andere sind diversen Themen aus dem Umfeld des kaiserlichen Alltags gewidmet und werden regelmäßig ausgetauscht.

Im Haupttext werden die einzelnen Ausstellungen jeweils kurz charakterisiert bzw. als Entdeckungstour vorgestellt. Wer den Kaiserpalast zum ersten Mal besucht, wird eventuell auf die lohnenden Abstecher in die Seitenbereiche verzichten oder sich je nach Interesse einen Bereich auswählen. Im Folgenden sehen Sie, in welchen Teilen der Verbotenen Stadt Ausstellungen des Palastmuseums zu besichtigen sind.

Zwischen Taihe Men und Baohe Dian: Insignien, mandschurische Aristokratie, Waffen, Jagdutensilien, Ritualinstrumente, Kunst, Erläuterungen zur Architektur und Historie des Palastes, höfische Sitten. 22 – 25 S. 124.

Halle der Literarischen Blüte/Hall of Ceramics: 26 S. 125.

Halle der Militärischen Tapferkeit/Calligraphy and Painting Gallery: 28 S. 129.

Halle der Ahnenverehrung/Hall of Clocks: 30 S. 129.

Sechs Östliche Paläste: Kaiserliches Porzellan im **Yanxi Gong,** Bronzegefäße im **Chengqian Gong,** Jadekunst im **Zhongcui Gong,** Gold- und Silberwaren im **Jingyang Gong.** 31 – 34 S. 129.

Gebäude rund um die Halle der Kaiserlichen Absolutheit/The Treasure Gallery: 37 S. 129.

Sechs Westliche Paläste: Leben des letzten Kaisers (Pu Yi) im **Lijing Xuan,** Herrschaft der Kaiserinwitwe Cixi im **Xianfu Gong,** Leben der Konkubinen im **Yongshou Gong.** 40 – 42 S. 130.

Seitenhallen des Palasts der Himmlischen Reinheit: Kaiserliche Hochzeit, kaiserliche Feiern. 47 – 48 S. 131.

dung 39 (Yangxin Dian 养心殿) das symmetrische Gegenstück. Letzterer war seit 1723 bevorzugter Wohnsitz der Kaiser. Die **Ausstellungen** in den Gebäuden der Sechs Westlichen Paläste sind bisher etwas stiefmütterlich aufgemacht. Aber wer ein wenig Zeit erübrigen kann, findet hier das eine oder andere zum Leben des letzten Kaisers Pu Yi im **Lijing Xuan** 丽景轩 40 zur Herrschaft von Kaiserinwitwe Cixi im **Xianfu Gong** 咸福宫 41 und zum traurigen Leben der Konkubinen im **Yongshou Gong** 永寿宫 42.

Innere Gemächer

Im Gewirr von Innenhöfen, Gängen und Palästen lassen sich bei jedem Besuch neue Details entdecken. Ist man zum ersten Mal hier, sollte man sich nun in Richtung **Tor der Himmlischen Reinheit** 43 (Qianqing Men 乾清门), dem Eingang zu den Inneren Gemächern, orientieren.

Die zentralen Gebäude

Der Aufbau der zentralen Gebäude ähnelt in der Architektur den Drei Großen Hallen der Harmonie und es verwundert nicht, dass die meisten Kaiser angesichts der starren Formensprache und der trostlosen Umgebung sich für eine andere Wohnstatt innerhalb des Palastes entschieden. Nur die ranghöchsten Konkubinen und Eunuchen hatten Zugang zu diesem Teil des Palastes.

Das erste der Gebäude, der **Palast der Himmlischen Reinheit** 44 (Qianqing Gong 乾清宫), diente als kaiserliches Schlafgemach, als Arbeitszimmer und Bankettsaal, später nur noch dem Empfang in- und ausländischer Würdenträger. Ihm folgt die kleinere, quadratische **Halle der Berührung von Himmel und Erde** 45 (Jiaotai Dian 交泰殿), in der die Ming-Kaiserinnen residierten. Während der Qing-Dynastie bewahrte man hier die kaiserlichen Siegel auf. Das letzte Gebäude dieses Dreigestirns ist der **Palast der Irdischen Ruhe** 46 (Kunning Gong 坤宁宫). Einst Schlafgemach der Kaiserin, wurde er seit der Qing-Dynastie nur noch in der Hochzeitsnacht benutzt und diente ansonsten beispielsweise Zeremonien zur Verehrung der Götter.

Seitenhallen des Palasts der Himmlischen Reinheit

Auch hier bergen die **Seitenhallen** bzw. Korridore **Ausstellungen des Palastmuseums.** Der **östliche Korridor** 47 ist dem Ritual der kaiserlichen Hochzeiten gewidmet. Die faszinierenden Exponate führen die Besucher durch die Verlobungsriten und die Große Hochzeit, zeigen die wertvollen Hochzeitsgeschenke und lassen die mühsame Hochzeitsnacht mit ihren komplizierten Ritualen auferstehen.

Der kaiserliche Geburtstag war eines der wichtigsten Ereignisse im traditionellen China und wurde im gesamten Land gefeiert. Im **westlichen Korridor** 48 wird gezeigt, wie die Festlichkeiten für den Kangxi- und Qianlong-Kaiser sowie die Kaiserinwitwe Cixi abliefen.

Kaiserlicher Garten

Das **Tor der Irdischen Ruhe** 49 (Kunning Men 坤宁门) bildet schließlich den Durchlass zum **Kaiserlichen Garten** mit der **Halle des Kaiserlichen Friedens** 53 (Qin'an Dian 钦安殿), einem der wenigen Plätze im Palast, wo das Grün der Bäume dominiert und nicht die weiten, gepflasterten Flächen (s. auch Entdeckungstour S. 126, 49 – 65).

Man verlässt den Palast durch das **Tor der Göttlichen Stärke** 66 (Shenwu Men 神武门), das den Zugang zur nördlichen Stadt ermöglichte.

Kohlehügel

(Jingshan Gongyuan 景山公园)
Jingshan Qianjie 景山前街, U 5, 6 Dongsi, tgl. 6–21.30 Uhr, 2 ¥
Das Viertel zwischen Di'anmen und Xisi, direkt nördlich des Kaiserpalasts, gehörte einstmals zum Areal der alten Kaiserstadt. Vorstufen der weitläufigen Gartenanlagen existierten bereits seit der Liao-Dynastie im 10. Jh. Als der Mongolen-Khan Kublai nach der Gründung der Yuan-Dynastie (1271–1368) Beijing unter dem Namen Dadu zu seiner Hauptstadt machte, gab es hier nur eine kleine grüne Anhöhe, und so wurde der kaiserliche Garten **Grüner Hügel** (Qing Shan 青山) genannt. Nach dem Sturz der Mongolenherrschaft wurden an dieser Stelle das Erdreich aus dem Aushub für den Wassergraben des Kaiserpalasts und der Bauschutt alter Häuser abgeladen und zu fünf Hügeln aufgetürmt. Auf ihnen ließ der Qianlong-Kaiser ab 1749 Pavillons errichten, die über einen gepflasterten, von Osten nach Westen verlaufenden Weg miteinander verbunden wurden. Am Fuß der Hügel lagerte man die Kohle für die Palastanlagen und die -küche, und so erhielt der Garten den Beinamen **Kohlehügel** (Mei Shan 煤山). Als kaiserlicher Palastgarten war die hübsche Anlage für die Öffentlichkeit nicht zugänglich; erst 1928 wurde sie in einen öffentlichen Park umgewandelt.

Spaziergang über den Kohlehügel

Gleich gegenüber vom **Südtor** 67 (Nan Men 南门) befindet sich der **Turm der Prächtigen Aussicht** 68 (Qiwang Lou 绮望楼). Hier kann man dem Weg nach Osten folgen und gelangt nach einer Weile zu jenem alten **Akazienbaum** 69, an dem sich der letzte Monarch der Ming-Dynastie, der Chongzhen-Kaiser, am 19. März 1644 erhängt haben soll. Kurz hinter der gruseligen Stätte beginnt der Aufstieg zum höchstgelegenen Pavillon des Mei Shan, dem **Pavillon des Ewigen Frühlings** 70 (Wanchun Ting 万春亭). Bei klarem Wetter bietet sich von dort oben eine fantastische Aussicht auf Kaiserpalast und Hauptstadt (s. Lieblingsort S. 134).

Für den Abstieg folgt man dem gepflasterten Weg nach Westen und hält sich dann nach Nordosten. Im Zentrum des Parks kündigen drei prächtige Ehrenbogen die **Halle der Kaiserlichen Langlebigkeit** 71 (Shouhuang Dian 寿皇殿) an, die seit dem Qianlong-Kaiser (reg. 1735–96) ein Tempel für die Ahnenverehrung war und heute ein Kinderpalast ist. Rechts davon steht die uralte **Zypresse des Gehörnten Drachen** (Qiulong Bai 虬龙柏).

In der Nordostecke des Parks steht die **Halle der Tugend** 72 (Guande Dian 观德殿), hinter der der berühmte **Baum im Baum** (Tang Huai 唐槐), der älteste Baum des Jingshan-Parks, wächst. Dieser Japanische Schnurbaum wurde bereits im 9. Jh. gepflanzt und weist einen Durchmesser von 2 m und einen Umfang von 6 m auf. Irgendwann wuchs aus dem ursprünglichen Stamm ein neuer Schnurbaum und verlieh dem Gewächs sein eigenwilliges Aussehen. Nicht weniger berühmt sind die sogenannten **Zypressen der Zwei Generäle** 73 (Er Jiangjun Bai 二将军柏) in der Nähe des Osteingangs, die ebenfalls im 9. Jh. gepflanzt worden sind. Zur Zeit des Kangxi-Kaisers (reg. 1661–1722) standen sie auf einem Areal, auf dem Bogenschützen trainierten. Kangxi verlieh den Bäumen den Generalstitel, damit sie seinen Soldaten als Symbol für Loyalität, Tapferkeit, Gerechtigkeit und Rechtschaffenheit dienen konnten.

Essen & Trinken

Typisch mongolisch – **Donglaishun 东来顺** 1: 44 Dongjiaomin Xiang 东交民巷, Tel. 010 65 24 10 42, www.donglaishun.com, U 2 Qianmen, tgl. 11–22 Uhr, Hotpot-Menü ab 100 ¥. Die Restaurantszene am Tian'anmen-Platz ist mager, aber mit diesem mongolischen Feuertopfrestaurant befindet sich ein echter Beijinger Klassiker an der Südostseite des Platzes.

Haute Cuisine – **Maison Boulud** 2: s. S. 33.

Shangri-la kulinarisch – **Lost Heaven** (Huama Tiantang Yunnan Canting 花马天堂云南餐厅) 3: 23 Qianmen Dongdajie 前门东大街, Tel. 010 85 16 26 98, www.lostheaven.com.cn, U 2 Qianmen, tgl. 11.30–14, 17.30–22.30 Uhr, Menü ab 200 ¥. Das einzigartige Restaurant bringt Küche aus den Regionen entlang der alten Tee- und Pferdestraße auf den Tisch. Die Gerichte aus Myanmar, Dali und Lijiang entführen in eine Welt exotischer Gewürze und Aromen.

Huhn nach Mandarinart – **Dasanyuan** 大三元酒家 4: 50 Jingshan Xijie 景山西街, www.bjdsy.com, Tel. 010 64 01 81 84, tgl. 10.30–14, 17–21.30 Uhr, Gerichte ab 80 ¥. Wer die Verbotene Stadt durch den Nordausgang verlässt, kann ein Stück westlich im Dasanyuan kantonesische Spezialitäten wie Taiye-Huhn (*taiye ji* 太爷鸡) probieren. Benannt nach einem Mandarin aus der Qing-Zeit, wird das Huhn gekocht, über Teeblättern und Honig geräuchert und dann mit einer Sauce übergossen serviert.

Snacks im Palast – Auch bei einem ausgiebigen Besuch des Kaiserpalasts muss man nicht hungern. Am großen Vorplatz vor dem Tor der Himmlischen Reinheit gibt es jeweils an der West- und Ostseite **Imbisse** 5, wo man Currys und Ähnliches bekommt.

Einkaufen

Schriftstücke – **Museumsbuchläden** (Gugong Bowuguan Shudian 故宫博物馆书店) 1: im Kaiserpalast, u. a. rechts und links vom Qianqing Men, dem Zugang zu den Inneren Gemächern, gibt es Buchläden, in denen man gutes Material zur Verbotenen Stadt bekommt. Noch besser sortiert ist der Museumsbuchshop im Eingangsbereich der Halle der Militärischen Tapferkeit.

Aktiv

Relaxen auf dem Wasser – **Bootsfahrt auf dem Palastgraben** 1: Wer den Platz des Himmlischen Friedens überquert und die Verbotene Stadt durchmessen hat, wird das Gefühl haben, genug für seine Fitness getan zu haben. Eine schöne Abwechslung bieten die Ruderboote, die man im Sun-Yat-sen-Park (Nordwestecke des Parks am Wassergraben, U 1 Tian'anmen West) oder in der Anlage des Kulturpalasts der Werktätigen (Nordostecke des Parks am Wassergraben, U 1 Tian'anmen East) mieten kann. Mit ihnen kann man auf dem Palastgraben rudern, der die Verbotene Stadt umgibt.

Abends & Nachts

En Vogue – **Ch'ien Men 23** (前门 23): 23 Qianmen Dongdajie 前门东大街, U 2 Qianmen. Das Areal der alten amerikanischen Botschaft dient heute als Restaurant- und Vergnügungskomplex der gehobenen Art. Vor allem die beiden Restaurants **Maison Boulud** 2 (s. S. 33) und **Lost Heaven** 3 (s. links) sorgen für kulinarische Höhenflüge, wobei das Lost Heaven darüber hinaus über eine schicke **Bar** verfügt.

Lieblingsort

Kaiserlicher Blick

So schön kann man an keinem anderen Ort der Stadt verweilen. 491 Jahre lang war der **Pavillon des Ewigen Frühlings** 70 (Wanchun Ting 万春亭) auf dem Kohlehügel der höchste Punkt der Stadt und einzig der kaiserlichen Familie zugänglich. 1989 sah man von oben Beijings erstes Hochhaus, das heute in einem Meer aus Wolkenkratzern untergegangen ist. Und wenn der Blick über die Verbotene Stadt und die verbliebenen *Hutong* schweift, dann versteht man, weshalb dies das Zentrum der chinesischen Welt war. Man sollte morgens, bei klarem Wetter und vor den lärmenden Besuchern herkommen. Dann kann man die meditative Ruhe dieses Ortes am besten genießen.

Kohlehügel (Jingshan Gongyuan 景山公园): tgl. 6–21.30 Uhr, 2 ¥.

Das Beste auf einen Blick

Nördliches Dongcheng

Highlight !

Lamatempel: Die weitläufige lamaistische Klosteranlage zählt zu den wichtigsten Kulturdenkmälern Chinas. Erbaut als Residenz eines Prinzen, dann als Vorstadtschloss genutzt, wurde die Anlage schließlich in einen tibetischen Tempel umgewidmet. Tibetisches Flair wird man zwar vergeblich suchen, aber die Ausstattung der Tempelhallen ist dennoch einzigartig. 31 S. 147

Auf Entdeckungstour

Ein Stachel im Auge Chinas – das alte Gesandtschaftsviertel: Jahrhundertelang verhinderte China erfolgreich das Eindringen des Westens nach China. Die Niederschlagung des ›Boxeraufstands‹ durch eine alliierte Armee im Jahr 1900 brachte die westlichen Nationen dann aber bis vor die Tore des Kaiserpalasts. Mit dem Legationsviertel im Bereich der heutigen Dongjiaomin Xiang schufen sie eine vom chinesischen Zugriff befreite exterritoriale Zone, die noch heute eine ganz eigene Atmosphäre besitzt. 5 S. 142

Kultur & Sehenswertes

Wangfujing: Der Ku'damm oder die Champs Élysées Beijings mit Alt-Beijinger Leben in den Seitengassen. 23 S. 145

Zhihua-Tempel: Der kleine buddhistische Tempel, Sitz eines der ältesten buddhistischen Musikensembles Chinas, bietet beschauliches Tempelleben und Kostproben der seit 27 Generationen überlieferten Kunst. 28 S. 146

Konfuzianisches China: Die riesigen Anlagen des 1306 erbauten Konfuziustempels und der Kaiserlichen Akademie nebenan ermöglichen einen großartigen Einblick ins kaiserlich-konfuzianische China. 35, 36 S. 150

Mit dem Rad unterwegs

Dongcheng erleben: Die hiesigen *Hutong* haben viel von ihrer Ursprünglichkeit bewahrt. Die Radtour führt durch die Gassen vorbei an geschichtsträchtigen *Siheyuan*. S. 153

Genießen & Atmosphäre

Ch'ien Men 23: S. 109, 157

Wudaoying Hutong: Nicht weit von Lama- und Konfuziustempel bietet die malerische *Hutong* beschauliches Hofhausleben sowie zahlreiche gemütliche Cafés und Bars, die nach der Besichtigung der großen Tempelanlagen zum Verweilen einladen. 32 S. 148

Geisterstraße: Mit Einbruch der Dunkelheit beginnen an der Dongzhimennei Dajie Hunderte roter Lampions zu leuchten – die berühmte Geisterstraße erwacht zum Leben. Unzählige Restaurants werben um Kunden. 15 S. 151

Abends & Nachts

Nanluogu Xiang: Die alte, gepflasterte Gasse gehört zu den schönsten im nördlichen Dongcheng. Hier haben sich Läden, Restaurants, Cafés und Bars angesiedelt. Besonders schön ist es abends, wenn man hier den Tag bei einem Cocktail ausklingen lässt. 41 S. 153

Pulsierende Oststadt

Eine alte Beijinger Redensart lautete »im Osten der Reichtum, im Westen der Adel« und das ist bis heute so geblieben. In Dongcheng, der Oststadt, stehen die teuersten und besten Hotels, hier verlaufen die nobelsten Einkaufsstraßen, entlang der Dongchang'an Jie reihen sich die repräsentativsten Bauwerke auf. Dongcheng ist nach außen hin die mondäne Vorzeigestadt, während sich in den *Hutong* zu schicken Villen umgebaute alte *Siheyuan* verbergen und Yuppies die teuren Cafés bevölkern. Hier findet man einige der herausragenden Sehenswürdigkeiten wie Lama- und Konfuziustempel oder die ehemaligen Residenzen zu Reichtum und Ansehen gelangter historischer Persönlichkeiten.

Die Abrisswut hat Dongcheng schon lange im Griff und trotz vieler Bemühungen gelingt es nicht immer, die alten Strukturen zu erhalten. Ein Beispiel dafür bildet die eigentlich zur Denkmalschutzzone erklärte Nanchizi Dajie, die parallel zur Außenmauer der Verbotenen Stadt nach Süden verläuft. Viele der alten *Siheyuan* und *Hutong* wurden im Namen eines ›kommerzialisierten Denkmalschutzes‹ abgerissen und durch Nachbauten ersetzt, die neuchinesisch *sihelou* (Vier-Harmonien-Gebäude) genannt werden, weil sie nur noch Kopien sind und nicht mehr den Charme der Originale besitzen.

Einen großen Modernisierungsschub auch für den Norden Dongchengs brachten jeweils die Vorbereitungen für die beiden Olympiabewerbungen. Beherrschten einst mächtige Tempel und fürstliche Villen den Stadtbezirk, sind die übrig gebliebenen Anlagen zu musealen Relikten der Vergangenheit inmitten lauter Neubauten zurechtgestutzt worden.

Nanchizi und Nanheyan Dajie

Donghua Men 东华门 1

Zum **Östlichen Tor des Prächtigen Gedeihens,** eines von insgesamt vier Toren in die Verbotene Stadt, spaziert man am besten frühmorgens gegen 6.30 oder spätestens 7 Uhr. Der nach Süden führende Abschnitt vor der Palastmauer ist die Domäne der Frühsportler, die hier am schmalen Grünstreifen zwischen Mauer und Palastgraben ihren *taiji-*, *qigong-* und Tanzübungen nachgehen. Später am Tag nutzen häufig Hochzeitspaare das hübsche Areal, um Aufnahmen von ihrem schönsten Tag machen zu lassen. Das Tor selbst ist nur für Angestellte des Palastmuseums geöffnet, aber man kann entlang des Grabens zum Mittagstor spazieren oder sich von Elektroshuttles dorthin fahren lassen.

Tempel der Universalen Erlösung 2

(Pudu Si 普渡寺)
Pudu Si Qianxiang 普渡寺前巷,
tgl. 9–16 Uhr, Eintritt frei

Wurde während der Qing-Zeit ein Prinz zum Kaiser ernannt, so durfte dessen Residenz nicht mehr als Wohnanlage benutzt werden. Das berühmteste Beispiel ist sicher der Lamatempel (s. S. 147), der dem Yongzheng-Kaiser in seiner Zeit als Prinz als Palast gedient hatte. Doch durften diese Residenzen dann in Verwaltungsgebäude oder Tempel umgewidmet werden.

Auch der nur wenig besuchte **Tempel der Universalen Erlösung** war einst Prinzenresidenz. Nach der Gründung der Qing-Dynastie bezog Dorgon (Prinz

Rui, 1612–50) hier seinen Palast. Er war ein Sohn von Nurhaci, dem Wegbereiter mandschurischer Macht, und Bruder des Gründers der Qing-Dynastie, Abahai (1592–1643). Nach Abahais Tod sorgte er dafür, dass dessen minderjähriger Sohn als Shunzhi-Kaiser und erster offizieller Herrscher der Qing-Dynastie den Thron bestieg. Als Regent, der sogar vom Kotau vor dem Kaiser befreit war, hielt er die eigentlichen Fäden der Macht in der Hand. Dorgon fiel nach seinem frühen Tod in Ungnade und verlor posthum alle seine Titel. 1694 entschied der Kaiser, die verfallende Residenz in einen tibetischen Tempel für die Gottheit Mahakala umzuwidmen. 1755 rehabilitierte der Qianlong-Kaiser Dorgon vollständig, der Tempel wurde aufwendig restauriert und in Pudu-Tempel umbenannt. Heute kann die geschichtsträchtige Anlage nur von außen besichtigt werden.

Kaiserliches Archiv 3
(Huangshi Cheng 皇史成)
36 Nanchizi Dajie 南池子大街
Folgt man der Nanchizi Dajie nach Süden, passiert man das 1534 errichtete Kaiserliche Archiv. Es wurde, was in China unüblich war, völlig aus Stein gebaut, um der Brandgefahr vorzubeugen. Heute befinden sich in den Nebengebäuden die Ausstellungshallen diverser Galerien und im Hauptbau eine verstaubte Dokumentenausstellung. Ansonsten hat man aber zurzeit den Eindruck, dass die Stadtverwaltung noch nicht so recht weiß, wie man die prachtvolle Anlage nutzen soll.

Tempel des Universalen Sieges 4
(Pusheng Si 普胜寺)
111 Nanheyan Dajie 南河沿大街, *man kann einfach einmal hineinschauen*
Anlässlich der Gründung der Qing-Dynastie wurden drei große Tempel

Infobox

Reisekarte: ► G–J 4–8

Infos

tour.bjdch.gov.cn: Die Website der Tourismusbehörde von Dongcheng bietet viele Infos zu Hotels, Restaurants, Einkaufsmöglichkeiten, Verkehr usw. Die deutsche Version ist etwas holprig übersetzt, aber informativ.
Touristeninformation Dongcheng (Dongcheng Wangfujing Zixun Zhan 东城王府井咨询站), 269-2 Wangfujing Dajie 王府井大街临 269 号临 2, Tel. 010 85 11 04 68, Mo–Fr 9-11, 13–17 Uhr, U 1 Wangfujing

Ausgangspunkt

Dongcheng ist gut an das U-Bahn-Netz angebunden, sodass man alle Sehenswürdigkeiten per U-Bahn erreichen kann. Mit der **U 1** Tian'anmen East (Ausgang B) gelangt man zu den Sehenswürdigkeiten in der Nanchizi Dajie. Eine Station weiter hält die **U 1** an der Station Wangfujing (Ausgang A), die zur gleichnamigen Einkaufsstraße führt. Der Norden Dongchengs ist über die **U 2, 8** Lama Temple (Ausgang C) und Gulou Dajie (Trommelturm, Ausgang B) und **U 5** Lama Temple (Lamatempel, Ausgang C, Konfuziustempel, Ausgang D) erreichbar. Mit der **U 5** kommt man auch zur Geisterstraße bzw. zur Kneipengegend der Gulou Dongdajie (Beixinqiao, Ausgang A oder D). Mit der **U 6** Nanluoguxiang erreicht man das Kneipenviertel Nanluogu Xiang.

Nördliches Dongcheng

Sehenswert

1 Donghua Men
2 Tempel der Universalen Erlösung/Museum für Steuern
3 Kaiserliches Archiv
4 Tempel des Universalen Sieges
5 ehem. Gesandtschaftsviertel/Dongjiaomin Xiang
6 – 20 s. Karte S. 144
21 Raffles Beijing
22 Beijing Hotel
23 Wangfujing
24 Jinyu Hutong
25 St. Joseph's Church
26 Lao-She-Residenz
27 Dongdan Beidajie
28 Zhihua-Tempel
29 Altes Observatorium
30 Park des Erdaltars
31 Lamatempel
32 Wudaoying Hutong
33 Song Tang Zhai Museum of Traditional Folk Carving
34 Guozijian Jie
35 Konfuziustempel
36 Kaiserliche Akademie
37 Fangjia Hutong 46
38 Nanxincang
39 Trommelturm
40 Glockenturm
41 Nanluogu Xiang
42 Mao-Dun-Residenz
43 Wanning Qiao
41 – 52 s. Karte S. 154

Essen & Trinken

1 Brian McKenna@The Courtyard
2 Donghuamen-Nachtmarkt
3 Wangfujing Snack Street
4 Donglaishun
5 Quanjude
6 Li Jia Cai
7 Gui Gongfu
8 Temple Restaurant Beijing
9 Jin Ding Xuan
10 The Veggie Table
11 Vineyard Café
12 Xu Xiang Zhai
13 Cenci Café
14 Beetle in a Box
15 Gui Jie/Geisterstraße
16 Huajia Yiyuan
17 Ding Ding Xiang
18 Fu Jia Lou
19 Beijing Dadong Roast Duck
20 Crescent Moon Muslim Restaurant
21 Kong Yiji
22 Café Zara
23 The Source
24 Alley Coffee

Einkaufen

1 Malls at Oriental Plaza
2 Hiersun
3 Olé
4 Arts and Crafts Emporium
5 Foreign Languages Bookstore
6 Beijing Gehua Baihua
7 A You Fashion
8 Xing Mu Handicrafts

Aktiv

1 Bike Beijing
2 Beijing Milun School of Traditional Kongfu
3 Powerhouse Gym
4 The Hutong Kitchen
5 Cycle China

Abends & Nachts

1 Ball House
2 MAO Livehouse
3 Salud
4 Pass By
5 Yugong Yishan

erbaut. Zu ihnen zählt der 1651 errichtete – ehemalige – buddhistische Tempel der Universalen Nächstenliebe. 1916 erwarb ihn der gerade zum Bildungsminister und Rektor der Beijing-Universität ernannte Cai Yuanpei (1868–1940). Er brachte darin eine Vereinigung für Studenten unter, die im westlichen Ausland studiert hatten und nach China zurückgekehrt waren. Diese Vereinigung hat hier bis heute ihren Sitz.

Gesandtschaftsviertel

s. Entdeckungstour S. 142, 6 – 20

Wangfujing Dajie und Umgebung

Dongchang'an Jie 东长安街

Zwischen der Nanheyan Dajie und Wangfujing imponieren noch immer die lang gezogene Fassade des einstigen Grand Hotel de Pékin, heute das **Raffles Beijing** 21 (Beijing Fandian Laifushi 北京饭店莱佛士, s. auch S. 26) und das Beijing Hotel. Das Grand Hotel, 1917 erbaut, erlangte ähnlich legendäre Berühmtheit wie das ▷ S. 145

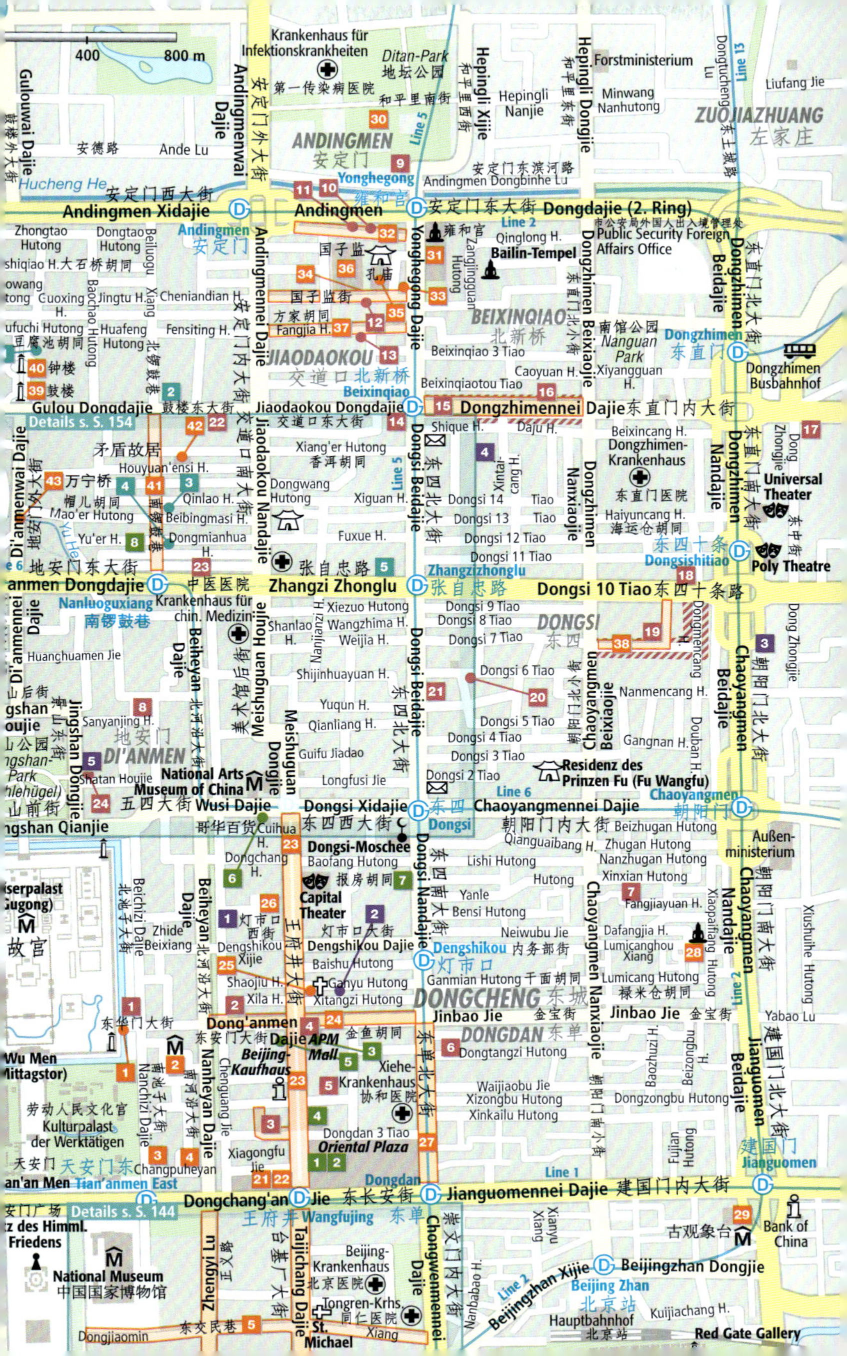

400
800 m
Krankenhaus für Infektionskrankheiten
第一传染病医院
Ditan-Park
地坛公园
和平里南街
Hepingli Xijie
和平里西街
Hepingli Nanjie
Hepingli Dongjie
和平里东街
Forstministerium
Minwang Nanhutong
Dongtucheng Lu
Line 13
Liufang Jie
ZUOJIAZHUANG
左家庄
东土城路
Gulouwai Dajie
鼓楼外大街
安德路
Ande Lu
Andingmenwai Dajie
安定门外大街
ANDINGMEN
安定门
Line 5
安定门东滨河路
Andingmen Dongbinhe Lu
Hucheng He
安定门西大街
Andingmen Xidajie
Andingmen
Yonghegong
雍和宫
安定门东大街
Dongdajie (2. Ring)
Line 2
市公安局外国人出入境管理处
Public Security Foreign Affairs Office
Zhongtao Hutong
Dongtao Hutong
Beiluogu Xiang
Andingmen
安定门
Andingmennei Dajie
安定门内大街
国子监
孔庙
国子监街
方家胡同
Fangjia H.
Yonghegong Dajie
雍和宫
Zangjingguan Hutong
Qinglong H.
Bailin-Tempel
Dongzhimen Beixiaojie
东直门北小街
Dongzhimen Beidajie
东直门北大街
shiqiao H.大石桥胡同
owang tong
Guoxing H.
Jingtu H.
Baochao Hutong
Cheniandian H.
ufuchi Hutong
豆腐池胡同
Huafeng Hutong
Fensiting H.
北锣鼓巷
BEIXINQIAO
北新桥
南馆公园
Nanguan Park
Xiyangguan H.
Dongzhimen
东直门
Dongzhimen Busbahnhof
钟楼
鼓楼
JIAODAOKOU
交道口
北新桥
Beixinqiao
Beixinqiao 3 Tiao
Beixinqiaotou Tiao
Caoyuan H.
Gulou Dongdajie
鼓楼东大街
Jiaodaokou Dongdajie
交道口东大街
Dongzhimennei Dajie
东直门内大街
Details s. S. 154
矛盾故居
Houyuan'ensi H.
万宁桥
帽儿胡同
Mao'er Hutong
Qinlao H.
Beibingmasi H.
Yu'er H.
Dongmianhua H.
南锣鼓巷
Di'anmenwai Dajie
地安门外大街
Yu He
Jiaodaokou Nandajie
交道口南大街
Xiang'er Hutong
香饵胡同
Dongwang Hutong
Xiguan H.
Fuxue H.
Shique H.
Daju H.
Line 5
Dongsi Beidajie
东四北大街
Dongsi 14
Dongsi 13
Dongsi 12 Tiao
Dongsi 11 Tiao
Tiao
Xintaicang H.
Dongzhimen Nanxiaojie
Beixincang H.
Dongzhimen-Krankenhaus
东直门医院
Haiyuncang H.
海运仓胡同
Dongzhimen Nandajie
东直门南大街
Dong Zhongjie
东中街
Universal Theater
Poly Theatre
东四十条
Dongsishitiao
地安门东大街
中医医院
张自忠路
Zhangzi Zhonglu
Zhangzizhonglu
张自忠路
Dongsi 10 Tiao
东四十条路
anmen Dongdajie
Nanluoguxiang
南锣鼓巷
Krankenhaus für chin. Medizin
Di'anmennei Dajie
Huanchuamen Jie
Beiheyan Dajie
北河沿大街
Meishuguan Houjie
美术馆后街
Shanlao H.
Nanjianzi H.
Xiezuo Hutong
Wangzhima H.
Weijia H.
Shijinhuayuan H.
Yuqun H.
Qianliang H.
Guifu Jiadao
Longfusi Jie
Dongsi 9 Tiao
Dongsi 8 Tiao
Dongsi 7 Tiao
DONGSI
东四
Dongsi 6 Tiao
Dongsi 5 Tiao
Dongsi 4 Tiao
Dongsi 3 Tiao
Dongsi 2 Tiao
Dongsi Beidajie
东四北大街
Dongmencang H.
Nanmencang H.
Gangnan H.
Douban H.
Chaoyangmen Beixiaojie
朝阳门北小街
Chaoyangmen Beidajie
朝阳门北大街
Dong Zhongjie
Residenz des Prinzen Fu (Fu Wangfu)
Line 6
Chaoyangmen
朝阳门
山后街
gshan oujie
山公园
ngshan-Park
hlehügel)
山前街
Jingshan Dongjie
景山东街
Sanyanjing H.
地安门
DI'ANMEN
Shatan Houjie
National Arts Museum of China
五四大街
Wusi Dajie
Meishuguan Dongjie
美术馆东街
Dongsi Xidajie
东四西大街
东四
Dongsi
Chaoyangmennei Dajie
朝阳门内大街
Beizhugan Hutong
Qianguaibang H.
Zhugan Hutong
Nanzhugan Hutong
Xinxian Hutong
Außenministerium
ngshan Qianjie
哥华百货
Cuihua H.
Dongchang H.
Dongsi-Moschee
Baofang Hutong
报房胡同
Capital Theater
Lishi Hutong
Hutong
Fangjiayuan H.
Xiaopaifang Hutong
Chaoyangmen Nandajie
朝阳门南大街
Xiushuihe Hutong
serpalast ugong)
故宫
Beichizi Dajie
北池子大街
Zhide Beixiang
Beiheyan Dajie
北河沿大街
灯市口西街
Dengshikou Xijie
王府井大街
灯市口大街
Dengshikou Dajie
Baishu Hutong
Ganyu Hutong
Xitangzi Hutong
Shaojiu H.
Xila H.
Dongsi Nandajie
东四南大街
Yanle
Bensi Hutong
Neiwubu Jie
Dengshikou
灯市口
内务部街
Ganmian Hutong
干面胡同
Dafangjia H.
Lumicanghou Xiang
Lumicang Hutong
禄米仓胡同
Chaoyangmen Nanxiaojie
朝阳门南小街
Line 2
DONGCHENG
东城
Jinbao Jie
金宝街
Yabao Lu
东华门大街
Dong'anmen Dajie
东安门大街
APM Mall
金鱼胡同
Beijing-Kaufhaus
Xiehe-Krankenhaus
协和医院
东单北大街
DONGDAN
东单
Dongtangzi Hutong
Baozhuzi H.
Beizongbu H.
Jianguomen Beidajie
建国门北大街
Wu Men (Mittagstor)
南池子大街
Nanchizi Dajie
南河沿大街
Nanheyan Dajie
Chenguang Jie
Waijiaobu Jie
Xizongbu Hutong
Xinkailu Hutong
Dongzongbu Hutong
劳动人民文化宫
Kulturpalast der Werktätigen
Dongdan 3 Tiao
Oriental Plaza
Xiagongfu Jie
Fujian Hutong
天安门
天安门东
Changpuheyan
an'an Men
Tian'anmen East
Dongdan
Line 1
建国门
Jianguomen
Dongchang'an Jie
东长安街
Jianguomennei Dajie
建国门内大街
安门广场
Details s. S. 144
z des Himml. Friedens
王府井
Wangfujing
东单
崇文门内大街
Chongwenmennei Dajie
Xianyu Xiang
古观象台
Bank of China
National Museum
中国国家博物馆
Zhengyi Lu
台基厂大街
Taijichang Dajie
Beijing-Krankenhaus
北京医院
Tongren-Krhs.
同仁医院
St. Michael
Nanbabao H.
Line 2
Beijingzhan Xijie
Beijingzhan Dongjie
Beijing Zhan
北京站
Hauptbahnhof
北京站
Kuijiachang H.
Red Gate Gallery
东交民巷
Dongjiaomin
Xiang

Auf Entdeckungstour: Ein Stachel im Auge Chinas – das alte Gesandtschaftsviertel

Lange hatte man versucht, die ungeliebten Ausländer aus der Hauptstadt fernzuhalten. Doch 1860 holten sich Engländer und Franzosen mit Gewalt das Recht, Gesandtschaften zu errichten. Sein europäisches Gepräge erhielt das Gesandtschaftsviertel 5 erst ab 1901, als ein exterritorialer Stadtteil entstand.

Reisekarte: ▶ Karte 2, G/H 8 und Cityplan S. 140
Planung: Einen flüchtigen Eindruck vermittelt ein einstündiger Spaziergang auf der Dongjiaomin Xiang bis zum Platz des Himmlischen Friedens oder zur U-Bahn-Station Qianmen. Will man der alten Atmosphäre nachspüren, sollte man 2 Std. einplanen.
Start: U 2, U 5 Chongwenmen

Mit dem Zweiten Opiumkrieg (1856–58) hatten England und Frankreich auch das Recht auf Errichtung von Gesandtschaften in Beijing erzwungen. Als die chinesische Regierung sich dennoch verweigerte, ausländische Vertretungen zuzulassen, zogen 1860 englische und französische Truppen von Tianjin nach Beijing und zerstörten den Alten Sommerpalast. Im Vertrag von Tianjin aus demselben Jahr setzten die Unterhändler schließlich die Überlassung von Grundstücken in der Nähe des Kaiserpalasts durch.

Ein Staat im Staate

1901, nach der Niederschlagung des ›Boxeraufstands‹, wurden die Gesandtschaften erheblich erweitert und das Viertel zu einem eigenen Stadtteil ausgebaut, der über eine eigene juristische und steuerliche Hoheit, Stadtverwaltung und Stromversorgung verfügte. Eine internationale Schutztruppe aus zehn Ländern übernahm die Bewachung. Chinesen war es verboten, sich hier niederzulassen, und von der chinesischen Polizei oder dem Militär durfte dieser Bereich bis 1949 überhaupt nicht betreten werden. Die Gebäude aus der damaligen Zeit sind teils noch erhalten und verleihen dem Viertel mit seiner Mischung aus europäischer Architektur der Jahrhundertwende und chinesischer moderner Bauweise ein unverwechselbares Flair.

Große Nationen – kleine ›Welt‹

Die 1900–49 noch **Legation Street** genannte **Dongjiaomin Xiang** 东交民巷 war die Hauptstraße der kleinen, vom Rest der Stadt abgeschotteten Welt der Ausländer, in der sich französische Postämter, japanische Banken oder deutsche Krankenhäuser in einer bunten Mischung abwechselten. Hier wirkten Männer wie Baron von Ketteler (s. S. 78), Sir Edmund Backhouse (s. S. 77) oder der Korrespondent der Londoner Times Dr. George Morrison (s. S. 77, 79), die das Bild des damaligen China bis heute prägen.

Spaziert man die Dongjiaomin Xiang von der U-Bahn-Station Chongwenmen nach Westen, passiert man zu Beginn das **Xinqiao-Hotel** 6 (Xinqiao Fandian 新侨饭店). Auf dem Hotelareal befanden sich damals die Kasernen der deutschen Truppen. Gegenüber stand die alte, 1906 erbaute und 1992 abgerissene **Deutsch-Asiatische Bank** 7. Etwas nördlich lag das **Krankenhaus der deutschen Gesandtschaft** 8, heute ein Teil des **Beijing-Krankenhauses.** Ein Stück weiter folgt das **Zijin Guesthouse** 9 (Zijin Binguan 紫金宾馆, Zugang 9 Chongwenmen Xidajie 崇文门西大街进入), die **frühere Belgische Gesandtschaft,** mit hübschen, 1910 im englischen Stil errichteten Gebäuden. Das Areal beherbergte zuvor den Palast des einflussreichen Prinzen Xu Tong. Er gehörte der Fraktion der Eisenhüte an, die mit den Boxern paktierte, um die verhassten Ausländer loszuwerden. Nach der Niederschlagung des Aufstands konfiszierten die Alliierten sein Anwesen.

Herr der Zölle

Wenige Meter nach Westen kreuzt man die **Taijichang Dajie** 台基厂大街, die frühere **Customs Street,** die von den Franzosen allerdings **Rue Marco Polo** genannt wurde. An ihrem nördlichen Ende lagen die Areale der **Botschaften Italiens** (Westseite) und **Österreich-Ungarns** (Ostseite, 3 Taijichang Dajie) einander gegenüber.

Bis zu seiner Zerstörung 1900 befand sich gleich nördlich der Französischen Gesandtschaft der britisch geführte chinesische **Zoll.** Schon 1853, während der verheerenden Taiping-Rebellion, war die Hoheit über den chinesischen Zoll zunächst provisorisch und schließlich ganz an die Briten übergegangen. 1861 wurde der erst 26-jährige Robert Hart Generalinspekteur des chinesischen Zolls, ein Amt, das er bis 1908 ausübte. Sir Robert Hart, wie er sich später nennen durfte, war der einzige Westeuropäer, der in täglichem Kontakt mit Mandschu-Prinzen und hohen Hofbeamten stand. Das machte ihn zum einflussreichsten und bestinformierten Ausländer in China. Ihm verdankte der Kaiserhof, dass die Zolleinnahmen üppig flossen – sie betrugen fast ein Drittel der Staatseinnahmen – und nicht in den Taschen korrupter Mandarine verschwanden. Die Zollhoheit sollte China erst 1925 wieder zurückerlangen.

Ein stinkender Kanal

Noch heute beherrscht die 1903 im neogotischen Stil erbaute französische **Kirche St. Michael** 10 (Abb. S. 142) die Dongjiamin Xiang an der Nordostecke der Kreuzung mit der Taijichang Dajie. Gegenüber der Kirche, an der Nordwestseite der Kreuzung, liegt das riesige Areal der alten **Französischen Gesandtschaft** 11. Auf der anderen Seite der Dongjiaomin Xiang begann die **Deutsche Gesandtschaft** 12.

Auf der Dongjiaomin Xiang weiter nach Westen passiert man das alte **französische Postamt** 13, daneben die alte **Japanische Gesandtschaft** 14 und die alte **Yokohama Spezies Bank** 15 an der nächsten Kreuzung. Nördlich grenzte das **Gebiet Spaniens** 16 an die Bank. Früher floss hier der **Jadekanal** – ein euphemistischer Name für einen der im wahrsten Sinne des Wortes zum Himmel stinkenden Hauptabwasserkanäle Beijings – von Norden nach Süden, ein kleiner Racheakt der Chinesen, der die hier lebenden Ausländer daran erinnerte, wie unerwünscht sie waren. Heute ist er zugeschüttet und bildet als **Zhengyi Lu** 正义路 eine schöne Allee mit einem Parkstreifen in der Mitte. Am südlichen Ende befand sich das berühmte **Wagon Lits Hotel** 17, das heute unter dem Namen **Huafeng Hotel** firmiert.

Die großen Drei

Jenseits der Zhengyi Lu erstreckte sich das weite Areal der ehemaligen **Russischen Gesandtschaft** – heute **Sitz des Höchsten Gerichts** –, und nördlich davon das Gelände der **Britischen Gesandtschaft** – heute das **Ministerium für Staatssicherheit.** Weiter Richtung Platz des Himmlischen Friedens passiert man auf der Südseite der Dongjiaomin Xiang das **Areal der Holländer** 18 mit zwei erhaltenen Bauwerken von 1909, darunter das Gebäude der **First National City Bank of New York. Dieses** birgt ein **Polizeimuseum** 19 (Beijing Jingcha Bowuguan 北京警察博物馆, 36 Dongjiaomin Xiang, tgl. 9–16 Uhr, 20 ¥). Korruption, Missstände und die Kulturrevolution werden zwar ausgeblendet, aber man gewinnt einen gut präsentierten Überblick über die Entwicklung des Polizeiwesens in Beijing seit der Qing-Zeit. Zu guter Letzt erreicht man das aufwendig zum Restaurantkomplex **Ch'ien Men 23** umgestaltete **Areal der US-Gesandtschaft** 20 von 1903 (s. S. 109, 133, 157).

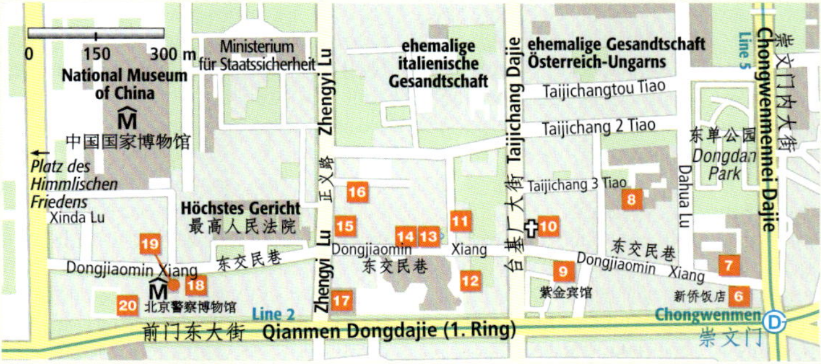

Oriental in Bangkok oder das Raffles in Singapur, das dieses Hotel übernommen hat. Hier trafen sich die Reichen und Schönen, die hohen Politiker oder die Untergrundkämpfer. Gleich daneben beginnt der ›moderne‹ Block des **Beijing Hotel** 22 (Beijing Fandian 北京饭店), das bis Ende der 1980er-Jahre das beste Hotel der Stadt war.

Wangfujing 王府井 23

Direkt neben dem Beijing Hotel beginnt die Wangfujing Dajie, Beijings berühmteste Einkaufsmeile, die 1998 als erste Fußgängerzone Chinas eingerichtet wurde. Die Geschichte der Wangfujing datiert bis in die Mongolenzeit zurück. Ihren Namen aber erhielt die Straße 1417, als der Ming-Kaiser Zhu Di hier zehn vornehme Wohnhöfe für hochrangige Prinzen und Adlige *(wangfu)* bauen ließ. Später wurde in einer *Hutong* ein **Süßwasserbrunnen** gebaut, den man heute am nordwestlichen Beginn der Fußgängerzone sehen kann. Dies stellte ein besonderes Ereignis dar, war doch der Brunnenbau in unmittelbarer Umgebung des Kaiserpalasts verboten, um das *fengshui,* das geomantische Gleichgewicht, nicht zu stören. Zur Würdigung dieser Ausnahme wurde *jing,* Brunnen, dem Straßennamen hinzugefügt und so heißt die Einkaufsmeile heute Wangfujing. Von den einstigen prinzlichen Wohnungen ist allerdings nichts mehr zu sehen.

Vielmehr hat der Kommerz diesen Teil der Stadt völlig im Würgegriff. Gegenüber vom Beijing Hotel wurden eigentlich unter Denkmalschutz stehende *Hutong*-Gebiete niedergerissen, ein Korruptionsskandal, der so weite Kreise zog, dass einer der Hauptakteure, der ehemalige Beijinger Parteichef Chen Xitong, im Juli 1998 zu 16 Jahren Haft verurteilt wurde und Selbstmord beging. Das monströse **Oriental Plaza** 1 (Dongfang Guangchang 东方广场) ersetzte das alte Stadtbild. Das ›Vorbild‹ hat Schule gemacht und so sind weitere gigantische Zentren in Bau.

Dominiert wird die Wangfujing entsprechend von großen Shopping Malls wie der **APM Mall** (Xin Dong'an Guangchang 新东安广场) oder Beijings und Chinas lange Zeit größtem Kaufhaus, dem **Beijing-Kaufhaus** (Beijing Baihuo Dalou 北京百货大楼).

Hinter der APM Mall zweigt die **Jinyu Hutong** 24 (金鱼胡同) ab, in der zahlungskräftige internationale Hotelketten ihre Häuser haben. Zwischen all den Konsumtempeln zieht sich aber auch die stets belebte und leicht chaotische **Wangfujing Snack Street** 3 (Wangfujing Xiaochi Jie 王府井小吃街) hin.

St. Joseph's Church 25

(Dong Tang 东堂)

74 Wangfujing Dajie 王府井大街

Weiter nach Norden kommt man zur ehemaligen St. Joseph's Church, heute einfach nur **Ostkirche** genannt. Das graue gotische Bauwerk wurde auf einem Stück Land, das der Shunzhi-Kaiser 1655 den Jesuiten überlassen hatte, errichtet. 1720 wurde die Kirche durch ein Erdbeben zerstört und neu aufgebaut. Später fiel sie immer wieder Kriegen oder Bränden zum Opfer. Zuletzt wurde sie im Zuge der Neugestaltung der Wangfujing im Jahr 2000 renoviert. Gleichzeitig legte man einen weitläufigen Vorplatz an, der vielen Paaren als schmucke Kulisse für ihre Hochzeitsfotos und jugendlichen Skatern als Trainingsort dient.

Lao-She-Residenz 26

(Lao She Guju 老舍故居)

19 Fengfu Hutong 丰富胡同, *Di–So 9–16, letzter Einlass 15.40 Uhr, 10 ¥*

Wandert man nach links in die Dengshikou Xijie 灯市口西街 hinein, erreicht man nach gut 300 m die ehemalige Residenz von Lao She in einem schönen al-

Einkaufspaläste kennzeichnen die Wangfujing

ten Hofhaus. Lao She (1899–1966) wurde mit seinem Roman »Rikscha-Kuli« berühmt, der die armseligen Lebensbedingungen im Beijing des 19. Jh. scharf kritisierte. Die Rotgardisten dankten es Lao She während der Kulturrevolution nicht und schlugen ihn zu Tode. Heute ist ihm in seiner ehemaligen Residenz ein kleines **Museum** gewidmet.

Dongdan Beidajie 东单北大街 27

Parallel zur Wangfujing verläuft die Dongdan Beidajie. Weiter nach Norden heißt der Abschnitt Dongsi Nandajie 东四南大街. Die Dongdan ist ebenfalls eine alte Einkaufsstraße, aber nicht so vornehm wie die Wangfujing. Hauptsächlich trifft man hier Beijinger beim Einkauf an. Die Bagger fressen sich auch hier Richtung Norden, aber noch zweigen viele alte *Hutong* nach Westen und Osten ab, die einen Bummel lohnen.

Zhihua-Tempel 28

(Zhihua Si 智化寺)
5 Lumicang Hutong 禄米仓胡同, www.zhihuatemple.com, U 2 Chaoyangmen, tgl. 9–16.30 Uhr, Spielzeiten der Musiker 9–9.15, 10–10.15, 11–11.15, 15–15.15 Uhr in der ersten Halle, 20 ¥

Dieser malerische Tempel liegt völlig abseits jeder Besuchsroute und ist allein schon seiner ruhigen Atmosphäre wegen einen Abstecher wert. Man erreicht ihn entweder über einen längeren Fußmarsch von der U-Bahn-Station Chao-yangmen (Ausgang B) oder noch schöner von der Dongdan Beidajie über eine der erhaltenen *Hutong*. Spaziert man durch die Shijia Hutong 史家胡同, sieht man beispielsweise noch viele hübsche erhaltene *Siheyuan*.

Der mächtige Eunuch Wang Zhen erbaute 1443 den **Zhihua-Tempel,** der als der am besten erhaltene originale Ming-zeitliche buddhistische Tempel Beijings gilt. Berühmt ist er für seine Funktion als **buddhistisches Musikzentrum**. In einer ununterbrochenen Linie musiziert heute bereits die 27. Generation und hat damit einen wesentlichen Beitrag zum Erhalt überlieferter buddhistischer Musik in China geleistet. Es lohnt sich den Besuch so zu legen, dass man den Mönchen beim Musizieren lauschen kann.

Darüber hinaus ist die **Halle der Schriften** (Cang Dian), in der man ein herrliches Beispiel eines Ming-zeitlichen Dreharchivs bewundern kann, sehenswert. Hier werden zehn Auflagen des »Tripitaka« aus dem 18. Jh. aufbewahrt.

Altes Observatorium 29

(Gu Guanxiangtai 古观象台)

2 Dongbiaobei Hutong 东裱褙胡同, www.bjp.org.cn, U 1, U 2 Jianguomen, tgl. Sommer 9–18, Winter 9–16.30 Uhr, Sommer 10 ¥, Winter 5 ¥, s. S. 58

Eine erste Sternwarte stand an der heute riesigen Kreuzung Jianguomenqiao bereits 1279. Jahrhundertelang bildete sie das Zentrum der chinesischen Astronomie. Erhalten blieb leider nur der Ming-zeitliche Unterbau der Anlage aus dem Jahr 1442. Eine Ausstellung im Inneren und oben auf der Terrasse platzierte kupferne astronomische Geräte, die 1674 nach Entwürfen des belgischen Missionars Ferdinand Verbiest angefertigt wurden, vermitteln einen Einblick in die Geschichte der Astronomie. Hier wurden u. a. die nautischen Informationen, die die chinesischen Seefahrer bis 1423 weltweit sammelten, zusammengetragen und auf präzisen Weltkarten notiert. Die Astronomen kartografierten die Antarktis, Amerika und den afrikanischen Kontinent – lange vor Kolumbus.

Im äußersten Norden Dongchengs

Park des Erdaltars 30

(Ditan Gongyuan 地坛公园)

Andingmenwai Dajie 安定门外大街, www.dtpark.com, U 5, 8 Lama Temple, tgl. 6–21 Uhr, Park 2 ¥, Altar 5 ¥

1530 erbaut, ist der Erdaltar einer von neun Altären in Beijing. Hier opferten die Kaiser einmal im Jahr zur Sommersonnenwende den Göttern der Erde. Für die Architektur des Altars wurde immer wieder auf die Zahl Sechs zurückgegriffen. Sie symbolisierte – wie auch der quadratische Grundriss – die Erde, während die Neun für den Himmel stand. Im Park halten sich viele alte Menschen auf, die hier Schach spielen, Tee trinken oder ihre Vogelkäfige in die Bäume hängen und dem Zwitschern der Vögel lauschen. In Anlehnung an eine alte Tradition findet im Ditan-Park alljährlich ein großer **Tempelmarkt** statt. Er beginnt einige Tage vor dem Frühlingsfest und endet mit dem Laternenfest – ein buntes Ereignis, das man sich nicht entgehen lassen sollte, wenn man zu dieser Zeit in Beijing weilt. Auch sonst hat sich das Areal zum **Festplatz** gemausert, wo unter anderem Musikfestivals und Rockkonzerte stattfinden.

Lamatempel ! 31

(Yonghegong 雍和宫)

12 Yonghegong Dajie 雍和宫大街, www.yonghegong.cn, tgl. Nov.–März 9–16, April–Okt. 9–16.30 Uhr, 25 ¥, Audiotour 20 ¥ plus 200 ¥ Pfand

Der Lamatempel oder **Palast der Harmonie und des Friedens** ist der größte und prächtigste Tempel des tibetischen Buddhismus in Beijing. Seine Gebäude, gruppiert um fünf Höfe, nehmen eine Gesamtfläche von 66 400 m^2 ein.

Ursprünglich wurde die Anlage 1694 im Auftrag des Kangxi-Kaisers für den Prinzen Yinzhen, einen seiner 15 Söhne, erbaut und erhielt den Namen Residenz des Beile Yin (im mandschurischen Adel bezeichnete der Titel *beile* den fünfthöchsten Adelsrang). Mit der offiziellen Verleihung des Prinzentitels wurde der Palast in Residenz des Prinzen Yong umbenannt. Yinzhen lebte hier bis zu seiner vom Zwielicht umhüllten Thronbesteigung im Jahr 1723. Er ließ nicht nur seine Brüder rücksichtslos verfolgen und ausschalten, sondern soll auch beim Tod seines Vaters die Hand im Spiel gehabt haben, um sich die Thronfolge zu sichern. Der nun unter der Devise Yongzheng regierende Kaiser überließ einen Teil der Anlage den Anhängern des tibetischen Buddhismus als Tempel, den Rest nutzte er selbst für seine kurzen Besuche. 1725 brannte fast die Hälfte der verbliebenen Residenz ab und wurde nicht wieder neu aufgebaut. Nach dem Tod des Yongzheng-Kaisers (1735) wurden die grünen Dachziegel durch die jetzigen in kaiserlichem Gelb ausgetauscht und die Gebäude in einen kaiserlichen Tempel umgewidmet. Schon 1744 überließ der Qianlong-Kaiser den Tempelkomplex endgültig den hiesigen tibetischen Buddhisten, die in der Folge den nun Yonghe Gong genannten Tempel zu ihrem Mittelpunkt erkoren.

Nachdem man das schmucke **Südtor** passiert hat, gelangt man in einen lang gezogenen **Garten,** dessen zentralen Weg Souvenirstände säumen. Durch ein weiteres Tor betritt man einen weitläufigen **Innenhof.** An seinem südlichen Ende stehen links der **Trommel-** und rechts der **Glockenturm.** Ihnen folgen zwei **Stelenpavillons,** bevor man dann das erste Gebäude, die **Halle der Himmelskönige** (Tianwang Dian 天王殿), betritt. In ihr wachen vier grimmig dreinschauende Weltenwächter darüber, dass keine bösen Geister den Tempel behelligen oder der Lehre Buddhas Schaden zufügen. In der Mitte der Halle sitzt Maitreya, der Buddha der Zukunft. Hinter ihm, mit Blick zum nächsten Hof, steht Weituo (Skanda), ein General und Bodhisattva, der vom Buddha beauftragt wurde, das Dharma (Buddhas Lehre) zu schützen. Er trägt daher volle Kriegsrüstung, und mit dem Vajra – einer diamantenen Streitkeule – vernichtet er alle Feinde der buddhistischen Wahrheit.

Im Hof befindet sich ferner der **Pavillon der Viersprachigen Stele** (Siti Wenbei Ting 四体文碑亭), der ein Steinmal aus dem Jahr 1792 schützt: Auf diesen sind in Chinesisch, Mongolisch, Mandschurisch und Tibetisch Herkunft, Bedeutung und Entwicklung des Lamaismus erläutert. Dahinter steht ein **Marmorbassin,** aus dem eine Skulptur aufragt. Es handelt sich um eine Darstellung des Weltmeers und des daraus sich erhebenden, in Bronze gegossenen Weltenbergs Sumeru, dessen Gipfel dem höchsten Himmel, dem Paradies, entspricht. Die **Seitenhallen** um diesen Hof dienten dem Studium der buddhistischen Lehre.

Der **Palast der Harmonie und des Friedens** (Yonghe Gong 雍和宫), die Haupthalle, beschließt den Hof. Im Inneren dominieren die Statuen der Buddhas der Drei Welten: links Maitreya, der Buddha der Zukunft, in der Mitte Shakyamuni, der Buddha der Gegenwart, rechts Kashyapa, einer

Mein Tipp

Wudaoying Hutong 五道营胡同 32

Gleich westlich gegenüber dem Lamatempel zieht sich die gemütliche Wudaoying Hutong nach Westen. Während der Ming-Zeit befand sich hier ein Militärcamp, seit der Qing-Zeit ist die Gegend ein Wohngebiet, und in der Neuzeit stand die malerische Straße auf einmal auf der Abrissliste. Sie durfte schließlich bleiben, um die ursprüngliche Umgebung von Lama- und Konfuziustempel wenigstens in Ansätzen zu erhalten, und nun haben sich in den alten Wohnhöfen gemütliche Cafés und kleine Geschäfte niedergelassen.

In den Höfen des Lamatempels stehen Räuchergefäße, an denen Opfer dargebracht werden

der sieben Buddhas der Vergangenheit. Rechts und links sind sie von den 18 *luohan* (Arhat) umgeben, Schüler Buddhas, die im Mahayana-Buddhismus als Heilige verehrt werden. Sie sollen Buddha versprochen haben, die buddhistische Lehre zu verbreiten und bis ans Ende der Tage in seinen Diensten auszuharren. Der Bodhisattva Kshitigarbha, Erlöser von den Höllenqualen, in der nordöstlichen Ecke und eine Statue Avalokiteshvaras in seiner chinesischen weiblichen Form Guanyin, Bodhisattva der Barmherzigkeit, runden die Erlösungsikonografie ab.

Drei Transzendenten Buddhas ist die **Halle des Ewigen Schutzes** (Yongyou Dian 永佑殿) geweiht: in der Mitte Amitabha, Buddha des Unermesslichen Lichts, zu seiner Rechten Bhaisajyaguru, Buddha der Medizin, und links Simhananda (Bodhisattva Avalokiteshvara als Herr des Löwengebrülls), der zu Kranken gerufen wird, um sie zu heilen. In der **Halle östlich der Yongyou Dian** studierten die Mönche Medizin, in der westlichen **Halle der Mathematik** widmeten sie sich der Astronomie.

Die vierte Halle trägt den Namen **Halle des Buddhistischen Rades** (Falun Dian 法轮殿). Ihren Mittelpunkt bildet die 5,5 m hohe Kupferstatue Tsongkhapas, des Begründers des Ordens der Gelbmützenschule. Hinter ihm sind fünf Gestalten zu sehen, in die er sich der Überlieferung nach verwandeln kann. Beeindruckend auch die Schnitzarbeit aus Ebenholz mit der Darstellung des Berges der 500 Arhat *(luohan)*. An der Westwand werden die 108 Schriften des »Kanjur« und an der östlichen Wand die 207 Bände des »Tanjur«, der kanonischen und halbkanonischen Schriften des Buddhismus, aufbewahrt.

Die letzte Halle, der **Pavillon des Zehntausendfachen Glücks** (Wanfu Ge 万福阁), birgt eine aus einem einzigen Sandelholzstamm geschnitzte gigantische Maitreya-Statue. Überirdisch misst sie 18 m und ragt weitere 8 m in den Untergrund.

Wudaoying Hutong 32

s. Mein Tipp S. 148

Song Tang Zhai Museum of Traditional Folk Carving 33

(Songtangzhai Minjian Diaoke Bowuguan 松堂斋民间雕刻博物馆)
1 Guozijian Jie 国子监街, tgl. 9–18 Uhr, Eintritt frei, Spenden erwünscht
Das reizvolle kleine Museum in einem alten Vier-Harmonien-Hof gegenüber dem Lamatempel bietet eine wunderschöne, 3000 Exponate umfassende Sammlung filigran geschnitzter alter Türen, Steinschnitzereien und weiterer Schnitzereien aller Art aus ganz China.

Guozijian Jie 国子监街 34

Von der Yonghegong Dajie kann man in westlicher Richtung auf der anderen Straßenseite bereits den Beginn der **Straße der Kaiserlichen Akademie** sehen. Sie ist nicht zu verfehlen, denn ihr Anfang wird von einem **Schmucktor** markiert. Im Volksmund hieß die Guozijian-Straße übrigens Chengxian Jie (Straße des Tugendhaftwerdens), befanden sich in ihr doch sowohl der Konfuziustempel als auch die Kaiserliche Akademie. Im Zentrum stehen noch einmal zwei und am westlichen Ende noch ein weiterer **Schmuckbogen.** Damit ist sie innerhalb des Bereichs der ehemaligen Stadtmauern die einzige Straße Beijings, deren Bogen nicht abgerissen worden sind. Der Grund: Bereits 1956 wurde die Guozijian Jie samt Akademie und Tempel unter Denkmalschutz gestellt.

Konfuziustempel 35

(Kong Miao 孔庙)
13 Guozijian Jie 国子监街, www.kmgzj.com, tgl. Nov.–April 8.30–17, Mai–Okt. 8.30–18 Uhr, 30 ¥ inklusive Kaiserliche Akademie
Der gewaltige, Konfuzius geweihte Tempel ist 1306 gemäß einer alten Regel für die Anordnung von Gebäuden rechts von der zur selben Zeit errichteten Kaiserlichen Akademie erbaut worden; denn jedes Mal, wenn der Kaiser, begleitet von seinen Beamten, Lehrern und Schülern, zur Akademie ging, um Vorlesungen über die konfuzianischen Klassiker zu halten, musste er zuvor im Tempel dem alten Meister seine Verehrung bezeugen.

Berühmt sind die **Steinstelen** der Anlage. Auf 198 Tafeln rechts und links vor der Haupthalle sind die Namen und Geburtsorte von 51 624 erfolgreichen Absolventen der kaiserlichen Beamtenprüfungen eingemeißelt. Im Vorhof und im Hof vor der Haupthalle stehen ferner drei bzw. elf mächtige **Stelenpavillons,** mit Stelen, auf denen historische Ereignisse, vor allem die erfolgreichen Feldzüge der mandschurischen Armeen im Westen Chinas, festgehalten wurden. Am Aufgang zur mächtigen **Haupthalle** (Dacheng Dian 大成殿), die auf einer prachtvollen Marmorterrasse errichtet worden ist, steht eine weitere Sehenswürdigkeit, eine 500 Jahre alte Zypresse. Als Yan Song, der intrigante Premierminister des Jiajing-Kaisers (reg. 1522–66), unter dem Baum hindurchging, wurde sein Hut durch einen Zweig vom Kopf gefegt. Yan Song wurde daraufhin vom Kaiser entlassen. Seitdem heißt die Zypresse **Der Baum, der das Böse vertreibt.** Der Konfuziustempel dient heute als **Museum für alte Stelen.**

In einer schmalen Passage zwischen dem Konfuziustempel und der ehemaligen Kaiserlichen Akademie sind weitere **400 Stelen** ausgestellt. Auf 189 dieser Tafeln wurden Ende des 18. Jh. in zwölfjähriger Arbeit 630 000 Schriftzeichen mit den 13 klassischen Schriften eingraviert.

Kaiserliche Akademie 36
(Guozi Jian 国子监)
15 Guozijian Jie 国子监街, tgl. Nov.–April 8.30–17, Mai–Okt. 8.30–18 Uhr, 30 ¥ inklusive Konfuziustempel

Die weitläufige, 10 000 m² große Anlage direkt neben dem Konfuziustempel diente als höchste Lehranstalt im alten China. Erbaut wurde die Kaiserliche Akademie unter der mongolischen Yuan-Dynastie im Jahr 1306 zusammen mit dem Konfuziustempel nebenan. Damit gehörte sie zu den ersten Lehranstalten Beijings und ist heute der älteste und am bes-

Mein Tipp

Geisterstraße
Kaum bricht die Dämmerung über die Stadt herein, gehen auf beiden Straßenseiten Hunderte rote Lampions an und verwandeln die **Dongzhimennei Dajie** in die berühmte Geisterstraße. Dies ist der Ort, wo ich am liebsten meinen ersten Abend in Beijing verbringe, denn nirgends sonst in der Stadt kann man eine so authentische, bunte, exotische Welt voller Gerüche, Leben und Atmosphäre erleben. Vor allem der Abschnitt zwischen Dongzhimen Beixiaojie und der U-Bahn-Station Beixinqiao besteht aus dicht an dicht stehenden Restaurants aller Stilrichtungen und Preisklassen, manche ganz modern, andere in alten *Siheyuan*. Ein Ort zum Bummeln, auch wenn man nichts essen möchte.
Gui Jie 簋街 15: Dongzhimennei Dajie 东直门内大街, U 5 Beixinqiao.

ten erhaltene Komplex einer höheren Lehranstalt in China. 1368 verlor die Akademie ihren Status und erst nachdem der Yongle-Kaiser Beijing wieder zur Kapitale Chinas erhoben hatte, erhielt sie den Titel Guozi Jian zurück. Ihr heutiger Umfang geht auf das Jahr 1784 zurück. Zentrale Vorlesungshalle war die **Biyong-Halle** (Biyong Dian 辟雍殿), der inmitten eines Teiches liegt und über vier Brücken zu erreichen ist. Hier wurden die Zeremonien für die Vorlesungen der Kaiser abgehalten.

Fangjia Hutong 46 37
Irgendwie haben die Stadtväter gehofft, die südlich parallel zur Guozijian Jie verlaufenden Fangjia Hutong 方家胡同 zu einer Art Künstlerviertel nach Art der Fabrik 798 zu machen. So ganz ist das nicht gelungen, aber immerhin hat sich diese *Hutong* und insbesondere das Areal in Nr. 46, wo sich die **Culture Creative Street** befindet, zu einem Viertel mit gemütlichen Cafés und Bars sowie einem Theater des Beijing Modern Dance Ensemble entwickelt. Auch sonst ist die Gasse ein typisches Beispiel dafür, wie sich aus einer lange vernachlässigten Gegend langsam ein Szeneviertel entwickelt, das anfangs kaum wahrgenommen wird und plötzlich in ist.

Nanxincang 南新仓 38
Versteckt hinter einigen modernen Hochhausblöcken an der U-Bahn-Station Dongsishitiao der Linie 2 reihen sich einige alte Gebäude, deren Geschichte bis in das Jahr 1409 zurückreicht, entlang einer Fußgängerstraße auf. Nachdem feststand, dass Beijing die neue Hauptstadt Chinas werden sollte, wurden sie an dieser Stelle als kaiserliche Kornspeicher errichtet. Nach dem Sturz des Kaiserreichs dienten sie ab 1911 als Munitionsdepot und ab 1949 als Warenlager für das Beijing-Kaufhaus. 600 Jahre trotzten die mächtigen Gebäude allen Widrigkeiten und wären im Rahmen des Baubooms für Olympia beinahe abgerissen worden. Nun finden sich in den altehrwürdigen Gemäuern Restaurants.

Rund um Trommel- und Glockenturm

Trommel- und Glockenturm
(Gu Lou/Zhong Lou 鼓楼/钟楼)
Di'anmenwai Dajie 地安门外大街*,*
tgl. 9–17 Uhr, Trommelvorführung 9.30–11.30, 13.30–17 Uhr alle 60 Min., Trommelturm 20 ¥, Glockenturm 10 ¥
Ursprünglich wurden Trommeln und Glocken ausschließlich als Musikinstrumente benutzt. Ab der Han-Zeit (206 v. Chr.–220 n. Chr.) ist schließlich ihre Nutzung zur Anzeige der Zeit belegt, es gab die Morgenglocke und die Abendtrommel. In der Folge übernahmen die Trommel- und Glockentürme die Funktion öffentlicher ›Uhren‹ und wurden in fast allen Städten Chinas aufgestellt.

Der **Trommel-** und der **Glockenturm** Beijings sind die größten Chinas und wurden nicht, wie sonst meist üblich, nebeneinander, sondern hintereinander gebaut. Der Trommelturm wurde 1420 auf dem Areal der ersten, 1272 errichteten Türme erbaut, stammt aber in seiner heutigen Form aus dem Jahr 1800. Zusammen mit dem Glockenturm, der in seiner jetzigen Gestalt auf das Jahr 1747 zurückgeht, bildeten die beiden Türme den Abschluss der 13 km langen innerstädtischen Nord-Süd-Achse.

Im **Trommelturm** 39 sind 25 Trommeln zu bewundern, die in Vorführungen für Besucher geschlagen werden. Außerdem birgt der Turm eine Wasseruhr, nach der die Normalzeit im Reich bestimmt wurde. Das Schlagen der Trommel kündigte damals das Schließen der Stadttore am Abend bzw. die Öffnung am Morgen an. Im **Glockenturm** 40 kann man die mit einer Höhe von 5,5 m größte kupferne Glocke Chinas bestaunen. Ihr Gewicht beträgt 63 t. Mit den Glocken wurden die Tageszeiten angezeigt und außerdem die nächtlichen Zeitabschnitte zwischen 19 und 3 Uhr, die *geng* (1 *geng* = 2 Stunden), mit je 108 Schlägen geläutet.

Nanluogu Xiang 41

s. Mein Tipp rechts.

Mao-Dun-Residenz 42

(Mao Dun Guju 茅盾故居)
13 Houyuanensi Hutong 后圆恩寺胡同, Di–So 9–16 Uhr, 5 ¥

In der von der Nanluogu Xiang nach Osten abgehenden *Hutong* erblickt man nach wenigen Metern auf der linken Seite die ehemalige **Residenz von Mao Dun.** Mao Dun (1896–1981) war einer der großen Schriftsteller Chinas, der mit seinem großartigen Roman »Shanghai im Zwielicht« ein dichtes Porträt des revolutionären China in den 1920er- und 1930er-Jahren schuf. Nach 1949 wurde er erster Kulturminister unter Mao Zedong. Es gibt ein kleines **Museum** zu seiner Person, aber auch das Anwesen selbst ist schön anzuschauen.

Drei Hintere Seen: s. S. 161.

Mit dem Rad durch Dongcheng

Fahrradverleih: Cycle China 5 *(s. S. 55) oder im Alley Coffee* 24 *(s. S. 155), wo man herrlich rasten kann; U 6 Beihai North; Dauer ca. 2 Std. ohne längere Stopps*

Vom **Fahrradverleih** 5 radelt man in knapp zehn Minuten über die Jingshan Dongjie 景山东街, Jingshan Houjie 景山后街 und die Di'anmennei Dajie 地安门

> **Mein Tipp**
>
> **Malerisches Szeneviertel**
>
> Die alte Gasse ist einer der schönsten Straßenzüge im nördlichen Dongcheng. Der Name bedeutete ursprünglich Gasse des Buckligen *(luoguo)*, aber da der Name wegen des benachbarten Trommelturms *(gu lou)* oft fälschlich *luogu* gesprochen wurde, änderte man ihn schließlich in Luogu um. Im Dadu der Yuan-Zeit war dies eine der wichtigsten Nord-Süd-Straßen der Stadt, heute ist sie Standort eines der malerischsten Szeneviertel. Interessant ist vor allem der Bummel durch die von der Nanluogu Xiang abgehenden *Hutong.*
> **Nanluogu Xiang** 南锣鼓巷 41: www.nlgx.org, U 6 Nanluoguxiang.

内大街 nach Norden zur **Wanning Qiao** 万宁桥 43. Sie gehört zu den ältesten erhaltenen Brücken der Innenstadt und wurde bereits 1285 erbaut. Von hier fährt man die Di'anmenwai Dajie noch ein Stück nach Norden und biegt nach rechts in die **Mao'er Hutong** 帽儿胡同. Hinter der Mauer der **Hausnummer 35–37** 44 (Wan Rong Guju 婉容故居) lebte Wan Rong, die Ehefrau des letzten Kaisers Puyi, bis zu ihrer Heirat. Etwas weiter residierte im **Ke-Garten** 45 (Ke Yuan 可园; Hausnr. 7–13) ein hoher Beamter der Qing-Dynastie. Ab 1949 befand sich hier zeitweise die Nordkoreanische Botschaft.

Man trifft nun auf die **Nanluogu Xiang** 41 (s. o.), die man bis zur **Ju'er Hutong** 菊儿胡同 hinaufradelt. Diese *Hutong* war die erste, die man versucht hat, behutsam zu modernisieren, ohne die Struktur zu zerstören. Am Ende der Gasse (Hausnr. 3–7) passiert man die

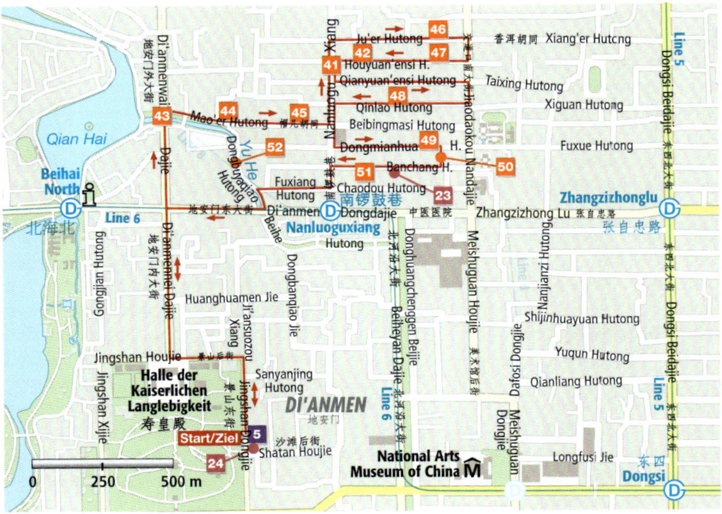

Mit dem Rad durch Dongcheng

ehemalige **Rong-Lu-Residenz** 46 (Rong Lu Guju 荣禄故宅), die Residenz des Großvaters des letzten Kaisers.

Nun biegt man nach rechts in die **Jiaodaokou Nandajie** 交道口南大街 und wenige Meter weiter gleich wieder rechts in die **Houyuan'ensi Hutong** 后圆恩寺胡同 ein, passiert das **Youhao Hotel** 47 (Youhao Binguan 友好宾馆, Hausnr. 7–9), die ehemalige Residenz des zweiten Sohnes von Prinz Qing, und erreicht kurz vor Ende der Gasse die **Mao-Dun-Residenz** 42 (s. S. 153).

Nun biegt man nach links erneut in die **Nanluogu Xiang** und wenige Meter weiter wieder nach links in die **Qianyuan'ensi Hutong** 前圆恩寺胡同 ein, fährt die Schleife (erneut über die Jiaodaokou Nandajie) bis zur **Qinlao Hutong** 秦老胡同. Hat man sie etwa zur Hälfte durchradelt, sieht man über dem Haus mit der **Nummer 35** 48 ein wunderschön geschnitztes **Steintor** und erreicht danach einmal mehr die **Nanluogu Xiang,** in die man erneut nach links einbiegt.

An der **Dongmianhua Hutong** 东棉花胡同 geht es wieder nach links, bis man kurz vor dem Ende ein schönes, **altes Tor** 49 sieht. Dahinter kann man rechts (Hausnr. 19) abbiegen und gelangt durch ein Areal, das zeitweise als **Botschaft Nordkoreas** 50 diente, nach wenigen Metern in die **Banchang Hutong** 板厂胡同. Auf ihr passiert man kurz vor erneutem Erreichen der Nanluogu Xiang den früheren Wohnsitz eines Nachfahren des Philosophen Zhu Xi, des 2003 verstorbenen, berühmten Gelehrten Zhu Jiajin: die **Zhu-Jiajin-Residenz** 51 (Zhu Jiajin Guju 朱家溍故居,Hausnr. 34).

Über die **Nanluogu Xiang** und die **Fuxiang Hutong** 福祥胡同 geht es nun nach Westen zum **Yu-Fluss** 52**,** dessen Ufer jüngst zu einem hübschen **Park** umgewandelt wurden. Über die Di'anmen Dongdajie 地安门东大街 radelt man nach Westen zur Di'anmennei Dajie und über diese retour zum Fahrradverleih.

Essen & Trinken

Romantisch speisen – **Brian McKenna@ The Courtyard** (Makenan Sihexuan 马克南四合轩) **1**: 95 Donghuamen Dajie 东华门大街, Tel. 010 65 26 88 83, www.bmktc.com, tgl. 18–22 Uhr, U 1 Tian'anmen East, Menü ab 300 ¥. Das Beste ist die Lage am Osttor des Kaiserpalasts und der Blick auf die Verbotene Stadt. Die Inneneinrichtung ist modern und dennoch romantisch, ideal für das Dinner zu zweit. Die Gerichte gehören der populären Molekularküche an.

Geschmack der Straße 1 – **Donghuamen-Nachtmarkt: 2**: s. S. 32.

Geschmack der Straße 2 – **Wangfujing Snack Street 3**: s. Tipp S. 156.

Mongolischer Feuertopf – **Donglaishun 4**: s. S. 33.

Pekingente klassisch – **Quanjude 5**: s. Mein Tipp S. 35.

Kaiserliche Küche – **Li Jia Cai 6**: s. S. 33.

Lu Yu kocht Tee – **Gui Gongfu 7**: s. S. 34.

Gourmet-Tempel – **Temple Restaurant Beijing 8**: s. S. 33.

Kantonesischer Lifestyle – **Jin Ding Xuan 9**: s. S. 34.

Bio und vegan – **The Veggie Table 10**: s. S. 37.

Traubengarten – **Vineyard Café 11**: s. S. 38.

Vegetarische Köstlichkeiten – **Xu Xiang Zhai** 叙香斋 **12**: 26-1 Guozijian Jie 国子监街, Tel. 010 64 04 65 68, U 2, 5 Lama Temple, tgl. 11–14.30, 17–20.30 Uhr, Büfett ab 48 ¥. Dieses große vegetarische Restaurant steht in der Nähe des Konfuziustempels. Das schönste an diesem Lokal ist seine gute Erreichbarkeit. Schön ist auch, dass eine Speisekarte überflüssig ist, da alles in Form eines Büfetts angeboten wird. Hier sind viele Mönche, die den nahe gelegenen Lamatempel besuchen, zu Gast.

Literaturcafé – **Cenci Café** (Canci Kafei 参差咖啡) **13**: 46 Fangjia Hutong 方家胡同, U 2, 5 Lama Temple, tgl. 10.30–22 Uhr. Die Inhaber dieses gemütlichen Cafés lieben Bücher und so kann man als Clou eine Tasse Kaffee mit zwei gebrauchten Büchern bestellen. Oder man kauft einen Kaffee-Gutschein für 100 ¥ und zahlt dann pro Tasse nur 10 ¥.

Wartezimmer – **Beetle in a Box 14**: s. S. 38.

Geisterstraße – **Gui Jie 15**: s. Mein Tipp S. 151.

Stimmungsvoll – **Huajia Yiyuan 16**: s. S. 36.

Hot-Pot-Vergnügen – **Ding Ding Xiang** 鼎鼎香 **17**: 14 Dong Zhong Jie 东中街, Tel. 010 64 17 25 46, U 2 Dongsishitiao, tgl. 11–24 Uhr, Menü ab 100 ¥. Das Ding Ding Xiang ist eines der beliebtesten Feuertopf-Restaurants (s. S. 32) der Stadt.

Snackstopp – **Fu Jia Lou 18**: s. S. 37.

Pekingente modern – **Beijing Dadong Roast Duck 19**: s. Mein Tipp S. 35.

Seidenstraße kulinarisch – **Crescent Moon Muslim Restaurant 20**: s. S. 37.

›Literarische‹ Küche – **Kong Yiji 21**: s. S. 34.

Künstlertreff – **Café Zarah 22**: 42 Gulou Dongdajie 鼓楼东大街, Tel. 010 84 03 98 07, www.cafezarah.com, U 5 Beixinqiao, Di–So 10–24 Uhr. Gemütliches, schlicht eingerichtetes Café der deutschen Fotografin Julia Hofmann. DJ-Sessions, Lesungen und Kunstausstellungen machen das Lokal nahe dem Trommelturm jederzeit besuchenswert.

Quelle des Genusses – **The Source 23**: s. S. 34.

Radtour-Rast – **Alley Coffee** (Xunchang Xiangmo Kafei Ting 寻常巷陌咖

Frittierte Skorpione und Seepferdchen sind begehrte Snacks

Geschmack der Straße

Im alten Beijing gab es viele Basare und Tempelmärkte, auf denen typische Snacks aus der Hauptstadt verkauft wurden. Heute muss man solche Stände suchen, aber hier gibt es sie noch, die frittierten Insekten, Skorpione und Meeresfrüchte zusammen mit Tierbestandteilen, die nicht unbedingt auf dem gewöhnlichen Speiseplan stehen. Aber den Schwerpunkt bilden glücklicherweise leckere Kebaps und kandierte Früchte.

Wangfujing Snack Street (Wangfujing Xiaochi Jie 王府井小吃街) **3** **:** Wangfujing Dajie 王府井大街, U 1 Wangfujing, tgl. 9.30–21.30 Uhr.

啡厅) 24: 61 Shatan Houjie 沙滩后街, Tel. 010 84 04 72 28, tgl. 8–23 Uhr. Hier kann man herrlich rasten und auch Fahrräder leihen.

Einkaufen

Nobelzentrum – **Malls at Oriental Plaza** 1: s. S. 41.
Pretiosen – **Hiersun** 2: s. S. 43.
Supermarkt – **Olé** 3: s. S. 40.
Kunsthandwerk – **Arts and Crafts Emporium** 4: s. S. 40.
Fremdsprachliche Bücher – **Foreign Languages Bookstore** 5: s. S. 40.
Für Künstler – **Beijing Gehua Baihua Meishu Yongpin** 6: s. S. 40.
Chinesischer Countrystyle – **A You Fashion** (A You Fuzhuang 阿尤服装) 7: 51 Dongsi Nandajie 东四南大街, www.ayoufashion.com, U 5 Dengshikou, tgl. 8.30–21.30 Uhr. Bei chinesischem Countrystyle denkt man wohl eher an reizlose, wattierte Mao-Jacken oder -Anzüge. Es geht aber auch topmodisch. Die überaus erfolgreiche Modekette A You hat sich ganz auf schnittige Jacken, ländliche Hosen, rustikale Hemden und Accessoires spezialisiert.
Feines aus Leder – **Xing Mu Handicrafts** 8: s. S. 41.

Aktiv

Beijing by bike – **Bike Beijing** 1: s. S. 55.
Kongfu Fighting – **Beijing Milun School of Traditional Kongfu** 2: s. Mein Tipp S. 56.
Manpower – **Powerhouse Gym** 3: s. S. 55.
Chinesische Kochschule – **The Hutong Kitchen** 4: 1 Jiudaowan Zhongxiang九道弯中巷, Tel. 010 159 01 04 61 27, www.thehutongkitchen.com, U 5 Beixinqiao, Kurse mit Marktbesuch ab 100 ¥. Eine der besten Kochschulen der Stadt. Um sie zu finden, folgt man ab der Shique Hutong den roten Punkten. Zusätzlich zu den Kochkursen werden auch Marktbesuche angeboten, bei denen man lernt, wie man welche Zutaten kauft. Alle Veranstaltungen finden auf Englisch statt.
Veloträume – **Cycle China** 5: s. S. 55.

Abends & Nachts

En Vogue – **Ch'ien Men 23** (前门23) 20: 23 Qianmen Dongdajie 前门东大街, U 2 Qianmen. Auf dem Areal der alten amerikanischen Botschaft; s. S. 109, 144.
Stilvoller Teegenuss – **Writer's Bar** 21: im Raffles Beijing Hotel (Beijing Fandian Laifoshi 北京饭店莱佛士), 33 Dongchang'an Jie 东长安街, Tel. 010 65 26 33 88, www.beijing.raffles.com, U 1 Wangfujing, tgl. 11–23 Uhr. Dieses Café stand seit 1917 im Zentrum der kulturellen und politischen Ereignisse Chinas. Hier fanden legendäre Ballabende der High Society statt, Schriftsteller, Journalisten und Politiker trafen sich hier bei einem Tee zum Plausch. Noch heute ist der Afternoon Tea ein echtes Erlebnis.
Treffpunkt – **Ball House** 1: s. S. 45.
Nichts für Mao – **MAO Livehouse** 2: s. S. 47.
Caribbean Rum – **Salud** 3: 66 Nanluogu Xiang 南锣鼓巷, U 6 Nanluoguxiang, tgl. 15–2 Uhr. Appetitliche Rum-Cocktails, eine gemütliche Einrichtung und nettes Personal machen das Salud zu einem der angenehmsten Lokale auf der Nanluogu Xiang. Gewürzt wird der Abend mit Livemusik, und wer Hunger bekommt, kann aus einer großen Auswahl an Tapas wählen.
Ruhepunkt – **Pass By** 4: s. S. 46.
Musik versetzt Berge – **Yugong Yishan** 5: s. S. 47.
Ausgehmöglichkeiten im Bereich der Drei Hinteren Seen: s. Nördliches Xicheng, S. 183.

Das Beste auf einen Blick

Nördliches Xicheng

Highlight !

Drei Hintere Seen – Shichahai: Die Ufer der Drei Hinteren Seen und die daran angrenzenden *Hutong* zogen schon immer gut betuchte Mandarine, Politiker und nicht zuletzt viele Künstler, die es zu Rang und Namen gebracht hatten, an. Noch immer ist das Seengebiet eine der malerischsten Gegenden der Stadt mit vielen Spazierwegen und einer Fülle an guten Restaurants und Kneipen. S. 161

Auf Entdeckungstour

Klassischer Siheyuan – die Mei-Lan-Fang-Residenz: Die ehemalige Residenz des Pekingopernsängers Mei Lanfang ist ein schönes Beispiel für einen klassischen Vier-Harmonien-Hof. Für den Bau der *Siheyuan* galten strenge Regeln. So richtete sich die Größe der Räume nach dem jeweiligen Rang des Besitzers, aber auch der Aufbau des Universums aus Himmel, menschlicher Welt und Unterwelt musste beachtet werden. 6 S. 168

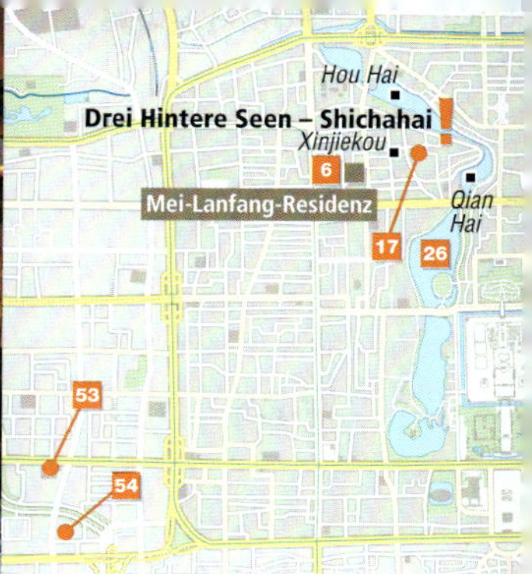

Kultur & Sehenswertes

Residenz des Prinzen Gong: Idealtypischer prinzlicher *Siheyuan* mit klassischer Gartengestaltung in Vollendung. 17 S. 163

Beihai-Park: Die einstige kaiserliche Sommerresidenz ist einer der schönsten Parks Beijings. 26 S. 170

Capital Museum: Modernes, hochklassiges Museum zu Stadtgeschichte und Buddhismusentwicklung. 53 S. 176

Tempel der Weißen Wolke: Immer noch größtes daoistisches Heiligtum der Stadt. 54 S. 177

Aktiv unterwegs

Zu Fuß durch Xinjiekou: Spaziergang durch eines der ursprünglichsten *Hutong*-Viertel. S. 161

Per Rad um die Drei Hinteren Seen: Durch malerische *Hutong* zu Tempeln und Residenzen. S. 166

Genießen & Atmosphäre

Ufer des Hou Hai: Entlang der Ufer des Hou Hai kann man nicht nur herrlich spazieren gehen, hier gibt es auch kleine Tempel und ehemalige Residenzen mächtiger Prinzen. Auch für den Genuss ist gesorgt. Rund um den See und in den vom Ufer abgehenden *Hutong* finden sich einige der angenehmsten Restaurants und Kneipen der Stadt. S. 178, 181

Abends & Nachts

Qian Hai: Rund um das Ufer des Qian Hai und bis hinein in die Yandai Xiejie findet man die dichteste Konzentration an Kneipen rund um die Drei Hinteren Seen. Vor allem in den Sommernächten verwandelt sich das ganze Gebiet in eine riesige Partyzone. S. 183

Ein Viertel der Kontraste

In den beschaulichen *Hutong* der Weststadt (Xicheng) versteckten sich die exquisiten ehemaligen Residenzen hoher Mandarine und Prinzen. Doch auch Künstler und Feingeister zog es in die friedvollen *Siheyuan*, die sich hinter unscheinbaren Mauern verbergen. Xicheng ist nie die große Show nach außen, sondern ein Stadtteil für den Alltag gewesen. Hier lebt und arbeitet man, kauft ein und ist fern der Besuchermassen unter sich. Selbst viele großartige Sehenswürdigkeiten dieses Stadtteils liegen abseits der Touristenströme und so konnte sich eine feine Szene mit gemütlichen Cafés, exquisiten Restaurants und schmucken Teehäusern entwickeln.

Seit einigen Jahren gibt sich dieser Stadtteil allerdings auch ein überaus modernes Gesicht. Der Südwesten Xichengs ist zu einem wichtigen Finanzzentrum – es soll zusammen mit Hongkong und Shanghai eine mächtige Finanzachse bilden – ausgebaut worden. Dass die mächtigen Geldinstitute hier angesiedelt wurden, verdanken sie der Geomantik. Traditionell bildeten der Platz des Himmlischen Friedens und der Kaiserpalast die natürliche Stadtmitte. Mit dem immer schnelleren Ausbau des Central Business District (CBD) verschob sich das ›gefühlte‹ Zentrum aber mehr und mehr in Richtung Osten und damit weg von der ursprünglichen Stadt. Nach den klassischen *fengshui*-Regeln drohte Beijing damit ein Ungleichgewicht. Die Schaffung des modernen Finanzdistrikts im Westen sollte das Gleichgewicht und das natürliche Zentrum wiederherstellen. Ein Glück für das *fengshui* Xichengs ist auch der Beihai-Park mit seinen Tempeln, kaiserlichen Gebäuden und einem großen See im Zentrum.

Infobox

Reisekarte: ▶ F 4, E–G 5, D–G 6–8

Infos

www.bjxch.gov.cn: Die Website des Bezirks ist ansprechend gestaltet und informiert auch auf Englisch über alle Aspekte des Lebens in Xicheng.

Beijing Tourist Information Center (Beijing Lüyou Zixun Fuwu Zhongxin 北京旅游咨询服务中心): 1 Wenjin Jie 文津街,Tel. 010 64 03 27 27. Das Büro des Infocenters befindet sich am Südtor des Beihai-Parks, U 4 Xisi, und 49 Di'anmen Xidajie, 地安门西大街 am Zugang zum Qian Hai, U 6 Nanluoguxiang, Tel. 010 64 00 23 78, beide tgl. 9–18 Uhr.

Ausgangspunkt

Die Sehenswürdigkeiten im Bereich der Drei Hinteren Seen erreicht man mit der **U 2** Jishuitan (Xi Hai, nördlicher Teil des Hou Hai) oder **U 2, 8** Gulou Dajie (nördlicher Uferbereich). Luo'er Hutong und Mei-Lanfang-Residenz sind über die **U 4, 6** Ping'anli angebunden. Xisi erreicht man mit der **U 4** Xisi. Die Fuchengmennei Dajie erreicht man auch mit der **U 2** Fuchengmen. Der Süden ist über die **U 1, 2** Fuxingmen (Financial Street), Xidan über die **U 1, 4** Xidan angebunden. Beihai-Park, Residenz des Prinzen Gong, Qian Hai und den südlichen Bereich des Hou Hai erreicht man mit der **U 6** Beihai North.

Drei Hintere Seen – Shichahai !

www.shichahai.com
Drei Seen durchschneiden den Norden Xichengs diagonal und bilden die Kulisse einiger schöner Wege und interessanter Sehenswürdigkeiten: **Qian Hai** 前海, **Hou Hai** 后海 und **Xi Hai** 西海. Sie wurden früher auch **Shicha Hai** (Shichahai 什刹海) genannt, nach zehn Tempeln, die deren Ufer säumten. Diese Heiligtümer verschwanden ebenso wie die Kanäle, die noch bis ins 15. Jh. für den Getreidetransport per Schiff benutzt wurden. Nachdem das Seengebiet als Binnenhafen ausgedient hatte, errichteten sich hohe Beamte und Adlige hier ihre Residenzen und Sommerfrischen – statt der Getreideboote fuhren nun Vergnügungsschiffe über die Gewässer. Bis 1949 wohnten hier viele berühmte chinesische Industrielle, Intellektuelle und Künstler. Wer genau hinschaut, dem wird nicht verborgen bleiben, dass heute wieder zahlreiche wohlhabende Menschen, darunter viele vermögende Russen, hinter den Mauern der traditionellen Wohnhöfe leben, die dem Stadtteil seinen vornehmen und zugleich abgeschiedenen, ja manchmal abweisenden Charakter verleihen.

Guo-Shoujing-Museum 1

Guo Shoujing Jinianguan 郭守敬纪念馆
60 Deshengmen Xidajie 德胜门西大街, *Mi–So 9–14.30 Uhr, Eintritt frei,* *s. S. 59*
Dort, wo sich jetzt der Eingang zur U-Bahn-Station Jishuitan befindet, stand einst ein Tempel mit Namen **Huitong Ci** 汇通祠. Nach Beendigung der Bauarbeiten für die U-Bahn wurde er etwa 100 m rechts vom U-Bahn-Eingang, gleich hinter dem PLA-Theater, auf einem Felsblock im Xi Hai neu errichtet und zum **Museum** für den Astronomen und Ingenieur **Guo Shoujing** (1231–1316) umgewidmet. Vor dem Museum steht ein Meteorit, der hier vor 1000 Jahren niedergegangen sein soll und der Legende nach alle Würmer tötet.

Zu Fuß durch Xinjiekou

Start ist die U-Bahn-Station Xinjiekou der U 4; Dauer: 1,5 Std.
Der Spaziergang führt durch eines der ursprünglichsten Viertel der Stadt. Von der U-Bahn-Station läuft man ein Stück die **Xinjiekou Beidajie** 新街口北大街 nach Norden und biegt dann nach rechts in die **Xinjiekou Dongjie** 新街口东街 ein.

Nach einigen Minuten beginnt die nach Süden verlaufende **Luo'er Hu-**

Zu Fuß durch Xinjiekou

tong 罗儿胡同 2, in die man rechts einbiegt. Diese hübsche, gemütliche *Hutong* ist eine der wenigen alten Gassen, die sich in den letzten Jahrzehnten fast gar nicht verändert haben. Bis Ende der 1980er-Jahre sah es fast in der gesamten Stadt so aus wie hier. Überall dampfen Garküchen, räkeln sich Kinder vor den kleinen Geschäften oder diskutieren Hausfrauen.

Nach einigen Metern kann man links in die **Sihuan Hutong** 四环胡同 einbiegen und stößt auf einen großen **Markt** 3 (tgl. 7–19 Uhr). Vom Markt geht es wieder zurück auf die Luo'er Hutong und weiter nach Süden, wo sich der Name der Straße auf Höhe der **Sanbulao Hutong** 三不老胡同 in **Mianhua Hutong** 棉花胡同 ändert.

In die **Sanbulao Hutong** biegt man links ein und geht bis zu einer Hofeinfahrt zu einer Anlage mit roten Appartementblöcken. Auf diesem Areal befand sich einst die **Zheng-He-Residenz** 4 (Zheng He Guju 郑和故居) von Chinas berühmtestem Seefahrer, der 1405–1433 sieben große Hochsee-Expeditionen befehligte, an denen bis zu 320 Schiffe mit 27 000 Besatzungsmitgliedern teilnahmen. Seine Expeditionen sollen ihn nicht nur nach Ostafrika, sondern auch bis an die amerikanische Küste geführt haben.

Die Mianhua Hutong mündet schließlich in die **Huguosi Jie** 护国寺街. Diese Straße ist in den letzten Jahren im alten Stil zur Fußgängerstraße umgebaut und gepflastert worden. Ein Restaurant reiht sich hier an das andere. Zunächst biegt man nach rechts ab und läuft die Huguosi Jie ein Stück nach Westen. Auf der südlichen Straßenseite hinter dem Tor der **Hausnummer 52** 5 lebte ab 1961 der jüngere Bruder des letzten Kaisers nach seiner Freilassung aus dem Gefängnis.

Man kann nun umkehren und Richtung Osten bummeln, wo man am Ende der Huguosi Jie auf die **Mei-Lanfang-Residenz** 6 trifft.

Mei-Lanfang-Residenz 6

s. auch Entdeckungstour S. 168, 6 – 15

Mei Lanfang (1894–1961) gilt als berühmtester Sänger von Pekingopern, den das Land hervorgebracht hat. Der Spross einer bekannten Familie von Pekingopern-Darstellern feierte mit 20 Jahren seine ersten Triumphe und trat in Russland, Japan und Amerika auf. Bis heute sind seine Ausstrahlung und Stimme unerreicht geblieben.

Das ansprechende Museum gliedert sich in drei Abteilungen und einen Videoraum. Im ersten Raum gibt es Exponate und Dokumente – darunter originale handgeschriebene Manuskripte von Pekingopern – zum künstlerischen Leben des Sängers. Der zweite Raum ist Mei Lanfangs Auslandsreisen gewidmet und die dritte Abteilung umfasst sein Wohnzimmer, Schlafzimmer und Studio mit originalen Einrichtungsgegenständen, die zeigen, wie er gewohnt hat. Im Videoraum kann man Kostproben von Mei Lanfangs Auftritten sehen.

Ehemalige Furen-Universität 16

(Yuan Furen Daxue 原辅仁大学)
Dingfu Jie 定阜街*, Campus zugänglich*

Auf der Straßenseite östlich gegenüber der Mei-Lanfang-Residenz ragen die mächtigen Mauern der alten **Residenz des Prinzen Qing,** einem der eigentlichen Machthaber im China des ausgehenden 19. Jh., in die Höhe. Teile der Anlage werden vom Militär genutzt und sind nicht zugänglich. Der östliche Bereich geht in die ehemalige **Residenz des Beile Tao,** eines Angehörigen der kaiserlichen Familie über. Dort stehen heute die altehrwürdigen Gebäude der **Furen-Universität,** die amerikanische Benediktiner 1925 in Beijing als katholische Universität gründeten. 1952 wurde sie in die renommierte, 1902 gegründete **Beijing Normal University** eingegliedert.

Residenz des Prinzen Gong 17

(Gong Wangfu 恭王府)

14A Liuyin Jie 柳荫街, www.pgm.org.cn, tgl. 16. März–15. Nov. 7.30–16.30, 16.Nov.–15. März 8.30–16.30 Uhr, 40 ¥, mit Theateraufführung 70 ¥

Prinz Gong selbst, der sechste Sohn von Kaiser Daoguang und der jüngere Bruder des Xianfeng-Kaisers (reg. 1851–61), spielte eine Schlüsselrolle in allen wichtigen politischen Ereignissen des späten 19. Jh. In der Bevölkerung nannte man ihn auch spöttisch »Teufel Nummer Sechs«, weil er im Auftrag des Kaisers immer wieder mit den verhassten ›ausländischen Teufeln‹ verhandeln musste. Die Palastanlage war zunächst Heshen, einem vom Qianlong-Kaiser bevorzugten Minister, als Residenz übereignet worden und ging dann in den Besitz von Prinz Gong über.

Die Residenz des Prinzen Gong gehört zu den am besten erhaltenen prinzlichen Wohnanlagen der Stadt und soll schon Cao Xueqin, dem Verfasser des wohl berühmtesten klassischen chinesischen Romans (»Der Traum der Roten Kammer«) als Wohnsitz und Ort der Handlung gedient haben. Es waren diese herrlichen Gärten und das Leben in der fürstlichen Anlage, die ihn zu seinem epischen Werk inspirierten.

Die Wohnanlage birgt kleine **Grotten und Hügel,** einen 5 m hohen **Taihu-Fels, Pavillons** und **Wohngebäude** sowie einen **Theaterbau,** in dem kleine Akrobatik- oder Gesangsaufführungen in authentischer Atmosphäre stattfinden: eine knappe halbe Stunde bei Tee und Knabbereien.

Felsnadeln in der Residenz des Prinzen Gong erinnern an den Steinwald in Yunnan

Nördliches Xicheng

Sehenswert

1 Guo-Shoujing-Museum/ Huitong Ci
2 – 6 s. Karte S. 161
6 Mei-Lanfang-Residenz
6 – 15 s. Karte S. 169
16 Furen-Universität
17 Residenz des Prinzen Gong
18 Guo-Moruo-Residenz
19 Song-Qingling-Residenz
20 Anwesen Prinz Chuns I.
21 Ställe des Prinzregenten Chun II.
22 Dazang-Longhua-Tempel
23 Guanghua-Tempel
24 Yandai Xiejie
25 Huode-Zhenjun-Tempel
26 Beihai-Park
27 – 41 s. Karte S. 171
42 Lu-Xun-Museum
43 Tempel der Weißen Pagode
44 Tempel der Kaiser Vergangener Dynastien
45 Tempel der Universalen Nächstenliebe
46 Nord-Kathedrale
47 Xisi-Nachbarschaftsviertel
48 Ehrenbogen
49 Bank of China
50 China Minsheng Banking Corporation
51 Financial Street
52 Stadtgott-Tempel
53 Capital Museum
54 Tempel der WeißenWolke
55 Yunqishi Beyond Garden
56 Zoo/Aquarium

Fortsetzung: S. 166

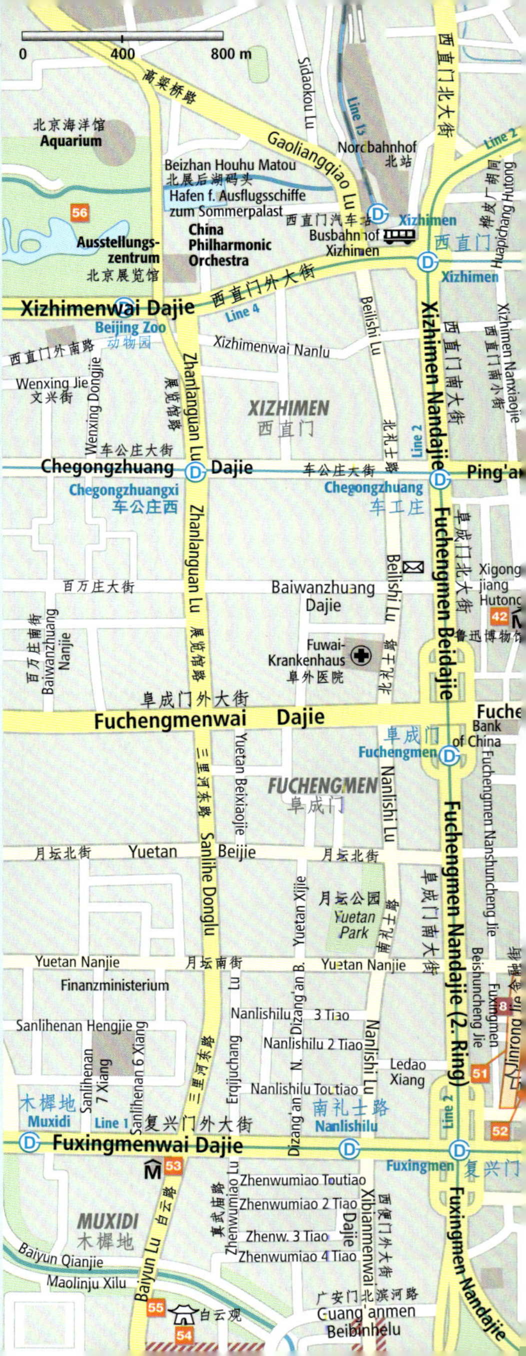

Details s. S. 167
Deshengmen Dongdajie
Deshengmen Xidajie (2. Ring)
得胜门西大街
Jishuitan
积水潭
汇通祠
郭守敬纪念馆
Xi Hai
西海
Xihai Nanyan
西海南沿
Tempel des Blumenpflückens
拈花寺
Guanyue-Tempel
关岳庙
Guloudajie
鼓楼大街
Line 2
Zhongtao Hutong
大石桥胡同
Guowang Hutong
Guoxing H.
Doufuchi Hutong
豆腐池胡同
Glockenturm
钟楼
Trommelturm
鼓楼
宋庆龄故居
Gulou Xidajie
鼓楼西大街
Hou Hai
后海
大藏龙华寺
广化寺
Houhai Beiyan
后海北沿
Jiugulou Dajie
旧鼓楼大街
Xinjiekou7Tiao
Beicaochang Jie
Xinjiekou 4Tiao
新街口四条
Xinjiekou Beidajie
新街口北大街
Details s. S. 161
Xinjiekou Dongjie
新街口东街
新街口
XINJIEKOU
Yangfang Hutong
羊房胡同
Deshengmennei Dajie
德胜门内大街
Line 4
西直门内大街
Xizhimennei Dajie
Xinjiekou
Zhengjue Hutong
正觉胡同
Hounai Nanyan
后海南沿
GUANGQIAO
Di'anmenwai Dajie
地安门外大街
Silberbarren-Brücke
银锭桥
Liu Xiang
柳巷
Nancaochang Jie
南草厂街
Zhaodengyu Lu
Xinjiekou Nandajie
新街口南大街
Huguo-Tempel
Mianhua Hutong
棉花胡同
Liuyin Jie
柳荫街
恭王府
广桥
Qian Hai
前海
火德真君庙
梅兰芳纪念馆
Details s. S. 169
Dingfu Lu
Longtoujing Jie
郭沫若故居
Dajiao Hutong
Baochan Hutong
Huguosi Jie
护国寺街
北海北
Beihai North
Kinderzentrum
国儿童中心
Line 6
平安里
Ping'anli
平安里西大街
地安门西大街
Di'anmen Xidajie
Neun-Drachen-Wand
Halle der Himmelskönige
Altar der Seidenraupe
Fuguo Jie
Xisibei 8 Tiao
Xisibei 7 Tiao
Xisibei 6 Tiao
Xisibei 5 Tiao
Xisibei 4 Tiao
Xisibei 3 Tiao
Xisibei 2 Tiao
Xisibei Toutiao
Taipingcang Hutong
Xisi Beidajie
西四北大街
Xihuangchenggen
西黄城根北街
No.1 Krankenhaus
北大第一医院
Xishiku Dajie
西什库大街
Aimin Jie
爱民街
Cuihua Jie
翠花街
Zhaodengyu Lu
Dahongluochang Jie
北海公园
Bei Hai
北海
Jingshan Houjie
景山后街
Di'anmennei Dajie
地安门内大街
Huangchengmen Jie
Details s. S. 171
Weiße Pagode
永安寺
Tempel der Ewigen Ruhe
景山公园
Jingshan-Park (Kohlehügel)
景山前街
Jingshan Qianjie
Jingshan Xijie
Jingshan Dongjie
Shenwu Men
历代帝王庙
Volks-krankenhaus
广济寺
Xisi
Dongdajie
西什库教堂
Stadt-bibliothek
Beijie
白塔寺
阜成门内大街
Dajie
Geolog. Mus.
北京地质博物馆
XISI 西四
Xi'anmen Dajie
西安门大街
Wenjin Jie
文津街
Runde Stadt
团城
Zhuanta Hutong
CPCC Auditorium
兵马司胡同
Bingmasi Hutong
Fengshen Hutong
Fenzi Hutong
什坊小街
Shifang Xiaojie
Jinshifang Jie
Taipingqiao Dajie
太平桥大街
Dajiangfang H.
Dongxie Jie
Xihuangchenggen Nanjie
Huzhu Xiang
Fuyou Jie
Guangming H.
Xinxin Jie
Beichang Jie
北长街
Kaiserpalast (Gugong)
故宫
中海
Zhong Hai
XICHENG 西城
Lingjinghutong
灵境胡同
Lingjing Hutong
Picai Hutong
辟才胡同
Beiyin H.
Taipusi Jie
大木仓胡同
Damucang Hutong
皮库胡同
Piku Hutong
Tangzi H.
Heng 2 Tiao
XIDAN
西单
府右街
Nanchang Jie
南长街
Sun-Yat-sen-Park
Wu Men (Mittagstor)
Forbidden City Concert Hall
中山公园
天安门
Nan Hai
南海
天安门西
Tian'anmen West
Tian'an Men
Naoshikou Beijie
Erlong Lu
Kulturpalast der Nationalitäten
民族文化宫
城隍庙
Line 1
Xidan
Guangchang
西单广场
Xidan Beidajie
Fuxingmennei Dajie
复兴门内大街
西单
西长安街
Xichang'an Jie
Beijing Concert Hall
北京音乐厅
National Centre for the Performing Arts
国家大剧院
Große Halle des Volkes
人民大会堂
天安门广场
Platz des Himml. Friedens
FUXINGMEN 复兴门
Xinwenhua Jie
新文化街
西绒线胡同
Xirongxian Hutong
Xuanwumennei Dajie
宣武门内大街
Naoshikou Nanjie
闹市口南街
Zhongjie
Tonglinge Lu
Toufa H.
北新华街
Beixinhua Jie
新壁街
Xinbi Jie
Mao-Mausoleum
长椿街
Changchunjie
宣武门
Xuanwumen
Südkirche
南堂
Hepingmen 和平门
Qianmen
前门

Nördliches Xicheng

Essen & Trinken
1 Jiumen Xiaochi
2 Fu Ku
3 Family Fu's Teahouse
4 Mei Mansion
5 Tiandiyuan
6 Fangshan Restaurant
7 Royal Ice House
8 Whampoa Club Beijing
9 Tianjin Baijiao Yuan

Einkaufen
1 Xidan Baihuo Shangchang
2 Xidan Gouwu Zhongxin
3 Science and Technology Plaza
4 Zhongyou Baihuo
5 Capital Times Square
6 77th Street
7 Markt der Nationalitäten
8 Xidan Books Building
9 Sanwei Bookstore
10 FAB Record Store

Aktiv
1 Shichahai Sports School
2 s. Karte S. 167

Abends & Nachts
1 31 Bar
2 No Name Bar
3 East Shore Live Jazz Café
4 Bed

Guo-Moruo-Residenz 18

(Guo Moruo Guju 郭沫若故居)
18 Qianhai Xijie 前海西街, Di–So 9–16.30 Uhr, 20 ¥

Dieses weitläufige, herrlich ruhig gelegene Anwesen war ursprünglich der Pferdestall der Residenz des Prinzen Gong. 1963 zog Guo Moruo (1892–1978), der zur ersten Schriftstellergeneration des modernen China gehörte, in das Anwesen ein. Er war der einzige Autor der Volksrepublik, der in hohe Partei- und Regierungsämter aufstieg und sich auch während der Kulturrevolution der Achtung von Politikern und Bürgern erfreute. 1969 wurde er in das Zentralkomitee der KPCh gewählt und behielt diese Funktion bis zu seinem Tod 1978.

Per Rad um die Drei Hinteren Seen

Fahrradverleih 2 (s. S. 183) am Houhai Nanyan. Die besten Räder hat der Kiosk an der Kreuzung Liuyin Jie/ Houhai Nanyan/Yangfang Hutong. Dauer 1 Std. (ohne Besichtigung), U 6 Beihai North

Von den Verleihstationen aus radelt man zunächst die südliche Uferstraße **Houhai Nanyan** 后海南沿 nach Nordwesten, die nach einer Weile in die **Yangfang Hutong** 羊房胡同 übergeht. Kurz vor ihrem Ende biegt man in die **Dongming Hutong** 东明胡同 nach rechts ein, quert die **Deshengmennei Dajie** 德胜门内大街 und radelt am **Südufer des Xihai** (Xihai Nanyan 西海南沿) weiter nach Nordwesten. Am Ende angekommen, kann man dem **Guo-Shoujing-Museum** 1 (s. S. 161) einen Besuch abstatten, bevor es nun am **Nordufer** (Xihai Beiyan 西海北沿) entlang zurück Richtung Südosten geht.

Man überquert erneut die Deshengmennei Dajie, bleibt aber auf der nördlichen Seite des Kanals, der Xi Hai und Hou Hai verbindet, und stößt dann auf die **Uferstraße des Hou Hai** (Houhai Beiyan 后海北沿), der man bis zur **Song-Qingling-Residenz** 19 (Song Qingling Guju 宋庆龄故居, 46 Houhai Beiyan 后海北沿, www.sql.org.cn, April–Okt. tgl. 9–17.30, Nov.–März 9–16.30 Uhr, 20 ¥) folgt. Die Song-Familie gehörte in der ersten Hälfte des 20. Jh. zu den wohl berühmtesten und schillerndsten Clans Chinas. Der Vater hatte sich zu einem der reichsten Männer des Landes emporgearbeitet. Und die Töchter traten in seine Fußstapfen. Die Tochter Meiling heiratete den späteren Diktator und Generalissimo Chiang Kai-shek (Jiang Jieshi), Ailing vermählte sich mit dessen umtriebigem und schwerreichem Finanzminister H. H. Kung und Qingling wurde, gegen den Willen ihrer Schwestern, die Ehefrau Sun Yat-sens (Sun Zhongshan). Alle drei nahmen damit Einfluss auf die Geschicke Chinas. Nach der Machtübernahme durch die Kommunisten blieb Song Qingling in der Volksrepublik und war dort zehn Jahre lang Justizministerin. 1981 starb sie hochbetagt mit 91 Jahren. In der Residenz gibt es eine **Fotoausstellung** über ihr Wirken; auch die Räume, in denen sie gelebt hat, sind zur Besichtigung freigegeben.

Hinter der Residenz passiert man das leider nicht für Besucher zugängliche **Anwesen Prinz Chuns I.** 20 (1840–91), des Bruders des Xianfeng- (1831–61) und Vater des Guangxu-Kaisers (1871–1908). Heute ist hier der Sitz des Staatsamts für religiöse Angelegenheiten untergebracht. Nebenan befanden sich die **Ställe des Prinzregenten Chun II.** 21 (1883–1951), Vater des letzten Kaisers Pu Yi und zweitältester Sohn Prinz Chuns I.

Radelt man die **Houhai Beiyan** ein Stück weiter nach Os- ▷ S. 170

Per Rad um die Drei Hinteren Seen

Auf Entdeckungstour: Klassischer Siheyuan – die Mei-Lanfang-Residenz

Die ehemalige Residenz des Opernsängers Mei Lanfang 6 ist ein schönes Beispiel für einen klassischen Vier-Harmonien-Hof. Dabei handelt es sich um einen quadratischen Hof, den Häuser an vier Seiten symmetrisch begrenzen.

Karte: s. Cityplan S. 164
Info: www.meilanfang.com.cn
Planung: Mei Lanfang Jinianguan 梅兰芳纪念馆, www.meilanfang.com.cn, Di–So 9–16 Uhr, 10 ¥. Besuchsdauer ca. eine halbe Stunde; s. auch S. 162.
Start: U 4 Ping'anli

Die Wohnform der *Siheyuan* (Hof mit vier Harmonien) – entwickelte sich bereits in der Han-Zeit, wurde aber erst in der Ming-Zeit vervollkommnet. 1417 hatte der Yongle-Kaiser zehn Prinzenpaläste im Bereich der heutigen Wangfujing in Auftrag gegeben, die dann als Vorbilder für alle weiteren *Siheyuan* in der Kapitale fungierten. Jede Hofanlage ist in der Regel für eine Familie mit mehreren Generationen ausgelegt, welche dort – konfuzianisch streng hierarchisch geordnet – in Harmonie leben sollen, und folgt einem festen Schema.

Strenge Regeln ...

Schon in der Ming-Zeit wurden strenge Regeln für die Errichtung von Wohnhöfen erlassen. Breite und Tiefe der

Haupthalle richteten sich nach dem Rang ihrer Besitzer, die architektonischen Mittel, die Farbgebung, ja selbst die Ornamentik war bis ins Detail geregelt und vorgegeben. So durften gewöhnliche Bürger überhaupt keine Farben benutzen, was zum damals so typischen grauen Häusermeer der Hauptstadt führte. Betrat man in der Kaiserzeit einen *Siheyuan,* stand man vor der architektonischen Visitenkarte seiner Besitzer. An der Gestaltung des Eingangstors konnte man den Rang des Bewohners ablesen, erkennen, ob er ein Angehöriger der kaiserlichen Familie, hoher oder niedriger Beamter, Kaufmann oder normaler Bürger war. Entsprechend gehörten die Eingänge mit zu den wichtigsten Bestandteilen eines Anwesens. Die **Mei-Lanfang-Residenz** war zwar ursprünglich ein Teil des Palasts Prinz Qings, wurde aber später abgespalten und zu einem gehobenen *Siheyuan* mit zwei Höfen umgebaut. Entsprechend ›bescheiden‹ gestaltet sich der Eingang.

… und der Einfluss der Geomantik

Gemäß der Anordnung der Acht Trigramme befand sich das **Eingangstor** 7 im südöstlichen Bereich des Wohnhofs auf der für günstig gehaltenen Position des Windes und gemäß der Lehre der Fünf Wandlungsphasen auf der Position des Wassers. Dies sollte das Anwesen vor Bränden schützen.

Hinter dem Eingang geht man durch ein (rundes) **Mondtor** 8 in einen **ersten Hof,** der auf der Nordseite von einer Mauer und dem **Tor der Hängenden Blumen** 9, mit einem weiteren Sichtschutz dahinter begrenzt wird. In alten Zeiten nannte man es auch **Mädchentor,** da es den unverheirateten Mädchen und Frauen des Hauses verboten war, vor ihrer Hochzeit hindurchzugehen, während es Besuchern nicht möglich war, in die privaten Bereiche zu blicken.

Die entlang der Südmauer nach Norden zeigenden Räume des **ersten schmalen Hofs** 10 dienten als Gästezimmer, Unterkünfte für Diener oder als Lagerräume.

Im Haupthof

Gäste durften den folgenden **Innenhof** 11 nur auf Einladung des Hausherrn betreten. Die Ost- und Westseite dieses Hofes säumen überdachte Veranden, die vor Sonne und Regen schützten. Unterbrochen werden sie von einer **östlichen** 12 und **westlichen Halle** 13, die als Wohnräume für jüngere Familienmitglieder dienten. Das **Haupthaus** 14, das größte Gebäude, in dem die Familienoberhäupter bzw. die Ältesten lebten, begrenzt die Nordseite.

Hinter dem Haupthaus liegt ein **schmaler Hof** 15, dessen Gebäude meist von den Frauen des Hauses genutzt wurden oder als Lagerräume dienten.

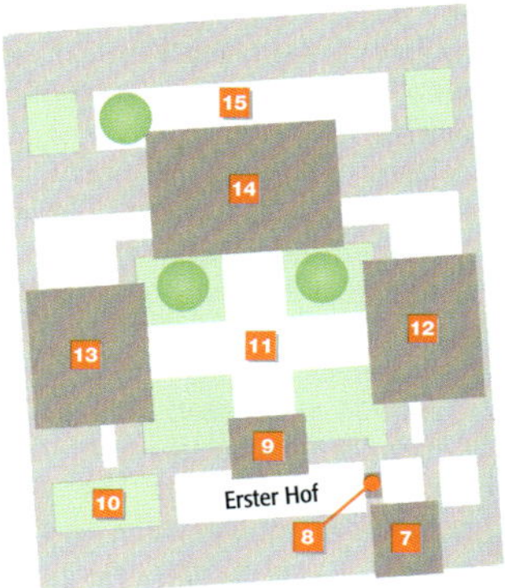

ten, erreicht man schließlich den ebenfalls nicht zugänglichen **Dazang-Longhua-Tempel** 22 (Dazang Longhua Si 大藏龙华寺) aus dem Jahr 1719. Er diente Prinzregent Chun II. als Ahnentempel.

In die folgende Gasse biegt man nun nach links ein, und gleich darauf fährt man rechts in die **Ya'er Hutong** 鸦儿胡同 hinein, wo man nach wenigen Metern zum **Guanghua-Tempel** 23 (Guanghua Si 广华寺, 31 Ya'er Hutong) aus dem 13. Jh. kommt. Er ist heute Sitz der Beijing Buddhist Association. Bekannt wurde der Tempel durch den Eunuchen Sun Yaoting, der als letzter Eunuch 1911 in den Dienst des Kaisers trat und kurze Zeit später seinen Job verlor. Er fristete anschließend sein Dasein als Tempelwächter des Guanghua-Tempels und schrieb seine Memoiren: »Der letzte Eunuch des Kaisers Pu Yi« (München 1997).

Die Ya'er Hutong mündet schließlich in die quirlige **Yandai Xiejie** 烟袋斜街 24, eine schmale, stets von lärmenden Besuchern gefüllte Gasse mit Geschäften, Teehäusern und Cafés. An ihrem Ende angekommen, sieht man bereits den mächtigen **Trommelturm** (Gu Lou 鼓楼, s. S. 152) der zusammen mit dem **Glockenturm** (Zhong Lou 钟楼, s. S. 152) einen Umweg wert ist.

Wer den Umweg nicht fahren möchte, radelt am Ufer entlang zur **Silberbarren-Brücke** (Yinding Qiao 银锭桥), dem Zentrum des Nachtlebens rund um die Hinteren Seen.

Von hier aus kann man noch den **Qian Hai** umrunden und dabei den schmucken daoistischen **Huode-Zhenjun-Tempel** 25 (Huode Zhenjun Miao 火德真君庙, tgl. 8–16 Uhr, 10 ¥) besichtigen, dessen Geschichte mit einem ersten Tempel 632 begann, oder die Brücke überqueren und zum Fahrradverleih zurückfahren.

Beihai-Park 26

(Beihai Gongyuan 北海公园)
1 Wenjin Jie 文津街, www.beihaipark.com.cn/en, Nov.–März tgl. 6.30–20, April/Mai 6–20.30, Juni–Aug. 6–22 Uhr, Sept./Okt. 6–20.30, Gebäude 6–16 Uhr, 5 ¥, Gebäude je 10 ¥

In der Frühzeit des Kaiserreichs war die Gartengestaltung von den Versuchen der Herrscher geprägt, Unsterblichkeit zu erlangen. In ihren Gärten wollten sie die Wohnsitze der Unsterblichen, die man auf den drei märchenhaften Inselbergen Penglai, Yingzhou und Fangzhang im sogenannten Ostmeer vermutete, nachbilden. Auf diese Weise hofften die Kaiser, die Unsterblichen in ihre Gärten zu locken, damit diese ihnen das Geheimnis der Unsterblichkeit verrieten.

Die riesige Anlage, die ursprünglich auch den Mittleren (Zhong Hai) und Südlichen See (Nan Hai) einschloss, schlägt eine Brücke in die Vergangenheit, als Kaiser Wu (reg. 141-87 v. Chr.) den künstlichen Taiye-See und darin erstmals die drei Inseln der Unsterblichen nachbilden ließ. Das Motiv setzte sich von nun an in der Gartengestaltung durch und so ziemlich jeder Kaiser ließ in der Nähe seines Palasts einen Garten mit den drei aus dem Wasser ragenden Bergen anlegen. In der einen oder anderen Form ist dieses Element bis heute in allen chinesischen Gärten zu finden und im Nord-See-Park ist es sogar das beherrschende Moment. Die drei miteinander verbundenen Nord-, Mittel- und Süd-Seen gleich westlich der Verbotenen Stadt bildeten unter den mongolischen Kaisern der Yuan-Dynastie (1271–1368) den der Seenlandschaft Kaiser Wus nachempfundenen Taiye-See nach, während die Insel der Erlesenen Jade, die spätere Runde Stadt

Beihai-Park

Sehenswert

1 – 26 s. Karte S. 164
27 Pavillon des Jadegefäßes
28 Halle der Erleuchtung
29 Brücke des Ewigen Friedens
30 Tempel der Ewigen Ruhe
31 Weiße Pagode
32 Statue eines Unsterblichen
33 Altar der Seidenraupe
34 Studio des Ruhigen Herzens
35 Halle der Himmelskönige
36 Halle der Großen Glückseligkeit und Erwartung
37 Neun-Drachen-Wand
38 Eiserne Mauer
39 Fünf-Drachen-Pavillon
40 Chanfu-Tempel
41 Kleines Westliches Paradies
42 – 56 s. Karte S. 164

Essen & Trinken

1 – 5 s. Karte S. 164
6 Fangshan Restaurant
7 Royal Ice House Restaurant
8 – 9 s. Karte S. 164

Einkaufen

1 – 10 s. Karte S. 164

Aktiv

1 – 2 s. Karte S. 164

Abends & Nachts

1 – 4 s. Karte S. 164

und die Insel Xishantai für die drei magischen Wohnsitze der Unsterblichen standen.

Die festungsähnliche **Runde Stadt** (Tuan Cheng 团城) am Südeingang verdankt ihren Namen einer runden, 5 m hohen Mauer, die in der Ming-Zeit um das 4500 m² große Areal herum errichtet wurde. Im Zentrum der Anlage steht der 1749 errichtete **Pavillon des Jadegefäßes** 27 (Yuweng Ting 玉瓮亭). Sein Name bezieht sich auf ein 66 cm hohes Nephritgefäß, das dem mongolischen Herrscher Kublai Khan als Vorratsbehälter für Wein gedient haben soll. Das Hauptgebäude der Runden Stadt jedoch ist die **Halle der Erleuchtung** 28 (Chengguang Dian 承光殿), in der ein wunderschöner, weißer, 1,5 m hoher Jadebuddha aus Birma (Myanmar) ausgestellt ist. Ein buddhistischer Mönch brachte ihn Ende des 19. Jh. von einer Pilgerreise mit.

Von der Runden Stadt führt eine Treppe in den Beihai-Park hinein und über die **Brücke des Ewigen Friedens** (Yong'an Qiao 永安桥) zum 1651 auf der künstlich aufgeschütteten **Insel der Erlesenen Jade** (Qionghua Dao 琼华岛) erbauten buddhistischen **Tempel der Ewigen Ruhe** 30 (Yong'an Si 永安寺). Die gefällige Anlage wird durch die mächtige 36 m hohe **Weiße Pagode** 31 (Bai Ta 白塔) auf der Hügelspitze abgeschlossen. Sie wurde 1651 anlässlich eines Besuchs des 5. Dalai Lama errichtet. Nördlich der Pagode am Fuß des Berges hinter dem **Fangshan Restaurant** 6 steht etwas versteckt die **Statue eines Unsterblichen** 32, die eine Schale zum Sammeln von Tau in die Höhe reckt. Sie schlägt den Bogen weit zurück in die Vergangenheit, als Kaiser Wu die ersten dieser Statuen aufstellen ließ.

Die weiteren Sehenswürdigkeiten gruppieren sich entlang dem Nordufer. Am ehemaligen **Altar der Seidenraupe** 33 (Qincan Tan 亲蚕坛) – heute ein Kindergarten – vorbei knickt der Weg auf der Höhe einer Maulbeerbaumpflanzung nach Westen ab. Die erste Gebäudegruppe am nördlichen Ufer ist das **Studio des Ruhigen Herzens** 34 (Jingxin Zhai 静心斋), bekannt auch als ›Garten im Garten‹; diese kleine Anlage gehört zu den am besten erhaltenen im Beihai-Park. Ihr schließt sich ein aufwendiger Ehrenbogen an, durch den man erst die **Halle der Himmelskönige** 35 (Tianwang Dian 天王殿) und dahinter die mächtige **Halle der Großen Glückseligkeit und Erwartung** 36 (Dacizhenru Bao Dian 大慈真如宝殿) erreicht.

Der Weg führt nun am Ehrentor vorbei zur **Neun-Drachen-Wand** 37 (Jiulong Bi 九龙壁), die 1417 erbaut und mit 427 siebenfarbigen Reliefs aus glasierten Kacheln verkleidet wurde. Wie auch die Wand im Kaiserpalast stellt sie neun in Wolken und Wellen spielende Drachen dar – im alten China ein Symbol für Fruchtbarkeit und die (männliche) Kraft *yang*. Von hier geht es weiter zur **Eisernen Mauer** 38 (Tieying Bi 铁影壁), eine 3,5 m lange und 2 m hohe Wand aus Vulkangestein. Die Reliefs mit den seltsamen Fabeltieren stammen aus der Zeit der mongolischen Herrschaft. Vorbei an den durch Brücken verbundenen **Fünf-Drachen-Pavillons** 39 (Wulong Ting 五龙亭), die den Kaisern als Angelplatz dienten, gelangt man dann am **Chanfu-Tempel** 40 (Chanfu Si 阐福寺) vorbei zum **Kleinen Westlichen Paradies** 41 (Xiao Xitian 小西天). Die von Wasser umgebene Tempelanlage symbolisiert das buddhistische Paradies des Westens, ein Ort des vollendeten Glücks, und wurde vom Qianlong-Kaiser für seine Mutter zur Verehrung von Guanyin errichtet. Die zentrale Halle mit dem Paradies in Form eines Berges innen, ist die größte palastartige Halle in Form eines viereckigen Pavillons in China.

Xisi und Xidan

Lu-Xun-Museum 42

(Lu Xun Bowuguan 鲁迅博物馆)
Fuchengmen 阜成门, 19 Gongmenkou 2 Tiao 宫门口二条, www.luxunmuseum.com.cn, Di–So 9–16 Uhr, Eintritt frei (Pass zeigen), S. 59

Das Museum mit der angeschlossenen ehemaligen Residenz ist in zweierlei Hinsicht ausgesprochen interessant: Zum einen war Lu Xun (1881–1936) der bedeutendste Literat Chinas im 20. Jh., zum anderen bildet seine eher bescheidene Wohnstätte ein schönes

Beispiel alter chinesischer Wohnkultur. Lu Xun erwarb das Anwesen 1923 mit Geld, das er sich von Freunden geliehen hatte, und lebte hier zwei Jahre und drei Monate. 1949 vermachte seine Witwe die Residenz der neuen Volksregierung, die das Haus der Öffentlichkeit zugänglich gemacht hat.

Tempel der Weißen Pagode 43

(Baita Si 白塔寺)
171 Fuchengmennei Dajie 阜成门内大街, *Di–So 9–17, letzter Einlass 16 Uhr, 20 ¥*
Umgeben von intaktem und beschaulichem *Hutong*-Leben steht die herrliche Anlage des Tempels der Weißen Pagode, die auf eine 900 Jahre alte Geschichte zurückblickt. Kublai Khan ließ den 1096 gegründeten Tempel mit Hilfe des nepalesischen Architekten Arnico umbauen und den weißen Stupa errichten, der heute mit 50,9 m der höchste Bau dieser Art in Beijing ist. Ursprünglich war die Pagode eine von fünf, die in jeder Himmelsrichtung standen, um die Stadt zu schützen. Diese sollte den Westteil behüten. Aber noch zu Lebzeiten des Großkhans brannte das gesamte Kloster ab und wurde erst 1457 in seiner alten Form wieder aufgebaut. Nun hieß es **Miaoying Si** 妙应寺, ein Name, der auch heute noch von den Beijingern benutzt wird. In der Volksrepublik erhielt die Pagode eine neue Funktion und dient seither als Symbol der Freundschaft zu Nepal.

Tempel der Kaiser Vergangener Dynastien 44

(Lidai Diwang Miao 历代帝王庙)
131 Fuchengmennei Dajie 阜成门内大街, *www.lddwm.com, Mi–So 9–16 Uhr, 20 ¥*
Über die breite Zhaodengyu Lu führt der Weg weiter zum 21 000 m² großen Tempel der Kaiser Vergangener Dynastien. Der erste Tempel entstand hier 1531 und die Ming- und Qing-Kaiser nutzten ihn, um ihren kaiserlichen Vorfahren zu opfern. Hintergrund für den Bau war die Legitimierung der Macht jener Kaiser, die alte Dynastien gestürzt und neue gegründet hatten. Indem die Kaiser Opfer für alle Vorgänger brachten, demonstrierten sie, dass sie Teil einer zivilisierten, weit zurückreichenden Tradition waren. In der **Haupthalle** stehen 188 Ahnentäfelchen der Kaiser von der Han- bis zur Qing-Dynastie, darunter Originale, die die Kulturrevolution überstanden haben. Seine heutige Gestalt erhielt der Tempel unter dem Qianlong-Kaiser der Qing.

> *Mein Tipp*
>
> **Hutong in Xisi**
> Nördlich vom Guangji-Tempel und parallel zur Fuchengmennei Dajie verlaufen bis heute die acht atmosphärereichsten *Hutong* Beijings: Xisibei Toutiao 西四北头条 bis Xisibei 8 Tiao 西四北八条 des **Xisi-Nachbarschaftsviertels 47**, in denen sich bevorzugt hohe Mandarine niederließen. In deren alten Residenzen findet man einige der attraktivsten Hotels der Stadt, z. B. das **Red Lantern House West Yard** (s. S. 28) in der Xisibei 2 Tiao und hinter hohen Mauern zahlreiche gut erhaltene *Siheyuan*, sodass man sich hier einfach ziellos treiben lassen sollte.

Tempel der Universalen Nächstenliebe 45

(Guangji Si 广济寺)
25 Fuchengmennei Dajie 阜成门内大街, *tgl. 6–16 Uhr, Eintritt frei*
Die altehrwürdigen Gemäuer des

AUPRES
SHISEIDO
AUPRES
SHISEIDO
AUPRES
SHISEIDO
AUPRES
SHISEIDO

Tempels der Universalen Nächstenliebe gegenüber dem mächtigen Geologischen Museum (s. S. 59) beherbergen den **Sitz der Chinesischen Buddhistischen Gesellschaft** und eine berühmte **Bibliothek,** u. a. mit handgeschriebenen Sutren aus der Tang-Zeit sowie ca. 30 000 Steinabreibungen aus den Höhlen des Yunju-Tempels im Kreis Fangshan (s. S. 266). Bereits während der Jin-Dynastie stand hier im 11. Jh. ein erster Tempel. Zwischen 1465 und 1487 wurde die Anlage erweitert und in **Hongci Guangji Si** (Tempel der Großen Barmherzigkeit und der Allgemeinen Nächstenliebe) umbenannt. Bei der Bevölkerung hieß er bald nur noch Guangji Si.

Die Gebäude gruppieren sich um vier hintereinander liegende Höfe. Nachdem man den **Glocken-** (links) bzw. **Trommelturm** (rechts) passiert hat, stößt man auf die **Halle der Himmelskönige** (Tianwang Dian 天王殿). Im zweiten Hof steht die Haupthalle, die Mahavira-Halle (Halle des Kleinodes des Großen Helden/Daxiong Baodian 大雄宝殿), die Beachtung verdient, befinden sich in ihr doch drei 500 Jahre alte hölzerne Buddha-Skulpturen und die Skulpturen der 18 Schüler Buddhas (Arhat, *luohan*), denen jeder Gläubige nacheifern soll. Nur die Höfe der Anlage sind zu besichtigen, aber man kann zumindest durch die Fenster der Hallen blicken.

Nord-Kathedrale 46

(Xishiku Tianzhu Jiaotang 西什库天主教堂)
33 Xishiku Dajie 西什库大街*,*
tgl. 6–11, 14–17 Uhr
Richtung Osten über die Xidan Beidajie erreicht man die Xishiku-Kathedrale, die auch unter dem Namen Nord-Kathedrale bekannt ist.

Abendlicher Bummel auf der Xidan

Diese schmucke, granitene, im neogotischen Stil erbaute Kirche gehört zur sogenannten patriotischen katholischen Kirche und ist die größte Kirche der Diözese Beijing. Die erste Kathedrale genehmigte 1763 der Kangxi-Kaiser der Qing persönlich. Immer wieder wurde sie zerstört und musste 1887 der Erweiterung des Kaiserpalasts an diesen Ort, wo sie von der französischen Mission neu errichtet wurde, weichen. 1958 war sie gezwungen, ihre Tore zu schließen. Erst 1985 durften die Gottesdienste wieder aufgenommen werden.

Xidan 西单

Xisi (Westliche Vier) besaß ursprünglich – wie auch das Viertel Dongsi (Östliche Vier) – vier aufwendig gestaltete Ehrenbögen, welche die Straße überspannten und schmückten und dem gesamten Distrikt seinen Namen gaben. In Xidan, südlich von Xisi, stand einer der Ehrenbögen und gab dem Viertel – Xidan bedeutet Westlicher Eine – seinen Namen. Die ersten dieser Bögen wurden in der Yuan-Zeit errichtet, aber es waren die Stadtplaner der Ming-Dynastie, die fast jede wichtige Straße mit solchen Toren schmückten. Ihr bitteres Ende kam mit der motorisierten Neuzeit. 1954 wurden die meisten abgebaut oder abgerissen, um die Straßen verbreitern zu können. Auch die Bögen in Xidan und Xisi fielen der Moderne zum Opfer, die Oberleitungsbusse (Trolley-Busse) passten nicht hindurch.

Die **Xidan Beidajie** 西单北大街 ist eine der Haupteinkaufsstraßen der Stadt mit großen Kaufhäusern und kleinen Läden, Märkten und Restaurants – laut Eigenwerbung »Beijings Mekka für Shopping, Essen und Herumhängen«. Immer schneller fressen sich die Baustellen nach Norden, um

Platz für immer größere und modernere Kaufhäuser zu schaffen.

Den Anfang macht das **Xidan-Kaufhaus** 1 (Xidan Baihuo Shangchang 西单百货商场), gefolgt vom hoch hinaus gewachsenen **Xidan-Einkaufszentrum** 2 (Xidan Gouwu Zhongxin 西单购物中心), dem **Science and Technology Plaza** 3 (Xidan Keji Guangchang 西单科技广场) und weiter nach Süden dem **Zhongyou-Kaufhaus** 4 (Zhongyou Baihuo 中友百货).

Die Xidan Beidajie schließt an ihrem Ende mit dem weitläufigen **Xidan Wenhua Guangchang** (西单文化广场/Kulturplatz) ab, dessen Südseite in Erinnerung an die abgerissenen Bögen ein neuer **Ehrenbogen** 48 markiert. Hier findet man Gigantomanie in Reinkultur: So steht an der Nordwestecke der Xidan-Kreuzung der Hauptsitz der **Bank of China** 49 (Zhongguo Yinhang 中国银行), gegenüber im Südwesten das gewaltige Gebäude der **China Minsheng Banking Corporation** 50 (Zhongguo Minsheng Yinhang Dasha 中国民生银行大厦) und südöstlich ebenfalls jenseits der Xichang'an Jie ragt der **Capital Times Square** 5 (Shoudu Shidai Guangchang 首都时代广场) in die Höhe. Auch unter dem Kulturplatz braucht man auf das Shopping-Erlebnis nicht zu verzichten. Mitten auf dem Platz führen Rolltreppen in die Tiefe zur **77th Street** 6 (77 Jie, 77 街), einem unterirdischen Einkaufszentrum, in dessen Katakomben man trendige Modeshops, Geschäfte mit Haushaltswaren, Spielzeug und die unvermeidlichen Schnellrestaurants findet.

Financial Street 51

(Jinrong Jie 金融街)

Neben Hongkong und Shanghai will sich auch Beijing als bedeutender Finanzmarkt etablieren und so wurde kurzerhand ein komplett neues Finanzviertel aus dem Boden gestampft. Das Gebiet wurde nach Plänen des amerikanischen Architekturbüros Skidmore, Owings & Merrill gestaltet. Sie entwarfen gigantische Gebäude, legten Gärten, Höfe und Pfade an, die ein freundliches, urbanes Umfeld schaffen und soliden und dauerhaften Wohlstand ausstrahlen sollten. Der Stadtteil soll ein Gegengewicht zum Central Business District im Osten bilden, aber irgendwie ist er bis jetzt seelenlos geblieben.

Stadtgott-Tempel 52

(Du Chenghuang Miao 都城隍庙)

33 Chengfang Jie 成方街

Die Seele einer Stadt war im alten China der Tempel für die Stadtgötter. Er wurde, bevor überhaupt eine Stadt gebaut wurde, zusammen mit der Stadtmauer als Erstes errichtet. Die Stadtgötter wachten über das Wohl der Stadt und sollten ihr Reichtum und Sicherheit bringen. Der Beijinger Stadtgott-Tempel aus dem Jahr 1270 wurde 1871 teilweise zerstört. Erhalten geblieben sind lediglich die letzte **Halle** und das **Eingangstor.** Im hübschen, im Finanzdistrikt etwas fehl am Platz wirkenden Bau, befindet sich heute ein **Institut zur Erforschung der Stadtgeografie der Yuan-Zeit.**

Der Nordwesten von Xicheng

Capital Museum 53

(Shoudu Bowuguan 首都博物馆)

16 Fuxingmenwai Dajie 复兴门外大街, www.capitalmuseum.org.cn, Di–So 9–17, letzter Einlass 16 Uhr, Eintritt frei, Freitickets für denselben Tag müssen bis 12 Uhr an der Kasse abgeholt werden; bei Reservierung über das Internet (24 Std.) bis 16 Uhr, s. S. 58

Das einzigartige **Hauptstadtmuseum** ist allein schon seiner Architektur wegen sehenswert. Auf sieben Ebenen in zwei Ausstellungsbereichen finden sich hervorragend präsentierte Ausstellungen zur Stadtgeschichte, Kunst und Kultur, zum Buddhismus sowie zu wechselnden nationalen und internationalen Themenbereichen. Auch die traditionelle Lebensweise kommt in diesem Museum nicht zu kurz. So gibt es auf der Ebene F5 nachgebaute Szenen zum täglichen Leben, die sehr lebendig über den Ablauf von Hochzeiten, Geburtstagen, Beerdigungen, Besuch einer Teehausoper usw. informieren.

Tempel der Weißen Wolke 54

(Baiyun Guan 白云观)

6 Baiyunguan Jie 白云观街, U 1 Nanlishilu, tgl. Mai–Okt. 8.30–16.30, Nov.–April 8.30–16 Uhr, 10 ¥

Große Bedeutung erlangte dieser daoistische Tempel während der Yuan-Zeit, als Kublai Khan den daoistischen Priester Qiu Chuji aus der Provinz Shandong in die Position eines nationalen Lehrers hob. Damit wurde Qiu Chuji quasi per Dekret zum Oberhaupt aller daoistischen Schulen ernannt. Später entwickelte sich der Tempel zum Zentrum der Nördlichen Schule, deren Mitglieder das Zölibat einhalten mussten und streng vegetarisch lebten. Nach 1949 vermochte das Heiligtum dann an seine frühere gesamtchinesische Bedeutung anzuknüpfen und ist seit 1957 **Sitz der Chinesischen Daoistischen Gesellschaft.** Glück im Unglück für die weitläufige Anlage: Sie überstand die Kulturrevolution wohl hauptsächlich deshalb, weil eine Armee-Einheit innerhalb ihrer Mauern untergebracht war. Seit 1982 aber werden hier wieder Mönche ausgebildet. 1991 kam ein **Chinesisches Daoistisches Institut** hinzu, das seine Schüler in vier Jahren auf Universitätsniveau ausbildet und ein vom Staat anerkanntes Diplom vergibt.

Während des Frühlingsfests findet hier ein großer **Tempelmarkt** (s. S. 51) mit allerlei Kunsthandwerksprodukten und zahlreichen kulturellen Veranstaltungen statt.

Man betritt die 10 000 m² große Anlage von der Straße her durch ein aufwendig gestaltetes **Eingangstor** und hat anschließend fünf Haupthallen vor sich, die sich entlang einer zentralen Nord-Süd-Achse aufreihen. Sie werden östlich und westlich von weiteren Gebäuden flankiert.

In der ersten Halle des Tempels der Weißen Wolke, der **Lingguan Dian** 灵官殿, wachen die Beamten des Himmlischen Zensorats darüber, dass kein Unwürdiger den Tempel betritt; sie entsprechen damit den Himmelskönigen in buddhistischen Tempeln. Dahinter liegt die **Halle des Jadekaisers** (Yuhuang Dian 玉皇殿), der höchsten Gottheit im daoistischen Pantheon. Ihr folgt die **Halle des Alten Weges** (Laolü Tang 老律堂), gewidmet den sogenannten Sieben Weisen, die sich ›vervollkommnet‹ haben. Sie sollen maßgeblich an der Gründung der Quan-zhen-Schule, der Schule des Weges der Verwirklichung der Wahrheit, mitgewirkt und sieben Strömungen dieser Schule geprägt haben. Einer von ihnen ist Qui Chuji. Ihm ist die **vierte Halle** gewidmet. Eine kleine Besonderheit entdeckt man im Hof links neben dieser Halle. Dort steht eine **Eselsskulptur,** der man heilende Kräfte nachsagt: Erzählt man dem Grautier sein Leiden oder berührt es an der Stelle der eigenen Schmerzen, soll die Krankheit verschwinden. Anknüpfend an die Legende um diesen Wunderesel werden zum jährlichen Tempelmarkt Eselsritte um die Anlage angeboten. Ungewöhnlich ist die **fünfte Halle**

Lieblingsort

Tee traditionell
»Lieber drei Tage ohne Essen als einen Tag ohne Tee«, lautet ein chinesisches Sprichwort. Einen Einblick in die Philosophie des Teetrinkens kann man in einem klassischen Teehaus am Südufer des Hou Hai gewinnen. In dem Qing-zeitlichen, antik möblierten Pavillon lässt sich bei einer chinesischen Teezeremonie der Kunst des Lebens frönen. »Leben ist eine Kunst und die Kunst des Teetrinkens ist sein wesentlicher Bestandteil« ist das Motto des Hauses.
Family Fu's Teahouse (Cha Jia Fu Chayiguan 茶家傅茶艺馆) 3 :
23-3 A Yangfang Hutong 羊房胡同, im Houhai-Park (后海公园内), Tel. 010 83 28 63 13, www.family fusteahouse.com, U 2 Jishuitan, tgl. 10.30–24 Uhr, Tee ab 50 ¥.

der Anlage, da sie zwei Geschosse aufweist. Unten ist sie den Vier Himmelskaisern gewidmet und oben den Drei Reinen, der höchsten göttlichen Trinität im Daoismus.

Eine Besonderheit findet sich im Hof linker Hand mit der **Halle der 60-Jahreszyklus-Gottheiten** (Yuanchen Dian 元辰殿). Auf einer Tafel am Eingang sucht man sein Geburtsjahr und erfährt so, wo die für einen selbst zuständige Gottheit in der Halle steht. Die einmalige Chance für eine direkte Zwiesprache!

Yunqishi Beyond Garden 55

(Yunqishi Zhenbao Huayuan 云起时珍宝园)

6 Baiyun Lu 白云路, www.yunqishi.com.cn, Di–So 9–21 Uhr, U 1 Nanlishilu, Eintritt frei

Schon im alten China hingen Kommerz und Religion oft zusammen und vor den Tempeln gab es stets lebhafte Märkte. Vor dem Tempel der Weißen Wolke ist das nicht anders und so breiten sich davor und nebenan entsprechend Einkaufszentren und Galerien aus. Interessant ist der **Galeriekomplex Beyond Garden** mit zahlreichen Galerien auf mehreren Ebenen. Noch wirkt alles etwas verloren und vermutlich ist das ein Versuch, die Kunst nicht nur dem Stadtteil Chaoyang zu überlassen. Doch zumindest eine Stippvisite nach dem Tempelbesuch lohnt.

Zoo/Aquarium 56

(Beijing Dongwuyuan 北京动物园)

137 Xizhimenwai Dajie 西直门外大街, www.bjzoo.com, U 4 Beijing Zoo, Zoo: April–Okt. 7.30–18 Uhr, 15 ¥, Nov.–März 7.30–17 Uhr, 10 ¥, Aquarium: April–Okt. 9–17.30 , Nov.–März 9–17 Uhr, 130 ¥

Der **Zoo** wurde 1906 zunächst als landwirtschaftliche Versuchsstation auf dem Gelände eines Ming-zeitlichen Gartens eingerichtet. Zwei Jahre später machte man ihn als Tierpark der Öffentlichkeit zugänglich. 1956 wurde der Zoo umgestaltet und seither immer wieder modernisiert. Doch besuchenswert ist er eigentlich nur wegen seiner Pandas. Angeschlossen ist aber ein sehenswertes **Aquarium,** das man auch unabhängig vom Zoo besuchen kann.

Die Gassen rund ums Hou Hai sind tagsüber wie abends ein beliebtes Bummel- und Ausgehviertel

Essen & Trinken

Traditionelle Imbisse – **Jiumen Xiaochi** 1: s. S. 37.
Kreative Schärfe – **Fu Ku** 福库 2: 4a Binhai Hutong 滨海胡同, Tel. 010 64 02 40 93, U 2 Jishuitan, tgl. 10–14.30, 17–22 Uhr, Menü ab 100 ¥. Das Fu Ku liegt etwa 50 m westlich der ehemaligen Song-Qingling-Residenz und gehört unbestritten zu den besten Restaurants am Hou Hai. Auf der Karte stehen nicht nur traditionelle Sichuan-Gerichte, sondern auch abgewandelte moderne Variationen.
Tee traditionell – **Family Fu's Teahouse** 3: s. Lieblingsort S. 178.
Leibgerichte eines Opernstars – **Mei Mansion** 4: s. S. 33.
Essen mit Aussicht – **Tiandiyuan** 天地缘酒吧 5: 5 Yindingqiao 银锭桥, Tel. 010 83 28 02 68, U 6 Beihai North,

tgl. 10.30–1 Uhr, Gerichte ab 20 ¥. Das gemütliche Restaurant, das abends zur Bar wird, verfügt über eine herrliche Dachterrasse, von der man abends über den neonglitzernden Hou Hai blickt. Serviert werden Currys, Burger und Fleischspieße.

Speisen wie beim Kaiser – **Fangshan Restaurant** (Fangshan Fanzhuang 仿膳饭庄) 6: 1 Wenjin Jie 文津街, im Beihai-Park (北海公园), Tel. 010 64 01 18 79, www.fangshanfanzhuang.com.cn, U 4 Xisi, tgl. 11–13.30, 17–20 Uhr, Menü ab 150 ¥. 1925 gründeten drei ehemalige Köche des Kaiserpalasts dieses Lokal mitten im Park am Ufer des Bei Hai. Ihre Spezialität war die Zubereitung von Snacks für die Kaiserinwitwe Cixi. Wer ein aufwendig gestaltetes und genuin kaiserliches Bankett kosten möchte, kann eines der Menüs für 500 ¥ bestellen.

Eiskatakombe – **Royal Ice House Restaurant** (Huangjia Bingjiao Xiaoyuan 皇家冰窖小院) 7: 5 Gongjian Hutong 5 Xiang 恭俭胡同 5 巷 5 号, Tel. 010 64 01 13 58, U 6 Beihai North, tgl. 11.30–13.30, 17.30–21.30 Uhr, Gerichte ab 20 ¥. Dieses im wahrsten Sinne des Wortes coole Restaurant ist in einem der alten Kühlhäuser des Kaiserpalasts untergebracht. Serviert wird klassische chinesische Küche vom Feinsten in traditioneller Umgebung. Wer im unterirdischen Gewölbe speisen möchte, muss aber mindestens 15 Personen anmelden.

Der Geschmack Beijings – **Whampoa Club Beijing** (Beijing Huangpu Hui 北京黄浦会) 8: 23A Jinrong Jie 金融街, Tel. 010 88 08 88 28, U 1, 2 Fuxingmen, tgl. 11–14.30, 17–22.30 Uhr, Menü ab 400 ¥. Im Schatten der glitzernden Bürotürme der Financial Street befindet sich dieser elegante Club in einem der letzten Vier-Harmonien-Höfe der Gegend. Chefkoch Jeremy Leung kreiert hier in vollendeter Form New Beijing Cuisine mit Köstlichkeiten wie Rinderfilet mit Pistazien oder Huhn nach Dongbei-Art.

Haus der 100 Klöße – **Tianjin Baijiao Yuan** 9: s. S. 37.

Einkaufen

Seit 1930 – **Xidan-Kaufhaus** (Xidan Baihuo Shangchang 西单百货商场) 1: 120 Xidan Beidajie 西单北大街, U 1, 4 Xidan, tgl. 10–22 Uhr. Auch wenn es gar nicht so alt aussieht, das Kaufhaus gibt es seit 1930. Das Angebot ist etwas antiquiert, reicht aber vom Supermarkt bis zur Haushaltswarenabteilung

Kaufrausch – **Xidan-Einkaufszentrum** (Xidan Gouwu Zhongxin 西单购物中心) 2: 132 Xidan Beidajie 西单北大街, U 1, 4 Xidan, So–Do 9–21.30, Fr/Sa 9–22 Uhr. Hier kauft Xicheng ein. Das Angebot umfasst fast alles, was sich verkaufen lässt. An Wochenenden wird es gestopft voll.

Handys und mehr – **Science and Technology Plaza** (Xidan Keji Guangchang 西单科技广场) 3: 131 Xidan Beidajie 西单北大街, U 1, 4 Xidan, tgl. 10–22 Uhr. Hier gibt es u. a. über 20 seriöse Spezialgeschäfte, die Handys und allerlei Zubehör verkaufen.

Modezentrum – **Zhongyou-Kaufhaus** (Zhongyou Baihuo 中友百货) 4: 176 Xidan Beidajie 西单北大街, U 1, 4 Xidan, Mo–Fr 10–22, Sa/So 9–22 Uhr. Neben bekannten und unbekannten Modelabels gibt es im Untergeschoss dieses Kaufhauses einen Reparaturservice für Schuhe.

Edelmall – **Capital Times Square** (Shoudu Shidai Guangchang 首都时代广场) 5: 88 Xichang'an Jie 西长安街, www.bjtimessquare.com/, U 1, 4 Xidan, tgl. 9.30–21.30 Uhr. Moderne Mall mit allem was dazugehört: schicke Boutiquen, Restaurants, ein großer Olé-Supermarkt und Starbucks.

Hippe Katakomben – **77th Street** (77 Jie, 77 街) **6**: 180 Xidan Beidajie 西单北大街, U 1, 4 Xidan, Mo–Do 10–21.30, Fr–So 9–22 Uhr. Cooles unterirdisches Einkaufszentrum mit hippen Mode- und anderen Geschäften.

Kleidermarkt – **Markt der Nationalitäten** (Minzu Dashijie 民族大世界) **7**: Tangzi Hutong 堂子胡同, am Kulturplatz in Xidan, tgl. 9–19.30 Uhr, U 1, 4 Xidan. Dieser Kleidermarkt ist in einem alten Tempel untergebracht, der sich zwischen dem Xidan-Einkaufszentrum und dem Zhongyou-Kaufhaus befindet. Es gibt zahllose Stände mit einer Riesenauswahl an Waren.

Buchkaufhaus – **Xidan Books Building** **8**: s. S. 40.

Literarisches Teehaus – **Sanwei Bookstore** (Sanwei Shuwu 三味书屋) **9**: 60 Fuxingmennei Dajie 复兴门内大街, Tel. 010 66 01 32 04, U 1, 4 Xidan, tgl. 9.30–22 Uhr. Kleiner, aber feiner Buchladen, der vorwiegend Kunstbücher und Literatur führt. Aber eigentlich kommt man weniger wegen der Bücher, sondern wegen des Teehauses oben, in dem freitagabends Livejazz und jeden Samstagabend traditionelle chinesische Musik gespielt wird.

Digitale Welt – **FAB Record Store** **10**: s. S. 40.

Aktiv

Badminton – **Shichahai Sports School** (Shichahai Tiyu Huodong Xuexiao 什刹海体育活动学校) **1**: 57 Di'anmen Xidajie 地安门西大街, Tel. 010 66 18 23 75, U 8 Houhai (in Bau), tgl. 7–24 Uhr, 30–60 ¥/Std. Diese zentral gelegene Sportschule bietet ausgezeichnete *wushu*-Kurse, in denen bereits Jet Li seine Kampfkünste erlernt hat. Allerdings eignen sich diese Kurse nicht für Kurzbesucher. Dafür kann man aber fast immer kurzfristig einen Badminton-Platz reservieren und dort für wenig Geld den Schläger schwingen.

Radfahren – **Fahrradverleih** **2**: Houhai Nanyan. An der südlichen Uferstraße des Hou Hai befinden sich drei Kioske, an denen man für ca. 10 ¥/Std. oder 30 ¥/Tag Räder mieten kann. Die besten Räder hat der Kiosk an der Kreuzung Liuyin Jie, Houhai Nanyan, Yangfang Hutong.

Abends & Nachts

Flamenco-Bar – **31 Bar** **1**: 16 Houhai Nanyan 后海南沿, Tel. 010 66 16 42 10, U 6 Beihai North, tgl. 12–2 Uhr. Die kleine Bar direkt am Ufer des Hou Hai bietet gemütliche Sessel zum Relaxen und eine chinesische Band, die regelmäßig Flamenco-Abende veranstaltet. Zwischen 14–20 Uhr ist Happy Hour.

Trendsetter – **No Name Bar** (Wuming Jiuba 无名酒吧) **2**: 3 Qianhai Dongyan 前海东沿, Tel. 010 64 01 85 41, U 6 Beihai North, tgl. 12–2 Uhr. Dies war die erste Bar am Hou Hai und mittlerweile ist sie nicht nur eine echte Legende, sondern auch immer noch eine der besten Kneipen am See mit bezahlbaren Getränken, Rattanstühlen und hipper Musik.

Jazzschuppen – **East Shore Live Jazz Café** (Dong'an Kafei 东岸咖啡) **3**: 2F, 2 Qianhai Nanyan Lu 前海南沿路, Tel. 010 84 03 21 31, U 8 Houhai (in Bau) tgl. 16.30 Uhr bis zum frühen Morgen. Liu Yuan, ein bekannter Jazzmusiker aus Beijing und der Saxofonist des berühmten chinesischen Popsängers Cui Jian, hat dieses ›Café‹ eröffnet. Von außen ist das Gebäude fürchterlich hässlich, von innen aber schick eingerichtet und ganz auf Musik getrimmt. Livemusik gibt es donnerstags bis sonntags.

Nicht zum Schlafen – **Bed** **4**: s. S. 45.

Das Beste auf einen Blick

Südliches Dongcheng und Xicheng

Highlight !

Himmelstempel: Das Heiligtum gehört nicht nur zu den großartigsten Bauwerken des klassischen China, sondern ist zugleich Sinnbild des Universums und vereinigt nahezu alle bedeutsamen kosmischen und symbolischen Bezüge des Reichs der Mitte. Im modernen Beijing dient die Anlage als geselliger Treffpunkt von Sängern, Tänzern, Kungfu-Kämpfern und vielen anderen, die die riesigen Flächen zum Üben benutzen. 3 S. 188

Auf Entdeckungstour

Beijinger Traditionsfirmen – in der Dazhalan: Die chinesische Hauptstadt war zeit ihres Bestehens nicht nur ein politisches Zentrum, sondern auch eine bedeutende Handelsstadt. Viele Händler ließen sich in der Dazhalan nieder, wo noch einige der in der Ming- und Qing-Zeit gegründeten Unternehmen bis heute bestehen. 15 S. 198

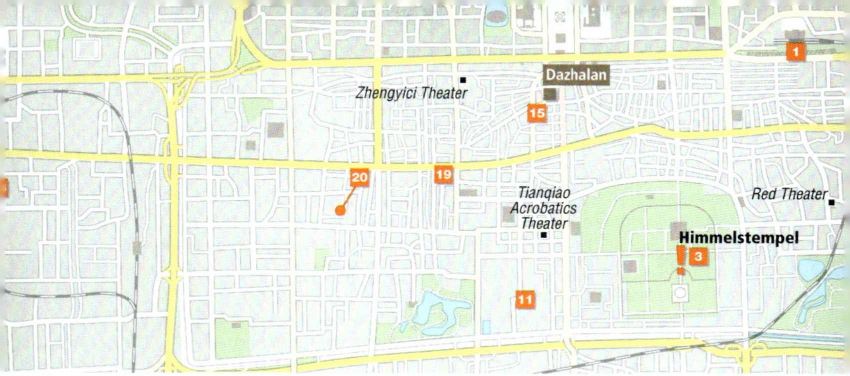

Kultur & Sehenswertes

Museum für alte Architektur: Auf dem Areal des ehemaligen Altars für den Gott der Landwirtschaft zeigt die Ausstellung, wie man im alten China auch die kompliziertesten Konstruktionsprobleme zu lösen verstand. 11 S. 193

Tempel der Gesetzesquelle: Der Tempel gehört zu den ältesten buddhistischen Tempeln der Stadt und ist bis heute eines der lebhaftesten Zentren des Buddhismus in Beijing. 20 S. 197

Aktiv unterwegs

Zu Fuß von der Dazhalan zur Liulichang: Der kleine Spaziergang führt durch eines der belebtesten Händlerviertel Beijings, aber auch durch eines der ursprünglichsten *Hutong*-Viertel im Süden Beijings. S. 195

Genießen & Atmosphäre

Park der Ming-zeitlichen Stadtmauer: Durch einen schönen Park entlang einem restaurierten Teilstück der Stadtmauer aus dem Jahr 1419 bis zur alten Befestigungsanlage Dongbianmen spazieren und dort eine interessante Galerie besuchen. 1 S. 187

Maliandao-Teestraße: Hunderte Teeläden bieten die Möglichkeit, Tee zu kosten und zu kaufen. 23 S. 201

Abends & Nachts

Oper und mehr: Sowohl das südliche Dongcheng als auch das südliche Xicheng sind Zentren traditioneller Theaterkunst von der Pekingoper im Zhengyici Theater über Akrobatik im Tianqiao Acrobatics Center bis zu Kungfu-Vorführungen im Red Theater. S. 50

Die alte Südstadt

Das südliche Dongcheng, noch bis 2010 der Stadtteil Chongwen, befindet sich im Südosten des alten, einst von einer eigenen Stadtmauer umgebenen südlichen Beijing und war noch bis zur Jahrtausendwende ein Stadtviertel mit einem unglaublich verzweigten und ausgedehnten System an *Hutong,* das einzig vom gewaltigen Areal des Himmelstempels unterbrochen wurde. Nachdem nahezu sämtliche *Hutong* auf einem 2,8 Mio. m^2 großen Areal in den letzten Jahren abgerissen worden sind, ist der Süden Dongchengs zum Wohnviertel mit sich endlos hinziehenden Appartementblocks geworden. Allerdings finden sich hier viele der traditionellen Theater für Pekingoper, Akrobatik oder *wushu* und mit dem Longtan-Park auch eines der größten Sport- und Naherholungsgebiete der Stadt.

Auf dem Areal des angrenzenden Stadtteils Xicheng, noch bis 2010 der eigenständige Stadtteil Xuanwu, westlich der Qianmen Dajie, die früher Teil der wichtigen Nord-Süd-Achse der Stadt war, wurde vor 3000 Jahren die erste Siedlung auf Beijinger Gebiet, Ji, gegründet. Während der Ming- und Qing-Zeit kamen hier die meisten Reisenden und Händler, aber auch Studenten der konfuzianischen Akademien unter und so entwickelte sich das südliche Xicheng schon früh zu einem bedeutenden Geschäftszentrum. Der Stadtteil trumpft entsprechend nicht mit spektakulären Sehenswürdigkeiten auf. Dafür findet man in den wenigen verbliebenen Gassen viele kleinere und größere buddhistische und daoistische Tempelanlagen, das alteingesessene muslimische Viertel Niujie, das zwar komplett modernisiert wurde,

Infobox

Reisekarte: ▶ Südliches Dongcheng G–J 8–10, südliches Xicheng D 9/10, E–G 8–10

Infos

Websites: für Dongcheng s. S. 139, für Xicheng s. S. 160.

Beijing Tourist Information Center: Beijing Dongcheng Zixun Zhan 北京东城咨询站, im Park der Ming-zeitlichen Stadtmauer (明城墙遗址公园内), Tel. 010 65 27 08 74, tgl. 9–17 Uhr; **Dongcheng Tiantan Gongyuan Zixun Zhan** 东城天坛公园咨询站, hinter dem Nordeingang des Himmelstempels auf der rechten Seite (天坛公园北门内西侧游客中心), Tel. 010 67 01 24 02, tgl. 9–17 Uhr; Xicheng Huguang Huiguan Zixun Zhan 西城湖广会馆咨询站, Huguang Guild Hall, 3 Hufang Lu 虎坊路, Tel. 010 63 53 45 83, tgl. 9–17 Uhr.

Ausgangspunkt

Zum Park der Ming-zeitlichen Stadtmauer fährt die **U 2, 5** Chongwenmen, zum Himmelstempel und Umgebung die **U 5** Tiantandongmen. Zum Gebiet rund ums Qian Men gelangt man mit der **U 2** Qianmen. Wer den Spaziergang über die Dazhalan zur Liulichang macht, kann von dort nach Norden zur Station Hepingmen der **U 2** laufen. Den Südwesten Xichengs mit dem Tempel der Gesetzesquelle erreicht man mit der **U 4** Caishikou.

Im Park vor der Ming-zeitlichen Stadtmauer

aber immer noch seine schmucke Moschee, viele muslimische Restaurants und Läden aufweist. Dazu kommen quirlige Einkaufsstraßen wie Qianmen Dajie, Dazhalan und Liulichang mit ihrem bunten Treiben und alte Theater ebenso wie beschauliche Parks, in denen man in den Morgenstunden den traditionellen Morgenaktivitäten der Beijinger zusehen kann.

Park der Ming-zeitlichen Stadtmauer 1

(Ming Chengqiang Yizhi Gongyuan 明城墙遗址公园)
Chongwenmen Dongdajie 崇文门东大街, www.bjmcq.com, Park tgl. 24 Std., Eintritt frei, Wachturm tgl. 8–17.30 Uhr, 10 ¥

Dieser schöne, lang gezogene Park beginnt an der U-Bahn-Station Chongwenmen der Linien 2 und 5 und führt südlich parallel zum Hauptbahnhof entlang eines restaurierten, 1,5 km langen Teilstücks der alten Stadtmauer nach Osten. Schon zur Jin-Zeit umspannte eine 18 km lange mächtige Mauer die Stadt. Unter Kublai Khan erreichte die Stadtmauer eine Gesamtlänge von über 30 km. Mit dem Bau der Ming-zeitlichen, 22,5 km langen Befestigungsanlagen wurde erst 1435 begonnen, während man für die südliche Mauer, die Mauer aus der Yuan-Zeit zwischen 1416 und 1419, einfach um 800 m nach Süden versetzte. Die Maßnahme war notwendig geworden, um Platz für die geplanten kaiserlichen Palastanlagen zu gewinnen. Wegen des Wachstums der Stadt begann man 1553 mit den Bauarbeiten zu einer neuen Mauer um die ungeschützten südlichen Stadtteile Chongwen und Xuanwu. Anschließend sollte auch die Mauer um die nördliche Innenstadt erweitert werden, allerdings ging der Regierung das Geld aus, die alte Mauer blieb und so bekam die Stadt ihre eigenartig wirkende Form aus dem in die Breite gezogenen, rechteckigen südlichen Mauerring und der quadratischen Mauer um die Innenstadt.

Durch den Park zieht sich ein Stück der aus dem Jahr 1419 stammenden, nach Süden versetzten Mauer bis zur alten, 1436 errichteten **Dongbianmen-Stadttoranlage.** Im Turm ist die sehenswerte **Red Gate Gallery** 2 (s. S. 61) untergebracht.

Rund um den Himmelstempel

Himmelstempel ! 3
(Himmelsaltar/Tian Tan 天坛)
www.tiantanpark.com, U 5 Tiantandongmen (Osttor), Park tgl. 6–22, letzter Einlass 20 Uhr, Gebäude März–Juni 8–17.30, letzter Einlass 16, Juli–Okt. 8–18, letzter Einlass 16.30, Nov.–Feb. 8–17, letzter Einlass 15.30 Uhr, Eintritt April–Okt. 15 ¥, Nov.–März 10 ¥, inklusive allen Gebäuden April–Okt. 35 ¥, Nov.–März 30 ¥

Am besten erschließt sich die mit 270 ha größte Tempelanlage Chinas, wenn man sie von Süden her betritt, dann allerdings muss man mit einem Taxi kommen. Der Himmelstempel oder – korrekter – der Himmelsaltar wurde 1420 erbaut, um dort zunächst sowohl Himmel als auch Erde zu verehren. Mit der Fertigstellung des Erdtempels in der Nordstadt verlor der Himmelstempel diese Doppelfunktion und diente nur noch der Anbetung des Himmels und der Erflehung einer reichen Ernte.

Im Süden der Gesamtanlage stehen die der Himmelsverehrung gewidmeten Gebäude. Der **Himmelsaltar** 4 (Huanqiu Tan 圜丘坛) wurde 1530 erbaut und ist ein einzigartiges Gebilde aus kosmischen und symbolischen Bezügen. So besteht er aus drei ansteigenden Terrassen, von denen die unterste die Erde, die mittlere die Welt der Sterblichen und die oberste den Himmel symbolisiert. Die Zahl Neun oder eine durch Neun teilbare Zahl bestimmten die Architektur. Sie galt als die heiligste Zahl und war kaiserlichen Gebäuden vorbehalten. So setzen sich die Steinringe, die den Altar decken, aus neun, 18, 27 bis hin zu 243 Plattensegmenten zusammen. Gleiches gilt auch für die Geländerzwischenräume, die bei der obersten Terrasse neun, bei der mittleren 18 und der untersten 27 betragen. Und der Altar wurde natürlich im neunten Jahr der Regierung des Jiajing-Kaisers (reg. 1521–67) gebaut. Der **runde Stein** in der Mitte des Altars birgt noch eine akustische Besonderheit. Vorausgesetzt, man ist alleine hier und flüstert, so hört man seine eigenen Worte ziemlich laut. Der Effekt wird dadurch erreicht, dass die Schallwelle von der Balustrade zurückgeworfen wird und als Echo die Stimme verstärkt. Personen in der unmittelbaren Umgebung hingegen vernehmen nur das Flüstern.

Die Kosmosvorstellung schlägt sich in der Gestaltung der gesamten Anlage nieder. Den Himmel stellte man sich rund vor, und so sind die drei zentralen Gebäude ebenfalls rund und wie die runden Umfassungsmauern mit blauen Ziegeln gedeckt, während Altar und Halle der Ernteopfer von einer viereckigen, mit grünen Ziegeln gedeckten und somit die Erde darstellenden Mauer umgeben sind.

Entlang der zentralen Achse erreicht man als Nächstes die **Halle des Himmelsgewölbes** 5 (Huangqiong Yu 皇穹宇), ebenfalls 1530 errichtet. Hier bewahrte man einst das Gedenktäfelchen des Himmelsgottes auf, das für die Gebete zum Himmelsaltar gebracht wurde. Umgeben ist die runde Halle von der **Echomauer** (Huiyin Bi 回音壁), die so konstruiert ist, dass Schallwellen auf ihr entlanglaufen. Mit akustischem Effekt ausgestattet sind auch die drei **Echosteine** vor der Halle. Ihr Abstand zur Mauer ist so be-

Himmelstempel

Sehenswert

- 1 – 3 s. Karte S. 194
- 4 Himmelsaltar
- 5 Halle des Himmelsgewölbes und Echomauer
- 6 Brücke der Roten Palaststufen
- 7 Halle des Fastens
- 8 Tor der Ernteopfer
- 9 Halle der Ernteopfer
- 10 – 23 s. Karte S. 194

rechnet, dass man, steht man auf dem ersten Stein und klatscht in die Hände, ein Echo hört, auf dem zweiten Stein zwei Echos und auf dem dritten Stein drei Echos. Meist scheitert dieses Erlebnis aber daran, dass Dutzende von Besuchern gleichzeitig klatschen. Die beiden **Seitenhallen** dienten der Aufbewahrung der Opfergeräte.

Der Nordbereich der Anlage, gewidmet den Erntebitten, ist durch eine 360 m lange, 2,5 m hohe und 28 m breite Terrasse, die **Brücke der Roten Palaststufen** 6 (Danbi Qiao 丹陛桥), mit dem Himmelskomplex verbunden. Zwei Tore schließen sie ab. Links des Terrassenwegs, am Westrand der Anlage, steht die **Halle des Fastens** 7 (Zhai Gong 斋宫), wo der Kaiser drei Tage lang fastete, bevor er zum Gebet schritt.

Im Norden muss man noch ein weiteres Tor, das **Tor der Ernteopfer** 8 (Qinian Men 祈年门), durchschreiten, bis man endlich vor der beeindruckenden **Halle der Ernteopfer** 9 (Qinian Dian 祈年殿) steht. Wohl kaum ein anderes Bauwerk ist in China häufiger fotografiert worden als diese harmonische, architektonisch in sich ruhende Halle. 28 riesige Holzsäulen sowie viele miteinander verbundene Querbalken und Bohlen tragen das Dach des 38 m hohen Baus. Am gewaltigsten sind die **vier mittleren Säulen,** verziert mit sich windenden Golddrachen auf buntem Hintergrund. Sie versinnbildlichen die vier Jahreszeiten. Im Kreis angeordnet folgen **zwölf Säulen,** die für die zwölf Monate stehen, **zwölf weitere Säulen** symbolisieren die zwölf Tageszeiten. Alle 24 Säulen zusammen stehen für die 24 Abschnitte des Solarjahres im chinesischen Bauernkalender – eine durch und durch von Symbolik getragene Konstruktion. Im Zentrum des steinernen Fußbodens

Lieblingsort

Am Osttor des Himmelstempels
Ob weitläufige Parkanlagen oder kleinste Grünflächen am Straßenrand, ihnen allen ist gemeinsam, dass sie tägliche Begegnungsstätten vieler Tausender von Menschen sind, die hier Tanzen, Singen oder Schattenboxen üben, Vögel ausführen und vieles mehr. Doch kein anderer Ort ist so vielseitig und beliebt wie der Park am Osttor zum **Himmelstempel** 3 . Täglich treffen sich hier Sportler, Tänzer, Musikanten, ja ganze Chöre und Orchester, um im Schatten der Bäume ihren Hobbys nachzugehen. Das ist authentisches Hauptstadtleben, das mich jedes Mal aufs Neue begeistert.
U 5 Tiantandongmen

befindet sich eine große gemusterte **Marmorplatte,** auf der die Natur selbst Drachen und Phönix, die Symbole für Kaiser und Kaiserin, gezeichnet hat.

Naturkundemuseum 10

(Beijing Ziran Bowuguan 北京自然博物馆)

126 Tianqiao Nandajie 天桥南大街, www.bmnh.org.cn, Di–So 9–17 Uhr, Eintritt frei, Sonderausstellungen 10 ¥

Chinas erstes und bis heute größtes Naturkundemuseum wurde 1951 eingerichtet und hat sich bis heute eine eigenartig verstaubte Atmosphäre bewahrt. Über 200 000 Exponate von kleinen Fossilien bis zu Saurierskeletten, eine recht deftige und eher für Besucher mit starken Nerven geeignete Anatomieausstellung, eine riesige Sammlung ausgestopfter Tiere und ein vor sich hin rostendes Aquarium bilden einen eigenartigen Kontrast zu den neuen Museen der Stadt.

Museum für alte Architektur 11

(Gudai Jianzhu Bowuguan 古代建筑博物馆)

www.bjgjg.com, Di–So 9–16 Uhr, 15 ¥, Mi für die ersten 200 Besucher Eintritt frei, s. S. 59

Das Museum befindet sich auf dem Areal des **Altars für den Gott der Landwirtschaft** (Xiannong Tan). Dieser Altar war einst Shennong, dem mythischen Begründer der Landwirtschaft geweiht. Auf dem Gelände pflügte der Kaiser in alter Zeit alljährlich rituell eine Furche, um auf diese Weise für eine gute Ernte zu sorgen. Das **Museum** führt mit seiner Ausstellung in die traditionelle Architektur Chinas ein. Besonders sehenswert ist ein Modell der kaiserlichen Stadt, das sie im Jahr 1949 – also vor ihrem Abriss – zeigt.

Unterwegs auf der zentralen Achse im Himmelstempel

Zwischen Qianmen und Xuanwumenwai Dajie

Qianmen Dajie 前门大街 12

Die Qianmen Dajie, die immer ein Spiegel der Stadtgeschichte war, wurde 2007 komplett, einschließlich aller *Hutong* in der Nachbarschaft, abgerissen. Es entstand eine 1 km lange, attraktive Fußgängerzone, mit Nachbauten alter Gebäude in Beton, in die vor allem Boutiquen, Tee- und Lifestylegeschäfte oder Restaurants eingezogen sind, und einer Straßenbahn für Touristen, die zwischen Vordertor und südlichem Ende (Zhushikou Dajie) hin- und herfährt. Selbst mit der Tram wird hier alte Geschichte imitiert, denn 1914 wurde entlang der Qianmen Dajie die erste Straßenbahn Beijings gebaut. Wer wissen möchte, wie es in dieser Gegend vor 2007 aussah, kann in die **Beijing Planning Exhibition Hall** 13 (s. S. 58) neben dem alten Östlichen Bahnhof gehen.

Die sich nach Süden Richtung Himmelstempel ziehende Qianmen Dajie steht für ein wichtiges Stück Wirtschaftsgeschichte Beijings. Schon Mitte des 16. Jh. hatte sich die Straße zum Hauptgeschäftszentrum Beijings entwickelt. In den *Hutong,* die sich rechts und links weit nach Westen und Osten zogen, konzentrierten sich die meisten Gasthäuser, Bordelle – der Tongzhi-Kaiser (reg. 1862–74) holte sich hier bei seinen Inkognito-Besuchen die Syphilis und starb daran – und Läden. Mit der Machtübernahme durch die Mandschuren mussten alle Chinesen die nördliche Innenstadt verlassen und sich neue Unterkünfte in der Südstadt suchen, die dadurch ab 1644 einen neuen Entwicklungsschub bekam. Jetzt bildete das **Vordertor** (Qian Men, s. S. 112), das bis heute die mächtige nördliche Kulis-

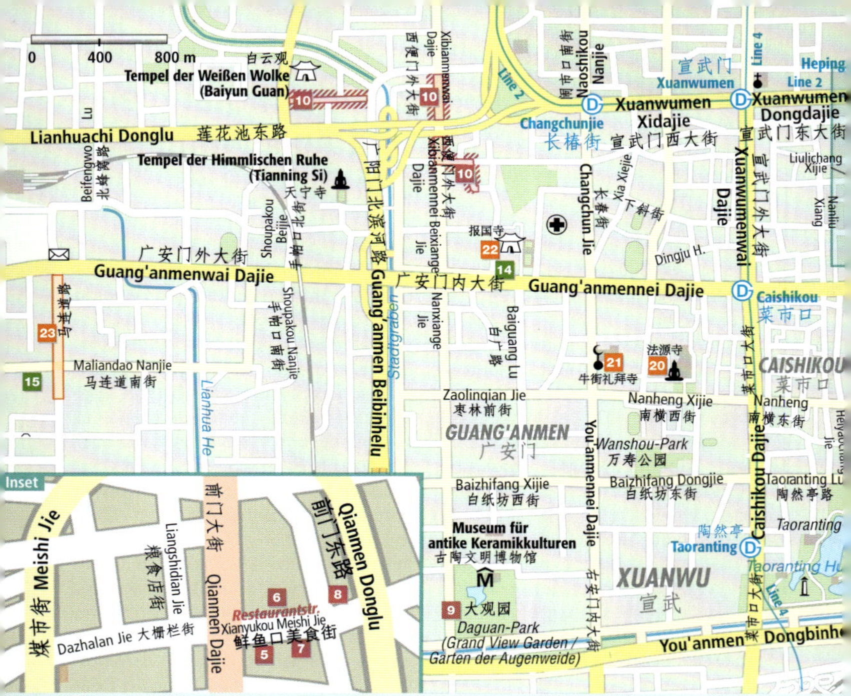

Südliches Dongcheng und Xicheng

Sehenswert

1 Park der Ming-zeitlichen Stadtmauer
2 Red Gate Gallery
3 Himmelstempel
4 – 9 s. Karte S. 189
10 Naturkundemuseum
11 Museum für alte Architektur
12 Qianmen Dajie
13 Beijing Planning Exhibition Hall
14 Eisenbahnmuseum/ Östlicher Bahnhof
15 Dazhalan
16 Daguan Lou
17 Liulichang
18 Ji-Xiaolan-Residenz
19 Huguang Guild Hall
20 Tempel der Gesetzesquelle
21 Niujie-Moschee
22 Baoguo Si
23 Maliandao-Teestraße

Essen & Trinken

1 Bianyifang
2 s. Karte S. 189
3 Jinyang Fanzhuang
4 Restaurantstraße Xianyukou Meishi Jie
5 Lily Canting
6 Old Beijing Noodle King
7 Kaorouji
8 Bianyifang
9 Nanlaishun Fanzhuang
10 Guang'anmen Food Street

Einkaufen

1 Qianmen Carpet Co.
2 – 3 s. Karte S. 189
4 – 9 s. Karte S. 200
10 – 13 s. Karte S. 196
14 Baoguo Si Antique Market
15 Maliandao Chayecheng

se der Straße bildet, den Hauptzugang zwischen Tataren- und Chinesenstadt. Zu Beginn des 20. Jh. begann rund um die Qianmen Dajie die erste Modernisierung Beijings. 1902 wurde östlich vom Tor am Beginn der Straße der **Bahnhof** für die Züge nach Nordostchina gebaut. 1905 folgte auf der Westseite der Bahnhof für die Züge nach Wuhan. Während der Westliche Bahnhof abgerissen wurde, blieb der **Östliche Bahnhof,** das heutige **Eisenbahnmuseum** (s. u.) erhalten. Die Zukunft wird zeigen, wie sich dieser Bereich der Stadt weiter entwickelt und ob er in der neuen Form ein eigenständiges Profil wird entwickeln können.

Eisenbahnmuseum 14

(Beijing Tielu Bowuguan 北京铁路博物馆)

1 Qianmen Dajie 前门大街*, Di–So 9–17, letzter Einlass 16 Uhr, 20 ¥*

1902 wurde am Beginn der Qianmen Dajie mit dem Bau des Östlichen Bahnhofs für die Züge nach Nordostchina begonnen. 1906 waren Bahnlinie und Bahnhofsgebäude fertig. Letzteres hat die Zeiten überdauert und dient nun seit zwei Jahren als Eisenbahnmuseum mit einer interessanten Ausstellung zur Geschichte der chinesischen Eisenbahn.

Dazhalan 大栅栏 15

16, 4 – 9 *s. Entdeckungstour S. 198.*

Zu Fuß von der Dazhalan zur Liulichang

Start des Spaziergangs ist die Meishi Jie/Ecke Dazhalan, U 2 Qianmen

Von der **Dazhalan** 15 kann man einen schönen Spaziergang in etwa 10 Min. zur **Antiquitätenstraße Liulichang** 17 machen. Man läuft dazu entlang der

Dazhalan (s. Entdeckungstour S. 198) bis zur Kreuzung mit der Meishi Jie 煤市街, überquert diese Straße und läuft geradeaus weiter nach Westen. Man erreicht schließlich eine kleine Straßengabelung. Nach ca. 200 m muss man scharf nach rechts in die **Yingtao Hutong** 樱桃胡同 einbiegen. Hier kann man gleich auf der linken Seite einen großen **Markt** besuchen. Man folgt dem leichten Linksbogen etwa 50 m bis zum Ende, biegt dort scharf nach links ab und nach ca. 20 m beginnt rechts die Straße hinein die berühmte **Liulichang** 琉璃厂, die sich bereits durch zahlreiche Kunstgewerbeläden im Vorfeld ankündigt.

In der **Liulichang** finden sich aneinander gereiht unzählige Antiquitäten- und Kunsthandwerksgeschäfte, Läden mit klassisch-chinesischem Malbedarf sowie Buchgeschäfte. Was auf den ersten Blick nach Touristennepp aussieht, ist beim näheren Hinschauen eine in den 1980er-Jahren im Stil des 19. Jh. wiederaufgebaute Straße, die einst landesweit von Bedeutung war. Hier wurden die glasierten gelben Ziegel für die kaiserlichen Gebäude hergestellt, die der Liulichang (Fabrik für Glasuren) ihren Namen gaben. Berühmt war sie auch immer schon als Buchhandelszentrum – im 18. Jh. gab es stattliche 30 Buchläden in der Straße – und nicht zuletzt als Kunsthandelszentrum. Diese Funktion hat die Liulichang bis heute bewahrt und so findet man hier berühmte, teils alteingesessene Geschäfte wie z. B. **Cuiwenge** 10, das sich auf Kalligrafie und Malerei spezialisiert hat, das 1865 eröffnete **Yidege** 11, ein Spezialist für Tinte und Tuschefarben, den **China Bookstore** 12 und das 1672 gegründete Buch- und Kunsthandwerksgeschäft **Rongbaozhai** 13. Die von Norden nach Süden verlaufende Xinhua Jie teilt die Liulichang in eine östliche und eine westliche Hälfte, die von insgesamt 100 Gebäuden im Stil der Qing-Zeit gesäumt wird.

Ji-Xiaolan-Residenz 18

(Ji Xiaolan Guju 纪晓岚故居)
241 Zhushikou Xidajie 珠市口西大街,
tgl. 9–16 Uhr, 10 ¥

Zu Fuß von der Dazhalan zur Liulichang

Ein wenig versteckt am Rand einer viel befahrenen Hauptstraße befindet sich die Residenz des Schriftstellers und Gelehrten Ji Yun (1724–1805), der auch unter dem Namen Ji Xiaolan bekannt war. Der Gelehrte, der als Bibliothekar am Kaiserhof arbeitete, schrieb nebenbei übernatürliche Geschichten. Seine ehemalige Residenz ist dem Generalabriss der Region entgangen und wurde in ein ansprechendes Museum umgewandelt, in dem man u. a. das **Studierzimmer** Ji Xiaolans besichtigen kann.

Huguang Guild Hall 19

(Beijing Huguang Huiguan 北京湖广会馆)

3 Hufang Lu 虎坊路, s. S. 50

Das alte Zunfthaus der Kaufleute aus Hunan dient nicht nur der Aufführung von Pekingopern, sondern hat auch ein angeschlossenes kleines **Theatermuseum.** Eigentlich darf man nur im Rahmen eines Besuchs der Oper hinein, aber meist wird man gegen eine Gebühr von 5 ¥ und etwas Überzeugungskraft auch tagsüber eingelassen. Ein Teil der, leider etwas dürftigen, Ausstellung befindet sich in einem etwas versteckt gelegenen Raum rechts vom Eingang. Der andere Teil hingegen findet sich in der eindrucksvollen Opernhalle selbst. Hier traten nicht nur bedeutende Operndarsteller wie Mei Lanfang (1894–1961) oder Tan Xinpei (1847–1917) auf, Sun Yat-sen nutzte den Saal z. B. für das Gründungstreffen seiner Nationalen Partei Chinas (Guomindang).

Jenseits der Xuanwumenwai Dajie

Tempel der Gesetzesquelle 20

(Fayuan Si 法源寺)

7 Fayuansi Qianjie 法源寺前街, tgl. 8–16 Uhr, 5 ¥

Die hübsche, ruhig gelegene und aufwendig renovierte Anlage zählt zu den ältesten buddhistischen Tempeln der Hauptstadt, denn ein erster Bau stand hier bereits 696. Zwar brannte der Tempel wiederholt ab, wurde aber aufgrund seiner Bedeutung immer wieder aufgebaut. So stammt seine heutige Struktur aus dem 18. Jh. Die sechs Haupthallen, deren letzte einen liegenden Ming-zeitlichen Buddha birgt, reihen sich auf einer 180 m langen Nord-Süd-Achse. In den durch überdachte Gänge verbundenen **Seitenflügeln** befanden sich einst die Quartiere der Mönche. Heute ist in ihnen das **Buddhistische Institut Chinas** untergebracht. Neben sehenswerten Kupfer- und Holzstatuen besitzt der Tempel eine ausgesprochen beachtenswerte **Plastik des Buddha Vairochana:** Ein Buddha schmückt jedes der unzähligen Blätter des unteren kugeligen Lotossitzes, obenauf sitzen die vier Buddhas der Himmelsrichtungen, zwischen ihren Köpfen erhebt sich auf einem weiteren Lotossitz der Vairochana-Buddha. Die Statue findet sich in der vierten Halle, der **Vairochana-Halle** (Pilu Dian 毗卢殿). Vor allem an buddhistischen Festtagen ist hier eine Menge los, aber viele Bewohner der Umgebung verwandeln die Anlage auch alltags in einen Ort der Begegnung.

Niujie-Moschee 21

(Niujie Libaisi 牛街礼拜寺)

88 Niu Jie 牛街, tgl. 6–19 Uhr, 10 ¥

40 Moscheen gibt es in Beijing, aber die Niujie-Moschee inmitten des muslimischen Viertels der Stadt ist die älteste und größte der Stadt. Von der Straße aus weist nichts darauf hin, dass man hier vor einer Moschee steht. Ihr Eingangsbereich erinnert eher an den Zugang zu einem gewöhnlichen Tempel.

In der Ming-Zeit wurde die Moschee auf Regierungskosten aus- ▷ S. 201

Auf Entdeckungstour: Beijinger Traditionsfirmen – in der Dazhalan

Die chinesische Hauptstadt war Zeit ihres Bestehens nicht nur ein politisches Zentrum, sondern auch eine bedeutende Handelsstadt. Viele Händler ließen sich in der Dazhalan nieder, wo noch einige der in der Ming- und Qing-Zeit gegründeten Unternehmen bis heute bestehen.

Karte: s. Cityplan S. 194
Für wen: Für alle, die sich für alte Beijinger Handelskultur, quirlige Einkaufsstraßen und Beijinger Traditionen interessieren.
Planung: Für einen Bummel bis zur Liulichang benötigt man mindestens 1 Std. Wer stöbern oder zwischendurch rasten möchte, braucht mehr Zeit.
Start: U 2 Qianmen

Ca. 300 m vom Qian Men die Straße nach Süden hinunter beginnt rechter Hand die schon 1420 erbaute Dazhalan 大栅栏 (Großer Zaun) – auch Dashila'r gesprochen –, eine traditionsreiche Einkaufsstraße, die nach Westen in die *Hutong* hineinläuft. Zusammen mit der Qianmen Dajie bildete sie schon in der Ming-Dynastie ein Handels- und Einkaufszentrum. Hier hatten und haben einige der traditionsreichsten Unternehmen Chinas ihren Sitz. Ihren Namen erhielt die Straße, weil man sie abends an beiden Enden mit Gittern verschloss: um das abendliche Ausgehverbot durchzusetzen und um die Geschäfte vor Dieben zu schützen.

Einige der alten Geschäfte der Dazhalan überstanden Revolutionen, Kriege und sogar die Modernisierung. Bis zum Sturz des Kaisers zeigten mächtige geschnitzte Pfosten aus Holz an, wenn ein Geschäft zu den kaiserlichen Hoflieferanten gehörte. Die Pfosten gibt es nicht mehr, aber an den reich dekorierten Fassaden und Eingängen erkennt man noch heute ihre alte Vorrangstellung und erahnt ihre oft turbulente Geschichte, die 1900 bei der Niederschlagung des ›Boxeraufstands‹ in einer großen Verwüstung des Straßenzugs durch die alliierten Truppen zu enden schien. Doch wurde die Dazhalan unverzüglich wiederaufgebaut.

Vom eingelegten Gemüse …

Das **Liubiju** 4 (六必居, 3 Liangshidian Jie/Ecke Dazhalan, www.liubiju.com.cn, tgl. 8.30–19 Uhr) dürfte das älteste Geschäft der Straße sein. 1530 gegründet, verkauft es nun schon seit 480 Jahren eingelegtes Gemüse. Über den merkwürdigen Namen – Wohnort der Sechs Notwendigkeiten – gibt es mehrere Legenden. Eine besagt, dass die sechs Inhaber nach der Eröffnung den intriganten Minister Yan Song (s. S. 150, Konfuziustempel) darum baten, das Ladenschild für sie zu kalligrafieren. Er schrieb den Schriftzug *liu xin ju* 六心居, Wohnort der Sechs Herzen, fand dann aber, dass eine Kooperation auf Basis des Herzens nicht funktionieren könne, und änderte das Schriftzeichen für Herz (*xin* 心) mit einem Pinselstrich in Notwendigkeit (*bi* 必) um.

… bis zu kostbarster Seide

Das nächste Traditionsgeschäft ist **Xiangyihao** 5 (祥义号, 7 Dazhalan, tgl. 8–19 Uhr), 1896 in der Regierungszeit des Guangxu-Kaisers eröffnet. Die Zeiten des Seidenhandels sind lange vorbei, im Geschäft wird nur noch Krimskrams verkauft. Die Fassade ist die spektakulärste an der Dazhalan und besteht aus einer grünen schmiedeeisernen Front (Abb. S. 198), die man leicht mit einer Kirchenfassade verwechseln kann.

Das übernächste Geschäft ist der Satin-, Seiden- und Lederwarenladen **Ruifuxiang** 6 (瑞蚨祥, 5 Dazhalan, www.ruifuxiang.cn, tgl. 9–21 Uhr) wurde 1893 erbaut. Inhaber war Meng Luochuan, der ein Nachfahre in der 68. Generation des berühmten Philosophen Menzius (Mengzi) gewesen sein soll. Er erwies sich als gewiefter Geschäftsmann und eröffnete schon bald in vielen Städten Filialen. Den Namen Ruifuxiang wählte er nach der Legende »Qingfu bringt Geld zurück«. Der Qingfu ist ein mythisches, fledermausartiges Tier und es hieß, dass eine mit Qingfu-Blut beträufelte Münze immer zu ihrem ursprünglichen Besitzer zurückkäme. Nur einmal erwies sich der Name nicht als gutes Omen, als die alliierten Truppen 1900 das Geschäft zerstörten. 1901 baute Meng seinen Laden neu und modern mit halbkreisförmigen, schön dekorierten Mauern wieder auf – die Geschäfte florieren bis heute. Randvoll mit Seidenstoffen aller Qualitätsstufen ist dies der Laden, um sich einen Anzug oder eine traditionelle *qipao* schneidern zu lassen – oder einfach nur Seide zu kaufen.

Was wäre China ohne Tee …

Der Teeladen **Zhangyiyuan** 7 (张一元, 14 Dazhalan, www.zhangyiyuan.net, tgl. 8–19.30 Uhr) mit seinem aufwendig in Form eines prunkvollen Ehrentors gestalteten Eingang wurde 1900 von Zhang Changyi eröffnet und schnell zu

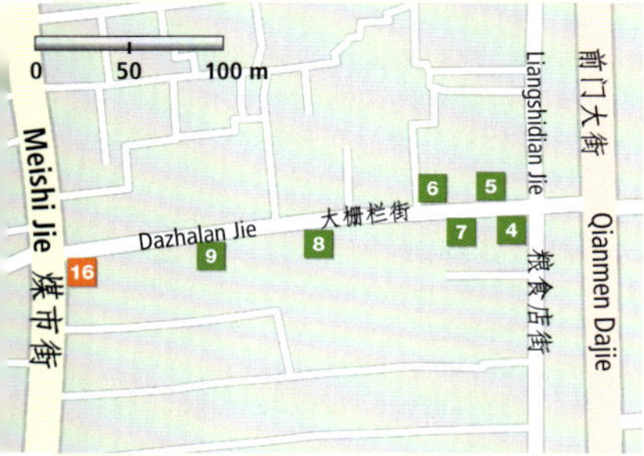

einer Institution. Damals hieß es: Tee kauft man bei Zhangyiyuan und Schlangen bei Zhengmingzhai. Das *yiyuan* im Namen leitet sich von einem Sprichwort ab, nach dem zu Beginn eines neuen Jahres alles wieder frisch ist. Anfangs verkaufte Zhangyiyuan vor allem Tee aus der Provinz Fujian, der an die Geschmacksgewohnheiten des Nordens angepasst wurde. Heute gibt es Tee aus ganz China und man kann Geschenksets als Mitbringsel erwerben.

... und ohne traditionelle Medizin?

Die 1669 von einer Familie Le gegründete **Tongrentang** 8 (同仁堂, 24 Dazhalan, www.tongrentang.com, tgl. 8–19.30 Uhr) gehört zu den ältesten Geschäften in der Dazhalan. 1754 musste die Familie ihre Apotheke an einen Anteilseigner namens Zhang Shiji verkaufen, der sie mit Hilfe weiterer Gesellschafter finanzierte. Mitte des 19. Jh. gründete Le Pingquan, ein Erbe der Le-Familie, eine neue Apotheke, Guanrentang, und begann die Anteilscheine an Tongrentang zurückzukaufen, bis die alte Apotheke wieder im Besitz der Les war. Einzigartig war die Einbindung der gesamten Familie, die er zu Apothekern ausbilden ließ, die kostenlose Behandlung von Examenskandidaten der kaiserlichen Prüfungen, eine Feuerwehr und die Gründung von Wohlfahrtsorganisationen, die z. B. Särge für arme Leute bezahlte. Nach seinem Tod führte seine Witwe die Geschäfte weiter. Heute gehört Tongrentang zu den großen Pharmaunternehmen Chinas und ist in staatlichem Besitz. Innen modern eingerichtet, werden hier Zutaten nach Rezepten von TCM-Ärzten gemixt.

Und wenn die Füße schmerzen ...

Seit 1853 werden im **Neiliansheng** 9 (内联升, 34 Dazhalan, tgl. 8.30–19.30 Uhr) mit der herrlichen, traditionell chinesisch gestalteten Fassade Schuhe handgefertigt. Gegründet wurde es von einem Mandarin namens Zhao Ting und General Ding. Der Name Neiliansheng suggerierte, dass jeder, der Schuhe aus diesem Laden trug, am Hof dreimal in Folge befördert werden würde. Selbst die, die das gar nicht mehr nötig hatten, statteten sich hier aus, darunter Mao Zedong, Zhou Enlai und Deng Xiaoping. Für ein Paar handgefertigter traditioneller Pantoffeln zahlt man ab 200 ¥, während Schuhe mit westlichem und modernerem Design entsprechend teurer sind.

Seriöses und weniger seriöses Vergnügen

Wo Handel getrieben wird, war und ist oft das Vergnügungsviertel nicht weit. So war es auch früher im Bereich der Dazhalan. Hier erbaute Chinas erster Filmproduzent Ren Qingtao (1850–1930) 1903 das erste Kino, das **Daguan Lou** 16 (大观楼, 36 Dazhalan), vor dem eine Skulptur an ihn erinnert. Es ist noch in Betrieb und bietet auch ein kleines Museum (35 ¥). Die südlich der Dazhalan verlaufenden *Hutong* waren früher als die **Acht Großen Hutong** berüchtigt. Sie bargen im alten Beijing das größte Rotlichtviertel der Stadt.

gebaut, um die in der mongolischen Yuan-Dynastie stark angewachsene muslimische Bevölkerung zu integrieren. Ihre heutige Größe mit drei Höfen und einer Fläche von 5800 m^2 erhielt die Anlage in der Qing-Zeit.

Gleich hinter dem Eingang steht der **Turm zum Betrachten des Mondes,** von dem aus die Zeit durch die Beobachtung der Sterne bestimmt wurde. Die **Haupthalle** (die von Nichtmuslimen nicht betreten werden darf) fasst 1000 Gläubige und bildet ein schönes Beispiel für die Integrationsfähigkeit der chinesischen Kultur. Von außen chinesisch, zeigt sie im Inneren eine faszinierende Mischung aus einheimischer und arabischer Architektur und Kunst. Die erste Anlage errichtete man hier bereits 996 während der Song-Dynastie.

Das muslimische Viertel bewohnen vor allem Angehörige der als Minderheitengruppe anerkannten Hui. Sie gingen aus Mischehen mit arabischen, persischen und zentralasiatischen Kaufleuten sowie Soldaten verschiedenster, dem Islam anhängender Volksgruppen hervor und entwickelten sich seit der Ming-Zeit zu einer eigenständigen Nationalität, die mit Ningxia auch eine eigene Autonome Region erhalten hat.

Baoguo Si 报国寺 22

Baoguosi Qianjie 报国寺前街, U 2 Changchunjie, tgl. 7.30–16.30, Do ab 6 Uhr

Gegründet im Jahr 1103 unter der Liao-Dynastie, gehörte der 1466 neu aufgebaute Tempel einst zu den wichtigsten Tempelanlagen der Stadt. Der Name bedeutet übersetzt so viel wie **Tempel des sich Aufopferns für das Vaterland.** 1900 wurde er von den alliierten Truppen, die den ›Boxeraufstand‹ niederschlagen sollten, zerstört. Vier Gebäude blieben erhalten und dienten seither als Markt. Auch heute breiten sich in den Innenhöfen und den Hallen wieder die Verkaufsstände der Trödelverkäufer aus – der **Baoguo Si Antique Market** 14.

Maliandao-Teestraße 23

(Maliandao Chayejie 马连道茶叶街)
Diese 1,5 km lange Straße ist ein echtes Shangrila für Teeliebhaber. Über 100 Geschäfte und Kaufhäuser mit wiederum Hunderten Teeständen und -shops reihen sich hier auf und verwandeln das Viertel in Beijings größten Teemarkt und Chinas größten Umschlagplatz für Tee. Die Produktpalette umfasst alle wichtigen Teeregionen des Landes – 18 an der Zahl. In einigen Zentren wie der **Maliandao Chayecheng** 马连道茶叶城 15 gibt es bis zu 600 Stände und Geschäfte. Fast überall darf man die Tees probieren, bevor man sich zum Kauf entschließt, und erfährt, wie die einzelnen Sorten zubereitet werden.

Essen & Trinken

Pekingente pur – **Bianyifang** 1: s. S. 35.

Nudelküche – **Old Beijing Noodle King** 2: s. S. 37.

Herzhaftes aus Shanxi – **Jinyang Fanzhuang** 晋阳饭庄 3: Xicheng 西城区, 241 Zhushikou Xidajie 珠市口西大街, Tel. 010 63 03 16 69, U 2 Hepingmen, U 4 Caishikou, tgl. 10.30–14, 17–21 Uhr, Menü ab 100 ¥. Das alteingesessene, an die Ji-Xiaolan-Residenz angeschlossene Restaurant ist berühmt für seine Küche aus Shanxi. Empfehlenswert sind zum einen die herzhaften Nudelgerichte, die typisch für diese Provinz sind, aber der Hit ist Ente, die knusprig, fettfrei und zart daherkommt.

Restaurantstraße – **Xianyukou Meishi Jie** 鲜鱼口美食街 4: Dongcheng 东城区. Fast alle Restaurants haben zwischen 10.30-23 Uhr geöffnet. Gerichte überall ab 10–20 ¥. Gegenüber der Dazhalan ist ein neues Restaurantviertel entlang der Xianyukou Jie 鲜鱼口街 aus dem Boden gestampft worden. Ab 1949 war hier eines der großen Restaurantviertel der Stadt, und viele der Traditionsrestaurants haben nach dem Neuaufbau der *Hutong* 2011 ihre Filialen wieder eröffnet. Das Restaurant **Lili Canting** 力力餐厅 5 gleich zu Beginn hat sich auf traditionelle Snacks und scharfe Gerichte aus der Provinz Sichuan spezialisiert. Gegenüber hat eine Filiale von **Old Beijing Noodle King** 6 (Lao Beijing Zhajiang Mian 老北京炸酱面) die Pforten für seine leckeren handgezogenen Nudeln geöffnet (s. auch S. 37). Ein Stück weiter auf der rechten Seite findet man einen Ableger von **Kaorouji** 烤肉季 7, das seit 1848 muslimische Küche, insbesondere Lammgerichte, aus Xinjiang serviert. Schräg gegenüber kann man im berühmten **Bianyifang** 便宜坊 8 Pekingente essen.

Muslimische Snacks – **Nanlaishun Fanzhuang** 南来顺饭庄 9: Xicheng 西城区, 12 Nancaiyuan Jie 南菜园街, Tel. 010 63 54 78 46, U 4 Taoranting, tgl. 10.30–22 Uhr, Gerichte ab 10 ¥. Das 1937 eröffnete Nanlaishun gehört zu den besten und bekanntesten Restaurants für muslimische Küche in der Hauptstadt. Besonders lecker sind die vielen typischen Snacks, die hier serviert werden, darunter gebratene Teigwaren mit Ingwerstreifen (*jiang si pai cha* 姜丝排叉), gebratene Teigzahuapfe (*san dan mahua* 散丹麻花) und Gebäck aus Sojabohnenmehl (*lü da gun* 驴打滚).

Sichuan-Kost – **Guang'anmen Foodstreet** (Guang'anmen Meishi Jie 广安门美食节) 10: s. S. 31.

Einkaufen

Teppichdomäne – **Qianmen Carpet Co.** (Qianmen Gudong Ditan 前门古董地毯) 1: Dongcheng 东城区, 1F, Bldg. 3, Tiantan Mansion (Tiantan Gongyu 天坛公寓 3 号楼), 59 Xingfu Dajie 幸福大街, Tel. 010 67 15 16 87, www.carpetrealm.com, U 5 Tiantandongmen, tgl. 9.30–17.30 Uhr. Zuverlässiger und alteingesessener Teppichmarkt mit einer großen Auswahl an antiken Teppichen aus Xinjiang, Tibet, Qinghai und der Inneren Mongolei.

Volksschmuck – **Pearl Market** 2: s. S. 43.

Yin und Yang – **Zhong Wu Tiyu Yongpin** 中武体育用品 3: Dongcheng 东城区, 2F, Tianlongchang Gongyipin Huahui Shichang 天隆昌工艺品花卉市场, 55 Tiantan Lu 天坛路, östlich des Nordeingangs zum Himmelstempel, Tel. 010 67 01 58 80, U 5 Tiantandongmen, tgl. 9.30–17 Uhr. Morgens ist die Stadt voller Menschen, die *taiji* oder Ähnliches praktizieren. Lediglich Geschäfte, die *taiji*-Anzüge, -Schwerter usw. verkaufen, sieht man kaum. Dieses Geschäft bietet eine gute Auswahl an Waffen für die chinesischen Kampfsportarten und entsprechende Anzüge.

Chinese Pickles – **Liubiju** 六必居 4: s. Entdeckungstour S. 199.

Chinesische Seide – **Ruifuxiang** 瑞蚨祥 5 und **Xiangyihao** 祥义号 6: s. Entdeckungstour S. 199.

Tee und alles, was dazugehört – **Zhangyiyuan** 张一元 7: s. Entdeckungstour S. 199.

Chinesische Medizin – **Tongrentang** 同仁堂 8: s. Entdeckungstour S. 200.

Schuhwerk – **Neiliansheng** 内联升 9: s. Entdeckungstour S. 200.

Zentrum für Kalligrafie – **Cuiwenge** 萃文阁 10: Xicheng 西城区, 58–60 Liulichang Dongjie 琉璃厂东街, U 2 Hepingmen, tgl. 9–17 Uhr. Gegründet um 1930, hat sich Cuiwenge u. a. auf die Herstellung und Erforschung von Kalligrafien spezialisiert. Die Kalligrafien auf dem Denkmal der Volkshelden, Handschriften von Mao und Zhou Enlai, wurden hier gemeißelt.

Fische hängen zum Trocknen vor einer Hauswand mitten in Chongwen

Tintenspezialist – **Yidege** 一得阁 **11**: Xicheng 西城区, 67 Liulichang Dongjie 琉璃厂东街, U 2 Hepingmen, tgl. 9–17 Uhr. 1865 eröffnet, hat sich Yidege seitdem auf die Herstellung qualitativ hochwertiger Tinten und Tuschen für die chinesische Malerei spezialisiert.

Kunstbücher – **China Bookstore** (Zhongguo Shudian 中国书店) **12**: Xicheng 西城区, 115 Liulichang Dongjie 琉璃厂东街, www.zgsd.net, U 2 Hepingmen, tgl. 9–18.30 Uhr. Auf zwei Etagen gibt es hier Siegel, Kalligrafien, Malereizubehör und Neuauflagen alter Kunst- und Architekturbücher.

Tradition nicht nur für Kreative – **Rongbaozhai** 荣宝斋 **13**: Xicheng 西城区, 19 und 36 Liulichang Xijie 琉璃厂西街, www.art139.com, U 2 Hepingmen, tgl. 9–17 Uhr. Prominente wie die Schriftsteller Lu Xun und Guo Moruo oder die Maler Qi Baishi und Xu Beihong sowie viele andere kauften in diesem Geschäft für Kreative ihr Malereizubehör, während ›passive‹ Kunstliebhaber hier eine große Auswahl an traditioneller Kunst vorfinden.

Tempelmarkt – **Baoguo Si Antique Market** (Baoguo Si Jiuhuo Shichang 报国寺旧货市场) **14**: Xicheng 西城区, Baoguosi Qianjie 报国寺前街, U 2 Changchunjie, tgl. 7–16.30 Uhr. Die Tempelhallen bilden heute die Kulisse für Händler, die hier ihren Tand verkaufen. Am spannendsten ist der Donnerstag, wenn Hauptmarkttag ist und noch mehr Aussteller kommen.

Einkaufszentrum für Tee – **Maliandao Chayecheng** 马连道茶叶城 **15**: s. S. 201.

Abends & Nachts

Chongwen und Xuanwu sind nicht die großen Ausgehviertel der Stadt. Wer abends etwas unternehmen möchte, sollte sich um Karten für eine Akrobatik- oder Pekingopern-Aufführung bemühen (s. S. 49).

Das Beste auf einen Blick

Chaoyang

Highlights !

798 Art District: Auf der Suche nach Ateliers wurden Beijinger Künstler auf die verfallenden Hallen der Fabrik 798 aufmerksam und machten sie zum Zentrum für moderne chinesische Kunst. Heute dominieren hier chinesische und internationale Galerien. Dazu kommen Cafés, Bars, Restaurants und Läden. 6 S. 60, 211

Olympiagelände: Weite und Gigantismus sind die vielleicht passendsten Umschreibungen für das Olympiagelände, das im Zentrum vom gewaltigen National Stadium beherrscht wird. Einziger Gegenpol ist der blaue Würfel National Aquatics Center nebenan. Das die beiden Stadien verbindende Areal ist zu einem beliebten Treffpunkt der Beijinger geworden. S. 217

Auf Entdeckungstour

Rong Rong und Inri – Fotokunst in Caochangdi: Caochangdi, zwischen 5. Ring und Flughafen, hat sich in den letzten Jahren zum größten Galerie- und Künstlerviertel der Stadt gemausert. Wer sich für chinesische Fotografie interessiert, gewinnt in der Galerie des Künstlerpaares einen tollen Einblick in die Fotokunst-Szene. 7 S. 214

Bauwerk für die ›Ewigkeit‹ – das National Stadium: Das Schweizer Architektenbüro Herzog & de Meuron entwarf das ›Vogelnest‹, Zentrum der Olympischen Spiele 2008, in Kooperation mit dem Künstler Ai Weiwei und der China Architecture Design & Research Group – eine Gratwanderung zwischen Kulturen, architektonischen Traditionen und politischen Systemen. 10 S. 218

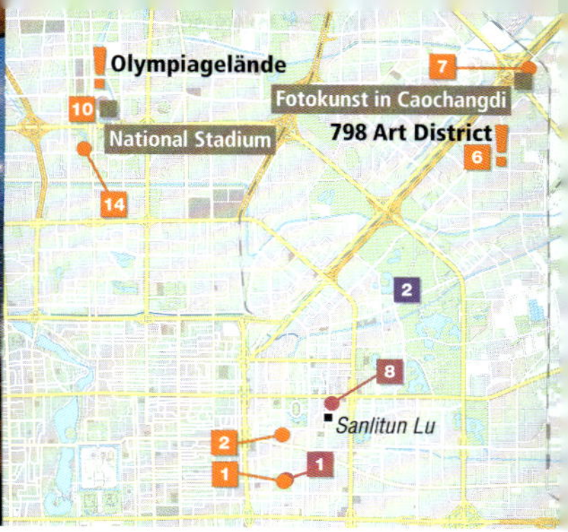

Kultur & Sehenswertes

Tempel des Ostbergs: Der bunteste daoistische Tempel der Stadt mitten im Central Business District erinnert die dynamischen Angestellten der umliegenden Büros daran, dass das traditionelle China selbst im modernen China immer präsent ist. Faszinierend ist der daoistische Götterpantheon, der in zahlreichen Abteilungen höchst bürokratisch organisiert ist. 2 S. 206

Chinese Ethnic Culture Park: Minderheiten wie sie die chinesische Regierung wohl am liebsten hätte – als touristisch-folkloristische Attraktion. Dennoch bietet der Park einen Einblick in Lebensweise und Architekturstile der 55 Minderheiten, die in China leben. 14 S. 221

Aktiv unterwegs

China Culture Center: Thementouren und Kurse, die tief in die chinesische Kultur einführen – Beijing aus der Perspektive von Insidern. 2 S. 225

Genießen & Atmosphäre

Park des Sonnenaltars: Auf dem Areal des Sonnenaltars tummeln sich heute Skater und Tänzer. Der malerische Park bietet jede Menge Teiche, Brückchen, Spazierwege, viele gemütliche und stilvolle Restaurants sowie mit dem **Stone Boat Café** einen herrlichen Ort zum Entspannen. 1 S. 206, 1 S. 222

The Bookworm: Bücherei, Café, Restaurant, Literaturclub, der Bücherwurm der Australierin Alexandra Pearson ist alles. Jedes Jahr im März wird hier ein großes Literaturfest mit bis zu 70 international renommierten Autoren ausgerichtet. 8 S. 226

Abends & Nachts

Sanlitun Lu: Die Wiege von Chinas Nachtleben weist noch immer eine der dichtesten Konzentrationen an Kneipen und Bars der Stadt auf. S. 44, 225

Big Business in Chaoyang

Noch bis Ende der 1980er-Jahre war Chaoyang öder Stadtrand. Hierher waren die beiden neuen Botschaftsviertel verbannt, wobei das Botschaftsviertel Jianguomen wenigstens noch in der Nähe der Innenstadt lag, während Sanlitun eine ferne Randregion war, die nur mit wenigen Buslinien an die Innenstadt angebunden war. Auf diese Weise konnte man die Ausländer in der Stadt recht einfach von den Chinesen fernhalten. Chaoyangs große Stunde begann mit dem Bau der 3. (Fertigstellung 1994) und 4. Ringstraße (Fertigstellung 2001), denen bereits eine 5. und 6. Ringautobahn gefolgt sind. Erst kamen die Hotels, dann schossen Bürotürme wie Pilze aus dem Boden. Was anfangs noch ein chaotisches, zum Teil von landwirtschaftlichen Anbauflächen und von qualmenden Industriebetrieben durchsetztes Konglomerat aneinandergereihter Bauwerke war, hat sich in den letzten Jahren zum wichtigsten und modernsten Geschäftsviertel der Stadt gemausert.

Mit dem neuen, glitzernden Central Business District (CBD) im Ostteil hat sich die Stadt eine Wirtschaftszone komplett mit Wolkenkratzern, Retortenvorstädten, den grellsten Szene- und den interessantesten Künstlervierteln geschaffen, während das spektakuläre Olympiastadion Chaoyang im Norden abschließt. Dennoch ist in Chaoyang nicht alles modern. Einzelne, großartige Tempel wie der daoistische Tempel des Ostbergs, die malerische Parkanlage des alten Sonnenaltars oder die Reste der Yuan-zeitlichen Stadtmauer zeugen davon, dass die Stadt auch früher schon einmal eine enorme Ausdehnung besaß, die erst über 600 Jahre nach der Vertreibung der Mongolen aus Dadu wieder erreicht werden sollte und nun erstmals überschritten wurde.

Central Business District/CBD

Park des Sonnenaltars 1

(Ritan Gongyuan 日坛公园)
Guanghua Lu 光华路, U 1, U 2 Jianguomen, tgl. 6–21 Uhr, Eintritt frei

Der Sonnenaltar *(ri tan)* wurde 1530 zusammen mit dem Mondaltar, dem Erdaltar und dem Altar für den Gott der Landwirtschaft errichtet. Einmal im Jahr zur Frühlings-Tagundnachtgleiche opferte der Kaiser hier der Sonne. Der Sonnenaltar bildet noch immer das Zentrum des herrlichen **Ritan-Parks,** der von der Bevölkerung so intensiv genutzt wird wie kaum eine andere Grünfläche der Stadt. Ab 6 Uhr versammeln sich hier die Menschen, um *taiji* zu üben, zu tanzen oder anderen Aktivitäten nachzugehen. Abends erhält der Park seinen besonderen Reiz durch die bunt beleuchteten Restaurants in den alten Palastgebäuden der Anlage (s. auch Lieblingsort S. 222).

Tempel des Ostbergs 2

(Dongyue Miao 东岳庙)
141 Chaoyangmenwai Dajie 朝阳门外大街, U 6 Dongdaqiao, tgl. Nov.–März 8.30–16.30, April–Okt. 7.30–17.30 Uhr, 40 ¥

Zhang Liusun (1248–1321), ein Nachfahre von Zhang Daoling (vermutlich 34–156), dem Gründer des Zhengyi-Daoismus (Schule der Orthodoxen Einheit), und dessen erster Himmelsmeister, sammelte Geld und ließ davon ab 1319 diesen farbenprächtigen daoistischen Tempel errichten. Der Kaiser verlieh ihm im Gegenzug den Titel des Himmelsmeisters und Oberhaupts des Zhengyi-Daoismus. Die Fertigstellung 1323 erlebte Zhang allerdings nicht mehr.

Ein aufwendiger **Gedenkbogen** auf der gegenüberliegenden Straßenseite zeigt den Zugang zu diesem faszinierendsten daoistischen Heiligtum der Stadt an, das aus drei Höfen – einem zentralen, einem westlichen und einem östlichen Hof – besteht. Ursprünglich wurde der Tempel für die Götter der Gesetzeserzwingung erbaut. Dabei handelte es sich um verdiente Generäle, die nach ihrem Ableben in den Götterstand erhoben wurden und in Form zahlreicher Figuren im Tempel zu sehen sind. Bei der Hauptgottheit handelt es sich um den Großen König des Ostbergs, den Gott des heiligen Berges Tai Shan in der Provinz Shandong. Zu ihm pilgerten viele der chinesischen Kaiser, um durch die Darbringung eines Opfers ihre Macht zu legitimieren.

Die wichtigen Hallen liegen wie üblich auf der zentralen Achse, die hier durch einen erhöhten **Ehrenweg** markiert ist. Im **vorderen Hof** rechts wird zwei Göttern des Reichtums geopfert, Bi Gan, dem zivilen Gott des Reichtums, und Zhao Gongming, seinem militärischen Kollegen. Die Sitte, einen zivilen und einen militärischen Gott nebeneinander zu stellen, geht bereits auf die Qin-Dynastie (221–206 v. Chr.) zurück. Damals ließ der erste Kaiser von China, Qin Shihuangdi, die neu geschaffenen Provinzen von je einem militärischen und zivilen Gouverneur verwalten.

Der Tempel besticht vor allem durch seinen außergewöhnlichen **Haupthof.** Er wird von 76 Kammern umgeben, in denen die ›Abteilungen‹ für die verschiedensten Geisterwesen, die es abzuwehren gilt, untergebracht sind. Die fantasievoll gestalteten Figuren vermitteln einen höchst lebendigen Eindruck vom traditionellen chinesischen Volksglauben.

Die zweistöckigen Räumlichkeiten im hinteren Bereich des Tempels dienen seit 1995 als **Museum für Folklore.** So befindet sich hier beispielsweise ein Raum für die daoistischen Götter des Geburtszyklus. Ein solcher Zyklus erstreckt sich über 60 Jahre und entsteht durch die Kombination der

Infobox

Reisekarte: ▶ F/G 1–3, H/J 1–4, K–N 1–11

Infos

www.bjchy.gov.cn: Die Website der Bezirksregierung ist modern und informativ, so wie man es vom modernsten Teil der Stadt erwartet.

Beijing Tourist Information Center (Beijing Lüyou Zixun Fuwu Zhongxin 北京旅游咨询服务中心): **Chaoyang Sanlitun Zixun Zhan** 朝阳三里屯咨询站, Gongren Tiyuchang Beilu 11-2 工人体育场北路, Tel. 010 64 17 27 54, 64 17 66 27, tgl. 9–18 Uhr.

Ausgangspunkt

Chaoyang ist ein Stadtteil der langen Wege und eignet sich wegen der breiten, verkehrsreichen Straßen nur wenig für lange Fußmärsche. Aber alle in diesem Kapitel genannten Orte sind bequem mit den **U-Bahn-Linien** 1, 5, 6, 8, 10, 13, 15 zu erreichen. Nur für einige Ziele muss man zusätzlich ein **Taxi** nehmen. Die Verbindungen finden Sie bei den einzelnen Sehenswürdigkeiten.

Chaoyang-Ost

Sehenswert

1 Park des Sonnenaltars
2 Tempel des Ostbergs
3 CCTV Tower
4 Blue Zoo Beijing
5 Chaoyang-Park
6 – 15 s. Karte S. 212

Essen & Trinken

1 Stone Boat Café
2 Schindlers Tankstelle
3 Xiao Wang's Home Restaurant
4 Taj Pavilion
5 Annie's (2 x)
6 Hatsune
7 Green T. House
8 The Bookworm
9 Duck de Chine
10 1001 Nights
11 Alameda
12 Pure Lotus
13 Din Tai Fung
14 Coldstone Creamery
15 – 17 s. Karte S. 212

Einkaufen

1 Alien's Street Market
2 Silk Street Market
3 Jimmy and Tommy Foreign Trade Fashion Club
4 The Place
5 Emo+(Café)
6 Dongjiao Market
7 The Village at Sanlitun
8 Yashow Market
9 Dragon House Jewelry
10 April Gourmet
11 Schindler's Food Center
12 Solana Lifestyle Shopping Park
13 Kempi Deli

Aktiv

1 Qing Song Blind Doctor Massage
2 China Culture Center

Abends & Nachts

1 Centro
2 Pipe Café
3 Babyface
4 Destination
5 Elements Club
6 Alfa
7 Kai Club
8 China Doll
9 World of Suzie Wong
10 2 Kolegas

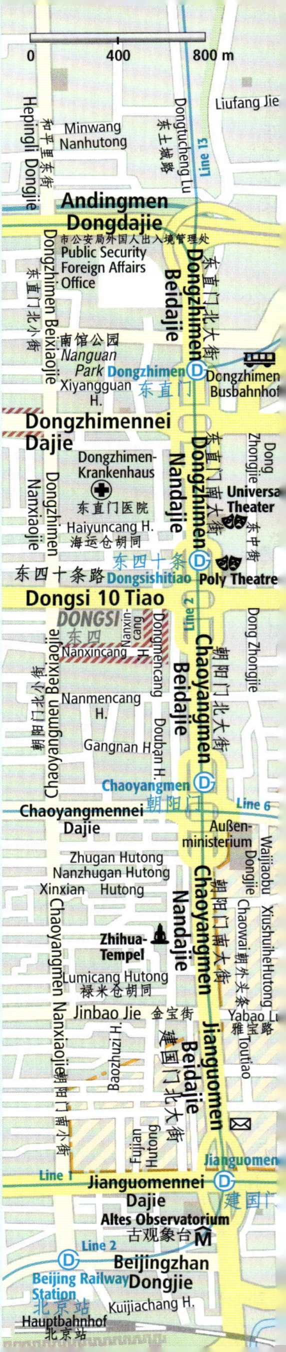

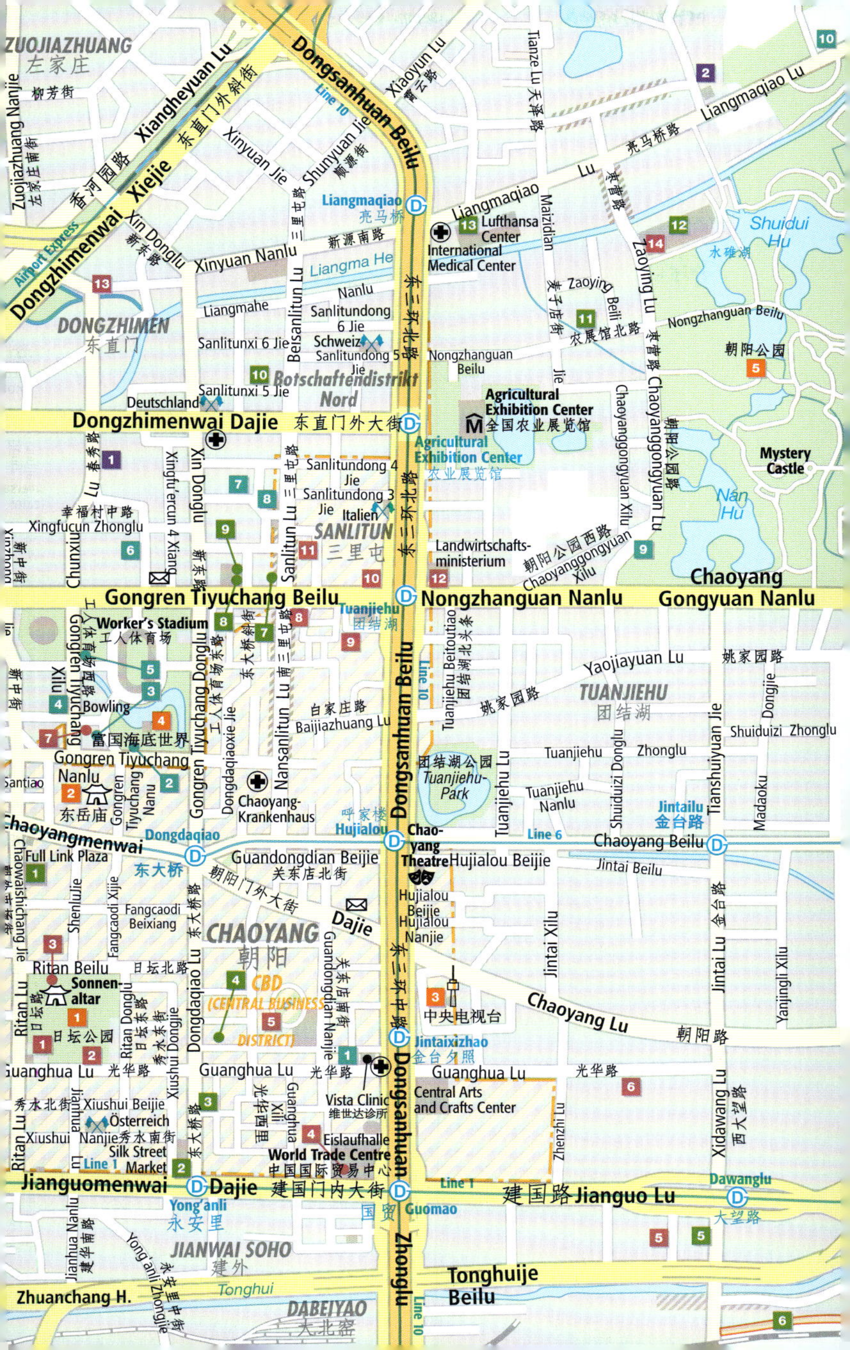

ZUOJIAZHUANG
左家庄
柳芳街
Zuojiazhuang Nanjie
左家庄南街
Xiangheyuan Lu
香河园路
Xiejie
东直门外斜街
Dongzhimenwai
Airport Express
Line 10
Dongsanhuan Beilu
Xiaoyun Lu
霄云路
Tianze Lu 天泽路
Liangmaqiao Lu
亮马桥路
Xinyuan Jie
Shunyuan Jie
顺源街
Liangmaqiao
亮马桥
Lufthansa Center
International Medical Center
Mazidian
Zaoying Lu
枣营路
Shuidui Hu
水碓湖
Xin Donglu
新东路
Xinyuan Nanlu
新源南路
三里屯路
Liangma He
Nanlu
Liangmahe
Sanlitundong 6 Jie
Schweiz
Sanlitundong 5 Jie
Sanlitunxi 6 Jie
Beisanlitun Lu
东三环北路
Nongzhanguan Beilu
Nongzhanguan Beilu
农展馆北路
Zaoying Beili
麦子店街
Jie
DONGZHIMEN
东直门
Botschaftendistrikt Nord
Sanlitunxi 5 Jie
Deutschland
朝阳公园
Agricultural Exhibition Center
全国农业展览馆
Dongzhimenwai Dajie
东直门外大街
Agricultural Exhibition Center
农业展览馆
Chaoyanggongyuan Xilu
Chaoyanggongyuan Lu
朝阳公园路
Mystery Castle
Nan Hu
Chunxiu Lu
春秀路
Xingfu'ercun 4 Xiang
Xin Donglu
新东路
Sanlitundong 4 Jie
Sanlitundong 3 Jie
Italien
SANLITUN
三里屯
Sanlitun Lu
幸福村中路
Xingfucun Zhonglu
Landwirtschafts-ministerium
朝阳公园西路
Chaoyanggongyuan Xilu
Chaoyang
Gongren Tiyuchang Beilu
Tuanjiehu
团结湖
Nongzhanguan Nanlu
Gongyuan Nanlu
Worker's Stadium
工人体育场
Gongren Tiyuchang Xilu
工人体育场西路
Gongren Tiyuchang Donglu
工人体育场东路
东大桥斜街
南三里屯路
Tuanjiehu Beitoutiao
团结湖北头条
Line 10
Yaojiayuan Lu
姚家园路
姚家园路
TUANJIEHU
团结湖
Dongjie
Bowling
富国海底世界
Gongren Tiyuchang Nanlu
Dongdaqiaoxie Jie
Nansanlitun Lu
白家庄路
Baijiazhuang Lu
Dongsanhuan Beilu
团结湖公园
Tuanjiehu-Park
Tuanjiehu Lu
Tuanjiehu
Zhonglu
Tuanjiehu Nanlu
Shuiduizi Donglu
Tianshuiyuan Jie
Shuiduizi Zhonglu
Madaoku
Santiao
东岳庙
Gongren Tiyuchang Nanlu
Chaoyang-Krankenhaus
呼家楼
Hujialou
Chao-yang Theatre
Hujialou Beijie
Line 6
Jintailu
金台路
Chaoyang Beilu
Jintai Beilu
Chaoyangmenwai
Dongdaqiao
Full Link Plaza
Chaowaishichang Jie
东大桥
Guandongdian Beijie
关东店北街
朝阳门外大街
Dajie
Hujialou Beijie
Hujialou Nanjie
Shenlujie
Fangcaodi Xijie
Fangcaodi Beixiang
东大桥路
CHAOYANG
朝阳
Guandongdian Nanjie
关东店南街
东三环中路
Jintai Xilu
Jintai Lu
金台路
Yanjingli Xilu
Ritan Beilu
日坛北路
Sonnen-altar
Ritan Lu
日坛路
Dongdaqiao Lu
CBD (CENTRAL BUSINESS DISTRICT)
中央电视台
Chaoyang Lu
朝阳路
日坛公园
Ritan Donglu
日坛东路
秀水东街
Xiushui Donglu
Jintaixizhao
金台夕照
Guanghua Lu
光华路
Guanghua Lu
光华路
Guanghua Lu
光华路
光华路
秀水北街
Xiushui Beijie
Österreich
Xiushui
Nanjie
秀水南街
Silk Street Market
Jianhua
Ritan Lu
东大桥路
光华西里
Xili
Guanghua
Vista Clinic
维世达诊所
Dongsanhuan
Central Arts and Crafts Center
Eislaufhalle
World Trade Centre
中国国际贸易中心
Zhenzhi Lu
Xidawang Lu
西大望路
Line 1
Jianguomenwai
Dajie
建国门内大街
Line 1
建国路
Jianguo Lu
Dawanglu
Yong'anli
永安里
国贸
Guomao
大望路
Jianhua Nanlu
建华南路
Yong'anli Zhonglu
永安里中街
JIANWAI SOHO
建外
Zhongluu
Tonghui
Zhuanchang H.
DABEIYAO
大北窑
Tonghuije Beilu
Line 10

国际商

zwölf chinesischen Tierkreiszeichen einerseits mit den Fünf Elementen (Wasser, Feuer, Erde, Holz, Metall) andererseits. Der Gläubige kann den Gott seines Jahrgangs suchen, ihm opfern oder ihm gegen eine Spende einen Schal umhängen.

CCTV Tower 3

(Zhongyang Dianshitai Xinzhi 中央电视台新址)
32 Dongsanhuan Zhonglu 东三环中路, U 10 Jintaixizhao
Das spektakuläre, 234 m hohe neue Gebäude für China Central Television (CCTV) entwarf der niederländische Architekt Rem Koolhaas. Die 2008 fertiggestellte Zentrale des chinesischen Staatsfernsehens besteht aus zwei weit auseinanderstehenden Türmen, die am unteren sowie oberen Ende um je 90 Grad abknicken und dann durch großräumige Bauteile ebenfalls unten und oben über Eck wieder aufeinandertreffen. Mit über 500 000 m^2 ist es von der Fläche her das zweitgrößte Gebäude der Welt. Im Überhang in der 37. Etage gibt es Aussichtsplattformen, die zur Zeit der Recherche allerdings noch nicht regulär zugänglich waren. Nachdem das zum Komplex gehörende Television Cultural Center mit dem Hotel Mandarin Oriental 2009 vermutlich wegen illegal gezündeter Feuerwerkskörper abbrannte, musste die Eröffnung der neuen CCTV-Zentrale auf 2012 verschoben werden.

Blue Zoo Beijing 4

(Fuguo Haidi Shijie 富国海底世界)
Gongren Tiyuchang Nanlu 工人体育场南路, www.bluezoo.com.cn, U 2, 6 Chaoyangmen, Mo–Do 9–18, Fr–So 9–20 Uhr, 110 ¥

Der neue CCTV Tower von Rem Koolhaas

Das große Meerwasseraquarium rechts vom Südtor des Arbeiterstadions besitzt Asiens längsten unter Wasser geführten Weg zur Fischbeobachtung. Faszinierend ist das riesige Korallenriff mit Haien, Thunfischen und vielen weiteren, auch bedrohten Meeresbewohnern. Eine Besonderheit im Blue Zoo: Hier kann man sich unter Wasser trauen lassen.

Der Nordosten von Chaoyang

Chaoyang-Park 5

(Chaoyang Gongyuan 朝阳公园)
1 Chaoyanggongyuan Nanlu 朝阳公园南路, www.sun-park.com, U 10 Agricultural Exhibition Center, tgl. April–Okt. 6–22, Nov.–März 6–21 Uhr, 5 ¥
Schwimmbäder, Beachvolleyball, Skipiste im Winter, ein Autokino, Seen, Picknickplätze, Kinderparadiese – der vielleicht vielseitigste Park der Stadt wird nicht nur laufend vergrößert, sondern bekommt auch ständig neue Attraktionen.

Im Park befindet sich auch das **Sony ExploraScience** (Suoni Tanmeng 索尼探梦, www.sony.com.cn/ses/, tgl. 9–17.30 Uhr, Eintritt frei), ein cooles **Technikmuseum** mit vielen interaktiven Ausstellungsstücken von Robotern bis zu Musikskulpturen, die vor allem Kindern viel Spaß bereiten.

798 Art District ! 6

(798 Yishu Qu 艺术区)
2–4 Jiuxianqiao Lu 酒仙桥路, U 10 Liangmaqiao, dann Taxi, S. 60
Der fast 500 000 m^2 große Komplex entstand ab 1954 als Fabrik für Elektrogeräte. Haushaltsgeräte der Marke Fabrik 718 waren in ganz China berühmt, die Fabrik hatte Modell-

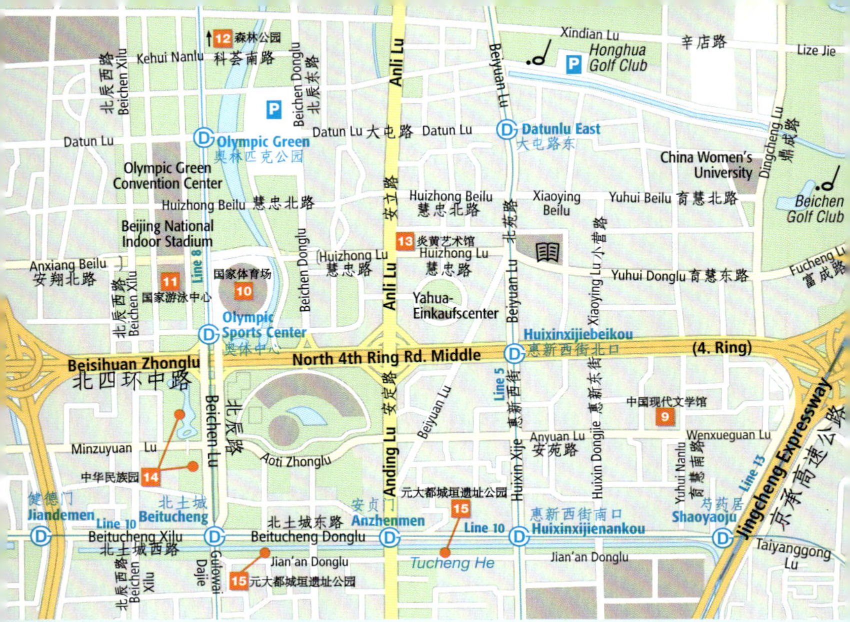

Chaoyang-Nordost und Olympiagelände

Sehenswert

1 – 5 s. Karte S. 208
6 798 Art District
7 Caochangdi Art District
8 National Film Museum
9 National Museum of Modern Chinese Literature
10 National Stadium
11 National Aquatics Center
12 Olympic Forest Park
13 Yanhuang Art Museum
14 Chinese Ethnic Culture Park
15 Yuan Dynasty Dadu City Wall Park

Essen & Trinken

1 – 14 s. Karte S. 208
15 Lord of Salt
16 AT Café
17 SALT

Einkaufen

1 – 13 s. Karte S. 208

Aktiv

1 – 2 s. Karte S. 208

Abends & Nachts

1 – 10 s. Karte S. 208

charakter und war der Stolz des Landes, das damit erstmals in Eigenregie in der Elektroindustrie tätig wurde. Dann kamen Geräte aus Japan oder Deutschland in Mode und die Fabrik, nunmehr mit der Hausnummer 798, verfiel. Auf der Suche nach billigen Ateliers wurden Beijinger Künstler auf die verfallenden Hallen aufmerksam und machten die Fabrik zum Zentrum für moderne chinesische Kunst.

So bildete das Fabrikgelände bis etwa 2003/04 die einzigartige, teilweise vom Verfall gezeichnete Kulisse für das leicht anarchische Künstlerviertel mit über 100 Galerien und Ateliers, die einen Einblick in das künstlerische Schaffen Chinas erlaubten. Die wachsende Berühmtheit und daraus folgend explodierende Mieten führten dann aber dazu, dass viele der hier arbeitenden Künstler mit ihren Ateliers in das Künstlerdorf Songzhuang (s. S. 61) oder ins benachbarte Caochangdi (s. S. 60, 216, Entdeckungstour S. 214) abwanderten. Geblieben sind die unzähligen Galerien, die dem Areal zusammen mit vielen **Künstlercafés,** kleinen **Restaurants** und **Läden** immer noch ein unvergleichliches Flair verleihen.

Die Künstler der **Factory 798** geben sich höchst avantgardistisch, ihre Werke sind erstaunlich kritisch und decken über Gemälde, Installationen, Plastiken oder Fotografie so ziemlich jeden künstlerischen Bereich ab.

Nicht weniger originell ist der architektonische Rahmen. Der Baustil der einstigen Fabrikhallen orientiert sich an den schlichten Stilelementen der Bauhaus-Tradition, da sich damals die Planer aus der DDR gegen ihre Kollegen aus der Sowjetunion durchsetzten, die die Hallen im Zuckerbäckerstil der Stalin-Zeit errichten wollten.

▷ S. 216

Auf Entdeckungstour: Rong Rong und Inri – Fotokunst in Caochangdi

Caochangdi 7 , zwischen 5. Ring und Flughafen, hat sich in den letzten Jahren zum größten Galerie- und Künstlerviertel der Stadt gemausert. Wer sich für chinesische Fotografie interessiert, gewinnt hier in der Galerie des Künstlerpaares Rong Rong und Inri einen tollen Einblick in die Fotokunst-Szene.

Karte: s. Cityplan S. 212
Planung: Galerie Di–So 10–18 Uhr, dazu Café, Patio und Bibliothek. Man sollte gut 1 Std. oder mehr vor Ort einplanen. Weitere Galerien in der Nähe.
Start: Three Shadows Photography Art Centre (Sanyingtang Sheying Yishu Zhongxin 三影堂摄影艺术中心, 155A Caochangdi 草场地, Tel. 010 64 32 2663, http://threeshadows.cn
Anfahrt: U 10 Sanyuanqiao, dann Taxi.

»In den vergangenen vier oder fünf Jahren hat China, was die Stadtentwicklung angeht, eine wahnsinnige Entwicklung durchgemacht. Tatsächlich ist sie so unglaublich und so rasant verlaufen, dass wohl noch kein Mensch etwas Vergleichbares miterlebt hat«, Ai Weiwei (chin. Konzeptkünstler).

Rong Rong und Inri

Einige der in Caochangdi ansässigen Künstler, darunter Rong Rong und seine japanische Frau Inri, gehören schon seit vielen Jahren zur Avantgarde der hauptstädtischen Kunst und haben in ihren Werken den dramatischen Wandel der Stadt und die Auswirkungen für ihre Bewohner dokumentiert. Rong Rong wurde 1968 in Zhangzhou in der Provinz Fujian geboren und studierte ab 1992 am Central Industrial Art Institute in Beijing Fotografie. 1993 zog er nach Liulitun – Sechs-Meilen-Dorf – im Osten der Stadt, ein ehemaliger eigenständiger, aber inzwischen längst von der Stadt absorbierter Ort, in dem sich seit Anfang der 1990er-Jahre Beijings junge Avantgarde niedergelassen hatte. 1996 rief Rong Rong das Magazin New Photo ins Leben. Seine Frau Inri wurde 1973 in Kanagawa auf der japanischen Hauptinsel Honshu geboren und studierte am Nippon Photography Institute in Tokyo Fotografie. Ab 1994 arbeitete sie als Fotografin für die Zeitung Asahi Shinbun und seit 1997 ist sie als freiberufliche Fotokünstlerin tätig.

Zerstörung und Aufbau

Im Jahr 2000 lernten sich beide Künstler kennen und Inri zog zu Rong Rong in das bereits dem Untergang geweihte Liulitun. Hier entstand auch die erste gemeinsame große Fotoserie, die den Abriss ihres Dorfes und die Verwandlung in ein Wohngebiet mit riesigen Appartementblöcken bis zum Jahr 2003 dokumentierte. Seit dieser Zeit gehört die urbane und gesellschaftliche Transformation Chinas zu den wichtigsten Themen beider Fotografen. Beide schauen in ihren Werken zwar immer auch etwas wehmütig zurück, sehen aber in jedem Untergang auch schon den Keim des Neuen, und schon 2007 feierten sie die Einweihung ihres weitläufigen **Three Shadows Photography Art Centre** in Caochangdi.

Verschlungene Wege

Zentrales Thema der hier ausgestellten Werke von Fotografen aus ganz China ist die Transformation des Landes, seiner Städte und seines Kulturerbes. Das als gewundene Tunnelanlage konzipierte Galeriegebäude symbolisiert die verschlungenen, oft überraschenden Wege der Modernisierung, lässt immer neue Perspektiven zu, nimmt dem Betrachter am Ende den Schrecken vor dem Neubeginn und zeigt im Gegenteil auch die damit verbundenen Chancen. Hervorstehende Ziegel in den Außenfassaden symbolisieren Zerstörung und Neuaufbau und bilden die Kulisse für einen weitläufigen Patio, der für Events genutzt wird.

Adou

Die Galerie, die so namhafte Künstler wie Ai Weiwei oder Kuratoren wie Alison Nordström oder Christopher Phillips zu ihrem künstlerischen Beirat zählt, hat es sich außerdem zur Aufgabe gemacht, junge Nachwuchsfotografen zu fördern. Einmal im Jahr wird der mit 80 000 ¥ dotierte Three Shadow Photography Award an Nachwuchsfotografen verliehen. Der erste Preisträger war im Jahr 2009 Adou aus der südwestchinesischen Provinz Sichuan. Auf nostalgisch-wehmütige Weise setzt er die Menschen seiner Heimat, die angesichts einer sich rasant verändernden Umwelt immer etwas verloren wirken, in Szene.

Im Jahr 2013 haben sich 504 Fotokünstler um den Galerie Award beworben, von denen 28 für die entscheidende Ausstellung ausgewählt wurden.

Drei Galerien seien hier exemplarisch benannt:

Long March Space (Changzheng Kongjian 长征空间, Tel. 010 59 78 97 68, www.longmarchspace.com, Di–So 11–19 Uhr), die auch unter dem Namen **25 000 Li Cultural Transmission Center** firmiert, ist seit vielen Jahren eine der einflussreichsten Institutionen für die Verbreitung moderner Kunst in Beijing und im Ausland.

Den Schwerpunkt auf Fotokunst legt die **798 Photo Gallery** (Bainian Yinxiang Sheying Hualang 百年印象摄影画廊, Tel. 010 64 38 17 84, www.798photogallery.cn, Di–So 11–19 Uhr). Präsentiert wird ein spannender Querschnitt aus Fotografien der letzten 130 Jahre. Darüber hinaus finden in dieser Fotogalerie immer wieder Wechselausstellungen zeitgenössischer Fotografen statt.

Die Galerie **Beijing Tokyo Art Projects** (Beijing Dongjing Yishu Gongcheng 北京东京艺术工程, Tel. 010 84 57 32 45, www.tokyo-gallery.com, Di–So 10–18.30 Uhr) legt ihren Schwerpunkt auf Ausstellungen vor allem ostasiatischer Künstler.

Caochangdi Art District 7

(Caochangdi Yishu Qu 草场地艺术区)
Caochangdi 草场地村, nordöstlich der Kreuzung Airport Expressway/ 5. Ringstraße, s. S. 60, s. auch Entdeckungstour S. 214.

Noch größer, neuer und aktueller als die Fabrik 798 und vor allem ultramodern gibt sich das **Künstlerviertel Caochangdi** mit über 150 Studios, Ateliers und Galerien von Künstlern aus aller Welt. Viele Kunstschaffende der ersten Stunde der Fabrik 798 sind mittlerweile nach Caochangdi umgezogen. Der Grund waren die explosionsartig gestiegenen Mieten auf dem alten Fabrikgelände. Heute befinden sich im Caochangdi Art District einige der einflussreichsten Galerien Chinas.

Nehmen Sie sich unbedingt ein Taxi für die Erkundung. Das Gebiet ist riesig, die Verbindungsstraßen staubig und heiß. Wer sich nicht ziellos durch das Areal bewegen möchte, sollte sich im Vorfeld einige Galerien aussuchen und gezielt anfahren.

National Film Museum 8

(Zhongguo Dianying Bowuguan 中国电影博物馆)
9 Nanying Lu 南影路, www.cnfm.org.cn, U 10 Liangmaqiao, dann Taxi, Di–So 9–16.30 Uhr, 20 ¥

Architektonisch ist das **Nationale Filmmuseum** recht interessant gestaltet, aber noch steht es etwas verloren in den Weiten Caochangdis. Erbaut wurde das weltweit größte Museum seiner Art im Jahr 2005 anlässlich des 100. Jahrestags des chinesischen Films.

In 20 **Ausstellungshallen** gewinnt man einen Überblick über die Geschichte des chinesischen Filmschaffens. Allein 4000 Fotos dokumentieren rund 1500 Filme von ca. 450 Regisseuren. Weitere Ausstellungen befassen sich mit Themen wie Filmtechnik, Bühnenbild und Spezialeffekte. Leider fällt die englische Beschilderung etwas mager aus, aber für Cineasten lohnt der Besuch allemal, vor allem, weil im angeschlossenen **Kino** auch alte Filme gezeigt werden.

Zum chinesischen Filmschaffen seit Ende der 1980er-Jahre s. auch S. 101.

National Museum of Modern Chinese Literature 9

(Zhongguo Xiandai Wenxue Guan 中国现代文学馆)
45 Wenxueguan Lu 文学馆路, www.wxg.org.cn, U 10, U 13 Shaoyaoju,

dann Taxi, tgl. 9–16.30 Uhr, Eintritt frei
Chinas Literatur ist trotz des Literaturnobelpreises für Gao Xingjian, den dieser im Jahr 2000 erhielt, eigentlich erst seit der Frankfurter Buchmesse 2009 etwas in den Fokus der deutschsprachigen Leserschaft geraten. Zu Unrecht wird sie bei uns letztlich relativ wenig wahrgenommen, aber immerhin werden nun wieder mehr und mehr chinesische Bücher auch in die deutsche Sprache übersetzt.

Das weltweit größte Museum, das ganz und gar der Literatur gewidmet ist, stellt einige der bedeutenden chinesischen Literaten des 20. Jh. vor. Zu sehen sind Nachbauten ihrer Wohnungen, Manuskripte und vieles mehr. Dass dieses Museum aufgebaut wurde, geht u. a. auf das Betreiben Ba Jins (1904–2005), eines der großen chinesischen Literaten des 20. Jh. – bei uns wohl am bekanntesten sein Werk »Die Familie« (»Jia«, Berlin 2000) – zurück.

Olympiagelände !

National Stadium 10

s. Entdeckungstour S. 218.

National Aquatics Center 11

(Guojia Youyong Zhongxin 国家游泳中心)
Olympia-Park 奥林匹克公园, U 8 Olympic Sports Center, Besichtigung tgl. 9–21 Uhr, 30 ¥
Das **olympische Schwimmstadion,** das den Beinamen Wasserwürfel trägt, steht südlich des Nationalstadions und ist kaum weniger spektakulär als das National Stadium. Das Grundmotiv des aus Spendengeldern finanzierten Baus ist das Wasser: an der Oberfläche ruhig wirkend, innerlich aber unfassbar (Abb. S. 91). Während der Olympiade 2008 bot die Stätte 17 000 Zuschauern Platz – neben dem Nationalstadion zählt sie zu den neuen Architekturwundern Chinas. Heute ist im National Aquatics Center ein Aquapark mit langen Rutschanlagen, Kinderbecken und einem Schwimmbecken mit Olympianorm untergebracht (s. S. 57).

Olympic Forest Park 12

(Senlin Gongyuan 森林公园)
Nördlich vom Olympia-Park, U 8 South Gate of Forest Park, tgl. 9–17 Uhr, Eintritt frei
Der riesige Park wartet mit Seen, Hügeln, Wanderwegen, Inseln und Picknickflächen auf. Die hier angepflanzten Bäume haben es im regenarmen Beijing zwar nicht leicht, aber immerhin sind die ersten Ansätze eines Waldes schon erkennbar. Auf der Westseite des Parks befinden sich die für die Olympiade gebauten Anlagen für die Hockey-, Tennis- und Bogenschießanlagen.

Rund um das Olympiagelände

Yanhuang Art Museum 13

(Yanhuang Yishuguan 炎黄艺术馆)
Asian Games Village 亚运村, 9 Huizhong Lu 慧忠路, U 8 Olympic Sports Center, U 5 Huixinxijiebeikou, Tel. 010 64 91 43 94, Di–So 9–16 Uhr, 5 ¥
1991 erbaut, war dies das erste private Kunstmuseum Chinas. Im großzügigen viergeschossigen Gebäude finden wechselnde Ausstellungen zeitgenössischer chinesischer Künstler statt. In Sonderausstellungen kann man aber auch antike Malerei und Kalligrafie sowie altes Kunsthandwerk bewundern. ▷ S. 221

Auf Entdeckungstour: Bauwerk für die ›Ewigkeit‹ – das National Stadium

Das Schweizer Architektenbüro Herzog & de Meuron entwarf das ›Vogelnest‹, das National Stadium 10 (Guojia Tiyuchang 国家体育场), Zentrum der Olympischen Spiele 2008, in Kooperation mit dem Künstler Ai Weiwei und der China Architecture Design & Research Group – eine Gratwanderung zwischen Kulturen, architektonischen Traditionen und politischen Systemen.

Karte: s. Cityplan S. 212
Planung: Olympia-Park 奥林匹克公园, tgl. 9–19 Uhr, 50 ¥. Am schönsten ist ein Besuch am Abend, wenn Stadion und Aquatics Center erleuchtet sind.
Anfahrt: U 8 Olympic Sports Center.

»Ich habe immer das Beispiel vom Eiffelturm im Kopf, der ja auch gebaut wurde für einen temporären Event … Der Eiffelturm ist heute allen zugänglich und funktioniert wie eine bekletterbare öffentliche Skulptur … und das wäre eine tolle postolympische Funktion für das Stadion«, Jacques Herzog (Architekt).

»Neues Beijing – Großartige Olympiade« – das Motto

Vom 8. bis zum 24. August 2008 fanden in Beijing die Olympischen Spiele und vom 6. bis zum 17. September desselben Jahres die Paralympics statt. Die Stadtväter nahmen das Motto wörtlich. Mehr als 30 Mrd. Euro wurden verbaut, denn natürlich mussten auch die Olympiasportstätten alles bisher Dagewesene übertreffen. Nebenbei wurden ganze Stadtviertel abgerissen und neu wieder aufgebaut und über 100 Kulturdenkmäler restauriert und teilweise sogar erstmals seit ihrer Schließung oder Zerstörung während der Kulturrevolution wieder der Öffentlichkeit zugänglich gemacht. Den unbestrittenen architektonischen Höhepunkt der Spiele allerdings bildete das **National Stadium,** mit dem China der Welt zeigen wollte, dass das Reich der Mitte nicht nur in der Moderne angekommen, sondern in die Liga der Global Player zurückgekehrt ist. Zusammen mit dem **National Aquatics Center** 11 (›Wasserwürfel‹) gleich westlich des Stadions bilden die beiden Arenen übrigens eine Verlängerung der alten Süd-Nord-Achse der Stadt. Das gesamte Areal endet am alten Verlauf der Stadtmauer aus der Yuan-Zeit, als Beijing die größte Ausdehnung seiner Geschichte bis in die 1990er-Jahre hatte.

Architektonische Vorgaben

Die Ausschreibung gab vor, dass das Nationalstadion durchlässig und offen sein, den Besuchern aber dennoch ein Gefühl von Geschlossenheit und Geborgenheit vermitteln sollte. Zusätzlich musste der Entwurf verschiedene Elemente der chinesischen Kunst und Kultur vereinen.

Tradition und Moderne

Die Architekten Herzog & de Meuron verfielen daher auf die Idee, das Stadion in Form eines Vogelnestes zu gestalten: außen die Stahlkonstruktion und innen die Schüssel für die eigentliche Arena. Die Idee dafür schauten sie sich bei den traditionellen chinesischen Fenstern mit ihrer Gitterstruktur und der alten Keramik mit ihren feinen, wie Risse wirkenden Netzmustern ab. Seit Urzeiten wurden Gebrauchsgegenstände mit solchen regelmäßigen Mustern geschmückt. Während man webt, stickt oder häkelt, wachsen ganz allmählich Muster heran und erobern die Fläche. Diese Muster bezaubern ihren Betrachter mit ihrer einfachen Linienführung und wecken ein Gefühl für formvollendete Schönheit. Damit schlugen Herzog & de Meuron den Bogen aus der fernen Vergangenheit in die Moderne.

Von der Struktur zum Raum

Die Raumwirkung des Stadions ist neuartig und radikal und doch von einfacher, ja beinahe archaischer Unmittelbarkeit. Sie erscheint als reine Struktur, da Hülle und Struktur identisch sind. Die Strukturelemente stützen sich gegenseitig und verbinden sich zu einem räumlichen, gitterartigen Gebilde, das Fassadenelemente, Treppen, Stadionkessel und Dach in sich aufnimmt. Um das Dach wetterfest zu machen, wurden die Zwischenräume der Gitterstruktur mit einer lichtdurchlässigen Membran ausgefüllt, genau wie Vögel die Ritzen im Zweiggeflecht ihrer Nester mit weicherem Material abdichten. Da alle Einrichtungen – Restaurants, Geschäftsräume, Läden und Toiletten – in sich geschlossene Einheiten sind, konnte weitgehend auf eine kompakte, geschlossene Fassade verzichtet werden. Dies wiederum erlaubt – und das ist der wichtigste Aspekt dieses nachhaltigen Designs – eine natürliche Belüftung des Stadions.

Den Kessel überspannt ein akustisches Dach, dass die Trägerstruktur verbirgt

Der Kessel

Das Stadion ist als großes kollektives Gefäß gedacht. Die gleichmäßige kesselartige Gestaltung des Stadioninneren soll die Stimmung der Massen anheizen und die Athleten dadurch zu herausragenden Leistungen anspornen. Um eine glatte und homogene Wirkung zu erreichen, sind die Zuschauertribünen so gestaltet, dass möglichst wenig Lücken entstehen, und die akustische Decke verbirgt die Trägerstruktur, damit sich die Aufmerksamkeit voll und ganz auf die Zuschauer und die Ereignisse auf dem Spielfeld richtet. Die Menschenmassen sind Teil der Architektur und prägen ihre Form.

Vorbild Eiffelturm

So stolz die Beijinger auf ihr Stadion sind, so viel Kopfzerbrechen bereitet es nun nach den Spielen. Der zunächst an einer Nutzung interessierte Beijinger Fußballclub Beijing Guo'an, der sich durch den Verkauf von Anteilen an Real Madrid eine größere Popularität erhofft hatte, winkte ab. Zu den Spielen des chinesischen Meisters kommen selten mehr als 10 000 Zuschauer – ein Gesichtsverlust in diesem 80 000 Zuschauer fassenden Bauwerk. Zeitweise kamen sogar Gerüchte auf, das Stadion einfach abzureißen – die vermutlich chinesischste Lösung. 2009 kündigten die Betreiber an, das Stadion in einen gigantischen Shopping- und Hotelkomplex zu verwandeln. Von Abriss war nicht mehr die Rede. Bedeutende Sportveranstaltungen hat man zwar bisher noch nicht gewinnen können, aber inzwischen besuchen täglich 20 000–30 000 zahlende Besucher das Stadion und haben es neben dem Kaiserpalast in die wichtigste Sehenswürdigkeit der Stadt verwandelt. Fast so, wie es sich Jacques Herzog gewünscht hatte.

Chinese Ethnic Culture Park 14
(Zhonghua Minzu Yuan 中华民族园)
1 Minzuyuan Lu 民族园路, www.emuseum.org.cn, U 8 Olympic Sports Center, tgl. 8.30–18 Uhr, Juli–Aug. Fr–So tgl. 8.30–21 Uhr, 90 ¥, Mo 45 ¥
Der weitläufige Park in Sichtweite des Olympiastadions ist der größte seiner Art in China und stellt in zwei Parkbereichen Kultur, Lebensraum und Architektur der 55 Minderheiten des Landes vor. Neben Gebäuden und Landschaften der Nationalitäten, die man teilweise mit Booten erkunden kann (10 ¥), gibt es täglich zu festgelegten Zeiten Folkloredarbietungen in den einzelnen nachgebildeten Dörfern.

Wer nur eine der beiden Parkhälften besichtigen möchte, sollte sich für den Südteil entscheiden. Hier wurden die interessantesten Bauwerke der Minderheiten aus West- und Südwestchina nachgebaut.

Yuan Dynasty Dadu City Wall Park 15
(Yuan Dadu Chengyuan Yizhi Gongyuan 元大都城垣遗址公园)
Beitucheng Xilu 北土城西路, Beitucheng Donglu 北土城东路, U 8, U 10 Beitucheng, tgl. 24 Std.
Gleich südlich vom Olympiagelände breitet sich der herrliche, 9 km lange und durchschnittlich 150 m breite ›Mauerpark‹ aus. Aufgeteilt ist er in sieben Segmente, die von sechs großen Straßen unterbrochen werden. 2003 legte man ihn entlang des Verlaufs der 1267–76 erbauten **Yuan-zeitlichen Stadtmauer,** deren Reste man immer wieder sehen kann, an. Beim Bummel entlang des den Park durchziehenden Kanals kann man ermessen, wie riesig Kublai Khans Hauptstadt Dadu gewesen sein muss.

Im Park gibt es **Skulpturenausstellungen** und einen **Vogelpark** (tgl. 8.30–17 Uhr, 15 ¥), aber er eignet sich auch bestens zum morgendlichen Joggen.

Essen & Trinken

Relaxen am See – **Stone Boat Café 1**: s. Lieblingsort s. S. 222.
Bratwurst & Co. – **Schindlers Tankstelle 2**: s. S. 37.
Essen wie bei Muttern – **Xiao Wang's Home Restaurant** (Xiao Wang Fu 小王府) **3**: im Ritan-Park (日坛公园内), Tel. 010 85 61 78 59, U 1, U 2 Jianguomen, tgl. 9–22 Uhr, Menü ab 200 ¥. Das Restaurant liegt etwas östlich vom Nordeingang des Sonnenaltar-Parks. In schickem Ambiente kann man hier köstliche Hausmannskost genießen. Die originelle Speisekarte ist reich bebildert, sodass die Auswahl schwerfällt. Ein Muss ist die Pekingente, die hier ganz unkonventionell daherkommt.
Curry House – **Taj Pavilion 4**: s. S. 36.
Pizza total – **Annie's 5**: s. S. 36.
Japan meets America – **Hatsune 6**: s. S. 36.
Der ›Geist‹ Chinas – **Green T. House 7**: s. S. 34.
Bücher und mehr – **The Bookworm 8**: s. Lieblingsort S. 226.
Sino-französische Melange – **Duck de Chine 9**: s. S. 34.
Zauberhafter Orient – **1001 Nights 10**: s. S. 36.
Beijing tanzt Samba – **Alameda 11**: s. S. 36.
Buddhas Küche – **Pure Lotus 12**: s. S. 34.
Dim-Sum-Paradies – **Din Tai Fung** (Dingtaifeng 鼎泰丰) **13**: Xinyuan Xili 新源西里, 24 Zhong Jie 中街, 200 m nordwestlich des Yuyang-Hotels (渔阳饭店西北角), Tel. 010 64 62 45 02, www.dintaifung.com.cn, U 2 Dongzhimen, Mo–Fr 11.30–14.30, 17–22,

Lieblingsort

Relaxen am See
Irgendwie ist man in Beijing ständig unterwegs, sei es zu Fuß oder mit der U-Bahn. Nur Stätten zum gemütlichen Ausruhen scheint es kaum zu geben. Das Stone Boat Café im Ritan-Park gehört zu den seltenen Orten. Der Name spielt auf das Marmorschiff im Sommerpalast an, das der Kaiserinwitwe Cixi als Ort der Erbauung diente. Idyllisch am oder besser im See gelegen, kann man hier einen faulen Nachmittag bei einem Cocktail verbringen, einen langen Arbeitstag ausklingen lassen, sich vor einer Party treffen oder nach einer Party einen klaren Kopf bekommen.
Stone Boat Café (Shifang 石舫) 1: Südwestecke des Ritan-Parks (日坛公园里湖边), Tel. 010 65 01 99 86, U 1, U 2 Jianguomen, tgl. 10–24 Uhr.

Sa/So 11–22 Uhr, Menü ab 100 ¥. Hier im Din Tai Fung gibt es immer noch die unbestritten besten Shanghaier *xiaolongbao* (Dim Sum) der Hauptstadt. Kinder dürfen ihre eigenen kleinen Teigtaschen rollen und, wenn sie satt sind, die Kalorien im Spielzimmer unter der Aufsicht einer Betreuerin austoben.

Eis, auf Marmor serviert – **Coldstone Creamery** 14: Solana Lifestyle Shopping Park C1–2a (Solana 蓝色港湾国际商区), 6 Chaoyanggongyuan Lu 朝阳公园路, Tel. 010 59 05 60 58, U 10 Liangmaqiao, tgl. 10–22 Uhr, Eis ab 20 ¥. Die Coldstone Creamery ist eine in Beijing berühmte Eisdiele mit leckerem Eis aus den USA. Die gefrorenen Schlemmereien werden mit Früchten, Schokolade und anderem mehr auf marmornen Tabletts angerichtet. Nicht nur im Sommer ein wahrer Genuss.

Schriftstellerkreationen – **Lord of Salt** (Tianxiayan 天下盐) 15: 7 Qixing Dongjie 七星东街, östliches Ende des 798 Art District (798 Yishuqu Dongfang, 798 艺术区东方), Tel. 010 64 32 35 77, U 10 Liangmaqiao, dann Taxi, tgl. 10–14, 17–21.30 Uhr, Gerichte ab 20 ¥. Chef Ermao ist ein zeitgenössischer Schriftsteller, der seine Liebe zum Essen entdeckt hat. Auf den Tisch kommt innovative und scharfe Sichuan-Küche.

Kaffee stylish – **AT Café** (Aite Kafei 爱特咖啡) 16: 4 Jiuxianqiao Lu/Ecke Qixing Dongjie 酒仙桥路七星东街路口, Tel. 010 59 78 99 42, www.atcafe.com.cn, U 10 Liangmaqiao, dann Taxi, tgl. 11–23 Uhr, Gerichte ab 20 ¥. Ultraschickes Café, das laut Eigenwerbung den besten Kaffee Beijings braut. Daneben gibt es aber auch guten Tee und viele leckere Kleinigkeiten für den Hunger zwischendurch.

Das Salz in der Suppe – **SALT** 17: s. S. 36.

Einkaufen

Russische Enklave – **Alien's Street Market** (Laofan Jie 老番街) 1: Chaowaishichang Jie 朝外市场街, U 2 Chaoyangmen, tgl. 9.30–19 Uhr. Interessanter Markt im ›russischen Viertel‹ der Stadt, der eine unglaubliche Fülle an Kleidung bietet. Vor allem westliche Größen sind gut vertreten, da dieser Markt sich traditionell an russische Kundschaft wendet. Entsprechend bekommt man hier auch warme Mäntel, die sogar dem Winter in Sibirien trotzen.

Nicht nur Seide – **Silk Street Market** (Xiushui Shichang 秀水市场) 2: 8 Xiushui Dongjie 秀水市东街, U 1 Yong'anli, tgl. 9–21 Uhr. Früher breitete sich dieser bunte Kleidermarkt in den Straßen des Botschaftsviertels Jianguomen aus. Dann wurde dem bunten Treiben ein Ende gemacht und der Markt in ein sechsstöckiges Gebäude verbannt. Die Händler sind leider zuweilen aufdringlich und man muss hart handeln, da die Preise wegen der zahlreichen Touristen, die den Silk Street Market ansteuern, höher sind als anderswo.

Schick für alle – **Jimmy and Tommy Foreign Trade Fashion Club** 3: s. S. 42.

Video@shopping – **The Place** 4: s. S. 41.

Designstudio – **Emo+(Café)** 5: s. S. 41.

Markt total – **Dongjiao Market** 6: s. S. 42.

Trendsetter – **The Village at Sanlitun** 7: s. S. 41.

Kleidungsvielfalt – **Yashow Market** (Yaxiu Fuzhuang Shichang 雅秀服装市场) 8: 58 Gongren Tiyuchang Beilu 工人体育场北路, U 10 Agricultural Exhibition Center, tgl. 9.30–21 Uhr. Auf fünf Etagen breitet sich hier ein auf den ersten Blick zuweilen chaotisch wirkender Kleidermarkt aus.

Doch die Auswahl ist gut und vielseitig und auch die Qualität stimmt bei den meisten Händlern.
Goldschmiede – **Dragon House Jewelry** 9: s. S. 43.
Australische Kulinaria – **April Gourmet** (Lüyezi Shipin Dian 绿叶子食品店) 10: 1 Sanlitun Beixiaojie 三里屯北小街, Tel. 010 84 55 12 45, aprilgourmet.com, U 10 Agricultural Exhibition Center, tgl. 8–21 Uhr. Spezialitäten wie importierter Käse, Oliven, Aufschnitt, Pasta und viele weitere Feinkostartikel, die aus Australien eingeführt werden, bilden den Schwerpunkt des Sortiments.
Deutsche Leckereien – **Schindler's Food Center** 11: s. S. 41.
California Feeling – **Solana Lifestyle Shopping Park** (Lanse Gangwan Guoji Shangqu 蓝色港湾国际商区) 12: 6 Chaoyanggongyuan Lu 朝阳公园路, www.solana.com.cn, U 10 Liangmaqiao, Mo–Do 11–21.30, Fr–So 11–22 Uhr. Ultraschicke Outdoor Mall im Stil eines typischen kalifornischen Einkaufszentrums mit Straßen, Plätzen, Brunnen und dem Westufer des Shuidui-Sees als Uferpromenade. Dutzende von Boutiquen, Kaufhäuser, Supermärkte, Restaurants und Bars bieten Abwechslung für einen ganzen Tag.
Feine Kost – **Kempi Deli** 13: s. S. 40.
Der Dachboden Chinas – **Panjiayuan Antique Market:** ► K 10, s. S. 42.
Souvenirs total – **Beijing Curio City:** ► K 10, s. S. 40.

Aktiv

Blindenmassage – **Qing Song Blind Doctor Massage** 1: s. S. 57.
China kreativ – **China Culture Center** (Zhongguo Wenhua Zhongxin 中国文化中心) 2: Rm 4916, Liangmaqiao Antiques Market (Liangma Guwan Dasha 亮马古玩大厦), 27 Liangmaqiao Lu 亮马桥路, Tel. 010 64 32 93 41 (Mo–Fr 8.40–18.20 Uhr), 84 20 06 71 (Sa/So), www.chinaculturecenter.org, U 10 Liangmaqiao. Sie beabsichtigen Chinesisch zu lernen (Unterrichtseinheit ab 180 ¥), möchten einen Kursus in Fußreflexzonentherapie belegen, in die chinesische Kochkunst eingeführt werden, vielleicht doch lieber Schattenboxen üben (Unterrichtseinheit ab 150 ¥) oder aber an einer Chan-Meditation (ab 150 ¥) teilnehmen? Hier gibt es das vielfältigste Angebot für Ausländer.
Badespaß – **National Aquatics Center** 11: s. S. 57, 217.

Abends & Nachts

In Chaoyang liegt mit der Sanlitun-Barstraße (s. S. 44) die Wiege der Beijinger Ausgehviertel. In der Umgebung des Workers' Stadium (s. S. 44) finden sich viele Discos und Clubs.
Cocktail-Kultur – **Centro** 1: s. S. 45.
Frauenpower – **Pipe Café** 2: s. S. 48.
Megaclub am Stadion – **Babyface** 3: s. S. 46.
Der Weg ist das Ziel – **Destination** 4: s. S. 47.
Farbenprächtig – **Elements Club** 5: s. S. 46.
Ausgelassen – **Alfa** 6: s. S. 45.
Knotenpunkt – **Kai Club** 7: s. S. 46.
Für junges Publikum – **Baby Oh** 8: 3/F, Tongli Studio 同里 3 层, Sanlitun Beilu 三里屯北路, Tel. 010 64 15 71 66, U 10 Tuanjiehu, tgl. 18 Uhr bis früher Morgen. Preiswertes Bier, furchtbar kitschige Getränkenamen, die für Gelächter bei den Jugendlichen sorgen sollen, ein stets voller Dancefloor und laute Musik sollen vor allem ein junges Publikum anziehen.
Opiumhöhle – **World of Suzie Wong** 9: s. S. 46.
Treffpunkt für Freunde – **2 Kolegas** 10: s. S. 45.

Lieblingsort

Bücher und mehr

Chaoyang ist der kommerziellste Stadtteil Beijings. Umso erstaunlicher ist, dass man hier eines der vielseitigsten literarischen Cafés der Stadt findet. Der Leitspruch des Bookworm lautet »Eat, Drink, Read« und tatsächlich ist dieses Café gleichzeitig auch Bücherei, Buchhandlung, Restaurant und Internetcafé – für mich einer der anregendsten Orte, um meine Notizen zu sortieren. Einmal im Jahr im März wird das 14-tägige The Bookworm International Literary Festival mit vielen anwesenden Autoren ausgerichtet.

The Bookworm (Shu Chong 书虫) **8**: Bldg. 4, Nansanlitun Lu 南三里屯路, Tel. 010 65 86 95 07, www.beijingbookworm.com, U 10 Tuanjiehu, tgl. 9–1 Uhr, Gerichte ab 20 ¥.

Das Beste auf einen Blick

Haidian und Shijingshan

Highlight !

Sommerpalast: Über 14 Jahre dauerten die Bauarbeiten am Sommerpalast, den der Qianlong-Kaiser als Geschenk für seine Mutter errichten ließ. Seinerzeit war der Garten der Harmonischen Einheit einer unter vielen weiteren kaiserlichen Gärten, aber heute ist er der größte und besterhaltene klassische Garten Chinas. 12 S. 238

Auf Entdeckungstour

Tempel der Azurblauen Wolke: Nach außen scheinen sich alle buddhistischen Tempel zu ähneln, doch jedes Detail hat eine eigene, genau festgelegte Funktion, und so sind die Tempelanlagen und die in ihr untergebrachte Skulpturenwelt manifest gewordene Meditationshilfen, die dem Gläubigen auf Schritt und Tritt den buddhistischen Pfad der Erlösung nahebringen sollen. Dabei entdeckt man wie beim Tempel der Azurblauen Wolke am Xiang Shan dann doch viele Unterschiede. S. 244

Kultur & Sehenswertes

Tempel der Fünf Pagoden: Die Anlage mit ihrem Vajra-Stupa birgt ein Museum für Steininschriften. 1 S. 230

Tempel des Schlafenden Buddha: Der buddhistische Tempel strahlt wie seine Skulptur eines liegenden Buddha eine fast meditative Ruhe aus. S. 248

Fahai-Tempel: Der alte Tempel hoch an einem Berghang birgt exquisite Wandmalereien der Ming-Zeit. S. 251

Aktiv unterwegs

Neue Sicht: Per Boot zum Sommerpalast. 1 S. 242

Wandern auf dem Xiang Shan: Der Park zieht sich mit Tempeln und Pavillons die Westberge hinauf. Vom Gipfel hat man eine tolle Aussicht. S. 243

Badachu: Die Acht Großen Stätten in den Westbergen laden zu einer buddhistischen Pilgerreise ein. S. 248

Genießen & Atmosphäre

Alter Sommerpalast: In seiner Blütezeit war der Yuanming Yuan der extravaganteste und größte klassische Garten Chinas. 1860 und 1900 von ausländischen Truppen zerstört, kann man heute zwischen den Ruinen innerhalb des noch immer schönsten Parks der Stadt relaxen. 6 S. 234

Abends & Nachts

Studentisches Nachtleben: Im Haidianer Viertel Wudaokou kulminiert das studentische Nachtleben. S. 243

Wissen, Tempel und Natur

Haidian und Shijingshan waren noch im 19. Jh. kleine, isolierte Ort im Nordwesten und Westen Beijings. Ihre Nähe zu den Westbergen zog einst viele Mitglieder des Ming-Kaiserhofs an, die in der Umgebung ihre Villen errichten ließen. Die Mandschuren übernahmen diese Anwesen und bauten sie zu prächtigen Gartenanlagen aus. Insgesamt entstanden so 28 Gärten, von denen fünf landesweite Berühmtheit erlangen sollten. Erhalten blieb nur ein einziger Garten, der Sommerpalast. Vom Garten der Zehntausend Gärten, dem Yuanming Yuan, sind nur noch die Ruinen zu sehen.

Mit dem Wuchern der Stadt bis hinaus zu diesen alten Gartenanlagen wurden Haidian im 19. Jh. und Shijingshan 1919 in das Stadtgebiet integriert. 1898 richtete man in Haidian mit der Beijing-Universität die erste Hochschule der Stadt ein. Es folgten weitere – wie etwa die Qinghua-Universität. Und nach und nach verwandelte sich der heutige Stadtteil Haidian in ein Universitätsviertel, das einem Großteil der über 70 eigenständigen Hochschulen Beijings als Standort dient. Im Viertel Zhongguancun südlich des alten Sommerpalastes befindet sich ein Technologieentwicklungsgebiet, das gerne als das ›Silicon Valley‹ von Beijing bezeichnet wird. 1988 hat man dort die Aufholjagd zur internationalen Computerindustrie gestartet und arbeitet heute daran, China ins Hightech-Zeitalter zu führen.

25 km von Beijing entfernt bilden die Westberge eine natürliche Barriere zum Schutz der Stadt. Hier finden sich idyllisch gelegene Tempel und Gärten, darunter der Park des Duftenden Berges, der Tempel des Schlafenden Buddha und die Acht Großen Stätten, Badachu.

Haidian

Zum Alten Sommerpalast

Tempel der Fünf Pagoden 1
(Wuta Si 五塔寺)
24 Wutasi Cun 五塔寺村, gegenüber dem Nordwesteingang des Zoos 动物园后面的西北出口处, U 4, 9 National Library, Di–So 9–16.30, 35 ¥
Der eigentliche Name dieser einstmals weitläufigen Tempelanlage lautet **Tempel des Wahren Erwachens** (Zhenjue Si 真觉寺). Anfang des 15. Jh. war er auf Geheiß Kaiser Zhu Dis anlässlich eines Besuchs des indischen Mönchs Pandida erbaut worden. Letzterer hatte fünf goldene Buddha-Statuen und eine Miniatur des Mahabodhi-Tempels von Bodh Gaya als Gastgeschenk im Gepäck, die im neuen Tempel einen würdigen Platz finden sollten. 1473 kam der fünftürmige Vajra-Stupa (Diamantzepter-Stupa) hinzu, der nach dem Vorbild des Mahabodhi gestaltet wurde. Die Tempelanlage selbst wurde 1860 und 1900 von ausländischen Truppen stark verwüstet; der Beijinger Warlord verkaufte nach 1927 die Reste. Erhalten ist nur der **Vajra-Stupa,** von denen es in ganz China lediglich zehn gibt.

Der Wuta Si ist heute Standort des **China Stone Inscription Museum** (Zhongguo Shike Yishu Bowuguan 中国石刻艺术博物馆). Rund um die Pagode sind wunderschön geschnitzte Stelen mit Inschriften zum Buddhismus, zur Geschichte usw. zu bewundern.

Beijinger Kunstmuseum 2
(Beijing Yishuguan 北京艺术馆)
Suzhou Jie, Wanshou Si 苏州街万寿寺, Anfahrt per Taxi, Di–So 9–16.30 Uhr, 20 ¥

Der ehemalige, 1577 erbaute **Tempel des Langen Lebens** (Wanshou Si) diente früher der Aufbewahrung buddhistischer Schriften. Heute beherbergt die weitläufige Anlage ein interessantes Kunstmuseum, dessen Schwerpunkt auf der Kunstentwicklung quer durch die verschiedenen Dynastien liegt. Auch die hervorragend erhaltene Tempelanlage selbst ist sehenswert.

Tempel der Großen Glocke 3

(Dazhong Si 大钟寺)

1 Beisanhuan Xilu 北三环西路, *U 13 Dazhongsi, tgl. 8.30–16.30 Uhr, 10 ¥, Mi für die ersten 200 Besucher Eintritt frei*

Der Tempel, 1733 unter dem Namen **Juesheng Si** (Tempel des Erwachens) erbaut, ist relativ jungen Datums. 1743 verbrachte man in einer aufsehenerregenden Aktion **Chinas größte Glocke** (1406 gegossen) vom zu jener Zeit verfallenden Tempel der Langlebigkeit (s. o.) hierher. Auf der Glocke, die einen Durchmesser von 3,67 m hat, sind mit 227 000 Schriftzeichen 17 buddhistische Texte eingraviert. Seit 1985 birgt der Tempel darüber hinaus ein **Glockenmuseum,** in dem 160 Geläute aus verschiedenen Dynastien ausgestellt sind.

Beijing-Universität 4

(Beijing Daxue 北京大学, kurz: Beida)

Yiheyuan Lu 颐和园路, *U 4 East Gate of Peking University*

Schon bald nach Gründung der Beida wurde das traditionelle Staatsprüfungswesen abgeschafft und die Universität gleichsam über Nacht zur Hauptbühne der intellektuellen Auseinandersetzung im Reich. Die Bewegung des 4. Mai machte die Beida 1919 zum Sprachrohr der Nation, ja

Infobox

Reisekarte: Haidian A– 1–8, D/E 1–5, und Karte 4, A/B 1–3, Shijingshan ▶ Karte 5, C 2

Infos

www.bjhd.gov.cn/english/ und **www.bjsjs.gov.cn:** Die Websites der Stadtverwaltungen informieren über Sehenswürdigkeiten, Verkehrsmittel, Einkaufsmöglichkeiten, Leben usw. Allerdings gibt es nur die Website von Haidian auch auch Englisch.

Beijing Tourist Information Center (Beijing Lüyou Zixun Fuwu Zhongxin 北京旅游咨询服务中心): **Haidian Yuanmingyuan Zixun Zhan** 海淀圆明园咨询站, vor dem Südtor des Alten Sommerpalasts, Tel. 010 62 56 69 11; **Haidian Yihe Yuan Zixun Zhan** 海淀颐和园咨询站, 23 A Gongmen Qianjie 宫门前街甲23号, Tel. 010 62 88 11 44; beide tgl. 9–17 Uhr.

Ausgangspunkt

Haidian ist wie Chaoyang ein riesiger Stadtteil, der sich im Nordwesten als Halbkreis um die Stadt schmiegt. Über die Linien **U 4, 6, 9, 10, 13** ist Haidian teils an das U-Bahn-Netz angebunden, sodass man wichtige Sehenswürdigkeiten wie die beiden Sommerpaläste schnell und unkompliziert erreicht. In die Nähe der Sehenswürdigkeiten von Shijingshan gelangt man mit der **U 1** bis Pingguoyuan, von wo aus man allerdings mit dem **Taxi** weiterfahren muss. Alle weiteren Sehenswürdigkeiten sind per **Bus** oder **Taxi** zu erreichen.

圆明园遗址公园
Europäisches Labyrinth
Changchun Yuan
(Garten des Ewigen Frühlings)
长春园
Wanchun Yuan
(Garten des Schönen Frühlings)
万春园
Eingang
Jinchun Yuan
北宫门
Beigongmen
University of International Relations
Yiheyuan Lu 颐和园路
Line 4
Wanquanhe Lu
Xiyuan 西苑
Details s. S. 234
Yuanmingyuan 圆明园
Qinghua Xilu 清华西路
颐和园路
赛克勒考古中心
Yiheyuan Lu 万泉河路
颐和园
北京大学
Zhongguancun Beidajie
清华大学
Qinghua University
Qinghua Nanlu
ZHONGGUANCUN
Erlongzha Lu
Details s. S. 238
成府路 Chengfu Lu
East Gate of Peking University
北京大学东门
Xinjian Gongmen Lu
Haidian Exhibition Center
六郎庄
LIULANGZHUANG
Zhongguancun Bei 2 Tiao
Kunminghu Lu
Wanliu Park
Yiheyuan Lu
North 4th Ring Rd. W.
Beisihuan Xilu
(4. Ring)
北西环西路
HAIDIANZHEN
Haidian
Zhongguancun 中关村
昆明湖路
Suzhou Jie
Haidian Dajie 海淀大街
Kexueyuan Nanlu
Hafen für Ausflugsschiffe zum Yuyuan-See und Zoo
昆玉水上游览线码头
Zhongguancun Dajie
Zhongguancun Nanlu
中关村南路
(4. Ring)
北西环西路
Park
Wanquanhe Lu
苏州街
Danleng Jie
Line 4
Jingmi
North 4th Ring Rd. W.
巴沟
Bagou
Line 10
Haidian Nanlu
Zhichun Lu
Haidian Huangzhuang
海淀黄庄
Beisihuan Xilu
Bagou Lu 巴沟路
Suzhoujie 苏州街
Bewässerungskanal
万泉河路
Renmin University of China
Huoqiying 火器营
Landianchang Lu
蓝靛厂路
Landianchang Beilu
Wanquanzhuang Lu
万泉庄路
Wanliu Donglu
Suzhou Jie 苏州街
Renmin University 人民大学
UME Cineplex
Zhongguancun Dajie
北三环西路
Beisanhuan Xilu (3. Ring)
Huoqiying Lu
LANDIANCHANG
蓝靛厂
Laoyingfang Lu
Line 4
Xisihuan Beilu 西四环北路
Changchunqiao Lu 长春桥路
Changwa Zhonglu
Beijing Institute of Technology
魏公村
Weigongcun
Yuanda Lu 远大路
Changchunqiao 长春桥
Weigongcun Lu 魏公村路
Xisanhuan Beilu (3. Ring)
西三环北路
Banbi Jie
Landianchang Nanlu
Line 10
民族大学北路
Minzu Daxue Beilu
中央民族大学
Central College of Nationalities
Zhongguancun Nandajie
Changwa Jie
车道沟
Chedaogou
Zizhuyuan Lu
Wanshou-Tempel
万寿寺
Minzu Daxue Nanlu
民族大学南路
紫竹院路
蓝靛厂南路
Anleger für Schiffe zum Sommerpalast
万寿寺码头
Suzhou Jie
北京艺术博物馆
国家图书馆
Nationalbibliothek
紫竹院公园
Zizhuyuan-Park
0
400
800 m

Haidian

Sehenswert

- 1 Tempel der Fünf Pagoden
- 2 Beijinger Kunstmuseum
- 3 Tempel der Großen Glocke
- 4 Beijing-Universität
- 5 Arthur M. Sackler Museum of Art and Archeology
- 6 Alter Sommerpalast
- 7 – 11 s. Karte S. 235
- 12 Sommerpalast
- 13 – 41 s. Karte S. 238

Essen & Trinken

- 1 Golden Peacock Dai Ethnic Flavor

Einkaufen

- 1 Golden Five Stars Market
- 2 Golden Resources New Yansha Mall
- 3 NOVA Zhongguancun

Aktiv

- 1 Beizhan Houhu Matou

Abends & Nachts

- 1 Lush
- 2 13 Club

zum Gewissen Chinas und zum Pilgerort für alle neuerungsbedachten Patrioten. 1966 nahm von hier die verheerende Kulturrevolution ihren Lauf. Ihre wichtige politische Funktion hat die Universität bis heute behalten, zuletzt wurde dies während der Demokratiebewegung der Studenten 1989 deutlich. Ein Besuch des Campus ist hauptsächlich für den Besuch des **Arthur M. Sackler Museum of Art and Archeology** 5 (www.sackler.org/china/amschina.htm, U 4 Yuanmingyuan Park, tgl. 9–16.30 Uhr, 20 ¥, s. S. 58) interessant.

Alter Sommerpalast 6

(Yuanming Yuan 圆明园)
28 Qinghua Xilu 清华西路, www.yuanmingyuanpark.com, U 4 Yuanmingyuan, tgl. Jan.–März, Nov.–Dez. 7–19.30, April, Sept./Okt. 7–20.30, Mai–Aug. 7–21 Uhr, letzter Ticketverkauf 2 Std. vor Schließung, Yuanmingyuan 10 ¥, Europäischer Garten 15 ¥, Audiotour 40 ¥

Der ehemalige **Garten der Vollkommenheit und des Lichts** war einst der wohl schönste und am aufwendigsten gestaltete Garten Chinas. Mit

Alter Sommerpalast (Yuanming Yuan)

Sehenswert
1 – 6 s. Karte S. 233
7 Tempel der Erleuchtung
8 Pavillon im Blauen Spiegel
9 Plattform der Unsterblichen, die Morgentau trinken
10 Tripitaka-Halle
11 Europäisches Labyrinth
12 s. Karte S. 233
13 – 41 s. Karte S. 238

seinem Bau wurde 1709 begonnen. Der Qianlong-Kaiser ließ überdies den **Garten des Ewigen Frühlings** (Changchun Yuan 长春园) und den **Garten des Schönen Frühlings** (Qichun Yuan 绮春园), später in **Garten des Farbenprächtigen Frühlings** (Wanchun Yuan 万春园) umbenannt, anlegen. Bis zu seiner Zerstörung durch die französisch-englische Armee im Jahr 1860 war der Garten faktisch ständig im Bau. Zuletzt erstreckte er sich auf einer Fläche von ca. 350 ha und barg 140 Gebäude, die sich zwischen 100 kunstvoll gestalteten Landschaftsszenerien verteilten. Gut die Hälfte des Jahres diente der Garten der 10 000 Gärten den Kaisern der Qing-Dynastie als Sommersitz.

1900 schließlich schleifte die alliierte Interventionsarmee der acht Mächte die Anlage endgültig und zerstörte damit ein unvergleichliches Stück alter Gartenbaugeschichte und -kunst.

Der **Qichun Yuan,** an dessen Eingang ein alle Teile der Anlage verbindender Rundweg beginnt, nimmt den südlichen Bereich des Alten Sommerpalasts ein. Heute sieht man nur noch wenige Überreste der früheren Pracht, darunter den gewaltigen **Tempel der Erleuchtung** 7 (Zhengjue Si 正觉寺) westlich vom Haupteingang, die wiederhergestellte **Seenanlage** mit ihren Flussläufen, den **Pavillon im Blauen Spiegel** 8 (Jianbi Ting 鉴碧亭) im See zwischen Eingang und Tempel und die **Plattform der Unsterblichen, die Morgentau trinken** 9 (Xianren Chenglu 仙人承露台) im Nordosten des Gartens vor einer Insel. Die hier zu sehende Statue eines Unsterblichen aus schwarzem Marmor, die eine Schale zum Auffangen des Morgentaus in die Höhe hält, ist eine Erinnerung an die frühen kaiserlichen Gärten, die man in der Hoffnung angelegt hatte, die Unsterblichen anzulocken, um ihnen das Geheimnis der Unsterblichkeit zu entlocken.

Der Rundweg führt geradewegs weiter zum nordöstlich angrenzenden **Changchun Yuan,** der interessantesten Gartenanlage innerhalb des Alten Sommerpalasts. Der Weg verläuft über die größte Insel des Sees, auf der sich das Ruinenfeld der **Tripitaka-Halle** 10 (Hanjing Tang 含经堂) ausbreitet. Die Anlage bestand aus über 30 Gebäuden, darunter zahlreichen Bauten, die Theater-, Musik- und Unterhaltungszwecken dienten.

Weiter nördlich erreicht man schließlich den 7 ha großen **Europäischen Garten** (Xiyanglou Jingqu 西洋楼景区). Die beiden Jesuitenpater Giuseppe Castiglione (1688–1766) und Michel Benoist (1715–74) waren für seine Planung und Gestaltung verantwortlich. Die Arbeiten dauerten von 1747 bis 1783. Die mehr als zehn europäischen Paläste waren nicht nur architektonische Meisterwerke, sondern auch die außergewöhnlichsten Monumente der gerade erst aufeinandertreffenden ost-westlichen Kultur, die zu jener Zeit existierten. Die meisten Bauwerke wurden 1860 und 1900 verwüstet, aber die zahlreichen Ruinen lassen noch heute die einstige Pracht erahnen. Am Rand dieses Gartenbereichs liegt auch das **Europäische Labyrinth** 11 (s. Lieblingsort s. S. 236)

Lieblingsort

Europäisches Labyrinth 11
Ein bisschen darf man sich hier wie in Versailles fühlen, aber auch sonst ist das Labyrinth im Alten Sommerpalast ein faszinierender Ort. Einmal im Jahr am 15. Tag des 8. Mondes feierte der Kaiser hier das Mondfest. Seine Konkubinen bekamen gelbe Seidenlaternen, mit denen sie den Weg durch das Labyrinth suchten. Wer als Erste den Pavillon im Zentrum erreichte, erhielt einen Preis. Die gelben Laternen brachten der Anlage auch den Namen Garten der Gelben Blumen ein. Heute ist der friedlich inmitten des Labyrinths stehende Pavillon im Nordteil des zum Yuanming Yuan gehörenden Changchun Yuan ein wunderbarer Ort für west-östliche Kontemplation.

Alter Sommerpalast (Yuanming Yuan 圆明园) 6 : s. S. 234.

Sommerpalast (Yiheyuan)

Sehenswert

- 1 – 6 s. Karte S. 233
- 7 – 11 s. Karte S. 235
- 12 s. Karte S. 233
- 13 Osttor
- 14 Tor des Wohlwollens und der Langlebigkeit
- 15 Halle des Wohlwollens und der Langlebigkeit
- 16 Halle der Jadewellen
- 17 Halle des Aromas
- 18 Theater
- 19 Halle der Erheiterung
- 20 Halle der Freude und Langlebigkeit
- 21 Langer Korridor
- 22 Den Mond Einladendes Tor
- 23 Berg des Langen Lebens
- 24 Tor Jadepalast über den Wolken
- 25 Wolken Zerstreuendes Tor
- 26 Zweites Palasttor
- 27 Wolken Zerstreuende Halle
- 28 Pavillon des buddhistischen Wohlgeruchs
- 29 Dreharchiv der Buddhistischen Sutren
- 30 Pavillon der Kostbaren Wolken
- 31 Tempel Meer der Weisheit
- 32 Pavillons der Vier Großen Kontinente
- 33 Mehr-Schätze-Pagode
- 34 Halle, wo man den Pirolen lauscht
- 35 Marmorschiff
- 36 Westtor
- 37 Suzhou-Straße
- 38 Garten der Harmonie und des Vergnügens
- 39 Tempel des Drachenkönigs
- 40 17-Bogen-Brücke
- 41 Bronzeochse

Vom Europäischen Garten führt der Rundweg in den angrenzenden **Yuanming Yuan,** dessen Zentrum vom gewaltigen **Meer des Glücks** (Fu Hai 福海) gebildet wird. Dieser Teil wird gerade aufwendig wiederhergestellt, aber den See kann man bereits über einen schönen Wanderweg umrunden.

Sommerpalast ! 12

(Yihe Yuan 颐和园)

Yiheyuan Lu 颐和园路, www.summerpalace-china.com, U 4 Beigongmen, April–Okt. tgl. 6.30–18, Gebäude 8.30–17, Nov.–März tgl. 7–17, Gebäude 9–16 Uhr, April–Okt. 30 ¥, inklusive aller Gebäude 60 ¥, Nov.–März 20 ¥, inklusive aller Gebäude 50 ¥, sonst Garten der Tugend und Harmonie 5 ¥, Foxiang Ge 10 ¥, Wenchang-Galerie 20 ¥, Suzhou Jie 10 ¥

Einen Steinwurf vom Alten Sommerpalast entfernt befindet sich der **Garten der Harmonischen Einheit,** bekannter unter der Bezeichnung Sommerpalast. Der Yihe Yuan war ein unbescheidenes Geschenk des Qianlong-Kaisers an seine Mutter anlässlich deren 60. Geburtstags. 1751, ein Jahr vor ihrem Ehrentag, gab der Kaiser den Garten in Auftrag. Er wurde auf dem Gelände des seit 1153 bestehenden ehemaligen **Gartens des Goldenen Wassers** (Jinshui Yuan) angelegt (in der Ming-Zeit Garten des Reinen Wassers, Qingyi Yuan). Dabei vergrößerte man auch den Kunming-See. 1764 erst war das Geschenk fertig und hatte den Kaiser 4,8 Mio. Tael Silber gekostet. Auf 290 ha breitete sich die prachtvolle Anlage aus und wurde zum Lieblingsgarten des Kaiserhofs, der in den feucht-heißen Sommermonaten an die kühlen Ufer des Sees zog.

Das Jahr 1860 bedeutete auch für den Sommerpalast die Zerstörung, doch erging es ihm besser als seinem älteren Namensvetter: 1885 bestimmte die Kaiserinwitwe Cixi den Sohn des Prinzen Yi Xuan zum neuen Kaiser. Yi Xuan selbst wurde Chef der Marine und bedankte sich für die erwiesene Ehre, indem er Gelder, die für den Aufbau der Seeflotte bestimmt waren, in den Wiederaufbau des Sommerpalasts steckte. 1895 waren die Bauarbeiten

beendet, und der Palast hieß nun **Yihe Yuan.** Auch die zweite Zerstörungswelle 1900 verrichtete ihr unrühmliches Werk, aber erneut verstand es Cixi, das Geld für den Wiederaufbau aufzubringen. Sie verbrachte ihren Lebensabend weitgehend im Sommerpalast, um der bedrückenden Enge der Verbotenen Stadt zu entkommen.

Im ›Regierungsviertel‹

Normalerweise wird man den Sommerpalast über das **Osttor** bzw. **Östliche Palasttor** 13 (Dong Gongmen 东宫门) betreten und gelangt in einen großen **Vorhof** mit einer Übersichtstafel des Sommerpalasts.

Dahinter folgt das **Tor des Wohlwollens und der Langlebigkeit** 14 (Renshou Men 仁寿门), hinter dem das Viertel zur Erledigung der Staatsgeschäfte beginnt. Das Hauptgebäude ist hier die **Halle des Wohlwollens und der Langlebigkeit** 15 (Renshou Dian 仁寿殿). In ihr stand der Herrscherthron, auf dem der Guangxu-Kaiser und, hinter einem Wandschirm mit dem Schriftzeichen für Langes Leben (*shou* 寿) verborgen, die Kaiserinwitwe Cixi hohe Mandarine und ausländische Würdenträger empfingen. In den Nebenhallen der Renshou Dian sowie in den südlichen und nördlichen Baukomplexen außerhalb des Renshou-Tors, die alle an der Ost-West-Achse vom Osttor bis zur Halle symmetrisch ausgerichtet sind, waren die **Dienststellen der sechs Ministerien** und der neuen **zentralregierungsunmittelbaren Behörden** untergebracht.

Der Weg führt nun weiter zur **Halle der Jadewellen** 16 (Yulan Tang 玉澜堂) am Ostufer des Kunming Hu, in welcher der Guangxu-Kaiser wohnte und nach Scheitern der Reformbewegung 1898 angeblich gefangen gehalten wurde – ein Arrest, der nie verifiziert und selbst von Angehörigen des diplomatischen Corps jener Zeit nicht bestätigt werden konnte. Longyu, die Gemahlin des Guangxu-Kaisers, bewohnte die **Halle des Aromas** 17 (Yiyuan Guan 宜芜馆).

Die 17-Bogen-Brücke führt im Sommerpalast (Yihe Yuan) hinüber zur Insel des Südlichen Sees

Garten der Tugend und Harmonie

Gleich östlich der kaiserlichen Privatgemächer und nördlich der Renshou Dian liegt der **Dehe Yuan** 德和园 mit einem 21 m hohen **Theater** 18 (Daxi Lou 大戏楼) im Zentrum. Es verfügt über drei Ebenen, die über Falltüren miteinander verbunden sind. Unter der Bühne sorgten fünf Wassertanks dafür, dass auch Meeresszenen spielbar waren. Jeweils zu Cixis Geburtstag wurde auf den Bühnen simultan dieselbe Oper gespielt. Die Kaiserinwitwe verfolgte das Spektakel aus der gegenüberliegenden **Halle der Erheiterung** 19 (Yile Dian 颐乐殿), während die Würdenträger dem Schauspiel von den umliegenden Rängen beiwohnten.

Ein Stück westlich des Theaters schließen die Privatgemächer Cixis diesen Gebäudekomplex ab. In der **Halle der Freude und Langlebigkeit** 20 (Leshou Tang 乐寿堂), lebte die Grande Dame meist von Mai bis November.

Das Vergnügungsviertel

An die Privatgemächer fügt sich das Vergnügungsviertel mit Berg des Langen Lebens (s. S. 241), dessen Rückseite auch als Hou Shan 后山 bezeichnet wird, Hinterem See (Hou Hu 后湖) und Kunming-See (Kunming Hu 昆明湖) an.

Langer Korridor 21

(Chang Lang 长廊)

Der 728 m messende **Lange Korridor** verbindet die einzelnen Abschnitte entlang des Kunming-Sees. 273 Säulenpaare tragen sein Dach. Der Chang Lang ist zugleich eine Kunstgalerie, denn mehr als 8000 Bilder zieren seine Dachbalken und die Kuppeln der vier Pavillons, die ihn in regelmäßigen Abständen unterbrechen. Die Motive zei-

gen geschichtliche und mythologische Szenen oder Landschafts- und Blumenmotive vom Westsee in Hangzhou.

Durch den ersten Pavillon, das **Den Mond Einladende Tor** 22 (Yaoyue Men 邀月门) erreicht man nach der Hälfte des Weges einen Platz, wo ein Schmucktor den Gang unterbricht.

Berg des Langen Lebens 23

(Wanshou Shan 万寿山)

Im rechten Winkel ziehen sich von hier aus die Gebäude des Berges des Langen Lebens den Hang empor. Direkt am Seeufer schließt das **Tor Jadepalast über den Wolken** 24 die durch sie gebildete Nord-Süd-Achse ab. Den Gebäudekomplex selbst betritt man über das **Wolken Zerstreuende Tor** 25 (Paiyun Men 排云门). Nach dem **Zweiten Palasttor** 26 (Ergong Men 二宫门) und vorbei an mehreren Hallen steht man vor der **Wolken Zerstreuenden Halle** 27 (Paiyun Dian 排云殿), der Haupthalle, in der Cixi ihre Geburtstage zu feiern pflegte. Über einen schmalen Korridor und enge Treppen führt der Weg dann hinauf zum 41 m hohen **Pavillon des Buddhistischen Wohlgeruchs** 28 (Foxiang Ge 佛香阁), von dem aus sich ein schöner Blick über den Sommerpalast bietet.

Östlich des Komplexes steht das **Dreharchiv der Buddhistischen Sutren** 29 (Zhuanlun Zang 转轮藏) mit einer 10 m hohen Stele im Zentrum. Die Schriften selbst befinden sich in den umliegenden kleinen, achteckigen **Pagoden**, die auf drehbaren vertikalen Achsen gelagert sind. Westlich der großen Pagode erhebt sich auf einem Marmorsockel der **Pavillon der Kostbaren Wolken** 30 (Baoyun Ge 宝云阁): Er sieht wie ein Holzbau aus, ist aber ganz aus Bronze und wiegt 200 t!

Den Gipfel des Wanshou Shan krönt der **Tempel Meer der Weisheit** 31 (Zhihui Hai 智慧海). Hinter der mächtigen Bronzepagode geht er fast etwas unter und ist auch nur über einen verschlungenen Pfad entweder aus östlicher oder westlicher Richtung zu erreichen. Den Nordhang hinab blickt man auf die Relikte eines **Tempels** und auf die **Pavillons der Vier Großen Kontinente** 32. Neben diesen liegt östlich die **Mehr-Schätze-Pagode** 33 (Duobao Ta 多宝塔), eines der wenigen Gebäude, das die Zerstörungen von 1900 überdauerte.

Zurück zum Langen Korridor

In der Regel steigt man nun wieder zum Kunming-See hinab und folgt dem Wandelgang nach Westen. Vorbei an der **Halle, wo man den Pirolen lauscht** 34 (Tingli Guan 听鹂馆), einst ein Operntheater, heute Restaurant, stößt man am Ende des Ganges auf das 1750 erbaute **Marmorschiff** 35 (Shi Fang 石舫), das Cixi aus den Mitteln des Marinefonds erbauen ließ – Aussichtsort und Symbol für die Stabilität des Qing-Regimes. Vom Schiff aus führt der Weg weiter nach Norden und endet am **Westtor** 36 (Xi Men 西门).

Weitere Sehenswürdigkeiten

Man kann nun dem Weg hinter dem Wanshou Shan zum Nordtor folgen. Hier wurde 1990 die **Suzhou-Straße** 37 (Suzhou Jie 苏州街) restauriert, die der Qianlong-Kaiser für seine Mutter nach dem Vorbild einer Straße in Suzhou hatte bauen lassen – mit Läden und allem, was dazugehört. Geht man diesen Weg, so gelangt man über den im südchinesischen Stil gestalteten **Garten der Harmonie und des Vergnügens** 38 (Xiequ Yuan 谐趣园) im nordöstlichen Teil des Palasts zurück zum Osteingang.

Alternativ besteigt man am Marmorschiff ein Boot zur **Insel des Südlichen Sees** (Nanhu Dao 南湖岛). Dort erhebt sich der **Tempel des Drachenkönigs** 39 (Longwang Miao 龙王庙). Von hier geht man zu Fuß über die ca. 150 m lange **17-Bogen-Brücke** 40 (Shiqikong Qiao 十七孔桥) zum Festland. 500 steinerne Löwen und Fabeltiere bewachen die Brücke. Dann kann man vorbei am **Bronzeochsen** 41 (Tong Niu 铜牛), der den Park vor Wassergeistern schützen soll, zum Osteingang zurückkehren.

Bootsfahrt zum Sommerpalast

Beijing ist von vielen Kanälen durchzogen, die einst der Versorgung der Stadt dienten. Auf einigen Abschnitten werden Ausflugsschiffe eingesetzt, mit denen man durch die Stadt zum Sommerpalast schippern kann. Es gibt zwei Häfen, und zwar den **Beizhan Houhu Matou** am Zoo hinter dem Beijinger Ausstellungszentrum und den **Bayihu Matou** im Süden des Yuyuantan-Parks.

Beizhan Houhu Matou 北展后湖码头 1: tgl. 10–16 Uhr alle volle Stunde, Rückfahrt tgl. 11–17 Uhr alle volle Stunde, einfache Fahrt 40 ¥, Hin- und Rückfahrt 70 ¥, Eintritt Sommerpalast zuzüglich 30 ¥.

Bayihu Matou 八一湖码头: ▶ C 7, tgl. 11, 13, Mi, Sa auch 10 Uhr, Fahrt 98 ¥, inklusive Eintritt Sommerpalast 128 ¥.

Essen & Trinken

Geschmack des Südens – **Golden Peacock Dai Ethnic Flavor** (Jin Kongque Daijia Fengwei Canting 金孔雀傣家风味餐厅) 1: 1F, 16 Minzu Daxue Beilu 民族大学北楼路, U 4 Weigongcun, Tel. 010 68 93 20 30, tgl. 11–22 Uhr, Gerichte ab 20 ¥. Exquisites Minderheiten-Restaurant im Bezirk Haidian, das authentische Küche der Dai-Nationalität serviert. Es liegt etwas abseits am Central College of Nationalities, aber der Weg lohnt. Reservieren!

Einkaufen

Alleshaber – **Golden Five Stars Market** (Jin Wuxing Baihuocheng 金五星百货城) 1: Xueyuan Nanlu 学院南路, U 13 Dazhongsi, tgl. 8–19 Uhr. Dieser weitläufige Markt ist eine Art Zwilling des Dongjiao Market: riesig, vielfältig, mit einem Angebot, das von Schmuck, Kleidung, Elektronik und Souvenirs bis zu Einrichtungsgegenständen reicht.

Rekordverdächtig – **Golden Resources New Yansha Mall** (Jinyuan Xin Yansha Shangcheng 金源新燕莎商城) 2: Yuanda Lu 远大路, www.newyanshamall.com, U 4 Renmin University, dann Taxi, Mo–Do 10–21, Fr/Sa 10–22 Uhr. Nehmen Sie sich Zeit, ziehen Sie gutes Schuhwerk an und bringen Sie viel Kondition mit. Das Golden Resources soll das größte Einkaufszentrum der Welt sein. In über 500 Geschäften bekommt man hier wirklich alles vom Reißnagel bis zum neuen Auto. Wem das nicht genügt, es gibt

Xiang Shan

Sehenswert

1 Nordtor
2 Weihrauchgefäß-Gipfel
3 Steinstele »Die Westberge leuchten im Schnee«
4 Jadeblumen-Bergvilla
5 Relikte des Xiangshan-Tempels
6 Xiangshan Hotel
7 Tempel der Einsicht
8 Pavillon der Selbstprüfung
9 Brillensee
10 Tempel der Azurblauen Wolke

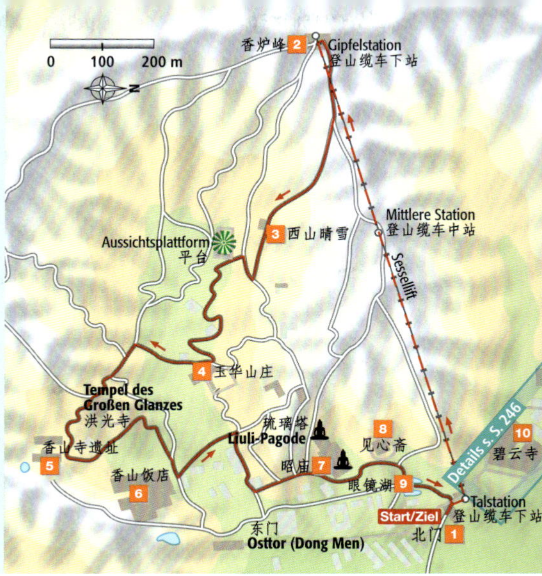

auch noch ein Kino, eine Eislaufbahn und natürlich Restaurants ohne Ende.

Technik Total – **NOVA Zhongguancun** (Zhongguancun Kemao Dianzi Cheng 中关村科贸电子城) 3: 18 Zhongguancun Dajie 中关村大街, U 10 Huangzhuang, tgl. 9–19 Uhr. Laut Eigenwerbung ist dies die größte IT-Shopping-Mall der Welt. Auf 75 000 m² Verkaufsfläche gibt es hier ein unglaubliches Angebot an Elektronikartikeln.

Aktiv

Bootsfahrt zum Sommerpalast – **Beizhan Houhu Matou** 1: s. Tipp S. 242.

Abends & Nachts

Wudaokou ist Zentrum des studentischen Nachtlebens. Hier gibt es preiswerte Lokale, aber auch Jazzclubs, in denen man die vielfältige Musikszene Beijings erleben kann.

Studentenkneipe – **Lush** 1: s. S. 45.

Heimat des Rock – **13 Club** 2: s. S. 46.

In den Westbergen im nordwestlichen Haidian

Hier im Nordwesten von Haidian beginnen die **Westberge** mit idyllisch gelegenen Tempeln, Pagoden und Klöstern. Im Stadtbezirk Haidian liegen hier der Park des Duftenden Berges, die Tempel der Azurblauen Wolke und des Schlafenden Buddha sowie der Botanische Garten. Die Berglandschaft setzt sich nach Süden in den Stadtbezirk Shijingshan (s. S. 248) fort.

Wandern auf dem Xiang Shan

▶ Karte 4, A 2

(Xiangshan Gongyuan 香山公园)

Xiangshan Lu 香山路, U 10 Xiangshan (in Bau), tgl. 7–18 Uhr, 10 ¥

Die höchste Erhebung in den Westbergen ist der **Xiang Shan,** der Duftende Berg, daher der Name **Park des Duftenden Berges.** Seinen ursprünglichen Namen, Weihrauchgefäß-Berg (Xianglu Shan 香炉山), verdankte ▷ S. 247

Auf Entdeckungstour: Auf dem Weg zur Erlösung – Tempel der Azurblauen Wolke

In die Bergwelt des Xiang Shan schmiegt sich mit Vajra-Stupa und überbordender Skulpturenwelt der Tempel der Azurblauen Wolke 10 Die Skulpturen weisen als Meditationsobjekte den Pfad zur Erlösung – eine Gelegenheit, sich mit chinesischem Buddhismus und buddhistischer Architektur vertraut zu machen.

Reisekarte: Karte 4, A 2 und Cityplan S. 243
Planung: Biyun Si 碧云寺, Biyunsi Lu 碧云寺路, U 10 Xiangshan (in Bau), tgl. 8–17 Uhr, Eintritt 10 ¥. Für den Besuch der Anlage sollte man mindestens 1 Std. einplanen. Lässt sich gut mit dem Besuch des Xiangshan-Parks verbinden.
Start: Park des Duftenden Berges, Nordtor, S. 243.

Am Nordtor des Xiangshan-Parks führt ein Weg zum Biyun Si mit seinem exzellent erhaltenen Vajra-Stupa. Die Anlage zieht sich den Osthang des Xiang Shan hinauf. Als Privatresidenz erbaut, wurde die Anlage 1366 zu einem buddhistischen Nonnenkloster, Klause der Azurblauen Wolke (Biyun An), umgewidmet. 1516 und 1623 wendeten die Eunuchen Yu Jing und Wei Zhongxian exorbitante Geldsummen auf, um sie zu einem prachtvollen Tempel zu erweitern. 1748 ließ der Qianlong-Kaiser die Halle der Arhats und die Diamantthron-Pagode hinzufügen.

Berge und Flüsse

Idealiter schmiegt sich ein buddhistischer Tempel inmitten der Natur und umtost von einem Bach an einen Berghang. Die Berggipfel symbolisieren Erhabenheit und Ewigkeit, die Wasserläufe Reinheit. Die Kultbauten reihen sich an einer von Süd nach Nord führenden Weltachse auf, wobei der Tempeleingang immer im Süden liegt. Zusätzlich teilt sich der Tempel in eine parallel zur zentralen Achse verlaufende östliche und westliche Achse.

In Ausnahmefällen, wenn es wie beim **Biyun Si** die geografischen Gegebenheiten erfordern, kann auch eine Ost-West-Achse vorliegen.

Der ›Weg‹ zur Erleuchtung

Eine **Ehrenpforte** 11 (Pai Lou 牌楼) markiert den Beginn des heiligen Komplexes. Idealerweise überquert man am Ende des heiligen Weges zum Tempel eine **Brücke, die ›zum anderen Ufer‹ führt** 12 (d. h. zur Erlösung). Auch im Biyun Si passiert man eine solche Brücke, die hier eine Schlucht überspannt, und gelangt durch einen Torbogen zum eigentlichen Haupteingang, dem in manchen Tempeln fehlenden **Bergtor** 13 (Shan Men 山门). Im Eingang wachen links und rechts die **Schutzgottheiten** Ha (Miji, sanskr.: Guhyaka) und Heng (Jingang, sanskr.: Vajra) über das Wohl des Tempels. Hinter dem Tor stehen links der **Trommel-** 14 (Gu Lou 鼓楼) und rechts der **Glockenturm** 15 (Zhong Lou 钟楼), die u. a. dazu dienen, die Rituale zu den Tag- und Nachtzeiten anzukündigen.

Erlösungshelfer

Die erste Tempelhalle, die man erreicht, ist stets eine **Halle der Himmelskönige** 16 (Tianwang Dian 天王殿). Hier empfängt der lachende Dickbauch-Buddha den Besucher. Er steht für universale Nächstenliebe, abgründige Geistigkeit und die Erkenntnis des Dharma (Lehre Buddhas). Dieser Meister mit dem Sack (Budai Shi), wie er auch genannt wird, gilt als die auf Erden erschienene Gestalt des Zukunftsbuddhas Maitreya. Die vier Himmelskönige beschützen die buddhistische Wahrheit, eliminieren das Böse in der Welt und im Menschen. Auf der Rückseite des Dickbauch-Buddha steht General Weituo (Skanda), der von Buddha persönlich den Auftrag erhalten haben soll, die buddhistische Wahrheit zu schützen. Sein Blick ist immer in Richtung Buddha Shakyamuni gerichtet.

Bis hierher haben die furchterregenden Wächter die Seelen der Besucher erschreckt und vom Schlechten gereinigt, Maitreya hat mit seiner Liebe und Paradoxie die Spannung der Seele gelöst, und von nun an beschützt Weituo die Seelen und geleitet sie zur Stufe tiefer eindringender Schau.

Buddha

Im zweiten Hof folgt die Haupthalle, die Große-Buddha-Halle, Halle des Großen Helden oder wie hier **Halle des Kleinods des Großen Helden** 17 (Daxiong Baodian 大雄宝殿). Sie ist normalerweise das größte Gebäude der Anlage mit dem Hauptkultbild des Buddha, hier Shakyamuni in Lehrpose. Dieses Kultbild bildet das Herzstück und den Höhepunkt des Darstellbaren, denn das noch Kommende, das Nirvana, lässt sich nicht darstellen. Die Halle selbst dient vor allem als Andachtshalle. Die Wandreliefs zeigen im Biyun Si den Mönch Xuanzang, der in der Tang-Zeit nach Indien reiste und von dort originale buddhistische Schriften mitbrachte, die er dann ins Chinesische übertrug.

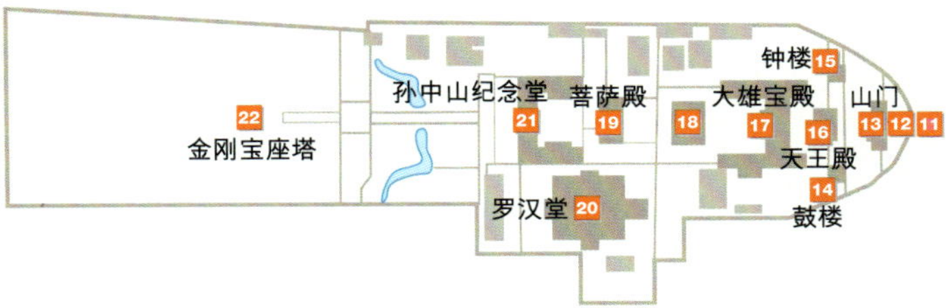

Bodhisattvas …

Je nach Größe des Tempels können weitere Kulthallen entlang der Hauptachse und der Nebenachsen stehen, die Buddhas, Bodhisattvas oder Heiligen geweiht sind. Im Biyun Si liegen die Nebenhallen verstreut rechts und links der Haupthalle. Zunächst aber folgen ein **Stelenpavillon** 18 und die **Bodhisattva-Halle** 19 (Pusa Dian 菩萨殿). Letztere ist Bodhisattvas, Wesen, die Erleuchtung erlangt haben, aber auf den Eingang ins Nirvana verzichten, bis alle Menschen vom Leid erlöst sind, mit ihren Reittieren geweiht.

… und Arhats

Links dieses Gebäudes steht die **Halle der Arhats** 20 (Luohan Tang 罗汉堂), die berühmt ist für ihre 508 je 1,5 m hohen Plastiken – aus Lehm über einem Holzrahmen modelliert und vergoldet. 500 der Gestalten sind Arhats *(luohan)*, Schüler Buddhas, die ihre Erlösung durch Askese und Meditation fanden, bei sieben weiteren handelt es sich um Schutzgottheiten. Die letzte Figur, vor den drei zentralen Buddhas rechts oben auf einem Dachbalken, stellt den Mönch Ji Gong dar, der stets zu spät kam und nur einen ›Notplatz‹ fand.

Eine Besonderheit

Hinter der Halle der Arhats folgt die **Gedenkhalle für Sun Zhongshan** 21 (Sun Yat-sen, 1866–1925), den ›Vater der Republik‹. Sun Yat-sen war bis zur Fertigstellung seines Mausoleums in Nanjing in der Diamantthron-Pagode aufgebahrt. Zwei Wochen nach seinem Tod traf in Beijing als Geschenk der UdSSR ein Stahlsarg mit gläsernem Deckel ein – viel zu spät, und darüber hinaus hätte er nach chinesischer Tradition aus Holz gefertigt sein müssen. Heute steht der Sarg, ungenutzt, neben der Büste des großen Revolutionärs.

Erinnerung an Bodh Gaya

Über eine steile Treppe und durch ein marmornes Schmucktor mit filigranen Reliefs gelangt man im letzten Hof zur **Diamantthron-Pagode** 22 (Vajra-Stupa, Jingang Baozuo Ta 金刚宝座塔, Abb. S. 244). Sie ist dem Stupa im indischen Bodh Gaya nachempfunden, der zum Gedenken an die Buddha-Werdung Shakyamunis errichtet wurde. Der 35 m hohe marmorne Stupa ruht auf einem zweigeschossigen Sockel. Sockel und Plattform sind mit Buddhas, Himmelskönigen, Drachen etc. verziert. Im oberen Sockelgeschoss, am Aufgang zur Plattform, hat man Kleidungsstücke und die Kopfbedeckung Sun Yat-sens eingemauert. Die höchste der Pagoden, den Vajra-Stupa, umstehen vier kleinere und zwei Stupas im tibetischen Stil.

er den beiden Felsen auf dem Gipfel, die von unten betrachtet wie ein Weihrauchgefäß aussehen – ein Eindruck, der noch verstärkt wird, wenn, wie so oft, Nebelschwaden den Berg emporkriechen.

Während der Liao-Dynastie (916–1125) noch kaiserliches Jagdrevier, wurde bereits unter der nachfolgenden Jin-Dynastie (bis 1234) der Xiangshan-Tempel gebaut, der dem Kaiser während seiner Reisen Unterkunft gewährte. Schon frühere Herrscher hatten hier ihr Jagdrevier bzw. ließen hier eine Parklandschaft anlegen. Der verschwenderische Qianlong-Kaiser der Qing schließlich wandelte den alten kaiserlichen Garten zu einem seiner Sommerpaläste um und gab ihm den Namen **Garten der Wohltuenden Stille** (Jingyi Yuan). Insgesamt wurden 28 Stätten errichtet und mit klangvollen Bezeichnungen versehen. Am schönsten ist ein Besuch im Herbst, wenn die Blätter der Huanglu-Bäume die Hänge in flammendes Rot tauchen.

Normalerweise betritt man den Park über das **Nordtor** 1 (Bei Men 北门) und folgt von hier dem Pfad auf den **Weihrauchgefäß-Gipfel** 2 (Xianglu Feng 香炉峰). Wem der Aufstieg zu mühsam ist, der kann mit einem **Sessellift** (50 ¥) hochfahren. Vom Gipfel bietet sich bei klarer Sicht ein fantastischer Blick auf die Sehenswürdigkeiten der Westberge und die Landschaft bis Beijing.

Zurück kann man einen etwas schattigeren Weg einschlagen, der mitten ins Herz des Parks und an sehenswerten Stätten vorbei führt. Noch relativ weit oben am Berg passiert man zunächst eine kleine Grotte, vor der eine **Steinstele** 3 mit den eingemeißelten vier Schriftzeichen »Die Westberge leuchten im Schnee« (Xi Shan Qing Xue 西山晴雪) steht. Unter diesem Namen gehört der Park zu den Acht Sehenswürdigkeiten Yanjings (Hauptstadt von Yan), ein alter Name Beijings aus der Liao- und Jin-Zeit. Dabei spielt das Wort Schnee auf die weißen Pfirsichblüten und auf den winterlichen Schnee an.

Ein Stück bergab erreicht man die **Jadeblumen-Bergvilla** 4 (Yuhua Shanzhuang 玉华山庄). Ab hier sollte man dem Pfad nach rechts gen Süden folgen und stößt dann auf die **Relikte des Xiangshan-Tempels** 5 (Xiangshan Si Yizhi 香山寺遗址), als erstes Heiligtum hier 1186 erbaut. Auf dem Weg zum Osttor sieht man rechts das noble **Xiangshan Hotel** 6 (Xiangshan Fandian 香山饭店), ein Entwurf des chinesischstämmigen Architekten Ieoh Ming Pei aus den 1980er-Jahren.

Vorbei an einigen Pavillons erreicht man schließlich den **Tempel der Einsicht** 7 (Zhao Miao 昭庙) mit seiner markanten, durch glasierte Ziegel geschmückten Liuli-Pagode (Liuli Ta 琉璃塔). Der Qianlong-Kaiser veranlasste 1780 den Bau dieses Heiligtums im tibetischen Stil als Residenz für den Panchen Lama. Kurz dahinter liegt der **Pavillon der Selbstprüfung** 8 (Jianxin Zhai 见心斋) inmitten einer im Suzhou-Stil ummauerten Gartenanlage.

Wieder in der Nähe des Nordausgangs, passiert man den **Brillensee** 9 (Yanjing Hu 眼镜湖), dessen Form alten chinesischen Augengläsern ähnelt.

Tempel der Azurblauen Wolke 10

s. Entdeckungstour S. 244

Botanischer Garten ▶ Karte 4, A 2

(Beijing Zhiwuyuan 北京植物园)
Wofosi Lu 卧佛寺路), www.beijingbg.com, U 10 Zhiwuyuan (in Bau), tgl. Sommer 6–20, Winter 7.30–17 Uhr, Ticketverkauf bis 2 Std. vor Schließung, 10 ¥, Regenwaldhaus tgl. 8–16.30 Uhr, 50 ¥

Der Botanische Garten ist ein riesiger Parkkomplex mit Spazierwegen, dem Tempel des Schlafenden Buddha und weiteren Sehenswürdigkeiten. Im Park kann man Elektroshuttles nehmen, aber schöner ist es, die schattigen Wege zu laufen. Über 3000 verschiedene Pflanzen und ein Regenwaldhaus lassen die Hektik Beijings für eine Weile vergessen. Auf halbem Weg liegt im Park die **Gedenkhalle für Cao Xueqin** (10 ¥), den Autor des berühmten Romans »Der Traum der Roten Kammer«.

Tempel des Schlafenden Buddha ▶ Karte 4, A 2

(Wofo Si 卧佛寺)
Nordseite des Botanischen Gartens (Zhiwuyuan Beibian 植物园北边), U 10 Zhiwuyuan (in Bau), Bus 904 ab U-Bahn-Station Xizhimen bis Wofo Si, tgl. Sommer 8–16, Winter 8.30–16 Uhr, 5 ¥ plus Eintritt Botanischer Garten

Die Gründung des berühmten Tempels geht auf das 7. Jh. zurück. Der Weg hinein führt durch ein typisches **Tor** aus glasierten Ziegeln. Zunächst läuft man auf die **Halle der Himmelskönige** (Tianwang Dian 天王殿) zu, auf welche die **Halle der Trikala-Buddhas** (Sanshifo Dian 三世佛殿), der Buddhas der Vergangenheit, Gegenwart und Zukunft, folgt. Neben den Statuen der Buddhas birgt diese Haupthalle 18 Arhat-Skulpturen. Einen eigenwilligen Spaß erlaubte sich hier der Qianlong-Kaiser: Er ließ eine Plastik von sich aus Ton erstellen und zwischen die Arhats setzen; zu erkennen ist sie an der blauen Robe mit dem goldenen Drachen.

Das größte Gebäude aber ist die **Halle des Schlafenden Buddha** (Wofo Dian 卧佛殿). Die Hauptattraktion bildet eine gut 5 m lange und 54 t schwere Statue des Schlafenden Buddha, der einer Legende nach in dieser Lage seinen zwölf Schülern – hier als 1,20 m hohe kolorierte Lehmplastiken zu finden – die letzten tröstenden Worte spendete und dann ins Parinirvana, das endgültige Nirvana, einging.

Die **letzte Halle** dient zur Aufbewahrung buddhistischer Sutren. Hinter ihr führen zwei Wege hinauf zum **Pavillon des Berges des Ewigen Lebens** (Shoushan Ting 寿山亭).

In den Westbergen von Shijingshan

Badachu ▶ Karte 4, A 3

(Badachu Gongyuan 八大处公园)
Badachu Lu 八大处路, www.badachu.com.cn, U 1 Pingguoyuan, dann Taxi oder Bus 972, 16. April–31. Aug 6–20, 1. Sept.–15. Nov. 6–19.30, 16. Nov.–15. April 6–19 Uhr, Ticketverkauf bis 1 Std. vor Schließung, 10 ¥

Im Süden der bis in die Beijinger Vororte reichenden **Westberge** formen die drei Gipfel des Cuiwei-, Pingbo- und Lushi-Berges einen Halbkreis an den Ausläufern des Xi Shan und boten so einen idealen Ort zum Bau von Tempelanlagen. Seit dem 9. Jh. entstanden an ihren Hängen denn auch mehrere große Tempel und Klöster, insgesamt schließlich acht an der Zahl, die gemeinhin die **Acht Großen Stätten** (Badachu) genannt werden. Die Wanderung auf den Gipfel gleicht damit einer echten kleinen buddhistischen Pilgerreise.

Tempel des Ewigen Friedens 1

Das erste Tempelgelände, das man vor Betreten des eigentlichen Parks und abseits des Rundwanderwegs besuchen kann, ist der **Chang'an Si** 长安寺,

Badachu

Sehenswert

1. Tempel des Ewigen Friedens
2. Tempel des Heiligen Lichtes
3. Nonnenkloster der Drei Berge«
4. Tempel des Großen Mitleids
5. Nonnenkloster der Drachenquelle
6. Tempel der Duftenden Welt
7. Höhle der Wertvollen Perle
8. Tempel der Buddhaschaft

dessen Grundstein 1504 gelegt wurde. In der **Haupthalle,** die Buddha Shakyamuni geweiht ist, befindet sich im Eingangsbereich die Statue des Generals Guan Yu. Guan Yu oder Guandi ist Kriegsgott und Gott der Gerechtigkeit und wird in Tempeln gerne als Wächterfigur eingesetzt. Die **zweite Halle** des Friedenstempels ist der Göttin Niangniang geweiht. Zur ihr gehen vor allem Familien, um sie dann im Gebet um Nachwuchs zu bitten.

Tempel des Heiligen Lichtes 2

Rund 100 m hinter der Kasse erreicht man eine Weggabelung und läuft hier nach links die breite Rampe zum **Lingguang Si** 灵光寺 hinauf. Die hübsche, bereits im 8. Jh. gegründete Anlage ist stets von vielen Pilgern besucht, steht in ihrem Zentrum doch die berühmte, 1964 erbaute **Buddhazahn-Pagode** (Foya Sheli Ta 佛牙舍利塔). In ihr wird ein Zahn Buddhas als Reliquie aufbewahrt. Der Fund ging auf ein unrühmliches Ereignis zurück. Wie so vieles andere auch, wurde eine massive Pagode aus dem Jahr 1071 von den Truppen der Alliierten 1900 zerstört. Bei den Aufräumungsarbeiten fand man eine Lade mit dem Zahn, der mit einiger Sicherheit als einer der vier Zähne Buddhas, die bei seiner Einäscherung erhalten geblieben waren, identifiziert werden konnte. Die Fundamente der einst zehnstöckigen **Liao-zeitlichen Pagode** befinden sich im südwestlichen Hof des Tempels.

Nonnenkloster der Drei Berge 3

Vorbei an einer Wand mit buddhistischen Reliefs und weiteren kleineren Tempelhallen geht es zum kleinen **Sanshan An** 三山庵, dessen Name sich darauf bezieht, dass es zwischen Cuiwei-, Pingbo- und Lushi-Hügel liegt.

Tempel des Großen Mitleids 4

Über den breiten gepflasterten Weg oder über die neue riesige Treppen-

In Qing-zeitlichen Kostümen an der Drachenquelle am Longquan An

flucht geht es nun bergauf zum **Dabei Si** 大悲寺 von 1550. Die Anlage ist 2013 um zahlreiche Hallen erweitert worden. Im **hinteren Hof** der ursprünglichen Tempelanlage wachsen zwei große Ginkgo-Bäume, die über 800 Jahre alt sein sollen und immer noch blühen. Beachtenswert sind auch die 18 Arhats in der Halle, die schönsten der acht Tempelanlagen. Sie sollen aus der Hand des Yuan-Künstlers Liu Yuan stammen.

Nonnenkloster der Drachenquelle 5

Der Weg führt dann zum ursprünglich 1425 erbauten **Longquan An** 龙泉庵, auch als Halle des Drachenkönigs (Longwang Tang 龙王堂) bezeichnet. Legenden über die Gründung von Beijing erzählen, dass zuerst der Drachenkönig, dessen Drachen Fluten verursachen konnten, besiegt werden musste, bevor man mit dem Bau der Stadt beginnen konnte. Dies gelang dem jungen Nezha, einer mythischen Gestalt, die über übernatürliche Kräfte verfügte. Nach ihm wird Beijing auch Achtarmige Nezha-Stadt genannt. In der **Halle hinter dem kleinen Drachenteich** wird eine Figur des Drachenkönigs verehrt.

Hinter dem Kloster führt nun ein unregelmäßiger Treppenweg bergauf, sodass man nicht die Behelfsstraße benutzen muss.

Tempel der Duftenden Welt 6

Vorbei an einem Pavillon, von dem sich eine herrliche Aussicht über die Stadt bietet, geht es weiter zum größten Tempelkomplex von Badachu, dem **Xiangjie Si** 香界寺, auch bekannt als Pingbo-Tempel. Er diente den Kaisern bei ihren Besuchen in Badachu als Residenz. Auf dem Gelände der Anlage wurde 1678 eine interessante **Steinstele** ausgegraben: Sie zeigt ein Porträt des Bodhisattva Avalokiteshvara mit Bart. Vermutlich stammt die Stele, die links vor der Haupthalle steht, aus der Tang-Dynastie, da in späteren Zeiten Avalokiteshvara fast immer als Göttin der Barmherzigkeit Guanyin dargestellt wurde.

Höhle der Wertvollen Perlen 7

Über einen steilen Pfad gelangt man nun zum höchsten Punkt des Rundwanderwegs, dem Gipfel des Cuiwei-Hügels mit seiner **Baozhu Dong** 宝珠洞).

Hier kann man entscheiden, ob man zu Fuß absteigt, die **Seilbahn** (50 ¥) nimmt oder aber mit der furiosen **Sommerrodelbahn** (60 ¥) den Berg hinabsaust. Beide Anlagen sind von 9.15–16.45 Uhr geöffnet.

Tempel der Buddhaschaft 8

Etwas abseits vom Rundwanderweg, am Hang des Lushi-Berges, liegt der **Zhengguo Si** 证果寺. Wichtigster Besichtigungspunkt hier ist der **Felsen des Geheimnisvollen Teufels** (Mimo Yan 秘魔岩). Von Weitem ähnelt der überhängende Fels dem aufgerissenen Maul eines Löwen. In den Überhang ist ein Steinhaus hineingebaut, das dem Mönch Lushi im 7. Jh. als Wohnsitz gedient haben soll. Einer Legende zufolge akzeptierte dieser Mönch zwei Drachen als Schüler, was sich auszahlen sollte: Geläutert kamen sie der lokalen Bevölkerung bei einer schrecklichen Dürre zu Hilfe und sorgten für Regen. Seitdem wird der Ort auch **Lushi-Höhle** (Lushi Dong 卢师洞) genannt.

Fahai-Tempel ▶ Karte 4, A 3

(Fahai Si 法海寺)
Moshikou Cun 模式口村, U 1 Pingguoyuan, dann Taxi, tgl. 9–16.30 Uhr, 20 ¥

Der in der Ming-Zeit zwischen 1439 und 1443 erbaute Tempel steht in einem Wald am Südhang des Cuiwei Shan und ist über eine 30-minütige Wanderung zu erreichen. Berühmt ist die Anlage für ihre zehn gut erhaltenen **buddhistischen Wandbilder** aus dem Jahr 1443, die man an den Wänden der **Haupthalle** bewundern kann. Eine Besonderheit stellt die Verwendung von Goldstaub als Mittel der Malerei dar. 15 berühmte Maler schufen die Wandbilder im Auftrag des Zhengtong-Kaisers. Vergleichbare Malereien finden sich sonst nur noch in den Mogao-Grotten von Dunhuang in der Provinz Gansu.

Eunuchen-Museum ▶ Karte 4, A 3

(Beijing Huanguan Wenhua Chenlieguan 北京宦官文化陈列馆)
80 Moshikou Dajie 模式口大街, U 1 Pingguoyuan, dann Taxi, tgl. 9–17 Uhr, 8 ¥

Vom Fahai-Tempel kommend, lohnt ein Abstecher zu diesem ungewöhnlichen Museum etwas weiter südöstlich. Bedenkt man, welche Macht die Eunuchen im kaiserlichen China immer wieder ausgeübt hatten, so verwundert es nicht, dass sich die Stadtverwaltung zu einem Museum zu diesem Thema durchgerungen hat. Tatsächlich handelt es sich um eine 1605 erbaute **Nekropole,** die ein klein wenig an die Ming-Gräber erinnert und in der mehrere Eunuchen beigesetzt wurden. Der erste und einer der berühmtesten hier war Tian Yi (1534–1602), der insgesamt drei Kaisern der Ming-Dynastie diente. Nach ihm heißt die Anlage auch **Tianyi-Grab** (Tianyi Mu 天义墓). Die Ausstellung selbst ist leider nur auf Chinesisch beschildert, aber die Grabanlage mit ihrem Weg der Seelen und die herausragenden Steinschnitzereien machen den Besuch auch so interessant.

Das Beste auf einen Blick

Beijings Süden

Highlight !

Tempel der Wolkenresidenz: Im 7. Jh. während der Blütezeit des chinesischen Buddhismus am Fuß der Shijing-Berge erbaut, zählt der Yunju Si zu den eindrucksvollsten Tempelanlagen Beijings. Zu sehen sind neben einigen gut erhaltenen Pagoden und einem Reliquienschrein über 10 000 antike, mit Sutren beschriebene Steintafeln, die zu den großen buddhistischen Zeugnissen Chinas gehören. S. 266

Auf Entdeckungstour

Auf den Spuren eines Krieges – an der Marco-Polo-Brücke: Vor den Toren Wanpings überspannt die berühmte Marco-Polo-Brücke einen Fluss. Eine Gedenkhalle und ein Skulpturenpark erinnern daran, dass hier eines der düstersten Kapitel der modernen Geschichte Chinas begann. S. 262

Kultur & Sehenswertes

Tempel des Weihealtars: Zu einem der bedeutendsten Weihealtäre Chinas pilgern buddhistische Novizen aus dem ganzen Land, um sich ordinieren zu lassen. S. 254

Tempel des Teichs und der Wilden Maulbeere: Inmitten der Berge im Südwesten der Stadt steht eine der ältesten Tempelanlagen Chinas. S. 255

Westliche Qing-Gräber: Die vier riesigen Gräber mit dem Gebirgspanorama im Hintergrund bilden ein einzigartiges Ensemble. S. 267

Zu Fuß unterwegs

Wandern am Shangfang Shan: Buddhistische Tempel inmitten imposanter Felsen, Schluchten und Wälder. S. 265

Gushanzhai: Ein 10 km langer Rundwanderweg führt hier durch eine herrliche Berglandschaft. S. 267

Genießen & Atmosphäre

Mittelalterliches Beijing: Umgeben von Bergen, bietet das antike Dorf Cuandixia eine bukolische Rückzugsmöglichkeit von der Hektik der Stadt. Enge Gassen, aus den Steinen der umliegenden Hänge erbaute Hofhäuser und kleine Schreine bieten einen Einblick in das ländliche China und viele Wandermöglichkeiten in der unmittelbaren Umgebung. S. 258

Abends & Nachts

Fangzhuang Food Street: Fengtai hat in den letzten Jahren viel unternommen, um an Attraktivität zu gewinnen, und die Essensstraße, die eher ein ganzes Viertel ist, trägt eindeutig dazu bei. Über 70 Restaurants aller chinesischen und vieler westlicher Küchen werben hier dicht an dicht um die hungrigen Kunden. S. 260

Natur und Kultur

Die südlichen Außenbezirke der Stadt fristeten lange Zeit ein touristisches Schattendasein. Das lag weniger daran, dass es hier nichts zu sehen gibt, sondern an der fehlenden Infrastruktur, die glücklicherweise in den letzten Jahren verbessert wurde. Die drei Stadtteile Mentougou, Fengtai und Fangshan gelten als revolutionäre Distrikte, aber nicht nur der blutige Eroberungskrieg Japans begann hier, in den Bergen der drei Distrikte stehen auch einige der bedeutendsten buddhistischen Tempel Beijings. In der Bergwelt bieten sich viele schöne Wandermöglichkeiten und nicht zuletzt lebten hier im Süden die vermutlich ersten Menschen Chinas.

Mentougou

Tempel des Weihealtars

▶ Karte 4, A 3/4

(Jietai Si 戒台寺)

An der Nationalstraße 108, www.jietaisi.net, Sommer tgl. 8–17.30, Winter tgl. 8–17 Uhr, 45 ¥

Der weitläufige Tempel des Weihealtars, dessen Fundamente während der Tang-Zeit im Jahr 622 gelegt wurden, schmiegt sich an einen Hang des Ma'an-Berges. Die Lage des Heiligtums und seine Gesamtkomposition zeigen eindrucksvoll, wie sorgfältig die schön gelegenen Bauplätze wichtiger Tempelanlagen

Infobox

Reisekarte: Mentougou ▶ Karte 5 A/B 3, Fengtai B/C 9–11, D–K 10/11, Karte 4, B/C 3, Fangshan ▶ Karte 5, A/B 4

Infos

www.bjmtg.gov.cn: Gute und informative Seite über die touristischen Attraktionen des Stadtteils Mentougou.
www.bjft.gov.cn: Mäßig interessanter, eher technokratischer Auftritt der Distriktverwaltung von Fengtai, der sich vor allem an Investoren richtet.
www.fshtour.com.cn: Die Website des Touristikamts von Fangshan ist zwar informativ, aber bislang nur auf Chinesisch.

Ausgangspunkt

Der einzige Stadtteil im Süden, der bisher über die Linien **U 4, 5, 9, 10, 14** gut an das U-Bahn-Netz angebunden wurde, ist Fengtai. Weitere Linien sind allerdings in Bau.

Der Tanzhe- und der Jietai-Tempel sowie Wanping und die Marco-Polo-Brücke lassen sich per gemietetem **Taxi** als Tagesausflug kombinieren. Mit öffentlichen **Bussen** ist man sehr viel langsamer und kommt entweder nur zu den Tempeln oder nur bis Wanping. Das Gebiet am Shangfang Shan, 20 km vom Museum des Pekingmenschen und 75 km südlich von Beijing gelegen, sollte man als eigenständigen Tagesausflug in Angriff nehmen, dasselbe gilt für den Besuch Cuandixias.

Besucher mit Zeit können an allen hier genannten Orten auch übernachten. Besonders reizvoll ist eine Übernachtung in Cuandixia, wo zahlreiche Familien preiswerte Zimmer in ihren Hofhäusern vermieten.

ausgewählt wurden. Von den Terrassen, die einige der Höfe abschließen, bietet sich bei klaren Sichtverhältnissen ein fantastischer Blick auf Beijing. Um wie viel eindrucksvoller muss sich die Aussicht vor 100 Jahren präsentiert haben, als noch die alte Pracht der Hauptstadt existierte. Die beeindruckende Lage bedingte jedoch einen Kompromiss: Der Jietai Si konnte nicht in der üblichen Nord-Süd-Ausrichtung angelegt werden; seine Gebäude reihen sich stattdessen an Ost-West-Achsen auf.

Man betritt den Tempelkomplex auf die übliche Weise. Zunächst durchschreitet man das **Eingangstor,** die **Halle der Himmelskönige** (Tianwang Dian 天王殿) und die **Mahavira-Halle** (Daxiong Baodian 大雄宝殿). Hinter ihr führen Treppen hinauf zur nächsten Ebene. Dort fallen sofort die urigen alten **Pinien** auf, für die der Tempel – neben dem namensgebenden Weihealtar – ebenfalls bekannt ist. Jede von ihnen hat einen Namen. So heißt der waagerecht durch die Balustrade wachsende Baum **Pinie des Schlafenden Drachen,** der Baum links davon ist die **Sorgenlose Pinie.** Interessant ist die noch weiter links stehende **Pinie, die sich bewegt** – zieht man an einem ihrer Äste, zittert der ganze Baum.

Die Plattform hinter der Haupthalle stellt die Überreste des **Pavillons der Tausend Buddhas** (Qianfo Ge 千佛阁) dar, dessen Wände einst Tausende von Buddha-Statuetten schmückten. Geht man auf der Terrasse nach Norden und an zwei weiteren Gebäuden linker Hand vorbei, stößt man auf die mächtige, angeblich 1300 Jahre alte **Neun-Drachen-Pinie,** die mitten auf dem Weg wächst. Von ihrem Rumpf fächern sich neun Hauptstämme auf, die wie neun Drachen gen Himmel streben. Auf der Ebene unter diesem Baum ragen zwei alte **Pagoden aus der Liao- und Yuan-Zeit** hinauf. Originell ist hier ein weiterer Baum, der **Die Pagode Umarmende Pinie** genannt wird.

Gegenüber dieser Pinie führt ein Durchlass in einen großen Hof ganz im Nordosten der Anlage. In seiner Mitte erhebt sich auf einer Plattform der **Platz zur Auswahl Buddhas** (Xuanfo Chang 选佛场).

Die **Halle des Weihealtars** (Jietai Dian 戒台殿) schützt in ihrem Inneren den berühmten dreistufigen, über 3 m hohen **Weihealtar.** Zwischen 1065 und 1074 ließ der Mönch Fajun – seine Asche ist in der bereits erwähnten Liao-zeitlichen Pagode bestattet – an dieser Stelle einen ersten Weihealtar errichten. Der marmorne Altar stammt aus der Ming-Zeit und ist der größte seiner Art in China. Weitere vergleichbare Altäre findet man nur noch in Hangzhou und Quanzhou. Von überall her kamen die Novizen, um sich hier zu buddhistischen Mönchen weihen zu lassen. Auf den zehn Adlerholz-Stühlen, die oben auf dem Altar stehen, saßen der Abt, zwei Älteste und sieben Zeugen für die Ordination der Mönche. Die Nischen des Altars bergen mehrere hundert Figuren von Gottheiten.

Tempel des Teichs und der Wilden Maulbeere ▶ Karte 5, B 3

(Tanzhe Si 潭柘寺)

An der Nationalstraße 108, www.tanzhesi.com.cn, tgl. Sommer 8–17, Winter 8–16.30 Uhr, 55 ¥, Kung-fu-Show 100 ¥

Versteckt in den Bergen des Bezirks Mentougou, ca. 45 km von Beijing entfernt und 8 km östlich vom Jietai Si, liegt eine der ältesten Tempelanlagen Chinas. Ihr Gründungsdatum fiel in die Zeit der Westlichen Jin (265–316), eine Epoche, in der die heutige Kapitale noch gar nicht existierte. Daher rührt auch der Spruch: »Zuerst gab es den Tanzhe Si, danach entstand

Der Meister mit dem Sack, der lachende Dickbauch-Buddha, gilt als die auf Erden erschienene Gestalt des Zukunftsbuddha Maitreya

Youzhou (historischer Name Beijings, of)«. Wie die meisten Tempel erfuhr er zahlreiche Namensänderungen, bis er 1692 **Xiuyun Si** (Berg- und Wolken-Tempel) getauft wurde. Aus dieser Zeit stammen die meisten der heutigen Gebäude. Wegen der Zhe-Bäume – wilde Maulbeerbäume, die früher der Seidenraupenzucht dienten – und des in den Bergen versteckten Drachenteichs (Long Tan 龙潭) wird der Tempel von der lokalen Bevölkerung allgemein nur Tanzhe Si genannt.

Man erreicht den idyllisch gelegenen Komplex über einen alten, gepflasterten Weg, der bei einigen über 100 Jahre alten Kiefern und einem **Schmucktor** endet. Beim ersten Hinsehen gewinnt man den Eindruck einer etwas unübersichtlichen, durcheinandergewürfelten Anlage. Dennoch sind die Gebäude in streng symmetrisch angelegten Höfen entlang dreier paralleler Achsen ausgerichtet. Die Hauptachse zeigt den üblichen Aufbau.

Über eine hübsche steinerne **Brücke** betritt man den Komplex durch das **Bergtor** (Shan Men 山门) und gelangt vorbei an **Glocken-** (links) und **Trommelturm** (rechts) zur **Halle der Himmelskönige** (Tianwang Dian 天王殿). Innerhalb der Halle wachen, wie gewohnt, die Vier Himmelskönige über die Sicherheit und in der Mitte lacht dem Besucher der Dickbauch-Buddha entgegen.

Über eine Treppe gelangt man zur auf einer großen Terrasse gelegenen Haupthalle, der **Mahavira-Halle** (Daxiong Baodian 大雄宝殿). Der Titel Mahavira (*daxiong*) bezeichnet einen mächtigen, furchtlosen Krieger und ist der Ehrentitel Shakyamunis, der in der Halle als goldene, sitzende Statue in schwarzen Gewändern zu sehen ist. Links vom Buddha steht Ananda, einer seiner zehn Hauptschüler, der dank seines ausgezeichneten Gedächtnisses die Lehrreden des Buddha nach dessen Tod niederschreiben konnte. Darüber hinaus gilt er als zweiter Patriarch des Buddhismus. Rechts steht ein weiterer Schüler Buddhas, Mahakashyapa, der erste Patriarch des Buddhismus, dem hohe Tugendhaftigkeit und Selbstdisziplin zugeschrieben werden.

Hinter der Haupthalle betritt man einen großen **Hof,** den rechts und links zwei gewaltige Ginkgo-Bäume flankieren. Dem rechten, angeblich über 1000 Jahre alten Ginkgo verlieh der Qianlong-Kaiser einst den Titel **Kaiserbaum** (Diwang Shu 帝王树).

Die letzte Halle auf der Hauptachse ist der **Vairochana-Pavillon** (Pilu Ge 毗卢阁). Die fünf Buddhas unten repräsentieren von links nach rechts die Weisheit, die Verpflichtung (den buddhistischen Erlösungsweg zu gehen), die Zukunft, das Erwachen (aus der Unwissenheit um das Leiden) und die Tugendhaftigkeit. Vom Balkon bietet sich ein schöner Blick über die Anlage.

Auf der **westlichen Nebenachse** des Tempelkomplexes ist vor allem der **Weihealtar** und am nördlichen Ende die **Avalokiteshvara-Halle** (Guanyin Dian 观音殿) besuchenswert. In Letzterer wird eine Bodenplatte aufbewahrt, auf der Miaoyin, die in diesem Tempel zur Nonne geweihte Tochter Kublai Khans, täglich betete. Etwas links des Gebäudes steht die **Halle des Drachenkönigs** (Longwang Dian 龙王殿), vor der ein großer steinerner Fisch hängt. Er soll angeblich aus einem Meteoriten geschnitzt sein. Durch den hohen Kupfergehalt des Steins erklingen beim Anschlagen sehr klare Töne. Der Fisch soll, so die Legende, in Zeiten der Trockenheit für Regen sorgen können.

Auf der **östlichen Achse** gruppieren sich die Gebäude des **Abthofs** und die **Residenzen des Kaisers und der Kaiserin,** die hier bei ihren Besuchen nächtigten. Interessant ist der **Pavillon des Schwimmenden Bechers** (Liubei Ting 流杯亭), der für ein Trinkspiel gebaut wurde, bei dem man Weinbecher den verschlungenen Wasserlauf entlangtreiben ließ. Hinter dem Pavillon führt ein Weg hinauf zur einsam gelegenen **Drachenquelle** (Long Quan 龙泉) – ein schöner, etwa halbstündiger Spaziergang in die Berge.

Hat man die Tempelanlage verlassen, kann man noch den **Pagodenwald** besichtigen, in dessen Bauten zahlreiche Mönche und Äbte des Klosters seit der Jin-Zeit begraben liegen. Hier am Pagodenwald zeigen die Kungfu-Schüler der tempeleigenen **Kungfu-Schule** mehrmals täglich Kostproben ihres Könnens.

Essen & Trinken

Vegetarisch – **Jiafu Fandian 嘉福饭店:** ▶ Karte 5, B 3, Areal des Tempels des Teichs und der Wilden Maulbeere, am Haupteingang, Anfahrt s. S. 255, tgl. 10–19 Uhr, Gerichte ab 10 ¥. Das Restaurant bietet gute und preiswerte vegetarische Küche im Ambiente eines alten Hofhauses.

Aktiv

Skispaß – **Longfengshan Ski Resort** (Longfengshan Huaxuechang 龙凤山滑雪场)**:** ▶ Karte 4, A 3, Mentougou 门头沟区, Yongding Zhen 永定镇, Wanfotang 万佛堂, U 1 Pingguoyuan, dann 10 Min. per Taxi, tgl. 8–16 Uhr, Eintritt 20 ¥, Pistennutzung halber Tag 60 ¥, ganzer Tag 100 ¥. Im Winter wird es in der Hauptstadt Chinas zwar bitterkalt, aber dennoch schneit es eher selten. Die Lösung für Skifans: Im Longfengshan Ski Resort kann man im Winter auf sechs Pisten, je zwei für Anfänger, Fortgeschrittene und Kön-

Lieblingsort

Ausflug ins Mittelalter

90 km westlich von Beijing schmiegt sich das Ming-zeitliche Dorf **Cuandixia** in einer engen Kurve an die kargen Berghänge. Ursprünglich stand hier nur das Anwesen einer Familie, deren Nachkommen ihrerseits Häuser bauten, bis ein Dorf mit ca. 70 Hofhäusern entstanden war. Viele dieser Häuser sind heute Pensionen, in denen man für 20–25 ¥/ Person übernachten kann. Gegessen wird in den gemütlichen Innenhöfen (ab 20 ¥). Das Dorf ist schnell durchwandert, aber man kann über Treppen gegenüber vom Dorf einen Gipfel mit herrlichen Aussichten besteigen, Spaziergänge in den Bergen machen, Schreine und Tempel besuchen oder die Ruhe und die Landschaft genießen.

Cuandixia 爨底下: ▶ Karte 5, B 3, Bus 892 Cuandixia (892 爨底下) ab U-Bahn-Station Pingguoyuan der Linie 1, Exit A, 7.30, 12.40 Uhr, ca. 2,5 Std., Rückfahrt 10.35, 15.40 Uhr, einfache Fahrt 7 ¥, Eintritt 35 ¥.

ner, Ski fahren. Im Sommer finden hier große Festivals wie das Midi-Musikfest (s. S. 53) statt.

Infos

Anfahrt Tempel des Weihealtars: U 1 Pingguoyuan, Exit A, dann Bus 931, 948.
Anfahrt Tempel des Teichs und der Wilden Maulbeere: U 1 Pingguoyuan, Exit A, dann Bus 931.

Fengtai 丰台区

Westliche Han-Gräber

▶ Karte 4, B 4
(Dabaotai Xihanmu 大葆台西汉墓)
Guogongzhuang 郭公庄, tgl. 9–16 Uhr, 10 ¥
Auf dem 18 000 m² großen Gelände kann man das ausgesprochen gut erhaltene Han-zeitliche **Grab des Prinzen Liu Jian** (73–45 v. Chr.) besichtigen. Neben der faszinierenden, freigelegten unterirdischen Grabanlage dokumentiert eine **Ausstellung** die Geschichte der Fundstelle und die archäologischen Methoden, die bei der Ausgrabung zur Anwendung kamen. Beeindruckend sind sowohl die Konstruktion der Grabanlage als auch die Grabbeigaben, zu denen drei Pferdewagen mit elf Pferden gehören. Des Weiteren gibt es noch eine interessante **Ausstellung** zur Entwicklung Beijings.

Wanping 宛平城 ▶ Karte 4, B 4

Wanping ist eine 1640 erbaute Ortschaft 15 km südwestlich von Beijing, die noch immer von einer intakt gebliebenen **Stadtmauer** umgeben ist. Früher diente die festungsartige Anlage der kaiserlichen Armee als eine Art Kaserne. Eine schöne vom östlichen zum westlichen Stadttor führende Straße, die Chengnei Jie 城内街, in der die Zeit stehen geblieben zu sein scheint, durchzieht den Ort.

Im Zentrum des Städtchens befindet sich die **Gedenkhalle für den Widerstandskrieg gegen Japan**, vor den Stadttoren die **Marco-Polo-Brücke** und der Skulpturenpark **Kangzhan Diaosuyuan** (s. Entdeckungstour S. 262).

Museum für Volkskunst

(Hutong Zhang Lao Beijing Minjian Yishuguan 胡同张老北京民间艺术馆)
tgl. 9–17 Uhr, 10 ¥
In der Nähe des Westtors von Wanping liegt ein schmuckes, der Beijinger Volkskunst und -kultur gewidmetes Privatmuseum. Der Gründer Zhang Yujun, bekannter unter dem Namen Hutong Zhang, hat auf zwei Etagen viele Ausstellungsstücke zusammengetragen und in aufwendiger Detailarbeit eine 100 m lange Miniaturversion typischer Beijinger Straßenszenen aus den 1930er-Jahren zusammengebaut.

Essen & Trinken

Siamesische Köstlichkeiten – **Red Basil** (Zitianjiao 紫天椒): ▶ H 10, Fengtai 丰台区, 5F, GOGO (Wumei Damaichang 物美大卖场), Tel. 010 58 07 03 20, U 5 Puhuangyu, Ausgang B, tgl. 11–22 Uhr, Menü ab 200 ¥. Aufmerksamer Service und exzellentes Essen machen das thailändische Restaurant zu einem der besten in Beijing. Besonders empfehlenswert sind Koong Phad Ka Paow, das an Garnelen nicht spart, oder Kao Phad Supparod, ein leckerer gebratener Reis mit Curry und Ananas.
Restaurantviertel – **Fangzhuang Food Street** (Fangzhuang Meishijie Qu 方庄美食街区): ▶ H/J 10/11, Fengtai, Fang-

zhuang, U 5 Puhuangyu, U 10 Fenzhongsi (in Bau). In dem östlich der U-Bahn-Station Pufanglu gelegenen Straßenkarree von Fangqun Lu 芳群路, Pufang Lu 蒲芳路, Fanggu Lu 芳古路 und Fangxing Lu 芳星路 reihen sich über 70 Restaurants auf, darunter Filialen von Klassikern wie **Quanjude** (Quanjude Kaoya Dian 全聚德烤鸭店, 18 Pufang Lu 蒲芳路, tgl. 11–21.30 Uhr, Menü ab 200 ¥) für Pekingente oder **Jin Ding Xuan** (金鼎轩, 16 Pufang Lu 蒲芳路, tgl. 24 Std., Gerichte ab 10 ¥) für kantonesische Küche. Natürlich finden sich auch **Nudelshops** und **Feuertopf-Restaurants** neben den westlichen **Fastfood-Ketten** Pizza Hut und Kentucky Fried Chicken.

Einkaufen

Endlos-Stoffe – **Zhongrenzhong-Stoffmarkt** (Zhongrenzhong Qingfang Shichang 众人众轻纺市场): ▶ G 11, Fengtai 丰台区, Dahongmen Lu 大红门路, U 10 Dahongmen. Das im Süden von Fengtai gelegene Viertel Muxiyuan 木樨园 ist der größte Stoffmarkt Beijings. Tatsächlich besteht er aus vielen einzelnen Märkten, die sich über das Viertel ausdehnen. Einen ersten Eindruck und Überblick bietet der Zhongrenzhong-Stoffmarkt mit einem schier unglaublichen Angebot an Seiden-, Baumwoll- und anderen Stoffen.

Infos

Anfahrt Westliche Han-Gräber: U 9 Guogongzhuang, dann U Fangshan Line bis Dabaotai.

Anfahrt Wanping: U 16 Wanpingcheng (in Bau); U 2 Changchunjie, dann Bus 661 bis Kangzhan Diaosuyuan. Oder Bus 301 ab Qianmen oder U-Bahn-Station Pingguoyuan bis Kangzhan Diaosuyuan.

Fangshan 房山区

Museum des Pekingmenschen

▶ Karte 5, B 4

Zhoukoudian Beijingren Yizhi Bowuguan 周口店北京人遗址博物馆)
www.zkd.cn, April–Okt. tgl. 8.30–16.30, Nov.–März tgl. 8.30–16 Uhr, 30 ¥

Es gibt auf dem weitläufigen Areal, das die archäologischen Fundstätten des **Drachenknochen-Hügels** (Longgu Shan 龙骨山) umfasst, über 20 Orte, an denen Funde gemacht wurden. Die meisten, darunter die **Höhle des Pekingmenschen** und die **des Oberen Höhlenmenschen,** können besichtigt werden. In einem eigenen **Museumsgebäude** werden viele der Fundstücke oder ihre Nachbildungen ansprechend dokumentiert ausgestellt. Zusätzlich gibt es hier ein **Erdbebenmuseum**, dessen Erklärungen zur Tektonik leider nur auf Chinesisch sind.

Vor etwa 450 Mio. Jahren war das Gebiet um Zhoukoudian, 50 km von Beijing entfernt, Teil eines Meeres. Die Ablagerungsschichten auf dem Meeresgrund wurden zu Kalkstein, und als sich das Wasser infolge von Bewegungen der Erdkruste zurückzog, bildeten sich im Lauf der Jahrtausende durch Witterungseinflüsse Hügel heraus, in denen durch Erosion Höhlen entstanden.

Besondere Berühmtheit sollte der rund 70 m hohe **Drachenknochen-Hügel** erlangen. 1921 fanden Archäologen an dieser Stelle eine an Fossilien besonders reiche Stätte. Dass es hier Versteinerungen gab, war schon seit der Ming-Zeit bekannt, aber man hielt die Fossilienfunde für Drachenknochen und gab dem Hügel kurzerhand seinen eigentümlichen Namen. Nachdem der Fundort ins Blickfeld der Archäologie geraten war, tummelten sich schon bald zahlreiche Wissenschaftler in der Gegend auf der Suche nach ▷ S. 265

Auf Entdeckungstour: Auf den Spuren eines Krieges – an der Marco-Polo-Brücke

Vor den Toren Wanpings überspannt die berühmte Marco-Polo-Brücke, auf Chinesisch Lugou Qiao genannt, einen Fluss. Eine Gedenkhalle und ein Skulpturenpark erinnern an den Beginn eines der düstersten Kapitel der modernen Geschichte Chinas.

Reisekarte: ▶ Karte 4, B 4
Für wen: Am Chinesisch-Japanischen Krieg (1937–45) Interessierte.
Planung: Marco-Polo-Brücke (Lugou Qiao 芦沟桥), www.lugouqiao.org.cn, tgl. 7–18 Uhr, 20 ¥. Gedenkhalle (中国抗日战争纪念馆), Di–So 9–16.30 Uhr, Eintritt frei (Pass!), englische Audioführung.
Start: Wanping (s. S. 260), U 16 Wanpingcheng (in Bau); U 2 Changchunjie, dann Bus 661 bis Kangzhan Diaosuyuan. Oder Bus 301 ab Qianmen oder U-Bahn-Station Pingguoyuan bis Kangzhan Diaosuyuan.

Schon lange hatte Japan ein Auge auf die Mandschurei geworfen. Bereits 1894 hatte es China in den Chinesisch-Japanischen Krieg verwickelt und u. a. die Halbinsel Liaodong und Taiwan annektiert. 1931 besetzten japanische Truppen die Mandschurei und erklärten sie ein Jahr später ›auf Bitte Tausender Demonstranten hin‹ zu einem eigenen Staat: Manzhouguo

(Mandschukuo), mit dem abgesetzten letzten Kaiser der Qing-Dynastie, Pu Yi, als Marionette an der Spitze. Von nun an warf Japan ein Auge auf den Rest Chinas.

Wo alles begann

Am 7. Juli 1937 inszenierten japanische Truppen während eines Manövers den berühmten ›Zwischenfall an der Marco-Polo-Brücke‹, indem sie ein Feuergefecht mit chinesischen Soldaten provozierten. Dies war der eigentliche Beginn des Chinesisch-Japanischen Krieges, in dessen Verlauf Japan weite Teile Chinas eroberte. Aber schon lange vor diesem Tag hatte die berüchtigte japanische Guandong-Armee, die als harmloses ›Dienstleistungsunternehmen‹ zum Schutz japanischer Industrien in der Mandschurei getarnt war, regelmäßig Militäraktionen vom Zaun gebrochen, die sie als ›Zwischenfälle‹ zu verharmlosen pflegte und die für die Zukunft nichts Gutes ahnen ließen.

›Marco Polos Brücke‹

Die Geschichte der **Marco-Polo-Brücke** 1 (Lugou Qiao 芦沟桥) reicht weit zurück. Gleich östlich von Wanping, hinter dem Stadttor, überspannt sie an einer einstmals strategisch wichtigen Stelle scheinbar unverwüstlich den Yongding-Fluss. Sie bildete in früheren Jahrhunderten den einzigen südlichen Zugang zur Stadt. Nachdem die Kaiser der Jin-Dynastie (1115–1234) im heutigen Südwesten Beijings ihre Hauptstadt errichtet hatten, wuchs der Verkehr so stark, dass die Behelfsbrücken über den damals noch Lugou genannten Fluss nicht mehr ausreichten. Zudem wurden die Holzbrücken von den Fluten oft zerstört. 1189 wurde deshalb mit dem Bau des neuen Übergangs begonnen und vier Jahre später war dieses Meisterwerk der Brückenbaukunst fertig.

Die Brücke ist 266 m lang, 8 m breit und wird von elf Bogen getragen. Ihre beiden Geländer bestehen aus je 140 mit Marmorplatten verbundenen Säulen. Auf jeder Säule sitzen/stehen individuell gestaltete Löwenskulpturen, insgesamt 485 an der Zahl: Wer genau hinschaut, wird entdecken, dass auf den Körpern der großen Löwen jeweils noch kleinere eingemeißelt sind. Die tragenden Pfeiler der Brücke sind so konstruiert, dass mit ihrer Hilfe die in früheren Jahrhunderten oft reißenden Strömungen entschärft werden konnten. Jeder Pfeiler endet oben mit einer dreieckigen Eisenspitze, die einer Legende nach die Drachen aufspießten, die Beijing bereits zur Gründungszeit bedrohten, sofern sie sich den Fluss hinunterwagten. Trotz dieser meisterlichen Fertigung wurde die Brücke in den Jahren 1444 und 1689 teilweise von den Fluten zerstört, indes jedes Mal wieder aufgebaut. 1689 erhielt der Fluss auch seinen neuen Namen Yongding He (Fluss der Immerwährenden Beständigkeit), doch im Volksmund hieß er weiterhin pessimistisch Wuding He (Unbeständiger Fluss).

Unter dem Qianlong-Kaiser avancierte die Brücke 1751 zu einer der sogenannten Acht Sehenswürdigkeiten von Yanjing und erhielt den schönen Titel »Der Mondschein vor Tagesanbruch über der Lugou-Brücke«.

Im modernen China ist das Bauwerk trotz seiner bewegten Vergangenheit und architektonischen Schönheit ein vom Tourismus kaum beachtetes Monument. Das war nicht immer so. In Europa verhalf der Venezianer Marco Polo der Brücke posthum zu ihrem heutigen Namen und einiger

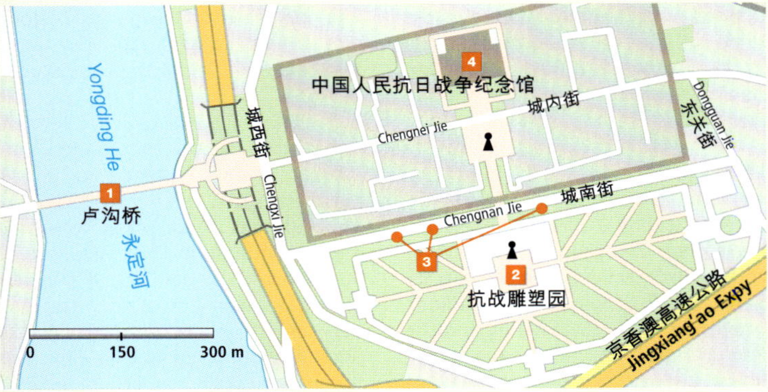

Berühmtheit, nachdem er ihre Pracht in seinen Aufzeichnungen beschrieben hatte. Er nannte sie Pulisangin, aus dem Persischen *pul* für Brücke und *sangin,* einem weiteren Namen für den Yongding-Fluss.

Skulpturen gegen das Vergessen

Anders als bei der Besetzung der Mandschurei wehrte sich China diesmal, wurde aber in einem bis Oktober 1938 dauernden Blitzkrieg überrollt. Schon am 28. Juli fiel Beiping, wie Beijing damals hieß, und 15 Monate später hatte Japan ganz Nord-, Zentral- und Südchina erobert. Nur die Kapitulation Chinas bekamen die Japaner zu ihrer Entrüstung nicht. Stattdessen erreichten sie, dass Republikaner und Kommunisten ihren Bürgerkrieg vorübergehend einstellten und gemeinsam von ihren Basen in Chongqing und Yan'an gegen Japan kämpften.

Japan rächte sich gegen den Widerstand mit unvorstellbaren Gräueltaten, denen Hunderttausende Menschen zum Opfer fielen. Zum Gedenken an den Krieg und die Opfer wurde gleich in der Nähe der Marco-Polo-Brücke ein 20 ha großer **Skulpturenpark des Widerstandskriegs** 2 (Kangzhan Diaosuyuan 抗战雕塑园) angelegt. Auf den hier aufgestellten 40 großen monolithischen Plastiken ist die Geschichte des Widerstands eingraviert. An der Peripherie der Anlage und um die Stadtmauer von Wanping liegen verstreut **schwarze Inschriftensteine** 3 in Form antiker Inschriftentrommeln – und zwar überall dort, wo chinesische Soldaten beim Kampf gegen die japanischen Aggressoren ihr Leben verloren haben. Auf den Trommeln wird die Geschichte des Widerstandskampfs bis 1945 erzählt, und auch wenn alles auf Chinesisch ist, vermag die Gedenkstätte doch starke Emotionen zu wecken.

Noch mehr Erinnerung

Im Zentrum des Ortes Wanpings steht die **Gedenkhalle für den Widerstandskrieg gegen Japan** 4 (Zhongguo Renmin Kangri Zhanzheng Jinianguan 中国人民抗日战争纪念馆), deren Grundsteinlegung am 7. Juli 1986 stattfand. Ein Jahr später, genau 50 Jahre nach Kriegsbeginn, wurde sie fertig. In einer Ausstellung wird der Widerstandskampf mit vielen bewegenden Bildern und Exponaten dokumentiert.

Mosaiksteinchen und Sensationen. Aber erst 1927 begann die systematische Erforschung des Hügels. Zwei Jahre später wurden die Mühen belohnt, als der chinesische Paläoanthropologe Pei Wenzhong die Schädeldecke eines Hominiden fand. Der hinter dem Schädel vermutete Urmensch erhielt den wissenschaftlichen Namen *Sinanthropus pekinensis* und soll bereits vor ca. einer halben Million Jahren an dieser Stelle gelebt haben. Etwa 300 000 Jahre lang diente der Hügel vermutlich den **Pekingmenschen** als Siedlungsort. Die Sensation war also perfekt.

In den folgenden Jahren entdeckte man versteinerte Reste von über 40 Individuen, die das Bild der Pekingmenschen zu vervollständigen halfen. So waren die Männer ca. 1,55 m groß, die Frauen etwas kleiner. Die Augenbrauen traten stärker hervor als beim *Homo sapiens,* die Stirn war niedrig und flach, der Kiefer hervorstehend. Der Pekingmensch glich eher einem Menschenaffen, ging aber aufrecht, benutzte selbst hergestelltes Werkzeug und konnte mit Feuer umgehen.

Oberhalb der Höhle des Pekingmenschen, dicht unter dem Gipfel des Hügels, fand man 1933 und 1934 Überreste der **Oberen Höhlenmenschen,** die vor ca. 12 000–27 000 Jahren lebten und zur Spezies *Homo sapiens* gehören. Die Jagdbeute beider Menschentypen – wobei in Bezug auf die Knochenfunde noch nicht einwandfrei geklärt ist, wer hier wen gejagt hat – dokumentiert wie in einem reichhaltigen Bilderbuch die frühere Tierwelt, präsentiert Nashörner und Elefanten, Biber, Otter, Büffel, Strauße, Kamele und nicht zuletzt Pferde. So wird der Blick frei auf 500 000 Jahre Entwicklung von Flora und Fauna, aber auch auf die Veränderungen der Topografie.

Und der Schädel, mit dem alles begann? Er spielte eine mysteriöse Rolle in einem unrühmlichen Stück Archäologie: Nach der Besetzung Beijings durch die Japaner sollte der Schädel zusammen mit anderen Knochenfunden auf Vorschlag der Amerikaner außer Landes gebracht werden. Er wurde daraufhin 1941 im amerikanisch geführten Xiehe-Krankenhaus zwischengelagert – und verschwand. Jeder verdächtigte jeden des Raubes, aber das Objekt war wohl auch zu berühmt, als dass irgendjemand hätte zugeben wollen, den Schädel zu besitzen. So wird er vielleicht, wie schon in den vergangenen 500 000 Jahren, irgendwo seine Ruhe wiedergefunden haben.

Shangfang Shan 商贩山

▶ Karte 5, B 4

www.shfsh.com.cn, Shangfang Shan und Yunshui-Höhle tgl. 8–16 Uhr, 40 ¥, Seilbahn zur Höhle 30 ¥, Hin- und Rückfahrt 50 ¥

20 km vom Museum des Pekingmenschen und ungefähr 75 km südlich von Beijing erhebt sich die **Shangfang-Bergkette** mit zwölf Gipfeln und neun Höhlen, darunter die **Yunshui-Höhle** (Yunshui Dong 云水洞), eine der größten Karsthöhlen Nordchinas. In der innen grellbunt ausgeleuchteten Höhle ähneln alle Tropfsteine – natürlich – irgendwelchen buddhistischen Heiligen.

Die Landschaft aus imposanten Felsen, Schluchten und Wäldern ist seit über 1000 Jahren für ihre buddhistischen Tempel und ihre Schönheit immerhin so berühmt, dass ein bekannter chinesischer Spruch wie folgt abgewandelt wurde: »Im Süden gibt es Suzhou und Hangzhou, während es im Norden die Shangfang-Berge gibt.« Von einst 75 Tempeln in den Bergen sind heute lediglich noch 16 erhalten. Der Wanderweg zur Höhle führt steil hinauf in die Berge. Man benötigt etwa 3 Std. oder man nimmt die Seilbahn.

Tempel der Wolkenresidenz !

▶ Karte 5, B 4
(Yunju Si 云居寺)
www.yunjusi.com, Sommer 8.30–17 Uhr, Winter 8.30–16.30 Uhr, 40 ¥
Mit dem Bau des wunderschön in den Bergen liegenden Wolkenheiligtums wurde im 7. Jh. begonnen, nachdem eine verheerende Flut Tausende von Baumstämmen hier gestaut hatte, die für den Bau verwendet werden konnten. 1940 zerstörten die Japaner den Tempel stark. Als man dann 1981 begann, den Tempelkomplex zu restaurieren, fand man zwei knochenförmige Goldbehälter mit winzigen Knochenreliquien. Am 28. April 1987 wurden diese offiziell zu **Reliquien Shakyamunis** erklärt, nachdem sich in Aufzeichnungen aus der Ming-Zeit die Identität der Funde angeblich bestätigt hatte.

Zu den Hauptattraktionen des Tempels gehören außerdem sieben sehr gut erhaltene **Pagoden** und der **Schrein** im hinteren Teil des Tempels, wo die Buddha-Reliquien aufbewahrt werden. Im erst in jüngster Zeit errichteten unterirdischen **Sutra-Palast** werden über 10 000 antike, mit Sutren beschriebene Steintafeln aufbewahrt, die aus den umliegenden Höhlen des Shijing Shan geborgen werden konnten.

Berg der Steininschriften

▶ Karte 5, B 4
(Shijing Shan 石经山)
Sommer 8.30–17, Winter 8.30–16.30 Uhr, 15 ¥, Seilbahn zum Gipfel Hin- und Rückfahrt 30 ¥
Zusammen mit dem gegenüber am Fuß des Shijing-Berggebiets stehenden Yunju Si wird das gesamte Areal in Anlehnung an die berühmten buddhistischen Mogao-Grotten von Dunhuang in der Provinz Gansu auch als Mini-Dunhuang bezeichnet. In neun Höhlen fand man am Shijing Shan 14 278 bis zu 1000 Jahre alte **Steininschriften,** unter ihnen die einzigen kompletten in Stein gemeißelten Texte der buddhistischen Sutren, die in China existieren. Die größte und interessanteste der Grotten ist die **Höhle des Donnergrollens** (Leiyin Dong 雷音洞). Sie birgt vier unregelmäßig behauene, achteckige Steinsäulen, in die 1806 Buddha-Figuren geschlagen sind. Eine Seilbahn fährt auf den 450 m hohen Gipfel, aber das Gebiet eignet sich auch für schöne Wanderungen.

Zehn Übergänge ▶ Karte 5, A 4

(Shi Du 十渡)
www.shidu.com, Qidu/Gushanzhai Mai–Sept. tgl. 8–18, sonst 8–17 Uhr, 60 ¥
Zu den interessanten Landschaften in der Region zählen die Zehn Übergänge, so genannt, weil man auf dem Weg von Zhangfang in ein Dorf namens **Shidu** (Zehn Übergänge) den Juma-Fluss zehnmal überqueren muss. Dieser windet sich hier über 15 km durch ein pittoreskes Karsttal.

Die bekanntesten Aussichtspunkte finden sich am **achten, neunten** und **zehnten Übergang.** Beim neunten Übergang steht ein 10 m hoher Felsen, die **Terrasse der Sicht Buddhas** (Wangfo Ting 望佛亭), auf der man das Schriftzeichen *fo* 佛 für Buddha lesen kann – eine Laune der Natur.

Viele Besucher fahren direkt nach **Shidu,** da es hier eine große Anlage zum **Bungee-Jumping** gibt, aber viel schöner ist die Region zum **Wandern.**

Infos

Anfahrt Museum des Pekingmenschen: Bus 616 ab südlicher Vorplatz Beijing-Westbahnhof oder Bus 832 ab Busbahnhof Tianqiao bis Liangxiang Beiguan 良乡北关, dann Bus 38 oder Taxi bis Zhoukoudian 周口店.
Anfahrt Shangfang Shan: Bus 917 ab Busbahnhof Tianqiao (7, 8, 15, 16 Uhr)

bis Fangshan 房山, dann Taxi oder Minibus 15 bis Shangfang Shan.
Anfahrt Tempel der Wolkenresidenz und Berg der Steininschriften: Bus 917 (Richtung Zhangfang 张坊 oder Shidu 十渡) ab Busbahnhof Tianqiao bis Yunjusi Daokou 云居寺道口, dann Taxi (10 km bis zum Tempel).
Anfahrt Zehn Übergänge: Bus 917 (Richtung Zhangfang 张坊 oder Shidu 十渡) ab Busbahnhof Tianqiao hält an allen zehn Übergängen.

Mein Tipp

Rundwanderung durch Berge und Schluchten
Vom Dörfchen **Gushanzhai** 孤山寨 (▶ Karte 5, A 4) am Siebten Übergang (Qi Du 七渡) führt eine 200 m lange **Hängebrücke** (20 ¥) über den Fluss und zu einem 10 km langen **Rundwanderweg** durch die Berge. Man passiert Wasserfälle und durchwandert Schluchten. Für die Wanderung, auf der teilweise steile Treppen zu überwinden sind – Kondition, gutes Schuhwerk und Wasser sind also erforderlich –, sollte man inklusive Pausen ca. 3–4 Std. einplanen.
Anfahrt: s. Zehn Übergänge S. 266.

Westliche Qing-Gräber ▶ Karte 5, A 4

(Qing Xiling 清西陵)
www.qingxiling.com, Sammelkarte für alle vier Gräber 122 ¥, Tai Ling 47 ¥, Mu Ling 20 ¥
Auf dem nahezu 800 km² umfassenden Areal im Kreis Yixian (Provinz Hebei) ca. 125 km südwestlich von Beijing befinden sich neben den vier Kaisergräbern auch Gräber von Kaiserinnen, Konkubinen, Prinzen und Prinzessinnen. Besuchenswert sind vor allem das **Tai Ling** 泰陵 des Yongzheng- und das **Mu Ling** 墓陵 des Daoguang-Kaisers.

Dass es zwei Qing-zeitliche Grabanlagen gibt, liegt wahrscheinlich in der intriganten und blutigen Geschichte kaiserlicher Nachfolgestreitigkeiten begründet. Nachdem der Yongzheng-Kaiser (reg. 1723–35) die Nachfolgefrage für sich entschieden hatte, indem er den Thronfolger und 14. Sohn des Kangxi-Kaisers sowie weitere Brüder umgebracht hatte, überfielen ihn offensichtlich Skrupel, seine letzte Ruhestätte neben der seines Vaters Xuanye zu errichten (zumal er dessen Ermordung möglicherweise ebenfalls initiiert hatte). Seine offizielle Begründung lautete hingegen, dass es bei den Östlichen Gräbern keine geeignete Stelle mehr für ein kaiserliches Grab gebe. So ließ er als Erster seine Grabanlage westlich von Beijing anlegen.

Allerdings sah das sein Nachfolger, der Qianlong-Kaiser, anders und gab ein Edikt heraus, demzufolge die nachfolgenden Kaiser abwechselnd im Osten und Westen bestattet werden sollten. Entsprechend befinden sich die Gräber seines Nachfolgers, des Jiaqing-Kaisers, sowie des Daoguang- und des Guangxu-Kaisers im westlichen Komplex. Einzig Pu Yi, dem letzten Kaiser, wurde die Bestattung in den Kaisergräbern verwehrt; er wurde eingeäschert und auf dem Prominentenfriedhof Babaoshan beigesetzt.

Infos

Anfahrt: Fernbus vom Busbahnhof Lizeqiao 丽泽桥 bis Yixian 易县, dann Bus 9 zu den Gräbern.

Das Beste auf einen Blick

Beijings Norden

Highlights !

Große Mauer: Die Große Mauer war das sichtbarste Zeichen für die Trennung der Welt in eine chinesisch-zivilisierte und eine barbarische Welt mit rauem Klima, ausgedehnten Urwäldern, endlosen Steppen und wilden Tieren. 10 000 Li war die erste Mauer lang und trug ihr den Namen 10 000-Li-Mauer (Wanli Changcheng) ein. S. 276

Östliche Qing-Gräber: Die Ruhestätten der Kaiser mussten der Bedeutung der Verstorbenen im Jenseits Rechnung tragen. So kamen als Grabstätten nur Bauwerke in Frage, die symbolisch den Kaiserpalast widerspiegelten. Die Östlichen Qing-Gräber gehören in dieser Hinsicht zu den aufwendigsten Nekropolen verstorbener Kaiser. S. 283

Auf Entdeckungstour

Paläste für die Ewigkeit – die Ming-Gräber: Die Paläste der Ming-Kaiser für das Jenseits stehen jenen des Diesseits hinsichtlich ihrer Größe nicht nach – ein beeindruckendes Beispiel des kaiserlichen Totenkults. S. 272

Wanderung auf der Großen Mauer: Die Mauer ohne Menschenmassen – bei Jinshanling und Simatai zieht sich einer der imposantesten Mauerabschnitte durch eine einsame, grandiose Bergwelt. S. 278

Kultur & Sehenswertes

Yinshan-Pagodenwald: Das Berggebiet des Yin Shan war ab dem 12. Jh. gut 600 Jahre lang mit über 72 Klöstern eines der buddhistischen Zentren Chinas. Sieben Pagoden aus dem 12./ 13. Jh. erinnern an die Glanzzeit. S. 270

Tempel der Roten Meeresschnecke: Der riesige Komplex ist ein Zentrum des Buddhismus des Reinen Landes und des Qigong. S. 280

Aktiv unterwegs

Longqing-Schlucht: Das Naturparadies ist zugleich ein vielseitiges Naherholungsgebiet: Kajak fahren, reiten, klettern. Im Winter locken bunt beleuchtete, große Eisskulpturen. S. 280

Genießen & Atmosphäre

Kangxi-Grasland: Sich einmal ein wenig wie Dschinghis Khan fühlen, in einer Jurte übernachten oder über das Grasland reiten, all das bietet die weite Grassteppe vor den Toren der Stadt. Wer hier übernachtet, sieht bei klarem Wetter sogar den Sternenhimmel. S. 280

Abends & Nachts

Red Capital Ranch: Auch an der Großen Mauer braucht man nicht auf sein abendliches Vergnügen zu verzichten. Wer in der Red Capital Ranch in einem privaten Tal am Fuß der Großen Mauer übernachtet, kann es sich abends in der Cigar Bar gemütlich oder auf der Terrasse der Mandchurian Hunting Lodge bequem machen. S. 282

Via Große Mauer von den Ming- zu den Östlichen Qing-Gräbern

Die Stadtteile Changping und Huairou sowie die Kreise Yanqing und Miyun im Norden Beijings bieten viel Natur, zerklüftete Berge und darin eingebettet jede Menge Kultur, darunter die Nekropolen der Ming-Herrscher mit den Hauptgräbern Chang Ling und Ding Ling, die monumentale Große Mauer bei Badaling oder Mutianyu, das von Bergen und Wäldern umgebene Kangxi-Grasland und die Longqing-Schlucht. Ein Abstecher in die Provinz Hebei führt zu den Östlichen Qing-Gräbern in Zunhua. Die Modernisierung erfasst die Region erst nach und nach, Autobahnen führen zu den wichtigsten Ausflugszielen, aber nach wie vor findet man hier ein ausgeprägtes Landleben, das noch so gar nicht von der Hektik der Hauptstadt erfasst worden ist.

Changping 昌平区

Ming-Gräber ▶ Karte 5, B 2
(Ming Shisanling 明十三陵)
www.mingtombs.com, Weg der Seelen 8.30–17.30, Winter/Sommer 25/35 ¥, Chang Ling 8–17, Winter/Sommer 35/50 ¥, Ding Ling 8–17.30, Winter/Sommer 45/65 ¥, Zhao Ling tgl. 8–17.30 Uhr, Winter/ Sommer 25/35 ¥, Anfahrt s. S. 276
Mit der Verlagerung der Hauptstadt von Nanjing nach Beijing durch Zhu Di, der als Yongle-Kaiser 1403–24 regierte, war eine gewaltige Bautätigkeit verbunden. Er ließ den Kaiserpalast errichten und die Große Mauer erneuern und befestigen. Darüber hinaus musste ein Platz für eine kaiserliche Grabanlage gefunden werden. Um den hierfür passenden Ort auszuwählen, führten Geomanten (Erdwahrsager) eine Ortsbestimmungszeremonie mit Götterbefragung durch. Fündig wurde man ca. 50 km nordwestlich von Beijing, im Kreis Changping am Fuß des Tianshou Shan 天寿山. Die Bauern im Tal wurden enteignet und als Bauarbeiter eingesetzt.

Die Transporte für die Grabanlagen waren nur im Winter durchführbar. Alle 500 m wurde ein Brunnen gebohrt und das Wasser auf dem Boden verteilt. Auf der so entstandenen Eispiste zogen die Arbeiter mit Seilen mühsam die Materialien zur Grabstätte. Um etwa einen 10 m langen, 3,3 m breiten und 1,8 m hohen Steinquader aus dem Kreis Fangshan zur Baustelle zu schaffen, benötigten 20 000 Arbeiter 28 Tage. Im Lauf der Ming-Zeit entstanden so die Gräber von 13 der 15 Ming-Kaiser. Chang, Ding und Zhao Ling wurden inzwischen restauriert (s. Entdeckungstour S. 272).

Yinshan-Pagodenwald
▶ Karte 5, C 2
(Yinshan Talin 银山塔林)
Xingshou, Xihu 兴寿镇西湖村, tgl. April–Okt. 8–17.30, Nov.–März 8–17 Uhr, 25 ¥, Anfahrt s. S. 276
Nordöstlich der Ming-Gräber ragen am Fuß des **Silberbergs** (Yin Shan 银山) sieben mächtige 20–30 m hohe Pagoden auf. Sie gehören zu einem Ensemble von einstmals 18 Pagoden, die während der Jin- (1115–1234) und der nachfolgenden mongolischen Yuan-Dynastie errichtet wurden. Zu jener Zeit standen hier 72 buddhistische Klöster, die den Yin

Shan zu einem der bedeutendsten buddhistischen Zentren Chinas machten. Der damals größte Komplex war das **Dayansheng-Kloster** (Dayansheng Si 大延圣寺), zu dem die Pagoden gehörten.

Ab dem 17. Jh. begannen die Tempelanlagen wegen fortdauernder Kriege langsam zu verwaisen und zu verfallen. Die Japaner zerstörten im Lauf ihrer Invasion in den 1940er-Jahren die restlichen Anlagen. Einzig fünf Pagoden aus der Jin-Zeit und zwei aus der Yuan-Zeit, in denen die Äbte umliegender Klöster bestattet worden waren, blieben erhalten.

Wer Lust auf eine Wanderung hat, der kann hinter den Pagoden in rund einer Stunde auf den **Gipfel des Yin Shan** gelangen. Von dort oben bietet sich eine herrliche Aussicht auf die fünf Pagoden und die sie umgebende Landschaft. ▷ S. 276

Infobox

Reisekarte: Changping Karte 5, B/C 1/2, Yanqing ▶ Karte 5, A/B 1/2, Huairou ▶ Karte 5, C/D 1/2

Infos

www.chply.com und **www.cply.com.cn:** Zwei Websites von Changping, aktuell nur auf Chinesisch.

www.hrly.com.cn: Website zu den touristischen Attraktionen von Huairou, teilweise mit englischen Informationen.

www.mylvyou.com.cn: Ansprechend gestalteter Webauftritt der Touristikbehörde von Miyun, nur auf Chinesisch.

www.yqtour.gov.cn: Website der Touristikbehörde von Yanqing, nur auf Chinesisch.

Ausgangspunkt

Bei den **Bussen** in die Vororte ist grundsätzlich zu beachten, dass es von einigen Linien zwei oder mehrere Varianten geben kann. Bei den Bussen ist die jeweilige Variante mit angegeben, und man darf nur die genannte Verbindung benutzen, will man ans Ziel kommen.

Vom **Ausflugsbuszentrum** am Qian Men und an der U-Bahn-Station Xuanwumen fahren an den meisten Tagen Busse in die Umgebung. Einige Ziele wie die Longqing-Schlucht werden nur an Wochenenden angefahren. Im Preis sind in der Regel Eintritte und Mittagessen enthalten. **Infos zu den Ausflugslinien:** www.bjlyjszx.com/ (aktuell nur teils auf Englisch).

Essen & Trinken

Bei allen in diesem Kapitel genannten Ausflugszielen gibt es viele **einfache Restaurants,** die man aufsuchen kann. Wie überall auf der Welt ist die Qualität des Essens mäßig und die Preise sind viel zu hoch, aber für eine einfache Mahlzeit reichen sie allemal aus. Fast alle Hotels in Beijing bereiten für Ausflüge aber auch problemlos **Lunchpakete** vor.

Souvenirs

Allgegenwärtig sind die üblichen **Souvenirshops.** Die meisten tragen hochtrabende Namen wie Dingling Fine Works Shopping Center, Changling Handicraft Shop oder Badaling Art Shop. Überall muss man kräftig feilschen, aber wegen der vielen Besucher ist es manchmal schwer, die gewünschten Preise zu bekommen.

Auf Entdeckungstour: Paläste für die Ewigkeit – die Ming-Gräber

Wie alle chinesischen Herrscher, dachten die Ming-Kaiser schon zu Lebzeiten an die Zeit nach dem Tod. Ihre Paläste für das Jenseits stehen jenen des Diesseits hinsichtlich ihrer gigantischen Ausmaße in nichts nach – ein beeindruckendes Beispiel des kaiserlichen Totenkults, dass Sie auch eigenständig erkunden können.

Reisekarte: ▶ Karte 5, B 2
Planung: Für den Weg der Seelen, Chang Ling und Ding Ling sollte man je ca. 1 Std. einplanen. Website, Öffnungszeiten, Eintritt s. S. 270.
Start: Bushaltestelle Nanxincun oder Da Gongmen am Weg der Seelen, dann Bus 314 zu Chang Ling und Ding Ling.
Anfahrt: s. S. 276.

Im alten China glaubte man, dass die Seele eines Verstorbenen beliebig im Diesseits wandeln und den Menschen Glück und Unglück bringen könne. Entsprechend mussten die Seelen der Ahnen nicht nur durch bestimmte Rituale, die durch den Ahnenkult vorgegeben waren, zufriedengestellt werden, auch die irdischen ›Wohnstätten‹ mussten der Bedeutung der Verstorbenen im Jenseits Rechnung tragen. Entsprechend dem Rang eines Kaisers spiegelte sich in der Konstruktion des Mausoleums symbolisch der

Aufbau des Kaiserpalasts wider, und jeder Herrscher ließ schon zu Lebzeiten die oft jahrzehntelangen Bauarbeiten beginnen und inspizierte ihren Fortschritt.

Der Weg der Seelen

Auf dem Weg zum Chang Ling passiert man zunächst ein **Ehrentor** 1 (Shi Paifang 石牌坊) aus weißem Marmor, das den Beginn des 7 km langen Weges der Seelen schmückt. Sechs Säulen tragen das 430 Jahre alte und 29 m breite Tor. Dahinter folgt das Haupttor, das **Große Palasttor** 2 (Dagong Men 大宫门), das manchmal wegen seiner Farbe auch **Großes Rotes Tor** (Da Hongmen) genannt wird. Früher verlief von hier aus eine 40 km lange Schutzmauer mit zehn Wachtürmen um die Grabanlagen. Zu beiden Seiten des Tores verkündet eine Tafel den Befehl, dass 100 Fuß vor dem Tor alle militärischen und zivilen Würdenträger vom Pferd abzusteigen hatten. Eine Zuwiderhandlung galt als Missachtung des Kaisers. Das Dahong Men war einst mit drei schweren Holztoren verschlossen, deren mittleres nur anlässlich der Beerdigung eines Kaisers geöffnet wurde. Etwa 500 m hinter dem Großen Palasttor erreicht man den **Stelenpavillon** 3 Ting 碑亭) von 1426, der eine 6,5 m hohe, von einer Schildkröte getragene Marmorstele birgt.

Hinter diesem Pavillon beginnt die Allee der Steinernen Statuen, auch Geisterstraße, Heiliger Weg oder **Weg der Seelen** 4 (Shen Dao 神道) genannt. Anders als bei den Grabanlagen früherer Dynastien üblich, teilen sich die 13 Ming-Gräber, aber auch die Qing-Gräber einen gemeinsamen Weg der Seelen, der zunächst auf das Grab des ersten hier bestatteten Kaisers, das Chang Ling für den Yongle-Kaiser (bei den Östlichen Qing-Gräbern auf das Xiao Ling), zuläuft und sich dann verzweigt, um in zahlreichen Biegungen auf die einzelnen Grabstätten zuführen.

Die Seelenwächter

Aber egal ob gerade oder gebogen, nie fehlen die **Skulpturengruppen**, die im Fall der Ming-Gräber aus zwölf Beamten- und 24 Tierskulpturen bestehen. Jede dieser Skulpturen wurde aus je einem weißen Steinblock gehauen. Die **Beamten** symbolisieren die Loyalität zum Kaiser, während die **Tiere** als Tag- und Nachtwachen für die Verstorbenen stehen. Jedes der Tiere hat dabei eine eigene Symbolik. Der Löwe steht aufgrund seiner Kraft und Würde für ehrfurchtsvollen Respekt. Kamel (Abb. S. 272) und Elefant waren zuverlässige Lasttiere in Wüsten- und Tropenregionen und symbolisieren die Weite des chinesischen Territoriums. Das Xiezhi ist ein mythisches Einhorn, dem nachgesagt wurde, dass es zwischen Gut und Böse unterscheiden und daher böse Menschen erkennen könne. Es sollte böse Einflüsse von den Gräbern fernhalten. Das Qilin wiederum ist eines der vier göttlichen Tiere (zusammen mit Drache, Phönix und Schildkröte) und schuf durch seine Anwesenheit ein günstiges Ambiente für das Grab. Das kaiserliche Reitpferd durfte schließlich im Reigen der Tiere ebenfalls nicht fehlen.

Das Tor der Kaiser

Der Heilige Weg endet am **Lingxing-Tor** 5 (Lingxing Men 棂星门), dem Tor des Sternes, der die (Beamten-)Karriere lenkt, auch Drachen- und Phönixtor (Longfeng Men) genannt, einem Symbol des Kaisers und der Kaiserin,

die durch dieses Tor schließlich zu den ihnen zugedachten Grabstätten befördert wurden. Lingxing bezeichnet den Stern der Literatur, einen Stern im Großen Bären.

Durch das Opferviertel …

Der Grundriss eines Ming-Grabes besteht aus einem viereckigen vorderen Teil, der den Palast symbolisiert, und einem ovalen oder kreisförmigen hinteren Bereich, Symbol des kaiserlichen Hofes. Im vorderen Teil befand sich der **Opferbezirk** für die Gedenkfeiern und Opferzeremonien, entsprechend stehen hier die meisten Gebäude. Man betritt diesen Bezirk stets durch ein dreibogiges **Eingangstor.** 100–150 m vor diesem Eingangstor steht eine von einem mächtigen Bixi, dem neunten Sohn des mythischen Drachens, getragene **Stele.** Diese einer Schildkröte ähnelnde Kreatur steht nicht nur für unwandelbare Festigkeit, sie symbolisiert auch dank ihres runden Panzers den Himmel und wegen ihrer flachen Unterseite die Erde.

… über die Opferhalle …

Hinter dem Eingangstor folgen ein, zwei oder wie beim Chang Ling und Ding Ling drei Höfe, wobei die meisten Gräber derer zwei aufweisen. Im ersten oder zweiten Hof findet sich die **Halle des Erhabenen Wohlwollens** (Ling'en Dian), die auch **Opferhalle** (Xiang Dian) genannt wird. Davor stehen ein oder zwei oft prächtige, aus Keramikziegeln gestaltete Öfen zum Verbrennen der Opfergaben. Das Hauptgebäude ist die Opferhalle, die manchmal von zwei Seitenhallen flankiert wird. Hinter der Haupthalle folgt ein **Altar** mit den steinernen Nachbildungen der Fünf Heiligen Gefäße (zwei Vasen, zwei Leuchter, ein Räuchergefäß).

Das **Chang Ling** 6 长陵 für den Yongle-Kaiser (reg. 1403–24) ist das oberirdisch imposanteste und bedeutendste Grab. Augenfällig wird dies durch die mächtige **Halle der Gnade**. Diese Opferhalle ist nach der Taihe Dian im Kaiserpalast die zweitgrößte aus Holz erbaute Halle in China. Bemerkenswert sind die 32 je 10 m hohen Säulen aus Nanmu, dem Holz einer Zedernart, die nur im Südwesten des Landes, fast 4000 km von Beijing entfernt, wächst. Drei Jahre dauerte ihr Transport bis zur Grabstätte des Kaisers. Heute ist hier ein Teil der Grabfunde aus dem Ding Ling (s. S. 275) zu sehen.

… zum Seelenturm

Hinter dem Altar durchschreitet man ein **Lingxing-Tor** oder Zwei-Säulen-

Tor. Diese Tore sollen schon seit der Han-Zeit vor den Kaisergräbern errichtet worden sein, um den Agrargott Lingxing um reiche Ernten zu bitten. Er birgt eine Stele, auf der der posthum verliehene Tempelname des Kaisers eingraviert ist.

Schatzmauer- und Schatzdach

Hinter dem Opferviertel schließt der eigentliche ovale oder runde **Grabhügel** den Grabaufbau ab. Dieser Hügel ist wie eine runde Festung gestaltet, gebildet von der Schatzmauer *(baocheng),* deren Innenraum mit Erde aufgeschüttet wurde, bis die Erde über die Zinnen hinausragte und eine Kuppel, das sogenannte Schatzdach *(baoding),* bildete. Der wichtigste Teil des Grabes aber ist die **unterirdische Palastanlage.** Sie ahmt in ihrem Grundriss den Aufbau des Kaiserpalasts nach. Damit war gewährleistet, dass auch nach ihrem Tod die Himmelssöhne im Jenseits die ihnen gewohnten Lebensumstände vorfanden.

Luxuriöser Totenpalast

Als bisher einziges Grab wurde das **Ding Ling** 定陵 7, die Grabstätte des 13. Ming-Kaisers Zhu Yijun (Wanli, reg. 1572–1620) 1956 geöffnet, nachdem Archäologen zufällig auf eine Inschrift stießen, die auf den Zugang zur Gruft hinwies – eine Ironie des Schicksals, fürchtete doch kein anderer Kaiser Grabräuber so sehr wie der Wanli-Kaiser, der seine letzte Ruhestätte, an der 30 000 Arbeiter sechs Jahre lang arbeiteten, stark sichern ließ. Der Bau verschlang 8 Mio. Tael Silber, eine Summe, die damals der Bodensteuer des gesamten Landes aus zwei Jahren entsprach.

Die unterirdischen Gewölbe des Ding Ling sind mit fünf Sälen entlang einer Achse angelegt, drei bilden die Zentralachse, zwei die Nebenkammern. 27 m unter der Oberfläche des Erdhügels liegt ein **Totenpalast** von 1195 m^2 Fläche. Türen aus 4 t schweren, von außen nur schwer zu öffnenden Marmorplatten verschlossen das Grab. Die drei Gewölbe der Zentralachse bilden einen Vorraum und dahinter einen **Thronsaal,** in dem drei Marmorthrone stehen, von denen der mittlere dem Kaiser zugedacht war. Die **Opfergegenstände** vor den Thronen sind gleichzeitig Symbol der vor dem Kaiser knienden Hofbeamten. Zuletzt folgt das **Herrschergemach,** die eigentliche Grabkammer – über 250 m^2 groß und 9 m hoch – worin die Särge des Kaisers, seiner Haupt- und einer Nebenfrau standen. Hier fand man 26 Truhen mit über 3000 Kunstschätzen – die qualitätvollsten Kunstwerke der Ming-Zeit. Heute stehen in der Gruft nur noch die Nachbildungen der Truhen und Särge sowie drei mit Reliefs verzierte Marmorthrone, die von Altären, Leuchtern und Weihrauchbehältern umgeben sind.

Ein Teil der atemberaubenden Beigaben ist in der **Ausstellungshalle** vor dem Grab und in der Halle der Gnade des **Chang Ling** 6 zu sehen. Vier mit je 5000 Edelsteinen geschmückte Kronen sind die wohl wertvollsten Objekte aus dem Grab.

Vollständig restauriert

Ein weiteres Grab, das man besichtigen kann, ist schließlich das **Zhao Ling** 昭陵 8, in dem der 12. Ming-Kaiser Zhu Zaihou (Longqing, reg. 1566–72) mit seinen drei Kaiserinnen beigesetzt wurde. Es ist das erste vollständig restaurierte Grab der Nekropole, das nach originalen Plänen wiederaufgebaut wurde.

Infos

Anfahrt Ming-Gräber
Weg der Seelen 神道: U 5 Tiantongyuan, dann Bus 22 bis Da Gongmen 大宫门.
Anfahrt Chang Ling 长陵, **Ding Ling** 定陵: ab Deshengmen Bus 345, 881 bis Changping Dongguan 昌平东关, dann Bus 314.
Anfahrt Zhao Ling 昭陵: U 5 Tiantongyuan, dann Bus 22.
Ausflugsbusse der Linie A fahren tgl. 6.30–10.30 Uhr ab Ausflugbusbahnhof am Qian Men (50 m südlich vom Ausgang C der U-Bahn-Station Qianmen) nach Badaling und zu den Ming-Gräbern (160 ¥ inkl. Eintritte, Mittagessen), Abfahrt wenn der Bus voll ist.

Anfahrt Yinshan-Pagodenwald
Ab Deshengmen Bus 345 bis Changping Beizhan 昌平北站, dann Bus 31 bis Yinshan Jingqu 银山景区.

Yanqing und Huairou

Große Mauer !

(Wanli Changcheng 万里长城)
Das Bedürfnis, Sicherheit durch Mauern zu schaffen, ist alt und weit verbreitet. Aber wohl nirgendwo sonst spielten Mauern so lange eine dominierende Rolle wie im Reich der Mitte. Die Mauer war heilig und gleichzeitig Kennzeichen einer Stadt. Erhalten geblieben ist diese Symbiose in dem Wörtchen und dem Schriftzeichen *cheng* 城, das sowohl Stadt als auch Mauer bedeutet.

Bereits im 7. Jh. v. Chr. begann das Königreich Chu mit dem Bau eines Walls, um sich vor Qi, seinem eroberungslüsternen Nachbarn, zu schützen. In der Zeit der Streitenden Reiche (Zhanguo Jidai, 475–221 v. Chr.) folgten die Königreiche Qin, Zhao und Yan diesem Beispiel und bauten sowohl Schutzmauern an ihren nördlichen Grenzen, um die Einfälle von Nomadenstämmen zu verhindern, als auch Wälle zu ihren jeweiligen Nachbarstaaten.

Mit der Eroberung der Reiche Zhao und Yan einigte der König von Qin erstmals die Staaten auf chinesischem Territorium und ernannte sich zum Ersten Kaiser der Qin-Dynastie, Qin Shihuangdi. Die Mauern, mit denen sich die Staaten voreinander geschützt hatten, ließ er abreißen und die im Norden gelegenen Wälle miteinander verbinden. Qin Shihuangdi war kein Freund kleiner Projekte. Alles, was er in Auftrag gab, barg den Keim der Gigantomanie. So mussten Hunderttausende Zwangsarbeiter schuften, um eine fast 6000 km lange Mauer von Lintao in der heutigen Provinz Gansu bis Liaodong in der heutigen Provinz Liaoning zu errichten – nach dem damaligen Maß waren das ca. 10 000 Li, daher rührt der Name 10 000-Li-Mauer (Wanli Changcheng).

Die nachfolgende Han-Dynastie schob ihre Grenzen in beispiellosen Eroberungsfeldzügen weit nach Westen und Osten, wurde aber immer heftiger von dem aus dem Norden einfallenden Reitervolk der Xiongnu bedroht. Um die chinesischen Reichsgrenzen zu sichern, wurde die Mauer auf insgesamt nahezu 10 000 km verlängert. Mit dem Fall der Han-Dynastie verfiel dann aber auch die Mauer.

Erst der Gründer der Ming-Dynastie, Zhu Yuanzhang (reg. 1368–98), besann sich wieder des alten Bauwerks und ließ zum Schutz gegen marodierende mongolische Truppen einen neuen Wall errichten. Die Arbeiten zogen sich fast 150 Jahre lang hin. Insgesamt maß die Mauer nun 6350 km und erstreckte sich vom Yalu-Fluss an der Grenze Koreas bis zum Zollpass Jiayu Guan in der Wüste im Westen. Ihre durchschnittliche Höhe betrug 7,8 m, das Fundament war im Schnitt 6,5 m breit. Neben ihrer Verteidigungsaufgabe besaß die Große Mauer zu dieser Zeit vor allem auch eine wichtige Funktion für die Nachrichtenübermittlung. Flitzen heute Informationen via Satellit um die Erde, mussten damals Warnfeuer und Geschützdonner diese Aufgabe übernehmen. Als Relaisstationen dienten gewissermaßen die Alarmfeuertürme entlang der Mauer, die eine reibungslose Nachrichtenübermittlung gewährleisteten. Ein Feuer und ein einmaliger Geschützdonner zeigten das Herannahen von etwa 100 Feinden an, zwei Feuer und doppelter Geschützdonner signalisierten ca. 500 Feinde, drei Feuer und drei Geschützsalven hieß: 1000 Feinde im Anmarsch. Kam eine Armee von mehr als 10 000 Mann, brannten fünf Feuer, und die Geschütze feuerten fünfmal. Diese Alarmsignale wurden bis zur Festung Juyong Guan nahe der Hauptstadt Beijing weitergegeben. Von hier brachen Reiter auf und meldeten die eingegangenen Nachrichten an den Kaiserpalast weiter.

In der Qing-Zeit verlor die Mauer endgültig ihre Bedeutung und verfiel, da sie mitten durch das riesige Reich lief. Erst der Beginn des Tourismuszeitalters verhalf ihr zu einer neuen Funktion – als Besuchermagnet und Einnahmequelle. 1957 wurde ein erstes Teilstück bei Badaling restauriert. Mit wachsenden Besucherströmen folgten in der Umgebung Beijings Restaurierungen bei Mutianyu, Simatai, Jinshanling, Juyong Guan und Huanghuacheng.

Große Mauer bei Badaling

▶ Karte 5, B 2

(Badaling Changcheng 八达岭长城)
Yanqing, Badaling 延庆八达岭, http://badaling.gov.cn/, April–Okt. tgl. 6.30–19, Nov.–März tgl. 7–18 Uhr, Sommer 50 ¥, Winter 40 ¥, Seilbahn 40 ¥, 60 ¥ hin- und zurück

Trotz einiger Alternativen fahren nahezu alle Reisegruppen zum Mauerabschnitt nach Badaling, zumeist kombiniert mit dem Besuch der Ming-Gräber. Entsprechend darf man hier erleben, was es heißt, in einem Land zu reisen, in dem 1,3 Mrd. Menschen leben. Entlang der Strecke zwischen der chinesischen Hauptstadt und Badaling ist eine touristische Infrastruktur mit Fabrikbesichtigungen, Souvenirkaufhäusern, Restaurants usw. entstanden, die täglich Tausende Besucher durchlaufen. Dennoch ist der Badaling-Abschnitt sehr schön, vor allem, wenn man länger wandert und die Massen hinter sich lässt. Aber man sollte, wenn irgendwie möglich, privat herkommen, entweder sehr früh oder am späteren Nachmittag. Am Eingang gibt es ein **Rundum-Kino** (tgl. 8–17 Uhr, 32 ¥), in dem alle 15 Min. ein Film über die Geschichte der Mauer gezeigt wird.

Große Mauer bei Mutianyu

▶ Karte 5, C 2

(Mutianyu Changcheng 慕田峪长城)
Huairou, Mutianyu 怀柔区慕田峪, tgl. 6.30–18.30 Uhr, 40 ¥, Seilbahn 35 ¥, 50 ¥ hin- und zurück

In der Ming-Zeit war dieser Mauerabschnitt rund 70 km von Beijing im Nordwesten des Distrikts Huairou ein strategisch wichtiger Stützpunkt zur Verteidigung der Hauptstadt. Die Mauer zieht sich bei Mutianyu bis auf einen 1000 m hohen Gipfel und wurde wegen der großen Steigung stufenweise auf herausra- ▷ S. 280

Auf Entdeckungstour: Wanderung auf der Großen Mauer

Die Mauer ohne Menschenmassen – bei Jinshanling zieht sich einer der imposantesten Mauerabschnitte durch eine einsame, grandiose Bergwelt.

Reisekarte: Karte 5, D 1/2
Zeit: Anfahrt ca. 2–3 Std., Wanderung – sehr abhängig von der individuellen Kondition! – mit Pausen ca. 3 Std.
Planung: Über Hostels und einige Hotels ist eine Busfahrt buchbar, ca. 300 ¥ mit Eintritt (Jinshanling 50 ¥, Simatai 40 ¥) und Mittagessen. Getränke sollte man mitnehmen, können aber auch bei fliegenden Händlern gekauft werden. Festes Schuhwerk!
Start: Parkplatz am Mauerabschnitt bei Jinshanling, 120 km nordöstlich von Beijing.

Die **Große Mauer bei Jinshanling** (Jinshanling Changcheng 金山岭长城 zieht sich (Jinshan Ling 金山岭) über 10,5 km bis **Simatai** 司马台. Jinshanling gehört zu den am eindrucksvollsten Mauerabschnitten überhaupt. Das Fundament besteht aus gewaltigen, je über 12 kg schweren Ziegeln. Regelmäßig unterbrechen querstehende, 2,5 m hohe Sperrwände den Verlauf, sodass die Soldaten weiterkämpfen konnten, wenn die Mauer an einer Stelle bereits gestürmt worden war. Besonders zahlreich sind hier die Wachtürme, die teils alle 50–100 m stehen – ein Beleg für die hohe Bedeutung dieser Region für die Sicherheit Beijings.

Die besten Jahreszeiten für die Wanderung sind Frühling und Herbst. Im Sommer wird es fürchterlich heiß und schwül, und entlang der Strecke gibt es außer in den Wachtürmen keinen Schatten. Also unbedingt einen Sonnenschutz und ausreichend Getränke mitnehmen. Im Winter kann es auf der Mauer sehr glatt werden.

Mit fliegenden Händlern …

Wer nicht mit der Seilbahn (30 ¥) zur Mauer hochfährt, folgt vom Parkplatz aus der Beschilderung. Der Weg ist nicht zu verfehlen, weil Dorfbewohner sich den Wanderern von nun an an die Fersen heften. Für sie ist es die einzige Möglichkeit, etwas Geld zu verdienen, für die Wanderer ist der Kauf eines kleinen Souvenirs für 30–50 ¥ die einzige Möglichkeit, sie wieder loszuwerden. Man sollte mit dem Kauf aber bis zur Hälfte des Weges warten, da sich sonst sofort andere Verkäufer auf einen stürzen werden.

… auf der Mauer …

Am Ende der Treppen nach oben betritt man die Mauer über den **Zhuanduokou-Turm** 砖垛口 1, dem ersten von 35 Türmen, die man auf der Tour passiert. Hier folgt man linkerhand dem Verlauf der Mauer, die sich anfangs in erstaunlich gutem Zustand befindet. Erst hinter dem zwölften Wachturm, dem **Großen Jinshan-Turm** 2 (Da Jinshan Lou 大金山楼) sind die Zeichen des Verfalls unübersehbar. Die steilen Treppenstufen bestehen oft nur aus Geröll und beidseits der Mauer geht es steil hinab. Nach gut 1,5–2 Std. anstrengender Wanderung erreicht man den 18. Turm, den **Eckturm** 3 Guaijiao Lou 拐角楼). Hinter dem Tickethäuschen beginnt der Abschnitt der **Großen Mauer von Simatai** (Simatai Changcheng 司马台长城).

… nach Simatai

Der folgende Teil ist teilweise noch stark verfallen, wird aber zurzeit sukzessive restauriert und soll ab 2014 für die Öffentlichkeit zugänglich sein. Hier gibt es keine großen Steigungen mehr. Am 35. Turm, dem **Zhuanjiao Lou** 转角楼 **4**, unterbricht eine Schlucht die Mauer. Tief unten leuchtet ein grüner See, das **Simatai Reservoir** 5 (Simatai Shuiku 司马台水库), zu dem man absteigen kann. Hier führt der Mauerverlauf steil in die Tiefe bis zu einer Brücke. Hinter der Brücke gelangt man zu einer Öffnung in der Mauer, durch die ein Weg weiter nach unten zum Parkplatz von Simatai führt.

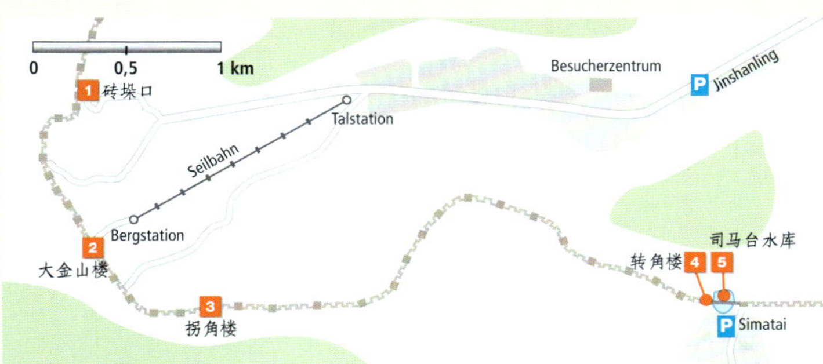

gende Felsen gebaut. Eine Besonderheit im Vergleich zu anderen Mauerabschnitten sind auch die Zinnen und Schießscharten beiderseits der Mauer, sodass Feinde auf beiden Seiten der Mauer bekämpft werden konnten. Um zu verhindern, dass diese bis zum Fuß der Mauer vordringen konnten, errichtete man auf den Bergrücken außerhalb der Mauer noch mehrere kürzere Mauern, die einige Dutzend oder einige Hundert Meter lang sind.

Viele Jahre ein Geheimtipp, ist der Mauerabschnitt bei Mutianyu nun nach Badaling zum großen Besuchermagneten geworden und man sollte früh herkommen, wenn man die Mauer und die Natur in Ruhe genießen möchte.

Große Mauer bei Jinshanling und Simatai ▶ Karte 5, D 1/2
s. Entdeckungstour S. 278.

Kangxi-Grasland

▶ Karte 5, B 2
(Kangxi Caoyuan 康西草原)
Yanqing, westlich von Badaling 延庆县八达岭长城西
In der Nähe des lang gezogenen Guanting-Sees, ca. 80 km nordwestlich von Beijing, erstreckt sich ein weites Tal mit 2133 ha Grasland, das Berge und Wälder umgeben – das Kangxi-Grasland. Das Klima hier ist wesentlich milder als in anderen Sommerresorts – wie etwa Chengde und Beidaihe –, und so wurde es schon in den 1990er-Jahren als neues Naherholungsgebiet für die Hauptstadt entdeckt. In der Folge entstand ein **Folkloredorf**, **Picknickstätten** wurden angelegt und Möglichkeiten geschaffen, in **Jurten** zu nächtigen sowie auf **Kamelen** und **mongolischen Pferden** (100–180 ¥/Std.) zu reiten. Fast überrascht es – überlaufen ist das Grasland dennoch nicht. Es bietet sich nach der Besichtigung der Großen Mauer bei Badaling zum Besuch an.

Longqing-Schlucht

▶ Karte 5, B 2
(Longqing Xia 龙庆峡)
Yanqing 延庆县*, Longqing Xia* 龙庆峡*, www.bjlongqingxia.com.cn*
Etwa 11 km hinter der Kreisstadt Yanqing zieht sich die **Schlucht, die den Drachen erfreut,** ein Stück durch die Song-Berge. Sie lässt sich nur per Boot erkunden, entweder mit einem Ausflugsschiff oder einem gemieteten Kajak. Mit einer Abfolge von wie ein Drachenkörper gestalteten Rolltreppen kann man auf den größten **Staudamm** Nordchinas fahren, wo die Schiffsfahrt beginnt. Sie führt von dort ca. 7 km in die Longqing-Schlucht hinein.

Diese Bootspartie wird gerne mit der Fahrt auf dem Li-Fluss bzw. durch die Schluchten des Yangzi verglichen. Das ist sicherlich übertrieben. Dennoch ist diese Tour schon deshalb beeindruckend, weil man in der Nähe von Beijing ein solches Landschaftsparadies gar nicht erwartet.

Ein weiteres Highlight findet im Januar/Februar statt, wenn in der Schlucht das **Eisskulpturenfest** (Bingdeng Jie 冰灯节, s. Mein Tipp S. 281) stattfindet. Aus großen Eisblöcken werden dazu fantastische Skulpturen gehauen und bunt beleuchtet.

Tempel der Roten Meeresschnecke

▶ Karte 5, C 2
(Hongluo Si 红螺寺)
Huairou, Yanqi, Hongluo Shan 怀柔区雁栖镇红螺山下*, tgl. 8–17 Uhr, 40 ¥*

Mein Tipp

Im Rausch der Lichter – Eisskulpturenfest in der Longqing-Schlucht

Zugegeben, das Fest in der Longqing-Schlucht ist kitschig, aber Chinesen lieben Kitsch und so ist der Besuch des **Eisskulpturenfests** (Bingdeng Jie 冰灯节) in der Longqing-Schlucht immer wieder ein schönes, sehr chinesisches Erlebnis. Für die Plastiken werden große Eisblöcke von ›Eismetzen‹ bearbeitet und in Figuren und Eispaläste verwandelt. Jeden Abend entsteht ein Wunderland des Eises, wenn sie von innen bunt ausgeleuchtet werden, während Lichter an den Berghängen die Große Mauer entstehen lassen.

Das **China Culture Center** (www.chinaculturecenter.org, s. S. 225) bietet zur Zeit des Festes zwischen dem 15. Jan. und Ende Feb. regelmäßig Touren (Dauer 16–22 Uhr, 250 ¥) zu den Eisskulpturen an.

Laut einer Legende sollen zwei große rote Meeresschnecken in einer Quelle auf dem Gipfel des Berges hinter dem Tempel leben. In alten Zeiten, so hieß es, sollen sie nachts hell geleuchtet haben. Die Dorfbewohner nannten den Berg und später den Tempel deshalb Hongluo (Rote Meeresschnecke). Bis heute glauben die Bewohner, dass die Schnecken den Tempel schützen.

Ein erster Tempel stand hier bereits um das Jahr 348, aber erst unter dem Ming-Kaiser Yingzong (reg. 1436–49) wurde die Anlage auf ihre heutige Größe mit fünf parallelen Höfen erweitert und zu einem **Zentrum der buddhistischen Schule des Reinen Landes** (Jingtu). Ebenso wichtig war und ist der Tempel als **Zentrum für Qigong,** das hier bis heute gelehrt wird.

Der weitläufige Tempelkomplex ist stets sehr gut besucht, doch kann man den Besucherströmen etwas ausweichen, indem man in den umliegenden **Hügeln wandert.** Die Wege können ziemlich steil bergauf gehen. Man passiert in den Wäldern eine Reihe weiterer, kleinerer Tempel und Pagoden sowie einen Wald voller Arhat-Statuen (Statuen buddhistischer Heiliger).

Aktiv

Skispaß – **Shijinglong Ski Resort** (Shijinglong Huaxuechang 石京龙滑雪场): ▶ Karte 5, B 2, Yanqing, Zhongyangfang 延庆县中羊坊村, Infos unter Tel. 010 69 19 16 17, www.sjlski.com, 5. Dez. bis Winterende tgl. 8 Uhr Sonderbus (hin und zurück 30 ¥) ab Swissôtel (Gang'ao Zhongxin 港澳中心) an der U-Bahn-Station Dongsishitiao der U 2, Skiresort tgl. 8–18 Uhr, Eintritt ins Skigebiet 20 ¥, Mo–Fr 100 ¥/Std., 220 ¥/ Tag, Sa/So 150 ¥/Std., 360 ¥/Tag. 80 km nordwestlich von Beijing liegt nahe der Kreisstadt Yanqing ein zweites Skigebiet, das 50 000 m² große Shijinglong Ski Resort. Es kann etwa 300 Skifahrer aufnehmen. In Shijinglong warten drei bis zu 1000 m lange Skipisten sowie eine kleine Sprungschanze auf Anfänger, Fortgeschrittene und erfahrenere Läufer.

Abends & Nachts

Relaxen – **Red Capital Ranch** (Xin Hongzi Bishu Shanzhuang 新红资避暑山庄): ▶ Karte 5, C 2, Huairou, Yanqi 怀柔区雁栖镇, 28 Xiaguandi 下官地村, Tel. 010 84 01 88 86, www.redcapitalclub.com.cn. Auf dieser mandschurischen Ranch am Fuß der Großen Mauer lässt sich abends bei einem Wein auf der Terrasse oder von der Cigar Bar aus der Blick auf die Landschaft genießen.

Infos

Anfahrt Große Mauer bei Badaling: Bus 919 普通车 (*putongche,* normaler Bus) bis Badaling. **Ausflugsbusse der Linie C** fahren tgl. 9.30–11.30 Uhr ab Ausflugsbusbahnhof am Qian Men (50 m südlich vom Ausgang C der U-Bahn-Station Qianmen) nach Badaling (100 ¥ inklusive Eintritt, Mittagessen) und zu einem Wachsfigurenkabinett (40 ¥ extra). Die Busse fahren ab, wenn sie voll sind. **Eisenbahn** ab Nordbahnhof (Beijing Beizhan) S201, S203 usw. bis S227 ab 6 Uhr etwa alle 30–60 Min.

Anfahrt Große Mauer bei Mutianyu: ab Dongzhimen Bus 916 bis Huairou International Conference Center (Huairou Guoji Huiyi Zhongxin 怀柔国际会议中心), dann Minibus bis Mutianyu 慕田峪.

Anfahrt Große Mauer bei Jinshanling: s. Entdeckungstour s. 270

Anfahrt Kangxi-Grasland: Bus 880 kuai (880 快) ab Deshengmen bis Endstation Kangxi Caoyuan.

Anfahrt Longqing-Schlucht: ab Deshengmen Bus 919 kuai (919 快) bis

Yanqing Dongguan 延庆东关, dann Taxi (ca. 20 ¥, 15 Min.) oder Bus 875 bis zur Schlucht., tgl. 7.30–17 Uhr, 40 ¥ nur Schlucht, inklusive Höhlen, Rolltreppe und Schiffsfahrt 100 ¥, Jan.–Mitte Feb. 70 ¥ inklusive Eisskulpturenausstellung.
Anfahrt Tempel der Roten Meeresschnecke: ab Dongzhimen Bus 867 支 *(zhi)*.

Östliche Qing-Gräber ! ▶ Karte 5, E 3

(Qing Dongling 清东陵)
Zunhua 河北省遵化镇, www.qingdongling.com, tgl. 8.30–17.30 Uhr, Sammelticket 120 ¥
Wieder führt uns ein Abstecher in die Provinz Hebei. Die gewaltige Anlage der Östlichen Qing-Gräber erstreckt sich auf einem Areal von 48 km² und ist die besterhaltene und vielleicht auch schönste kaiserliche Grabanlage Chinas. Touristen besuchen sie bisher selten.

Wurden die beiden Wegbereiter der mandschurischen Qing-Dynastie noch in ihrer ursprünglichen Hauptstadt Shenyang (Mukden), Provinz Liaoning, bestattet, suchten sich die Herrscher der schließlich über ganz China regierenden Mandschuren einen Begräbnisplatz im Einzugsbereich ihrer Hauptstadt Beijing. Angeblich fand der Shunzhi-Kaiser (reg. 1644–61) den geeigneten Platz im ca. 125 km östlich der Kapitale gelegenen Malanyu (Kreis Zunhua) während der Jagd. Mit dem Bau wurde erst 1663, zwei Jahre nach dem Tod des Herrschers, begonnen, wobei die Ming-Gräber (s. Entdeckungstour S. 272) als Vorbild dienten.

Ein **Weg der Seelen** (Shen Dao 神道) mit mächtigen Steinskulpturen wurde angelegt und führt noch heute genau auf das **Xiao Ling** 孝陵, das Grab des Shunzhi-Kaisers, zu – so wie bei den Ming-Gräbern der Weg der Seelen auf das Chang Ling zuläuft. Die weiteren Ruhestätten sind das **Jing Ling** 景陵 für den Kangxi-, **Yu Ling** 裕陵 für den Qianlong-, **Ding Ling** 定陵 für den Xianfeng- und **Hui Ling** 惠陵 für den Tongzhi-Kaiser. Darüber hinaus gibt es noch zehn Gräber, in denen 14 Kaiserinnen und 136 Konkubinen beigesetzt wurden. Auch die beiden Kaiserinwitwen Ci'an und Cixi haben hier im **Dingdong Ling** 定东陵 die letzte Ruhestätte gefunden.

Bislang wurden allerdings lediglich die Gräber des Qianlong-Kaisers und der Kaiserinwitwe Cixi geöffnet und der Öffentlichkeit zugänglich gemacht. Leider suchten Grabräuber schon in den 1920er-Jahren beide Stätten heim und beraubten sie ihrer vermutlich überaus wertvollen Beigaben. Das **Yu Ling** ist heute für seine ausgezeichneten Meißelarbeiten bekannt. Nicht zuletzt weisen die mächtigen Marmortore, die früher die Grabkammer verschlossen, schöne Reliefs mit der Darstellung der chinesischen Göttin der Barmherzigkeit, Guanyin (eine Abwandlung des buddhistischen Bodhisattva des Mit-Leidens, Avalokiteshvara), auf. Das **Dingdong Ling** seinerseits gilt als das schönste und aufwendigste der Östlichen Qing-Gräber. Hier sind insbesondere die oberirdischen Hallen prächtig ausgestaltet.

Infos

Anfahrt: am einfachsten per gechartertem Fahrzeug, 7. April–15. Okt. auch Ausflugsbusse, tgl. 7.30–8.30 Uhr (180 ¥ inkl. Eintritte) ab Ausflugsbuszentrum Xuanwumen an der U-Bahn-Station Xuanwumen Ausgang B.

Sprachführer Chinesisch

Aussprache und Umschrift

c	ts-Zischlaut wie in zaubern
e	kurzes, fast stummes e wie am Wortende in Leute
h	ch wie in ach
j	dsch wie in Dschungel
q	tsch wie in deutsch
r	wie ein englisches r
s	stimmloses s wie in Nuss
u	nach j, q, x, y wie ü
x	ch, ähnlich wie in ich
y	j wie in ja
z	ds wie in Landsmann
ch	tsch wie in deutsch
sh	sch wie in schön
zh	dsch wie in Dschungel
ian	zwischen iän und ien
ong	wie ung
eng	wie e/ö mit ng, nasal

Tonhöhen

Vier bzw. fünf Tonhöhen erhöhen die Varianten der vielen gleichlautenden Silben:

ˉ	konstanter Ton (1. Ton)
ˊ	ansteigender Ton (2. Ton)
ˇ	erst fallender, dann steigender Ton (3. Ton)
ˋ	fallender Ton (4. Ton)

Allgemeines

Guten Tag	nıˇ haˇo	你好
Guten Abend	waˇnshàng haˇo	晚上好
Gute Nacht	waˇn'aˇn	晚安
Auf Wiedersehen	zàijiàn	再见
Entschuldigung	duìbùqıˇ	对不起
Bitte	qıˇng	请
Danke	xiè xie	谢谢
Wie heißen Sie?	nıˇ guì xìng?	你贵姓
Mein Name ist …	woˇ xìng …	我姓
Unterwegs		
Flughafen	fēijīchaˇng	飞机场
Zug	huoˇchē	火车
Bahnhof	huoˇchēzhàn	火车站
Bus	gōnggòng qìchē	公共汽车站
Haltestelle	zhàn	站
Taxi	chūzūchē	出租车
rechts	yòubiàn	右边
links	zuoˇbiàn	左边
geradeaus	yìzhī zoˇu	一直走
Telefon	diànhuà	电话
Postamt	yóujú	邮局
Stadtplan	dìtú	地图
Eingang	rùkoˇu	入口
Ausgang	chūkoˇu	出口
geöffnet	yíngyè zhōng ng	营业中

geschlossen	guānmén	关门
Tempel	sìmiào	寺庙
Pagode	taˇ	塔
Museum	bówùguaˇn	博物馆

Zeit

Stunde	xiaˇoshí	小时
Tag	tīan	天
Woche	xīngqī	星期
Monat	yuè	月
Jahr	nián	年
heute	jīntīan	今天
morgen	míngtīan	明天
Montag	xīngqīyī	星期一
Dienstag	xīngqīèr	星期二
Mittwoch	xīngqīsān	星期三
Donnerstag	xīngqīsì	星期四
Freitag	xīngqīwuˇ	星期五
Samstag	xīngqīliù	星期六
Sonntag	xīngqītīan	星期天

Einkaufen

Kaufhaus	baˇihùo shāngdiàn	百货商店
Markt	shìchaˇng	市场
Geld	qián	钱
Kreditkarte	xìnyòngkaˇ	信用卡
Essen und Trinken (s. auch S. 287)		
Restaurant	cāntīng/fàndiàn	餐厅 / 饭店
Frühstück	zaˇofàn	早饭
Mittagessen	wuˇfàn	午饭
Abendessen	waˇnfàn	晚饭
Flasche	píngzi	瓶子
Glas/Tasse	bēizi	杯子

Übernachten

Hotel	bīnguaˇn/fàndiàn	宾馆 / 饭店
Einzelzimmer	dānrén fángjiān	单人房间
Doppelzimmer	shuāngrén fángjiān	双人房间
Dusche	línyù	淋浴
Toilette	cèsuoˇ	厕所
Gepäck	xínglıˇ	行李
Rechnung	zhàngdān	账单

Notfall

Hilfe!	jiùmìng!	救命
Unfall	shìgù	事故
Polizei	jıˇngchá	警察
Arzt	yıˇshēng	医生
Apotheke	yàofáng	药房
Krankenhaus	yīyuàn	医院
Zahnarzt	yáyákē yīshēnghēng	牙科医生

Zahlen

1	yī	一
2	èr	二
3	sān	三
4	sì	四
5	wuˇ	五
6	liù	六
7	qī	七
8	bā	八
9	jiuˇ	九
10	shí	十
11	shíyī	十一
12	shíèr	十二
20	èrshí	二十
21	èrshíyī	二十一
100	yī bāi	一百
200	liaˇng bāi	两百
300	sān bāi	三百
1000	yī qiān	一千
10 000	yī wàn	一万

Kulinarisches Lexikon

Im Restaurant

Ich möchte einen Tisch für … Personen reservieren.	woˇ yào yùdìng yī ge … rén de zhūozizi	我要预订一个 … 人的桌子
Ist hier frei?	zhège wèizi kòng ma?	这个位子空吗?
Bedienung	fúwúyuàn	服务员
Bitte die Speisekarte!	qıˇng nıˇ geˇi woˇ càidàn!	请你给我菜单!
Ich hätte gern …	woˇ xiaˇng yào …	我想要 …
Ich bin Vegetarier	woˇ chī sù	我吃素
ortstypische Gerichte	beˇndì de míngcài	本地的名菜
Spezialität des Hauses	náshoˇucài	拿手菜
Snacks/Vorspeisen	qıˇng bú yào làjiāo	请不要辣椒
Messer	dàozi	刀子
Gabel	chāzi	叉子
Löffel	tiáogēng	调羹
Essstäbchen	kuàizi	筷子
Salz	yán	盐
Pfeffer	hújiaˇo	胡椒
Prost!	gānbēi!	干杯
Die Rechnung bitte!	qıˇng jiézhàng!	请结账

Vorspeisen

泡菜	pào cài	eingelegtes Gemüse
春卷	chūnjuaˇn	Frühlingsrolle
锅贴	gūotīe	gebratene Fleisch- und Gemüsetaschen
麻辣牛肉	málà níuròu	Rindfleisch in Chilisoße
辣白菜	là báicài	scharfer Weißkohlsalat
拌青椒	bàn qīngjiāo	Paprikasalat
糖醋拌黄瓜	tángcù bán huánggūa	süß-saurer Gurkensalat

Gemüse

蔬菜	shúcaì	Gemüse
茄子	qiézi	Aubergine
竹笋	zhúsuˇn	Bambussprossen
腰果	yāoguoˇ	Cashewnüsse
花生米	huāshēngmıˇ	Erdnüsse
黄瓜	huángguā	Gurke
土豆	tuˇdòu	Kartoffel
大蒜	dàsuàn	Knoblauch
青椒	qīngjiāo	grüne Paprika
蘑菇	mógu	Pilze
豆腐	dòufu	Sojabohnenquark
豆芽	dòuyá	Sojasprossen
菠菜	bōcài	Spinat
西红柿	xīhóngshì	Tomate

Ei, Fleisch, Fisch und Meeresfrüchte

鸡蛋	jīdàn	Ei
鱼	yú	Fisch
鸡肉	jīròu	Hühnerfleisch
鸭子	yāzi	Ente
虾仁	xiārén	Garnelen
大蟹	dàxiè	Riesengarnelen
螃蟹	pángxiè	Krebs
羊肉	yángròu	Lammfleisch
牛肉	niúròu	Rindfleisch
猪肉	zhūròu	Schweinefleisch

Obst

菠萝	bōluó	Ananas
苹果	píngguoˇ	Apfel
桔子	júzi	Apfelsine
香蕉	xiāngjiaˇo	Banane
荔枝	lìzhī	Litschi
桃子	táozi	Pfirsich
葡萄	pútáo	Traube
西瓜	xīguā	Wassermelone

Getränke

矿泉水	kuàngqúanshuˇi	Mineralwasser
开水	kāishuˇi	abgekochtes Wasser
汽水	qìshuˇi	Limonade
桔子汁	júzizhī	Orangensaft
啤酒	píjiuˇ	Bier
白酒	báijiuˇ	Schnaps
干红葡萄酒	gānhóng pútáojiuˇ	trockener Rotwein
干白葡萄酒	gānbái pútáojiuˇ	trockener Weißwein
绿茶	lü`chá	grüner Tee
红茶	hóngchá	schwarzer Tee
咖啡 / 白糖	kāfeī / báitáng	Kaffee / Zucker
牛奶	niúnaˇi	Milch

Zubereitung

干煎	gānjiān	frittiert
烤	kaˇo	gebacken
蒸	zhēng	gedämpft
炖	dùn	gedünstet
烧烤	shāokaˇo	gegrillt
煮	zhuˇ	gekocht
焙	bèi	geröstet
煨	wēi	geschmort

Beilagen

汤	tāng	Suppe
面条 / 炒面	miàntiaˇo/chaˇomiàn	Nudeln/gebratene Nudeln
米饭 / 炒饭	mıˇfàn/chaˇofàn	Reis/gebratener Reis

Huaiyang-Küche (Shanghai etc.)

叫花子鸡	Jiàohuāzi Jī	Bettlerhuhn
东坡焖肉	Dōngpō Mènròu	Geschmorter Schweinebauch nach Su Dongpo
红棉虾团	Hóngmián Xiātuán	Krabbenbällchen
西湖醋鱼	Xīhú Cùyú	süßsaurer Fisch aus dem Westsee
龙井虾仁	Lóngjíng Xiārén	Drachenbrunnen-Krabbenfleisch

Typische Gerichte/Guangdong-Küche

纸包虾	Zhıˇbāo Xiā	Garnelen in Teighülle
柠檬鸡	Níngméng Jī	Huhn in Zitronensauce
叉烧	Chāshāo	Schweinefleisch in Honig gebraten
蚝油白菜	Háoyóu Báicài	Chinakohl in Austernsoße
清蒸鱼	Qīngzhēng Yú	gedämpfter Fisch mit Ingwer

Shandong-Küche (Beijing etc.)

红烧牛肉	Hóngsháo Niúròu	in Sojasoße geschmortes Rindfleisch
涮羊肉	Shuàn Yángròu	Mongolischer Feuertopf
香酥羊肉	Xiāngsū Yángròu	knusprig frittiertes Lamm-fleisch
北京烤鸭	Beˇijīng Kaˇoyā	Pekingente

Sichuan-Küche

宫保鸡丁 oder 公保鸡丁 fleischwür-	Gōngbaˇo Jīdīng	gebratene Hühner-fel mit Chili und Erdnüssen
水煮牛肉	Shuıˇzhuˇ Niúròu	gekochte, scharfe Rind-fleischstreifen
爆米肉片	Bàomıˇ Ròupiàn	knusprig gebratener Reis mit Schweinefleisch
麻婆豆腐	Mápó Dòufu	scharf gewürzter Tofu

Nachspeisen

八宝饭	bābaˇo fàn	Acht-Schätze-Reis
荷叶饼	héyè bīng	Lotus-Küchlein
杏仁酥	xìngrén sū	knusprige Mandelküchlein
拔丝苹果	básī píngguoˇ	warm kandierte Äpfel

Register

Abbildungsnachweis/Impressum

Der Autor: Oliver Fülling, Jahrgang 1960, studierte Sinologie, Politik und Geschichte, reist seit 1985 regelmäßig durch China und wohnte mehrere Jahre in Shanghai. Den atemberaubenden Wandel Beijings von einem verschlafenen Riesendorf zur Weltstadt erlebte er hautnah mit. Der Autor ist Verfasser zahlreicher Reiseführer zu chinesischen Städten und Regionen in renommierten Verlagen und Magazinen. Er entwickelte Reisekonzepte und -programme für China und Japan, war vier Jahre lang Geschäftsführer eines Wissenschaftsverlages und ist seit 2004 als freier Autor tätig.

Abbildungsnachweis

Bilderberg, Hamburg: S. 38 (Jakob)

DuMont Bildarchiv, Ostfildern: S. 9, 11, 13 u. li., 86/87, 88/89, 159 li., 180/181, 184 (2x), 190/191, 192, 228 o. li., 240/241, 269 li., 278 (Riehle)

Oliver Fülling, Frechen: S. 6, 13 u. re., 214, 252 re., 258/259, 296

Glow Images, München: S. 126 (SuperStock)

Bildagentur Huber, Garmisch-Partenkirchen: S. 136 re., 146 (Kaos02)

Laif, Köln: S. 91 (ChinaFotoPress); 101 (ChinaFotoPress/BJCB/Li Mayi); 106/107 (ChinaFotoPress/Chen Tuanjie); 56, 250 (ChinaFotoPress/Fan Jiwen); 99 (ChinaFotoPress/Jiang Hao); 23 (ChinaFotoPress/Jiang Xin); 109 li., 124/125 (ChinaFotoPress/Lou Wie); 96 (ChinaFotoPress/Wang Wen); 93 (ChinaFotoPress/Xu Haihan); 16/17 (Engelhorn); Titelbild (hemis.fr/Frilet); 108 li., 116/117 (hemis.fr); 90 (Hollandse Hoogte/Riel); 52 (Imaginechina); 12 o. li., 108 re., 118/119 (Imaginechina/Liu Liqun); 12 u. re., 228 re., 236/237 (Imaginechina/Wang Shanglin); 76 (Keystone France); 47 (Le Figaro/Martin); Umschlagklappe vorn (Polaris/Digaetano); 83 (RAPHO); 13 o. li., 43, 94, 158 re., 178/179 (Riehle); 80 (Siefke); 158 li., 174 (Sinopix/Li Saho); 68/69, 104/105 (Sinopix/Lou Linwei); 136 li., 156 (Sinopix/Jones); 27 (The New York Times/Redux)

Mauritius Images, Mittenwald: S. 7, 204 re., 210 (age); 253 li., 256 (Harding); 111 (Imagebroker/Renckhoff); 268 li., 272 (Vidler); 268 re., 281 (Warburton-Lee)

Picture Alliance, Frankfurt a. M.: S. 142 (akg-images/Connolly); 103 (dpa/EPA/Azubel); 168 (dpa/EPA/Bradshaw) 229 li., 244 (imaginechina), 252 li., 262 (dpa/EPA/Wu Hong); 12 o. re., 134/135 (dpa/Woitas);

Britta Rath, Wilstedt: S. 13 o. re., 35, 60, 137 li., 149, 163,187, 198, 203, 204 li., 218, 220, 222/223,

Eberhard Riedel, Wandlitz: 151

The Bookworm, Beijing: S. 12 u. li., 205 li., 226/227

Kartografie

DuMont Reisekartografie, Fürstenfeldbruck

Umschlagfotos: Titelbild: Die Halle der Ernteopfer im Himmelstempel
Umschlagklappe vorn: Dämmerung am Hou Hai

Hinweis: Autor und Verlag haben alle Informationen mit größtmöglicher Sorgfalt geprüft. Gleichwohl erfolgen alle Angaben ohne Gewähr. Bitte schreiben Sie uns! Über Ihre Rückmeldung und Verbesserungsvorschläge freuen wir uns: **DuMont Reiseverlag,** Postfach 3151, 73751 Ostfildern, info@dumontreise.de, www.dumontreise.de

2., vollständig überarbeitete Auflage 2014

Redaktion/Lektorat: Britta Rath
Grafisches Konzept: Groschwitz/Blachnierek, Hamburg
Printed in Germany

 16,99